Magische Daten

Die 40 in jedem Jahrhundert

Als das Jahr 1840 anbrach, ahnte Preußenkönig Friedrich Wilhelm III. zumindest, dass er dieses Jahr nicht überleben wird. Denn die Hohenzollern sind ein traditionsbewusstes Haus: Im Jahr 1640 übernahm Kurfürst Friedrich Wilhelm, später „der Große" genannt", den Thron von seinem verstorbenen Vater, im Jahr 1740 starb König Friedrich Wilhelm I., und machte seinem Sohn Friedrich auf dem Thron Platz. Und nun war das Jahr 1840 gekommen, wieder war ein Thronwechsel fällig. Am 7. Juni war es dann so weit. 70 Jahre alt ist Friedrich Wilhelm III. geworden, 43 Jahre lang war er König.

Der 14. April

Ein sehr spezielles Datum in der Potsdamer Stadtgeschichte ist der 14. April, wenn das Jahrhundert die Jahreszahl 45 erreicht hat. An jenem Tag im Jahr 1745 wurde der Grundstein für Schloss Sanssouci auf dem Weinberg gelegt. Genau 100 Jahre später, am 14. April 1845, wurde der Grundstein für die Friedenskirche am Rand des Parks Sanssouci gelegt. Wiederum auf den Tag genau 100 Jahre später warf eine Armada britischer Bomber ihre todbringende Last auf die Potsdamer Innenstadt ab. Das in Jahrhunderten entstandene Potsdam versank in nicht einmal einer Stunde.

Potsdam um 1910 © Potsdam Museum (siehe dazu Stadtplan auf S. 166/167)

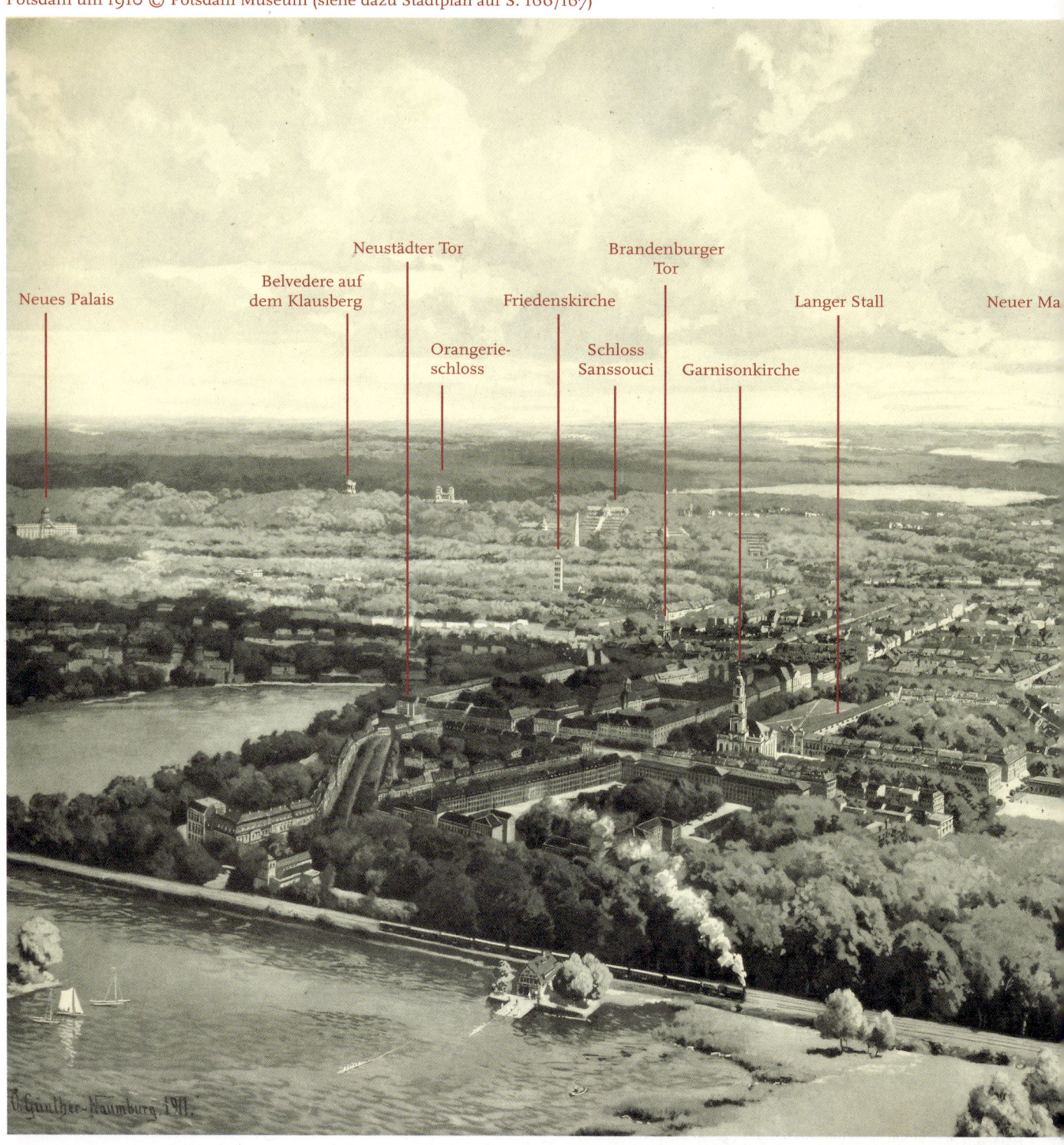

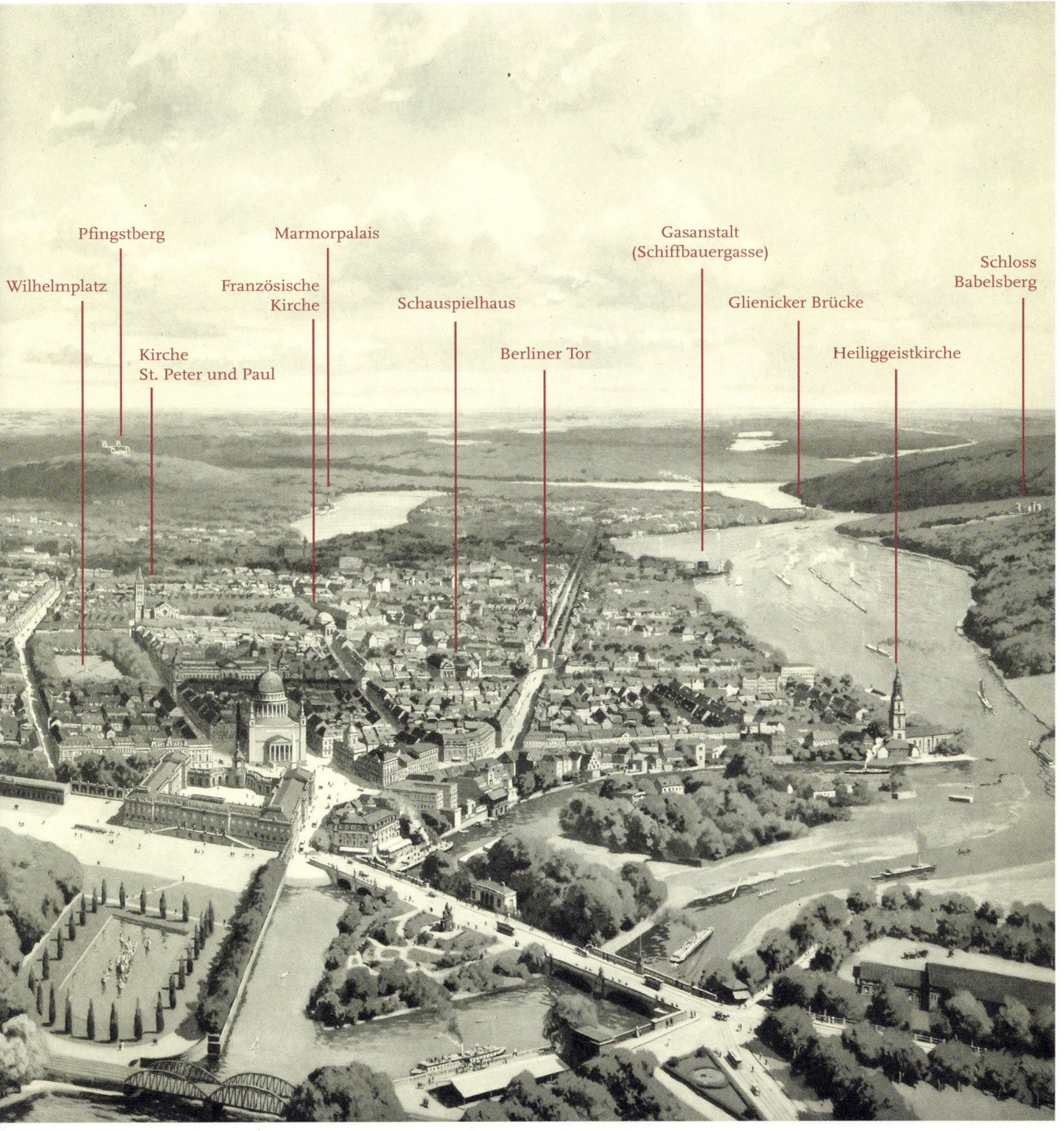

Inhaltsverzeichnis

	Blick über Potsdam um 1910	4/5
	Inhaltsverzeichnis	6/7
	Einleitung: Potsdam, wie es ist	9
	Literaturverzeichnis	274/275
	Personenregister	276/2775
	Ortsregister	278
	Impressum	280
Karte:	Spree- und Havellandschaft 1662	16/17

993–1660
Ein Städtchen mit armseliger Burg — 19
Leben in Potsdam:	Die Havelfischer	24
Historischer Ort:	Buddelplatz Alter Markt	21
Karte:	Potsdam und Umgebung 1683	26/27

1660–1713
Potsdam wird Nebenresidenz — 29
Historischer Ort:	Der Marstall	32
Potsdamer Baumeister:	Im Dienst der Kurfürsten	37
Karte:	Perspektivische Ansicht von 1672	

1713–1740
Der König übernimmt die Stadt — 41
Leben in Potsdam:	Ein Tag im alten Potsdam	60
Historische Orte:	Die Garnisonkirche	48
	Das Jagdschloss Stern	59
Potsdamer Baumeister:	Barock auf Preußisch	45
Karte:	Historische Stadterweiterungen	62/63

1740–1786
Wieder ist es Potsdam — 65
Potsdamer Baumeister:	Meister des Friderizianischen	68
Historische Orte:	Schloss Sanssouci	76
	Das Militärwaisenhaus	80
	Das Marquisat	86
Persönlichkeiten:	Friedrichs Bildhauer	94
Karte:	Plan mit Erweiterungen bis 1797	96/97

1786–1808
Im Donnerhall der Revolution — 99
Historische Orte:	Das Schauspielhaus	102
	Schloss Paretz	108
Potsdamer Baumeister:	Klassizismus ist angesagt	110
Persönlichkeiten:	Drei Dichter und Potsdam	117
Karte:	Umgebungskarte von 1786	118/119

Die durchlaufende Fußzeile auf den folgenden Seiten gibt den

1808–1840
Das Volk drängt nach vorn 121
Historische Orte: Die Kolonie Alexandrowka 128
Der Bornstedter Friedhof 135
Persönlichkeiten: Lenné und Schinkel 122
Drei für ihre Stadt 139
Kluge Köpfe in Potsdam 140
Karte: Skizze der Russischen Kolonie von 1826 142/143

1840–1871
Brüder von Gottes Gnaden 145
Historische Orte: Die Schießmauer in der Friedenskirche 148
Das Theater im Schloss 155
Potsdamer Baumeister: Hauptsache: italienisch 160
Karte: Potsdam um 1900 166/167

1871–1914
Und nun: Kaiserresidenz 169
Leben in Potsdam: Moloche um 1900 170
Historische Orte: Der Luftschiffhafen 179
Der Telegrafenberg 184
Potsdamer Baumeister: Unterwegs in die Moderne 192
Persönlichkeiten: Johannes Lepsius 173
Clara Hoffbauer 177
Karte: Touristischer Plan, um 1925 194/195

1914–1945
Soldatenstadt 2.0 197
Leben in Potsdam: Restaurants mit Tradition 206
Historische Orte: Karl Foerster und die Freundschaftsinsel 212
Das Kommandantenhaus 218
Sowjetische Friedhöfe 225
Persönlichkeiten: Otto Gebühr 200
Karte: Touristischer Übersichtsplan, 1983 228/229

1945–1990
Unter der Flagge des Sozialismus 231
Leben in Potsdam: Der Kulturbund 234
Neue Straßennamen 245
Das Hotel-Hochhaus 260
Intershops in Potsdam 264
Karte: Wie man sich 1960 die Zukunft vorstellte 246/247
Historische Orte: Das Alte Rathaus 250
Die Glienicker Brücke 268
Karte: Potsdam heute: Das UNESCO-Welterbe 272/273

Text des Edikts von Potsdam aus dem Jahr 1685 wieder.

Einleitung

Potsdam, wie es ist

Potsdam erstaunt immer wieder. Kaum eine Stadt hat so viele und dabei verschiedene Gesichter. Alle diese Gesichter haben ihren eigenen Charakter. Wo stammt diese Vielfalt her? Wer hatte die dafür erforderlichen Visionen und den erlesenen Geschmack, um all diese Schönheiten der Stadt mit auf den Weg zu geben? Erst die Antwort auf diese Frage kann uns die verschiedenen Facetten Potsdams in ihrer Einzigartigkeit erschließen.

Natürlich hatte jeder von denen, die in Potsdam das Sagen hatten, eine ganz bestimmte Vorstellung davon, in welche Richtung sich die Stadt entwickeln sollte: Der eine wollte die nüchterne Militärstadt, der andere die prunkvolle Residenzstadt. Potsdam war stets ein Refugium für die Mächtigen ihrer Zeit. So entstand hier ein Stück Italien in der Mark, Potsdam war eine anmutige Wohnstadt für Betuchte, Verwaltungszentrum, Wissenschaftsstandort, Wohnplatz für viele ... Und nicht zu vergessen, eine Stadt, deren Territorium zu einem beachtlichen Teil auf der Liste des UNESCO-Welterbes steht. Das ist Potsdam, wie wir es heute erleben.

Um das alles zu verstehen, brauchen wir eine Ahnung davon, wie die ticken, die in Potsdams Geschichte das Sagen hatten. Dabei ließen sich aufzählen: 2 Kurfürsten, 7 Könige, 3 Kaiser, eine größere Anzahl von Stadtverordneten, einige Oberbürgermeister, ein Software-Unternehmer, TV-Promis und – mit unterschiedlichem Einfluss – diverse Parteien, Vereine, Interessengruppen. Will man etwas näher auf all diese Bestimmer (darunter leider nur wenige Frauen) und auf die Zeit, in der sie wirkten, eingehen, dann kommt dabei ein ganzes Buch heraus. Zumal dann, wenn man die mit einbezieht, die aus den Ideen Realität werden ließen, und schließlich nicht die vergisst, die in dem Potsdamer Mikrokosmos leben mussten oder durften. Dann ergibt das die außergewöhnliche Geschichte einer außergewöhnlichen Stadt. Dieses Buch handelt in den ersten Kapiteln von Landesherren aus dem Hause Hohenzollern, die Potsdam mit allem, was sich darin bewegte, als ihr Privateigentum angesehen und behandelt haben. Das bekam der Stadt keinesfalls nur schlecht. Einige der Monarchen hatten zum großen Glück mehr Kunstsinn, als in dieser Berufsgruppe gemeinhin anzutreffen ist. Sie haben selbst für Potsdam Entwürfe geliefert und aus eigener Schatulle investiert. So wurden Träume verwirklicht, die an Größenwahnsinn grenzten. Wer nach Potsdam kam, sollte ein Wunder erleben. Und wir erleben es heute noch.

Allerdings war der Preis für diese Wunder bisweilen sehr hoch, und gern wird er vergessen. Wer denkt schon beim Gang durch das Schloss Sanssouci daran, dass die Filzlatschen Marmor aus Schlesien schützen sollen, das aus jener Provinz stammt, die kurz vor dem Bau des Schlosses erst erobert wurde. Oder wer stellt sich beim Bummel durch die Straßen mit den Potsdam-typischen Giebelhäusern vor, dass sich manche der hier vor 250 Jahren lebenden Soldaten lieber zu Tode prügeln ließen, als den Ausbruch aus diesem Riesengefängnis nicht wenigstens versucht zu haben? Und wer mag glauben, dass jener trauernde König, der seine bezaubernde Gemahlin viel zu früh verlor, Preußen in einen Polizeistaat verwandelte, aus dem unabhängige Geister ins Exil flohen? Oder wer führt sich vor Augen, dass große Teile der vielgerühmten Potsdamer Kulturlandschaft als religiöses Gegenstück zum aufklärerischen Atheisten von Schloss Sanssouci entstanden?

Die Geschichte kennt nicht nur Einbahnstraßen. Ihre Wege verlaufen im Zickzack. Während dieses Buch in Druck ging, begannen die Arbeiten am Wiederaufbau der Garnisonkirche – zunächst nur des Turms. Im Sommer 2020 soll er wieder 88 Meter in den Himmel ragen. Vorerst noch ohne Turmaufsatz, barocken Zierrat und das berühmte Glockenspiel. Lange wurde gestritten, vor allem über das Ob und das Warum. Für die einen ist die Garnisonkirche ein unverzichtbarer Teil von Potsdam, für die anderen ein potenzieller Sammelpunkt für Ewiggestrige. Da ist wenig Platz für Kompromisse. Zweifellos

Blick durch die Ringerkolonnade am Landtag auf die Kuppel der Nikolaikirche

wird der Turm ein Mahnmal für die 1968 erfolgte Sprengung der Ruine sein, die gern als „barbarischer Akt" gebrandmarkt wird. Dabei fällt über die Barbarei des Krieges der gnädige Mantel des Vergessens. Das Geld für den Wiederaufbau ist jedenfalls vorhanden. Also wird gebaut. Die Stadt Potsdam hat kostenlos das Grundstück zur Verfügung gestellt, beteiligt sich ansonsten jedoch nicht an den Kosten.

Wenn wir heute von Potsdam als multikultureller Stadt sprechen können, dann weil hier schon lange Zeit weltanschauliche Toleranz ein Lebensprinzip ist. Es waren die vielen Glaubensflüchtlinge aus Frankreich, der Pfalz und Böhmen, die sich in Potsdam ansiedelten, es waren aber auch Zimmerleute, Kunsthandwerker, Stuckateure, Büchsenmacher aus der Fremde. Denn Potsdam hatte einen riesigen Bedarf an Spezialisten, die von überallher angeworben wurden. Da wurde nicht gefragt, ob einer reformiert, lutherisch oder katholisch war. Die Könige ließen die dazugehörigen Gotteshäuser bauen. Nicht zu vergessen die Potsdamer Garnison mit ihren in ganz Europa auf alle mögliche Weise ins preußische Heer gepressten Rekruten. So waren auch noch Orthodoxe und sogar Muslime in der Stadt. Von religiös motivierten Auseinandersetzungen in Potsdam weiß unsere Geschichte von damals nichts zu berichten.

Erst im 20. Jahrhundert kam diese Toleranz über weite Strecken abhanden. Das fügte den vorhandenen Sehenswürdigkeiten neue hinzu, die nicht ins Bild passen wollen: Kerker und Verhörräume, Entwürdigung und Terror. Mit diesem Erbe umzugehen, musste Potsdam erst lernen. Zu den Schlössern mit ihren prunkvollen Sälen kamen Erinnerungsstätten an dunkle Zeiten. Die eine in der Lindenstraße, die andere in der Leistikowstraße.

Zugleich haben es die Potsdamer gelernt, sich gegen pauschale Verurteilungen zur Wehr zu setzen. Dabei traf es zum Beispiel den westdeutschen Regisseur Volker Schlöndorff („Die Blechtrommel"), der 1992 bis 1997 als Geschäftsführer der DEFA fungierte. Gegen eine von ihm öffentlich vorgetragene respektlose Abwertung der DEFA sahen sich viele DEFA-Stars wie Angelica Domröse, Armin Müller-Stahl und Jutta Hoffmann in einem offenen Brief zum Widerspruch herausgefordert. Und trotzdem: Schlöndorff ist heute angesehener Gastprofessor an der Babelsberger Filmuniversität „Konrad Wolf".

Reminiszenz an die im Krieg zerstörte Heilig-Geist-Kirche: Senioren-Residenz in den Konturen der ehemaligen Kirche

Demokratie und Bürgersinn haben es in Potsdam nicht immer leicht gehabt. Die ersten Potsdamer Bürgermeister mussten sich immer wieder der wohlwollenden Zustimmung des Hofes bei wichtigen Entscheidungen für die Stadt versichern. In späteren Zeiten waren es Parteizentralen, die die Potsdamer Stadtoberen an der kurzen Leine hielten. Es ist allerdings verführerisch, wenn einer von oben alle wichtigen Entscheidungen trifft. Der Software-Unternehmer Hasso Plattner, der außerordentlich viel für Potsdam möglich gemacht hat, war klug genug, sich nicht in die Rolle des einsamen Entscheiders drängen zu lassen, zum Beispiel als es um das Schicksal des Hotelhochhauses ging. Er fand mit dem Wiederaufbau des Palais Barberini einen vorzüglichen Weg, seine Interessen und die der Stadt unter einen Hut zu bringen. Mit Oberbürgermeister Jann Jakobs hatte er dabei einen verlässlichen Verbündeten.

Den größten Spielraum besaß die Selbstverwaltung der Kommune in Krisenzeiten. Als es zum Beispiel um die Befreiung von napoleonischer Besatzung ging oder darum, die Potsdamer nach dem Ersten Weltkrieg durch Anarchie und Inflation zu bugsieren. Oder nach dem Zweiten Weltkrieg die Trümmer zu beseitigen und neues Leben möglich zu machen. Oder nach dem Zusammenbruch der DDR demokratische Strukturen aufzubauen und die Auswirkungen der Währungsunion abzufedern. Was in diesen Zeiten geleistet wurde, verdient alle Achtung.

Dieses Buch macht es sich nicht zur Aufgabe, die aktuellen Entwicklungen zu kommentieren. Die hier erzählte Geschichte endet daher mit zwei Ereignissen des Jahres 1990, die wichtige Weichenstellungen für Potsdam bedeuteten: die ersten freien Wahlen zum Stadtparlament und die Aufnahme der Potsdamer Kulturlandschaft in die Liste des Welterbes der UNESCO.

Hier sei nur skizziert, was in den folgenden Jahren geschehen ist. Potsdam erfand sich abermals neu: als Stadt des Sports und der Wissenschaft. In jedem Fall geht es um Höchstleistungen, in Trainingsstätten für olympische Wettkämpfe ebenso wie in weltweit vernetzten Forschungseinrichtungen. In Fragen des Klimawandels, der Polarforschung und der Erdbebenfrüherkennung hat Potsdam ein gewichtiges Wort mitzusprechen. Potsdam ist mit mehreren Einrichtungen ein Zentrum der zeitgeschichtlichen Forschung. Potsdam wurde Universitätsstadt und erwarb sich schnell einen guten Ruf unter Professoren und Studenten.

Sehr schnell und gründlich ist Potsdam in seine alte und nun wieder neue Rolle als brandenburgische Landeshauptstadt hineingewachsen. Dabei mag zum einen eine wichtige Rolle gespielt haben, dass in Brandenburg zahlreiche Persönlichkeiten politisch aktiv wurden, die sich bereits zu DDR-Zeiten einen Ruf als engagierte und integre Demokraten erworben hatten, zum anderen kamen Experten aus dem Partnerbundesland Nordrhein-Westfalen nach Potsdam, die meist eine verdienstvolle Arbeit leisteten, ohne sich in den Vordergrund zu drängen. So konnte das neue Bundesland ein Selbstbewusstsein entwickeln, das sich unter anderem darin äußerte, dass sich die Mehrheit seiner Bürger 1996 gegen eine Länderfusion mit Berlin aussprach. In Potsdam waren Büroflächen für die Landesregierung vor allem in ehemaligen Militärgebäuden reichlich vorhanden. Der Ministerpräsident Manfred Stolpe residierte in der früheren Kadettenanstalt in der Teltower Vorstadt. Ebenso seine Nachfolger.

Der 1. Januar 1995 war für rund 300 Bauwerke auf 750 Hektar Garten- und Parkflächen sowie für bedeutende Kunst- und Dokumentensammlungen ein wichtiges Datum. An jenem Tag trat der Staatsvertrag über die Errichtung der „Stiftung Preußische Schlösser und Gärten Berlin-Brandenburg" (SPSG) in Kraft. In ihr wurden die zuvor getrennten Schlösserverwaltungen von Potsdam und West-Berlin vereint. Träger der Stiftung sind die Länder Brandenburg und Berlin sowie der Bund. Sie geben seither über den Etat hinaus jährlich rund 20 Millionen Euro für die Bewahrung des königlichen Erbes aus.

Riesig waren die Aufgaben, die durch Grenzanlagen geschundenen Parkanlagen wieder zum Leben zu erwecken, die zweckentfremdet genutzten Schlossbauten wieder herzurichten, noch vorhandene Kriegszerstörungen zu reparieren und – eine Aufgabe, die nie beendet sein wird – sich dem Zahn der Zeit entgegenzustemmen. Nur langsam ist es möglich, den Investitionsstau abzuarbeiten. In den vergangenen 25 Jahren wurde das Marmorpalais wieder in ein Museumsschloss verwandelt, gefährdete Räume im Neuen Palais wurden saniert, im Schloss Babelsberg sind die Arbeiten noch nicht abgeschlossen.

Kaum hatten sich die politischen Verhältnisse in und um Potsdam gewandelt, meldeten sich hilfsbereite Gönner, die gern bei der Wiederherstellung der alten Pracht helfen wollten. Bereits am 14. April (!) 1991 stellte die Traditions-

Blick vom Flatowturm im Park Babelsberg auf das Hans Otto Theater am Tiefen See

on so sich in Ihren Landen niederlassen werden daselbst zu ver-

gemeinschaft Potsdamer Glockenspiel e.V. eine Nachbildung des aus 40 Glocken bestehenden Carillons in der Nähe des einstigen Standorts der Garnisonkirche auf, um an die alte Preußenherrlichkeit zu erinnern. Mehr Sinn für nötige Reparaturen in der angeschlagenen Potsdamer Kulturlandschaft bewiesen der Unternehmer Dr. Werner Otto und die Messerschmitt-Stiftung, die Mittel für Restaurierung bzw. Wiederaufbau des Belvederes auf dem Pfingstberg bzw. auf dem Klausberg zur Verfügung stellten.

Dieser Rückenwind verschaffte Potsdam innerhalb weniger Jahre das Image einer guten Geldanlage. Wer in den Straßenzügen zwischen Tiefem und Heiligem See gediegene Häuser für den sehr gehobenen Wohnbedarf herrichten ließ, machte garantiert keinen Fehler. Das sagten sich vor allem Medienmacher, die durch den Auftrieb der privaten TV-Sender in den 1980er und 1990er Jahren zu Geld gekommen waren. Und einer zog den anderen nach. So fand sich auf einmal die Spitze des Springer-Verlags in Potsdam als Nachbarn wieder.

Die Abkapselung privater Refugien sorgte entlang des Griebnitzsees lange Zeit für Aufregung. Indem die Käufer besonders attraktiver Seegrundstücke auf ihr Recht pochten, machten sie einen seit der Maueröffnung beliebten Uferweg unpassierbar. Was von 1961 bis 1989 allein den DDR-Grenzern für ihre Patrouillen-Fahrten vorbehalten war, ist nun Eigentum von finanzstarken Immobilienkäufern. Aber nicht alle von ihnen dachten nur ans abgeschottete Grundstück. Dem Springer-Vorstand Mattias Döpfner verdankt die von Ludwig Persius entworfene Villa Schöningen ihre originalgetreue Wiederauferstehung. Sie empfängt auf denkbar freundliche Weise alle, die die Glienicker Brücke in Richtung Potsdam passieren, und lädt ein in eine Dauerausstellung über die Geschichte der Brücke ein sowie zu wechselnden Kunstausstellungen. Zum vielleicht einflussreichsten Promi in Potsdam wurde Günther Jauch. Das hat er vor allem seinem Engagement für den Wiederaufbau des Fortuna-Portals zu verdanken. Er hatte den Mut, dieses einstige architektonische Juwel in Beton nachbauen zu lassen. Und siehe da: Kaum einen regte das auf. Das Symbol des Königtums war wieder am alten Platz. Das war das Signal zum Wiederaufbau des friderizianischen Stadtschlosses. Ganz einfach aus Beton und mit einem modernen Innenleben.

Dank großzügiger Hilfe von außen gelang es Potsdam, die brennendste Wunde mitten im alten Kern der Stadt zu schließen: durch den Bau eines Gebäudes, das dem friderizianischen Stadtschloss zum Verwechseln ähnlich

sieht. Dafür mussten einige günstige Faktoren zusammentreffen. Erstens war es der politische Wille, sich im Herzen der Stadt künftig an historischen Vorbildern zu orientieren. Zweitens mussten private Sponsoren ihre Bereitschaft zeigen, zum Wiederaufbau des Stadtschlosses beizutragen. Drittens musste die Frage geklärt sein, welchem Zweck das neue Gebäude dienen kann. Da traf es sich gut, dass der brandenburgische Landtag sowieso neue Räume suchte.

Der Landtag hat seine Eignung als ein moderner Funktionsbau längst unter Beweis gestellt. Ins Innere gelangt man über das „Knobelsdorff-Treppenhaus", in dem Rudimente aus dem alten Schloss verarbeitet wurden, die einen vagen Eindruck von der einstigen Pracht vermitteln. In einem Vortragssaal im Erdgeschoss des Landtagsgebäudes befindet sich das „archäologische Fenster". Durch eine große Glasplatte kann man hier hinabschauen auf die Kalksteinplatten eines Gewölbekellers im einstigen kurfürstlichen Schloss. In den Sommermonaten diente das kühle Gewölbe offenbar als Speisesaal, später als Weinkeller. Der Plenarsaal in den Etagen darüber hält sich weitgehend an die Ausmaße dieses Kellers.

Nauener Tor und Holländisches Viertel bilden einen beliebten Treffpunkt für Potsdamer und Gäste.

Blieb nun noch die Frage, ob der Hotelturm, der gegenüber dem Landtag auf dem Platz des einstigen Lustgartens steht, bleiben soll. Hier prallten die Auffassungen aufeinander. Die einen, meist Neupotsdamer, mussten sich anhören, sie wollten „Preußens Puppenstube" wiederherstellen, die anderen, die meist in der sozialistischen Bezirksstadt Potsdam aufgewachsen sind, sie seien unverbesserliche DDR-Nostalgiker. Und der Hotelturm steht immer noch und bietet den besten Blick auf die Potsdamer Innenstadt samt Schlossnachbau mit dem von Hasso Plattner spendierten Kupferdach.

Haus für Haus wurde in den vergangenen Jahren saniert. Potsdam wurde farbig, hell und freundlich. Auch mit seinen West-Importen der ersten Stunde hatte die Stadt viel Glück. Im Baudezernat fanden sich erfahrene Experten ein, die schnell ein Gefühl für die Stadt entwickelten, und nicht nur verwalteten, sondern gestalteten. Viel Aufregung gab es um den Neubau des Potsdamer Hauptbahnhofs. Ein Riesen-Ufo sei da gelandet. Inzwischen haben sich Bewohner und Gäste an die Funktionalität des Verkehrsdrehkreuzes gewöhnt, das der Bahnhof sehr schnell geworden ist. Nun wird auch deutlich, dass sich der Bau geschickt in die Landschaft duckt und der Stadt keineswegs schadet. Weniger Aufregung, weil

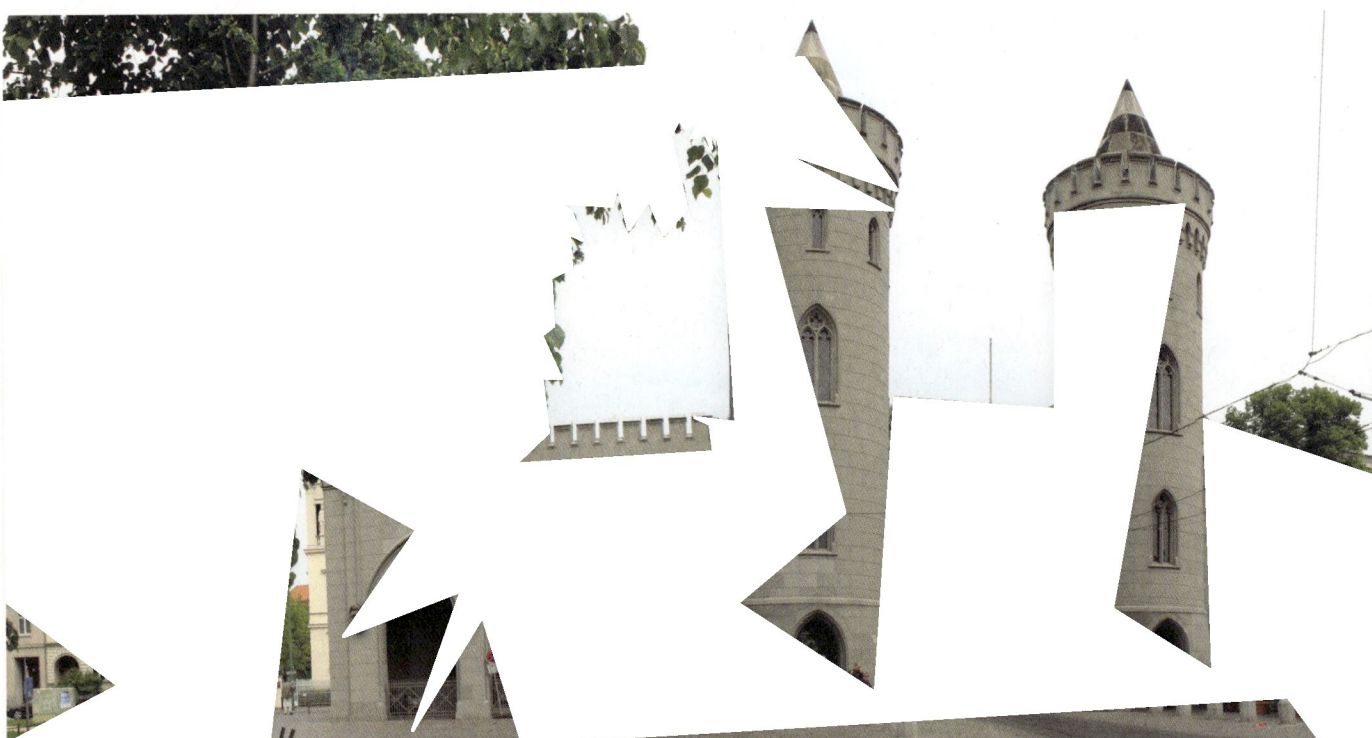

Octobr. 1685. Wir Friedrich Wilhelm/von Gottes Gnaden Marg

kaum an die Öffentlichkeit gedrungen, verursachte der Plan französischer Architekten, auf dem Babelsberger Studiogelände einen 120 Meter hohen Verwaltungsturm zu stellen. Er wurde bereits im Ansatz vereitelt.

Das heutige Potsdam hat völlig neue architektonische Akzente zu bieten, die das Vorhandene nicht beschädigen, sondern auf eigenwillige Weise ergänzen. An erster Stelle wäre hier der Neubau des Hans Otto Theaters zu nennen, das sich mit seiner geschwungenen Dachkonstruktion zum Wasser hin öffnet. Ungewöhnlich für ein Stadttheater, aber sehr sinnvoll für Potsdam. Ungewöhnlich auch, weil hinter einer Rokoko-Fassade versteckt, der moderne Nikolaisaal, Potsdams neue Adresse für Musik mit spezieller Ausrichtung auf Cross-over.

Das nach 1993 entstandene Wohngebiet Kirchsteigfeld war als Musterbeispiel für eine moderne, urbane Trabantenstadt angelegt, bei dem viele architektonische Handschriften zusammenkamen. Die Siedlung für 2.680 Wohnungen war noch nicht fertig, da war sie bereits durch eine verlängerte Straßenbahnlinie mit der Innenstadt verbunden. Es ist architektonisch viel experimentiert worden in Potsdam. Zum Beispiel bei Wohn- und Verwaltungsbauten mit geringem Energieverbrauch, so die Zentrale der Stadtwerke in der Steinstraße oder der Betriebshof des Verkehrsbetriebes in der Fritz-Zubeil-Straße.

Potsdam erlebte 2001 eine Bundesgartenschau, die die Chance mit sich brachte, ein 200 Jahre altes Manövergelände für eine künftig friedliche Nutzung fit zu machen und den klassischen Parks moderne Anlagen für vielfältige Betätigungen hinzuzufügen. Mit den Wohngebieten am Rand des Bornstedter Feldes hat sich Potsdam noch einmal ausgedehnt. Und jedes Mal ist das Liniennetz der Straßenbahn mitgewachsen. Auch Eingemeindungen hat es gegeben. 2003 ist ein ganzer Kranz von Orten im Norden hinzugekommen.

Auch wenn Potsdam 2010 nicht europäische Kulturhauptstadt wurde, konnte sie in den vergangenen Jahren immer wieder zeigen, was in ihr steckt. Besonders als Touristenziel. Sie ist durch viele neue Hotels zu einem attraktiven Reiseziel geworden. Noch ist vieles offen für Potsdam, noch sind alle Entwicklungen zu frisch, die sich aus dem Wechselspiel der verschiedenen Akteure ergeben. Es braucht noch Zeit, bis sich ein schlüssiges Bild ergibt. Wie heißt es? Wer die Vergangenheit befragt, wird Antworten für die Zukunft finden.

Map place names (historical map near Spandow/Spandau):

- Dinatz
- Prirart
- Weindorff
- Heiligen see
- Harmßd[orff]
- Bl[...]
- Dal[...]
- Rorbek
- Dalgen
- Staken
- Tegel
- Deberitz
- Spandow
- Carptzow
- Seeborgk
- Kitz
- Vorgarten
- Parne
- Segefelt
- Sudske
- Pickelsdorf
- Scharin
- Glinick
- Lutzow
- be
- Garow
- Grunewaldt
- Schöneberg
- Golm
- Fahrland
- Ti[...]
- Bornum
- Wilme rsdorff
- Ma[...]
- Nootlin
- Kladow
- Smargendorff
- Lankewitz
- Bornstett
- Sakerow
- Steglitz
- tow
- Tber
- Höner[...]
- Potzsten
- Dolem
- Lichterfelt
- Diders[...]
- Zelendorf
- Giftensdorff
- Schönow
- Rolsdorff
- Hakamühl
- Makenow
- Dorp
- Stanßdorff
- Teltow
- Blankenfelt
- Gutersgatz
- Schenckendorff
- Arensdorff

Olof Hansson Svart: March.(ionatus) Brandenburgici Pars, quae Marchia Media, Vulgo Mittelmarck dicitur. Amsterdam 1662. Kupferstich. © Ausschnitt aus Berlin-Brandenburg im Kartenbild

993 – 1660

Ein Städtchen mit armseliger Burg

Der erste uns namentlich bekannte Potsdamer war ein Pferdedieb. Es war „Brunnes Sohn", Vorname unbekannt. In die Annalen von 1409 ging er ein, weil er in jenem Jahr in Berlin gehenkt wurde. Pferdeklau war ein Schwerverbrechen. Vielleicht war das der Ausgangspunkt dafür, dass sich bis zum heutigen Tage Berliner und Potsdamer misstrauisch im Auge behalten.

Der Name „Poztupimi" („Potsdam", wie es von den slawischen Bewohnern genannt wurde) tauchte bereits 993 in einer heute noch vorhandenen Urkunde auf. Der damals 13-jährige Kaiser Otto III. übereignete darin den Ort samt Umgebung seiner Tante Mathilde, Äbtissin des Jungfrauenklosters zu Quedlinburg. Es versteht sich von selbst, dass das nicht aus reiner Familienliebe heraus geschah. Das damalige Potsdam befand sich an der Frontlinie zwischen den dort ansässigen slawischen Hevellern und den polnischen Fürsten auf der einen Seite und dem nach Osten drängenden deutschen Reich auf der anderen. Die Schenkung sollte den Machtanspruch des Kaisers in diesem Gebiet besiegeln. Tante Mathilde konnte sich jedoch an ihrem neuen Besitz nur kurz erfreuen, denn bereits zwei Jahre später beendete ein Slawenaufstand die Hoffnungen auf Ausdehnung des deutschen Reiches.

Die Schenkung von 993 bot dennoch der Stadt Potsdam im Jahr 1993 den Anlass zu einer groß aufgezogenen 1.000-Jahrfeier. Es war die ideale Gelegenheit, das erst drei Jahre zuvor als brandenburgische Landeshauptstadt aufgewertete Potsdam selbstbewusst zu präsentieren.

Bevor das einstige Schlossareal neu bebaut werden konnte, wurden Fundamente der Vorgängerbauten für archäologische Forschungen freigelegt. Rechts: Potsdamer Stadtsiegel aus dem 15. Jahrhundert

Immerhin konnte Berlin ein paar Jahre zuvor erst das 750-jährige Jubiläum (auch hier nach der ersten bekannten urkundliche Erwähnung) feiern. Die Schenkungsurkunde klärt uns allerdings nicht darüber auf, welche Gebiete genau gemeint sind und schon gar nicht, wie es im mittelalterlichen Potsdam ausgesehen hat. Es braucht nur wenig Fantasie, um sich eine sumpfige Flusslandschaft vorzustellen, wo Fischer reichen Fang erwarten konnten, wo aber die Bedingungen für die Landwirtschaft eher schlecht waren. Noch 1561 beschrieb ein Reisender die Gegend zwischen Beelitz und Berlin so: „Dann ging es weiter durch viel Wiesengelände und unkultivierter Heide, wo nur der Landeskundige den richtigen Wege erkennt".

Im Dunkel des Mittelalters

Wenn man mehr über die graue Vorzeit Potsdams wissen möchte, kann nur die Archäologie helfen. Ausgrabungen an der früheren Heiliggeistkirche förderten Reste eines slawischen Burgwalls zutage, der zum Zeitpunkt der Schenkung wahrscheinlich besiedelt war. Also wurde hier die Keimzelle der Stadt verortet. Ausgrabungen am Alten Markt nach Sprengung der Schlossruine und vor Beginn der Bauarbeiten am neuen Landtag boten den Archäologen Gelegenheit, sich tief in die Geschichte der Stadt vorzuarbeiten. Dabei stellten sie anhand eines Verteidigungsgrabens sowie von Spuren eines slawischen Hakenpfluges fest, dass im heutigen Herzen Potsdams noch im 11. und 12. Jahrhundert slawische Bewohner zugange waren. Aber auch Spuren des deutschen Bodenwendepfluges wurden gefunden. Ferner fand man Reste eines Holzbohlenweges, der durch die Stadt führte.

Nach mehreren kriegerischen Auseinandersetzungen und diplomatischen Vereinbarungen war 1157 die Machtfrage in Brandenburg gelöst. Der Askanierfürst Albrecht der Bär eroberte die Branden-Burg in der heute gleichnamigen Stadt und erklärte sich zum Markgrafen. Er gilt als der Gründer der Mark Brandenburg und damit als Urvater des Bundeslandes Brandenburg. Im Zuge seines „Wendenkreuzzuges" dehnte er sein Herrschaftsgebiet deutlich nach Osten hin aus. Den nach Osten vorrückenden Söldnern folgten Siedler, vor allem vom Niederrhein und aus Flamen. Zahlreiche Städte wurden im Schutz von Burgen gegründet. Sie sollten die Ostexpansion zugleich militärisch und wirtschaftlich absichern. Potsdam hat ebenfalls in dieser Zeit seine Wurzeln als Stadt. Sie war nicht die Gründung ihrer Bewohner, sondern das Ergebnis eines Verwaltungsaktes von 1345, bei dem noch nicht einmal geklärt ist, ob der Markgraf oder der Bischof von Magdeburg die treibende Kraft war. Eine Gründungsurkunde hat sich jedenfalls in den Archiven bisher nicht angefunden.

Noch einige Zeit existierten auf dem Gebiet des heutigen Potsdam deutsche und slawische Siedlungen mehr oder weniger friedlich in drei Siedlungskernen nebeneinander: Der erste war die eigentliche Stadt im Schatten einer Burg, im zweiten – bereits außerhalb an der heutigen Burgstraße und der Alten Fahrt – lebten wahrscheinlich deutsche Fischer und im dritten, dem „Kietz", siedelten slawische Fischer. Die Slawen wurden wie Menschen zweiter Klasse behandelt. Sie durften nicht in Städten siedeln und hatten niedere Tätigkeiten zu verrichten. Wenn sie sich in ihr Schicksal fügten und den rechten Glauben annahmen, ließ man sie weitgehend in Ruhe. Während die deutschen Havelfischer entlang der heutigen Burgstraße auch mit großen Netzen fischen durften, war den im Jahr 1375 22 slawischen „Kollegen" am „Kietz" (die heutige Kietzstraße erinnert daran) nur die Kleinfischerei erlaubt.

Die Burg und ihr Städtchen

Die Potsdamer Burg war ursprünglich eine jener Befestigungsanlagen, wie sie hundertfach im 12. und 13. Jahrhundert von den neuen Herren der Mark (= Grenzland) Brandenburg angelegt wurden. Immerhin war es nur ein kurzer Fußmarsch von der Havel bis an die Landesgrenzen im Teltower Land und in der Zauche. Um 1220 war aus einer einfachen, von Slawen angelegten Befestigung eine schlichte Burg mit Ringmauerwerk und Viereckturm geworden. Mehrfach änderte sie Lage und Gestalt, die Ausgrabungen am Alten Markt lassen widersprüchliche Deutungen zu. Umkämpft war sie jedoch offenbar nie. Aber über Jahrhunderte hinweg sollte sie der Kristallisationspunkt sein, um den sich Potsdam entwickelte. Mittendrin die Stadtkirche St. Marien. Sie stand dort, wo sich heute die Nikolaikirche mit ihrer gewaltigen Kuppel erhebt. Urkunden in lateinischer Sprache sprechen von einem „oppidum", einem unbedeutenden Marktflecken mit etwas Gewerbe.

Die Burg war Eigentum des Landesherrn. Gerade die Hohenzollern, die ab 1412 in Brandenburg herrschten, ließen die bisher frei waltenden Städte, so auch Potsdam, ihre neue Herrlichkeit spüren. Sie erklärten die Potsdamer Burg zum Amt und setzten zur Verwaltung Amt-

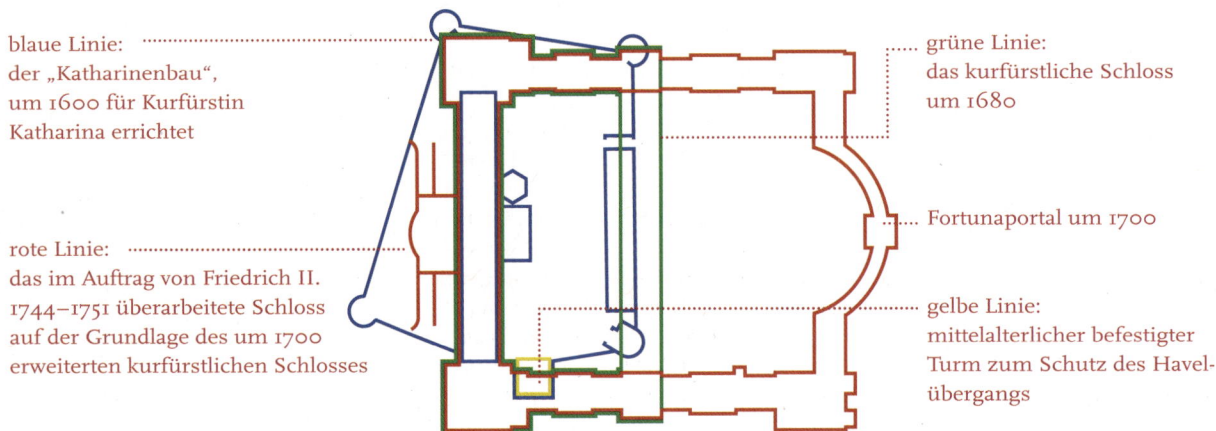

blaue Linie:
der „Katharinenbau", um 1600 für Kurfürstin Katharina errichtet

rote Linie:
das im Auftrag von Friedrich II. 1744–1751 überarbeitete Schloss auf der Grundlage des um 1700 erweiterten kurfürstlichen Schlosses

grüne Linie:
das kurfürstliche Schloss um 1680

Fortunaportal um 1700

gelbe Linie:
mittelalterlicher befestigter Turm zum Schutz des Havelübergangs

Die Keimzelle Potsdams
Buddelplatz Alter Markt

Wer viel buddelt, findet viel, und wer an der richtigen Stelle gräbt, findet noch mehr. Die riesige Fläche zwischen Altem Markt und Alter Fahrt und vor allem dort, wo einst das Potsdamer Stadtschloss stand, ist eine solche Stelle. Von 1945 bis 2010 war es erst eine Ruinenlandschaft und dann eine Brache. Als die Pläne reiften, die Fläche nach historischem Vorbild wieder zu bebauen, schlug die Stunde der Archäologen. Jetzt bestand für fast zehn Jahre die Chance, den alten Potsdamer Siedlungskern zu erforschen. Wo sich heute der Landtag erhebt, stand im Mittelalter ein hölzerner Turm, der von einem Graben umgeben war. Die Analyse der gefundenen Hölzer verraten das Jahr 1323 als Baujahr. Sein Zweck war es vermutlich, die damalige Lange Brücke zu sichern. Im 15. Jahrhundert brannte der Turm nieder. An seiner Stelle errichtete Kurfürst Joachim eine erste Burg.

Was bei den Grabungen zutage trat, war sensationell. Man stieß auf Wohnstätten, die lange vor der ersten Burg bestanden. Ein Tongefäß weist 6.000 Jahre zurück in die Jungsteinzeit. Reste von verhüttetem Eisen berichten von einer germanischen Siedlung in der frühen römischen Kaiserzeit. Hölzerne Brunnen erzählen vom Leben im frühen Mittelalter. Kein Straßenverlauf und kein Gebäude sind in Potsdam aus dieser Zeit erhalten.

Etwa zwei Meter mächtige Schichten mit archäologischen Befunden waren auf den Grundstücken zu untersuchen. Auf den niemals bebauten Flächen im Innenhof des ehemaligen Schlosses zeugen archäologische Funde von an Flussufern rastenden Jägern der Mittelsteinzeit, von ur- und frühgeschichtlichen, verstreut liegenden Hofstellen und Begräbnisplätzen vor der Entwicklung des mittelalterlichen Potsdam. Allein die Grabungen 2006 erfassten 19 Kellerräume des 13. bis 17. Jahrhunderts. Gefunden wurden über 20 Brunnen aus dem 15. und 16. Jahrhundert in unterschiedlicher Bauweise, zum Beispiel hölzerne Kastenbrunnen und gemauerte Rundbrunnen. Viele Spuren deuteten auf Brandkatastrophen hin, die die frühen Potsdamer heimsuchten.

Etwa zehn Prozent des mittelalterlichen Stadtgebietes mit dem spätmittelalterlich-frühneuzeitlichen Burg- und Schlossareal wurden archäologisch untersucht. Spuren im Boden wurden durch sorgfältiges Abtragen von Erdschichten sichtbar, Fundstücke wurden gesichert. Dreidimensionale Objekte, wie Mauerwerk, wurden mit einem 3-D-Laserscanner vermessen. Zum Einsatz kamen auch digitale Dokumentationsmethoden. Die Grabungsdokumentation wird in einer Datenbank verwaltet und steht so nach Abschluss für die wissenschaftliche Auswertung zur Verfügung. Ein Teil der Fundamente der Burg- und Schlossanlagen wird unter dem Landtagsgebäude im Original bewahrt und unter einem Glasboden sichtbar gemacht. Als man im Vorfeld des Landtagsbaus den Alten Markt rekonstruierte, wurde er auf sein historisches Niveau, teilweise bis zu einem Meter, abgesenkt und neu gepflastert.

Alte Fundamente unter dem Landtagsgebäude (siehe auch Foto S. 18)

männer ein. Die gaben sich alle Mühe, die Rechte des Rates und des Bürgermeisters zugunsten der Zentralmacht zu beschneiden. Wie weit das ging, zeigt ein häufig kolportiertes Ereignis: Im Jahr 1559 soll der Amtmann Abraham von Rochow dem Magistrat den Stadtschlüssel entzogen haben, weil ihm ein Nachtwächter das Tor nicht schnell genug öffnete.

Häufig wurde die Potsdamer Burg verpfändet, wobei allerdings das Jagdrecht immer beim Fürsten blieb. Das brachte Geld in die Staatskasse und löste die Frage der Bewirtschaftung. Dieses bis zu 17-fache Hin und Her konnten der Burg und damit auch der Stadt nur zum Schaden gereichen.

Eine kurze Blüte erlebte die Potsdamer Burg unter Kurfürst Joachim Friedrich, der das Amt Potsdam seiner Frau Katharina als Witwensitz schenkte. Die alten Gemäuer der Burg wurden abgerisssen, es entstand ein Wohnschloss, der sogenannte Katharinenbau. Wenig ist über ihn bekannt. Man kann sich aber getrost einen Renaissancebau mit der damals üblichen vorgesetzten Wendeltreppe vorstellen. Da der Kurfürst selbst als Jagdrevier die Schorfheide um Joachimsthal bevorzugte, begann nach dem Tod seiner Frau Katharina 1602 der Verfall des selten genutzten Baus aufs Neue. 1606 wurde die Burg an die im Havelland einflussreiche Familie von Hacke verpfändet.

So mussten sich während des 16. Jahrhunderts die Potsdamer immer mehr daran gewöhnen, dass ihnen städtische Freiheiten genommen wurden, während sich die wirtschaftliche Lage immer mehr verschlechterte. Potsdam gehörte zu den kleinsten märkischen Städten, auf den Landtagen wurde sie von der „Mutterstadt" Brandenburg vertreten. 1536 wurde die Stadt von einer Feuersbrunst heimgesucht, bei der viele Wohnhäuser und selbst das Rathaus mit dem Urkundenarchiv zerstört wurden. Einen weiteren Großbrand gab es 1550.

Für Potsdam spielt der Havelübergang seit jeher eine entscheidende Rolle. Der träge dahinfließende Strom, der sich immer wieder zu großen Seen ausweitet, macht es nicht leicht, ihn zu überqueren. Bis heute gibt es im Stadtgebiet nur zwei Havelbrücken, hinzu kommt die Glienicker Brücke, die Potsdam mit Berlin verbindet. In früheren Zeiten war die Havel entweder zu breit für einen Brückenbau oder ihre Wasser wurden so stark eingeengt, dass unüberwindliche Strömungen entstanden. Dort, wo sich Potsdam entwickeln sollte, hatte über Jahrtausende hinweg Schwemmsand kleine Inseln aufgetragen, die eine Überquerung möglich machten. Zunächst mit einem Ruderboot, später über Brücken.

Es gibt eine von Kurfürst Friedrich I. unterzeichnete Urkunde aus dem Jahr 1416, die den Bau einer auf die Burg zulaufenden Brücke über die Havel gestattete. Der zu leistende Brückenzoll wurde vom Amtmann auf der Burg eingezogen. Häufig wurde die Brücke in der folgenden Zeit erneuert. Erst aus Holz gebaut, dann aus Stein, später aus Beton. Aber immer war es die „Lange Brücke". Ihre Verwandlungen sind ein wesentlicher Teil der Potsdamer Stadtgeschichte.

Und dennoch – kein europäischer Handelsweg, kein Pilgerweg führte über sie. Folglich gab es kaum Kaufleute in Potsdam, kein außergewöhnliches Handwerk gedieh hier, kein überregionaler Markt, schon gar keine Messe fanden statt. Zwei Jahrmärkte – im Juni und im Oktober – gab es, dazu fünf kleinere Märkte. Im ganzen Jahr. Noch nicht einmal Landwirtschaft konnte in dem sumpfigen Gebiet gedeihen. Die Potsdamer produzierten vor allem für den Eigenverbrauch, wovon die geringe Zahl an Bäckern und Fleischern in den späteren Zunftbüchern spricht. Allerdings wurde auch Wein angebaut.

Die Potsdamer schlugen sich somit mehr schlecht als recht durchs Leben. Die Töpfer lieferten achtbare Ware, die Tuchmacher sicherten den Bewohnern ordentliche Kleidung. Wie in anderen Städten, waren die Potsdamer Handwerker in Zünften organisiert. Heute noch vorhandene Zunftbriefe lassen ihre strengen Regeln ahnen. Da war alles bis ins Detail geregelt. Wer wann und wo seinem Gewerbe nachgehen durfte, Preise und Qualitätsstandards wurden festgelegt. Die Hauptsache war, dass keiner gegenüber anderen Zunftmitgliedern bessergestellt sein durfte. Und dann so etwas: Wer bei den Zusammenkünften der Grobschmiede ungebührlich mit der Faust auf den Tisch schlug oder gar zu schnarchen anfing, musste eine oder mehrere Lagen Bier ausgeben.

Das mittelalterliche „Potstamp" hatte damals das geringste Steueraufkommen aller märkischen Städte. Der Rat der Stadt zog die Abgaben ein und führte sie an die kurfürstliche Kasse in Berlin ab. Nicht selten wurde allerdings ein Ratsmitglied dabei ertappt, diese Gelder zu veruntreuen. Er zog dabei den Unwillen der Bürger auf sich. „Brunnes Sohn" versuchte sein Glück mit Pferdediebstahl. Er scheiterte auf der ganzen Linie, ging aber in die Annalen ein.

Die Reformation erzeugte in Potsdam wenig Aufregung. Nur wenige Wochen nach dem 1. November 1539, als Kurfürst Joachim II. den Übertritt zum neuen Glauben vollzog, berief der Potsdamer Rat Mattheus Grothe zum ersten evangelischen Pfarrer. Er war bis dahin der Stadtschreiber. Im Mai 1541 fand in Potsdam die obligatorische Kirchen-Visitation statt. Die Visitatoren stellten unter anderem fest, dass der Kirchturm von St. Katharinen baufällig und die Arbeitsfähigkeit des Hospitals nicht gesichert war. Man gab den Rat, die Kircheneinkommen zu verbessern.

AM RAND DES ABGRUNDS

Als Kurfürst Johann Sigismund 1613 zum calvinistischen Glauben übertrat, berührte das die Potsdamer nur am Rande, denn kaum irgendwo in der Mark Brandenburg waren die Untertanen geneigt, ihrem Landesherren zuliebe vom lutherischen Bekenntnis abzuweichen. Bereits zwei Jahre später wurde ihnen der dauernde Bestand der Lehre Luthers garantiert. Zweihundert Jahre lang folgte das Herrscherhaus mit einer kleinen Schar von hohen Beamten und Offizieren der Lehre Calvins, während das Volk Luther die Treue hielt. Diese für die damalige Zeit einmalige Spaltung in Glaubensdingen (allgemein galt im Reich: „wessen Gebiet, dessen Religion") sollte später bei der Aufnahme von Glaubensflüchtlingen aus vielen Gegenden Europas eine wichtige Rolle spielen. Heute wird das Toleranzpolitik genannt.

Aus dem Jahr 1564 liegt eine statistische Erhebung vor. Danach besaß „Potstamb" 194 Feuerstellen, 103 große und 91 kleine. In der Stadt lebten kaum mehr als 2.000 Menschen. Die Einwohnerzahl hatte sich 300 Jahre lang kaum verändert. Die Bürger bauten, wie es das Gelände und die Geldbörse zuließen. So entstand eher ein größeres Dorf als eine Stadt, eben ein „Stedeken". Potsdam besaß weder die verwinkelten Gassen mittelalterlicher Bürgerstädte, noch eine Stadtmauer.

Das erste Kapitel in der Geschichte Potsdams endete mit einer Katastrophe, die die Stadt mit vielen anderen in Deutschland teilen musste: dem Dreißigjährigen Krieg. Acht Jahre nach seinem Ausbruch erreichte er Potsdam.

Schenkungsurkunde mit Potsdams Ersterwähnung © Landeshauptstadt Potsdam

Slawen und Deutsche nebeneinander
Die Havelfischer

Der Fischreichtum in der sich immer wieder zu Seen ausweitenden Havel war im Mittelalter sagenhaft. Die Fischer arbeiteten meist mit Hilfe von Schleppnetzen, die an zwei Booten befestigt waren und mit Steinen beschwert wurden. Häufig wurden auch Fischwehre errichtet, in denen geflochtene Aalkörbe angebracht waren. Für die berufsmäßigen Fischer war das Angeln oder selbst der Fang mit Reusen zu mühselig. Da die Fischerei oft gemeinschaftlich betrieben wurde, fanden sich die Fischer ab Ende des 12. Jahrhunderts in Kiezen zusammen, die meist dem Landesherrn direkt unterstanden. Der 1349 erwähne „Kytz zu Potstamb" an der Havelbucht war einer davon. Wohnhochhäuser aus den 1970er Jahren haben hier die Adresse „Wall am Kiez".

Ein Wasservoigt überwachte im Mittelalter die Fangergebnisse, um die Abgaben festzulegen. Außerdem passte er auf, dass durch den Fischfang der Nachwuchs nicht geschädigt wurde. Angesichts der ausgeklügelten Fangmethoden war es kein Wunder, wenn bereits 1311 mit Hilfe einer Hegeanweisung versucht wurde, Ordnung in das Gewerbe zu bringen. Eine spätere Fischereiordnung regelte, dass die Körbe und Netze den Jungtieren ein Entschlüpfen ermöglichen. Mehrfach wurden die Potsdamer Fischer ermahnt, keine Raubfischerei zu betreiben.

Verkauft wurde der Fisch ursprünglich an der Langen Brücke. Durch den Bau einer neuen, steinernen Brücke Mitte der 1820er Jahre verloren die Fischer ihre Standplätze und siedelten zum südlichen Ende des Wilhelmplatzes um. Im nahen Stadtkanal säuberten sie am Ende des Markttages ihre Geräte. Heute besteht in Potsdam noch ein einziger professioneller Fischereibetrieb. Er hat seinen Standort hinter der historischen Stadtmauer in der Nähe der Nuthemündung.

Der Fischer, in: Das Ständebuch von Jost Ammann, Inselbücherei 1333

Strategischen Wert besaß die Stadt für keine der Kriegsparteien. Auch der Havelübergang stellte kein unüberwindliches Hindernis dar. Und dennoch wurde die Stadt ein Opfer des Krieges. Mal waren es reguläre Heere, mal marodierende Söldner, die die Stadt ausraubten, brandschatzten und die Bevölkerung drangsalierten. Da spielte es keine Rolle, ob es die katholischen Truppen Wallensteins waren oder die protestantischen des Schwedenkönigs Gustav II. Adolf. Als Räuber waren sie alle gleich.

Im Mai 1631 schlug Schwedenkönig Gustav II. Adolf mit 16.000 Mann eine Woche lang am Potsdamer Brauhausberg sein Hauptquartier auf. Die Potsdamer legten eine Schanze an, um sich vor möglichen Angriffen zu schützen. Viel geholfen hat sie wohl nicht. In der Potsdamer Pfarrchronik des Jahres 1631 ist zu lesen: „Das Schwedische Volk, so umb ostern hiereynkam, that mit blündern, rauben und stelen solchen grossen schaden, dass in vielen dörffern kein einziges heupt viehe, auch kein mensch bliebe."

Eine nennenswerte Garnison zur Verteidigung der Stadt besaß Potsdam nicht. So sahen sich die Stadtoberen 1633 veranlasst, die Verteidigungskraft ihrer Bürger festzustellen. In dieser Liste sind 67 Bürger, 11 Witwen und 2 Geistliche aufgeführt. Ihre Waffen waren: „20 harniß und picken, 19 mußquetten, 12 feuerröhre, 14 hehlebahrten und fehderspieße". Immerhin suchten die schutzlosen Bewohner der umliegenden Dörfer mehrfach Schutz in der Stadt. 1637 verzeichnet die Potsdamer Kirchenchronik: „Den 31. maii jagten die kaiserlichen soldaten eine frempt frau mit einem kinde in die Havel, dass sie beyde versoffen ... Eben an denselben tag versoffen auch bei Caputh drey kaiserliche soldaten, so durch die Havel setzen wollten".

Der Dreißigjährige Krieg markiert jedoch nicht nur eine lange Zeit kriegerischer Auseinandersetzungen, sondern auch anderer Katastrophen: Es gab Kälteperioden und Überschwemmungen, Hagelschlag, Missernten, Viehseuchen mit anschließender Hungersnot, was dem Hexenwahn zu neuer Blüte verhalf. Am schlimmsten aber wüteten immer wiederkehrende Pestepidemien. Die Potsdamer Pfarrchronik enthält im Schreckensjahr 1631 den lapidaren Eintrag: „Sonsten war ein allgemeines gantzes landtsterben." In jenem Jahr starben in Potsdam 471 Menschen, davon 308 an der Pest, im ganzen Jahr wurden nur 12 Paare getraut und 18 Kinder geboren.

1639 wurden bis zu 9 Tote an einem einzigen Tag gezählt. In jenem Jahr traf es besonders die Burg. Dort starben: die zweite Frau des Amtshauptmanns, eine seiner Töchter, der Gärtner, der Kutscher und das Kind des Weinmeisters. In der Kirchenchronik lesen wir, dass die Opfer der Pest möglichst heimlich nachts „ohne Sang und Klang und Sarg auf den Kirchhof geschleift wurden". Oftmals wurden drei Leichen in ein Grab gelegt. Am Ende des Krieges war die Hälfte der Einwohnerschaft tot oder geflohen, von den 198 Häusern der Vorkriegszeit lagen 119 wüst. Potsdam hatte noch 700 Einwohner, die meisten verarmt. Es dauerte Jahrzehnte, bis sich die Stadt einigermaßen von diesem Schrecken erholte. Aber Wunder geschahen schon damals: 1665 wurde der Tod einer Frau von 105 Jahren gemeldet, die – 1560 geboren – alle Pest- und Kriegsjahre durchlebt hatte.

Landsknecht in zeitgenössischer Darstellung

„Eigentlicher Grund Riß der Churfürstlichen Herschafft Potstamp. Nebst dennen Lust- und Fasahngarten und daran grentzenden Öhrtern. Mit Fleiß Deliniret, S. de Suchodoletz. Anno 1683", aus „Potsdamer Schlösser" 1984

1660 – 1713

Potsdam wird Nebenresidenz

Man möchte es nicht glauben: Das in jeder Hinsicht verarmte Brandenburg ging aus dem Dreißigjährigen Krieg gestärkt hervor. Politisch und auf dem Papier zumindest, denn es gab Gebietszuwächse in Pommern, und Brandenburg erhielt die Hochstifte Magdeburg, Halberstadt, Minden und Cammin mit den dazugehörenden Territorien zugesprochen. Aber das Land blieb weiterhin von fremden Truppen besetzt, an der Ostseeküste gab es noch ungeklärte Fragen. Erst als 22 Jahre nach dem Westfälischen Frieden der Kurfürst Friedrich Wilhelm in der Schlacht bei Fehrbellin ein schwedisches Heer besiegte, waren die Fronten endgültig geklärt. Dem Aufstieg Brandenburgs zur europäischen Großmacht stand nichts mehr im Weg.

Für Potsdam hatte diese Entwicklung gewaltige Auswirkungen. Bereits im Jahr 1660, als politisch noch vieles offen war, erklärte der Kurfürst Friedrich Wilhelm die Stadt zur Nebenresidenz neben der Hauptstadt Berlin. Von nun an lebten und regierten in Potsdam brandenburgische Kurfürsten, preußische Könige und deutsche Kaiser. Die einen verlegten sogar ihren Lebensmittelpunkt nach Potsdam, die anderen kamen zur Sommerfrische. Die meisten von ihnen sahen in Potsdam IHRE Stadt, die sie nach persönlichem Belieben und eigenem Geschmack gestalten konnten. Was im vielfach größeren Berlin mit einer selbstbewussten Bürgerschaft nicht mehr möglich war – hier in Potsdam konnten fürstliche Träume wahr werden.

1660 gab es in Potsdam nicht mehr als eine verfallende Burg, 700 mehr schlecht als recht dahinlebende Einwohner in ärmlichen Fachwerkhäusern – und eine Vision. Und es gab eine Landschaft, die – wenn man sie nur weiträumig genug betrachtete – mehr an Reizen zu bieten hatte, als das sonstige Berliner Umland. Auch wenn er in Oranienburg (bis 1652 hieß es noch Bötzow) und in Köpenick Schlösser neu bauen oder erweitern ließ, gab Kurfürst Friedrich Wilhelm Potsdam den Vorzug.

Das Fortunaportal kurz nach seiner Wiederherstellung 2001

Überhaupt spielte die Landschaft für die Mächtigen im Zeitalter des Barock eine sehr wichtige Rolle. Man schaue sich nur die Gemälde des 15. und 16. Jahrhunderts in den Schlossmuseen an, um festzustellen, dass Sagengestalten, Allegorien, ja selbst die höfische Gesellschaft von den Malern häufig in reizvollen Landschaften dargestellt wurden. In einer Zeit, als aufwändiger Pomp darüber hinwegtäuschte, dass das Leben in den Schlössern keinesfalls immer bequem und einladend war, spielte sich viel in freier Natur ab. Gerade hier setzten sich die Fürsten gern in Szene. Mal auf der Jagd, mal beim Promenieren durch die bunten Gärten, mal beim neckischen Spiel im Heckenlabyrinth. Für ein solches Leben hatte der nach dem Dreißigjährigen Krieg regierende Herrscher der Mark Brandenburg Potsdam und seine Umgebung ausersehen.

Beflügelt wurde er von einem väterlichen Berater, dem weitgereisten und welterfahrenen Johann Moritz Fürst von Naussau-Siegen, der meinte: „Das ganze Eyland muss ein Paradies werden …" Gemeint war die Insel Potsdam zwischen Glienicke, Caputh und Bornim. Und um den Gedanken des Freundes vollständig wiederzugeben: „…weil die Edelleute daraus sind". Kurz: Eine edle Landschaft bringt edle Menschen hervor. Ein klarer Fingerzeig für den neuen Landesvater. Der baute zunächst die Zugangswege aus. Bereits 1660 ließ er die erste Glienicker Brücke über die Havel erbauen und sicherte damit eine kurze Verbindung zwischen Berlin, dem Grunewald und Potsdam. Anschließend gab er die dritte Lange Brücke in Auftrag.

Kurfürst Friedrich Wilhelm, nach der Schlacht von Fehrbellin der „Große" genannt, war im Gegensatz zu seinem Vater, dem Kurfürsten Georg Wilhelm, der während des Dreißigjährigen Krieges unglücklich zwischen den Parteien lavierte und damit sein Land immer tiefer in den Abgrund zog, ein Mann der Tat. Als er 1620 geboren wurde, tobte zwar schon der Dreißigjährige Krieg, hatte aber Brandenburg noch nicht erreicht. Als Kind verbrachte er Jahre hinter den Mauern der Festung Küstrin und wurde als junger Mann zur Ausbildung in die Niederlande geschickt. Dort lernte er das damals modernste Wirtschafts- und Staatssystem kennen. Hier bekam er das geistige Rüstzeug für den Wiederaufbau seines Landes. Von hier entstammte seine erste Ehefrau, die oranische Prinzessin Luise Henriette. Sie gebar sechs Kinder, von denen nur der 1657 geborene Friedrich den Vater überlebte und dessen Nachfolger wurde.

Während der Aufenthalte im niederrheinischen Kleve, das damals zum Herrschaftsgebiet des brandenburgischen Kurfürsten gehörte, lernte Friedrich Wilhelm besagten Fürst von Nassau-Siegen kennen, der die dortige Landschaft bereits zu einer Traumlandschaft umgestaltet hatte. Nach dem Tod des Vaters 1640 musste er sich mit 20 Jahren der Verantwortung stellen. Er tat das mit einer erstaunlichen Energie als Politiker, Wirtschaftslenker, Feldherr und auch als Bauherr. In Brandenburg begann die Zeit des Absolutismus.

Die Burg wird zum Schloss

In Potsdam veranlasste der Kurfürst den seit Längerem geplanten Rückkauf der an die Familie von Hacke verpfändeten Burg und des Amtes Potsdam. Die allerdings wollte maximalen Gewinn aus der Transaktion ziehen. Was als Geschacher um den Wert der Immobilie begann, endete als finanzielle Niederlage der von Hackes. 1662 begannen die Bauarbeiten am neuen Schloss unter Leitung des Berliner Festungsbauers Johann Gregor Memhardt. Sie sollten bis 1671 andauern.

Anfangs wurde die alte Burg teilweise instand gesetzt, dann aber vollständig abgerissen und an gleicher Stelle ein neues Schloss errichtet. Die Zeit der Burgen ging überall ihrem Ende entgegen. Es wurde ein großer Keller angelegt, der grottenartig als kühler Sommersaal dienen konnte (er diente später als Weinkeller, unter einer gläsernen Bodenplatte wurde er im heutigen Landtag sichtbar gemacht). Darauf entstand ein Schloss mit zwei Querflügeln im holländischen Stil. Mit einem wuchtigen Mittelbau, dem Corps de Logis, und zwei Pavillons rechts und links daneben, ergänzt durch niedrige Seitenflügel. Im nordwestlichen Pavillon befand sich die Schlosskirche für die reformierte Hof- und Stadtgemeinde.

Da Kurfürst Friedrich Wilhelm durch Feldherrenglück und geschickte Diplomatie in den 40 Jahren seiner Herrschaft meist auf der Seite der Gewinner stand, spülte fast jeder Friedensschluss neue Mittel in seine Kassen. Davon konnte er sich umfangreichen Landerwerb leisten. Bis beinahe das „ganze Eyland" ihm gehörte. Künstler, Architekten, Handwerker, Planteure (Pflanzer) und Kaufleute warb er in den Niederlanden an. Sie sollten das Armenhaus Brandenburg in ein blühendes Paradies verwandeln. Zierpflanzungen waren dabei ebenso wichtig wie der Obst- und Weinbau. Nutzen und Schönheit sollten im Einklang stehen. Schritt für Schritt entwickelte sich daraus die Potsdamer Kulturlandschaft.

Während die Bauarbeiten noch im Gange waren, kam bereits der Kurfürst mit seiner Familie nach Potsdam. An seiner Seite befand sich nunmehr die zweite Ehefrau, die verwitwete Herzogin Dorothea von Braunschweig und Lüneburg. Deren Nachkommen bildeten als Markgrafen von Brandenburg-Schwedt eine Seitenlinie der Hohenzollern, hatten aber keinen Einfluss auf die große Politik.

Beim Ausbau zur Residenz beließ es der Kurfürst allerdings nicht beim Schloss. Er ließ 39 Häuser samt Grundstücke in der direkten Nachbarschaft aufkaufen und dort die „Kurfürstliche Freiheit" errichten, ein repräsentativer Straßenzug mit nur noch 21 Häusern, die vorwiegend hohen Mitgliedern des Hofes vorbehalten waren. Am Ende der Straße wurde ein Wohnhaus für die Predigerwitwen erbaut. Es ist heute das älteste erhaltene Haus der Stadt. Sein Sohn und späterer Nachfolger schrieb als Elfjähriger in sein Übungsheft: „Mein Vater hat Potsdam sehr lieb. Es ist auch ein lustiger ohrt, ich bin gerne da und mein Bruder auch." Adelspaläste, wie sie anderswo in Residenzstädten üblich waren, spielten in Potsdam kaum eine Rolle. Hier sollte in Zukunft der Landesherr allein darüber entscheiden, was gebaut wurde.

Außerhalb von Potsdam schritt der Bau der Lustschlösser in Caputh, Barnim und Glienicke voran. Verbunden wurden sie mit dem Potsdamer Schloss durch für die Zeit des Barock typische schnurgerade Alleen. Die wichtigste von ihnen, die heutige Breite Straße, folgte der Sichtachse aus den Räumen des Kurfürsten im Schloss bis zum Golmer Ehrenpfortenberg. Allerdings schuf erst die in den 1970er Jahren vorgenommene Verkleinerung der Havelbucht eine durchgehende Verbindung entlang dieser Achse. Auch die heute noch zentral durch die Innenstadt führende Lindenallee war eine dieser Alleen. Die Residenz zur

Zeit des Kurfürsten muss man sich als eine weitläufige Anlage vorstellen, mit dem Schloss in der Mitte und kleineren Schlössern als Satelliten im weiteren Umkreis. 1671 verpasste der Große Kurfürst Potsdam per Erlass eine Stadt- und Kirchenordnung. Sie regelte die Aufgaben der Polizei, verlangte die Reinhaltung der Straßen, eine Preiskontrolle auf den Märkten und manches andere mehr. Der Kurfürst forderte von den Potsdamern, in ihrer Stadt für Sauberkeit und Ordnung zu sorgen.

1685 entstand südlich vom Schloss, an der Havel, der barocke Lustgarten mit Wasserspielen und einem Lustschlösschen in der Mitte. Um den wertvollen subtropischen Pflanzen (zum Beispiel Granatbäume, deren Äpfel der Kurfürst zunächst für ungenießbar hielt) das Überleben im Winter zu sichern, wurde in unmittelbarer Nachbarschaft eine Orangerie errichtet. Wenn die Pflanzen im Sommer im Lustgarten blühten, konnten in den großen Sälen der Orangerie Theateraufführungen und Konzerte stattfinden. Als die Orangerie später zum königlichen Pferdestall umgebaut und um das Doppelte erweitert wurde, war Schluss mit den lustigen Spielen. Hier standen nun die edlen Rösser der Hofgesellschaft. Anfang des 20. Jahrhunderts wurde sie zum Garnisonmuseum. Das Gebäude überstand beschädigt den Zweiten Weltkrieg und dient heute als Potsdamer Filmmuseum.

Ein Hofstaat mit Alchimist

Wie es sich für einen absoluten Herrscher seiner Zeit gehörte, unterhielt der Kurfürst einen Hofpoeten (namens von Canitz), gleich fünf Hofmaler und eine Hofkapelle. Deren Angehörige wurden zum Teil auf Kosten des musikliebenden Kurfürsten in England und Frankreich ausgebildet. Er spielte selbst die Gambe, eine Vorläuferin der Violine. Anlässe für den Einsatz der Kapelle gab es reichlich: Tafelmusiken, Hofbälle, Ballette, Hochzeiten, nicht zu vergessen Besuche von Fürsten anderer Länder. Neben der Hofkapelle gab es noch ein Hoftrompeterkorps mit vierundzwanzig Trompetern und zwei Paukern. All diese Musiker gehörten zum Tross des Kurfürsten, wenn er in Potsdam Wohnsitz nahm.

Auch wenn Friedrich Wilhelm in den Niederlanden die moderne Welt kennengelernt hatte, glaubte er fest an Geister, Gespenster, Zauberer und die schwarzen Künste. Da war es folgerichtig, dass zum engsten Kreis der Vertrauten des Kurfürsten ein gewisser Johannes Kunckel gehörte, ein Alchimist. Diese Berufsbezeichnung war damals jedoch keineswegs so ehrenrührig wie es sich heute anhört. Wenn einer der Alchimisten beim Experimentieren mit chemischen Stoffen hinter das Geheimnis gekommen wäre, wie künstlich Gold hergestellt werden kann, wäre das buchstäblich wunderbar gewesen. Aber auch ohne Gold konnte die Alchimie nützliche Dinge hervorbringen.

Als Kunckel den eindeutigen Erwartungen des sächsischen Kurfürsten nicht entsprach, nahm er die Einladung nach Brandenburg an. Kurfürst Friedrich Wilhelm wollte mit seiner Hilfe die Glasmacherkunst zu höherer Blüte bringen. Vor den Toren Potsdams, im heutigen Stadtteil Drewitz, übernahm Kunckel eine bestehende Glashütte. Von dort lieferte er unter anderem schöne bunte Glasperlen. Die konnten die Kapitäne der Überseeflotte Friedrich Wilhelms in Afrika gewinnbringend gegen Sklaven und Gold eintauschen.

1678 richtete Kunckel am Hakendamm, im heutigen Babelsberg, eine Kristallglashütte ein, in der er das von ihm erfundene Rubinglas herstellte. Von hier kamen edelste Kelche, Karaffen, Weingläser, die die Festtafeln fürstlicher Häuser schmückten. Sie hoben das Ansehen des Kurfürsten und machten Potsdam in der feinen Welt zu einem Begriff. Heute sind sie der Stolz manchen Museums. Für weitere Forschungen schenkte der Kurfürst seinem Alchimisten die Havelinsel Kaninchenwerder, heute unter dem Namen Pfaueninsel bekannt. Hier konnte er nach Belieben experimentieren. Der Landesherr kam gelegentlich vorbei, um sich von den Fortschritten in der Forschung berichten zu lassen. Nach dem Tod des Kurfürsten nahm diese Förderung von höchster Stelle ein jähes Ende. Kunckel ging nach Schweden, setzte dort seine Forschungen fort und wurde geadelt. Die Glashütte aber wurde in den brandenburgischen Norden, nach Zechlinerhütte verlagert. Dort gab es mehr Holz als in den Potsdamer Stadtforsten.

Seit Anfang der 1670er Jahre war Potsdam der bevorzugte Aufenthaltsort des Kurfürsten. Nach Berlin richtete er einen regelmäßigen Postdienst ein. An „normalen" Tagen stand er morgens um sechs Uhr auf, kleidete sich selbst an und sprach ein selbstverfasstes Gebet. Dann sah er die Post durch. Anschließend nahm er mit der Gemahlin das Frühstück ein, um sich alsbald wieder den

Pferdestall und Filmmuseum
Der Marstall

Wer kommt schon auf den Gedanken, dass das Gebäude des Marstalls, in dem heute das Filmmuseum Potsdam untergebracht ist, eigentlich aus zwei Teilen besteht, die zu unterschiedlichen Zeiten errichtet wurden? Von der Vorderseite aus, mit den beiden repräsentativen Eingängen und den steinernen Pferdebändigern darüber, ist davon nichts zu sehen. Auf der Rückseite, wo das Denkmal für Friedrich Wilhelm von Steuben steht, den preußischen Offizier und Helden der amerikanischen Unabhängigkeitsbewegung, ist selbst für Laien sichtbar, dass hier zwei separate Gebäude aneinandergereiht sind. Die dem Osten zugewandte Seite entstand 1685 nach Plänen von Johann Arnold Nehring als Orangerie des kurfürstlichen Schlosses. Die Verlängerung in Richtung Westen sowie die beiden Kopfbauten wurden 1746 nach Entwürfen von Georg Wenzeslaus von Knobelsdorff im Auftrag von König Friedrich II. erbaut. Der verlängerte Marstall wurde schließlich durch Kolonnaden mit dem Schloss verbunden. Zu dieser Zeit war der Bau schon keine Orangerie mehr. Der „Soldatenkönig" hatte ihn 1714 zum Stall für die königlichen Reitpferde umfunktioniert.

Bis zum Ende der Monarchie bot der Marstall den Reitpferden der Monarchen-Familie eine luxuriöse Heimstatt. 1922 wurde er in ein Garnisonmuseum umgewandelt. Allerdings blieb in einem kleinen Teil des Gebäudes eine Schmiede erhalten, in der die Potsdamer Pferde beschlagen werden konnten.

Verwirrung der Baustile: vorn deftiger Barock, hinten ein Stück Renaissance

Die Bomben, die am 14. April 1945 auf Potsdam fielen, beschädigten zwar auch den Marstall, ließen aber so viel Substanz übrig, dass ein Wiederaufbau möglich war. Der begann 1977. Polnische Experten spielten dabei eine wichtige Rolle. Sie rekonstruierten auch die Plastiken des Potsdamer Bildhauers Friedrich Christian Glume. So zeigt sich heute das älteste erhaltene Gebäude Potsdams in voller Schönheit.

1981 wurde im Marstall das Filmmuseum der DDR (seit 1990 „Filmmuseum Potsdam") eröffnet. Das Museum ist als ein Institut der seit 2014 bestehenden Filmuniversität Babelsberg „Konrad Wolf" angegliedert. Die ständige Ausstellung des Museums ist dem Filmstudio Babelsberg gewidmet. Sie befasst sich mit den Menschen, deren Lebensenergie seit dem ersten Film 1912 in mehr als 3.000 Kino- und TV-Filme geflossen ist. Die Ausstellung vollzieht in sieben Themenräumen von der Idee bis zur Premiere den gesamten Filmherstellungsvorgang nach.

Der Kinosaal im Filmmuseum Potsdam ist derzeit das einzige Filmtheater in der historischen Innenstadt Potsdams. Es zeigt ausgewählte aktuelle Produktionen, thematische Filmreihen und historische Streifen. An den Wochenenden ergänzen Kinderfilme das Programm. Besonderer Beliebtheit erfreuen sich Voraufführungen, die mit Publikumsgesprächen verbunden sind. Stummfilme werden mit Livemusik an der 1929 gebauten, stimmgewaltigen Welte-Kino-Orgel begleitet.

Friedrich Christian Glume schuf die Reitergruppen über den Portalen des Marstalls.

Staatsgeschäften zuzuwenden. Er versammelte Staatsbeamte um sich, erteilte Audienzen, inspizierte die Soldaten. Dann ritt Friedrich Wilhelm aus. Es ging in den Tiergarten, zur Glashütte, zu den Baustellen rund um Potsdam. Um elf Uhr war Mittagszeit. Der Kurfürst bevorzugte schlichte, aber kräftige Kost. Nach dem Essen ging es – sofern nicht die Pflicht rief – hinaus ins Freie. Meist zu Pferd, gelegentlich in einem Boot auf der Havel. Um sechs Uhr war Zeit zum Abendmahl. Solange es noch hell war, flanierte man im Lustgarten oder ritt hinaus auf die Pirsch. Zwischen neun und zehn Uhr kam der Hof zur Ruhe.

DOKUMENT MIT LANGZEITWIRKUNG

Ein Dokument, dessen Bedeutung weit über die Zeit und den Ort seines Zustandekommens hinausreicht, ist mit dem Namen Potsdam verbunden: das Edikt von Potsdam aus dem Jahr 1685. Es ist Zeugnis einer auf Toleranz gegründeten Zuwanderungspolitik im Interesse der friedlichen Entwicklung des Landes. Einem Irrtum sollte man allerdings nicht erliegen: zu glauben, dass mit dem Edikt von 1685 die brandenburgisch-preußische Politik der Toleranz begann. Das war viel früher.

Zunächst sei daran erinnert, dass im Land bereits eine Form der religiösen Toleranz herrschte. Die Lehren Luthers und Calvins existierten hier nebeneinander. Jede dieser Richtungen des Protestantismus hatte ihre eigenen Gotteshäuser, die sich in Ausstattung, Schmuck und Liturgie klar unterschieden. Zum anderen hatte die Einwanderung schon viel früher begonnen. Bereits 1661, 1667 und 1679 haben Edikte die Einwanderung von niederländischen Siedlern nach Brandenburg gefördert. 1671 lud der Kurfürst fünfzig wohlhabende jüdische Familien aus Wien gegen einen Schutzzoll nach Brandenburg ein. 1683 siedelten sich im heutigen Potsdamer Ortsteil Nattwerder Calvinisten aus der Schweiz an.

Chur-Brandenburgisches

EDICT,

Betreffend

Diejenige Rechte / Privilegia und andere Wolthaten/ welche Se. Churf. Durchl. zu Brandenburg denen Evangelisch-Reformirten Frantzösischer Nation so sich in Ihren Landen niederlassen werden daselbst zu verstatten gnädigst entschlossen seyn.

Geben zu Potstam/den 29. Octobr. 1685.

leiden/welches Wir mit solchen Unsern/wegen des heiligen Evan-

Das berühmte Edikt von Potsdam, ausgestellt am 29. Oktober 1685, versprach den durch blutige Unterdrückung heimatlos gewordenen französischen Calvinisten (den Hugenotten) zahlreiche Privilegien, sofern sie nach Brandenburg kamen. Die meist gut ausgebildeten, geschäftlich erfolgreichen und zum Teil wohlhabenden Franzosen wurden überall in Europa mit offenen Armen empfangen. Das ausgeblutete Brandenburg hatte sie besonders nötig. Rund 20.000 kamen innerhalb kurzer Zeit. Die meisten gingen nach Berlin. In Potsdam war ihre Zahl sehr überschaubar.

Die Zuwanderer aus Frankreich siedelten in einem ihnen zugewiesenen kleinen Viertel zwischen Kanal und Bassinplatz (beiderseits der heutigen Französischen Straße), hatten ihre eigene Gerichtsbarkeit, eine eigene Schule und später eine eigene Kirche. Sie gründeten Manufakturen und leisteten einen beachtlichen Beitrag bei der Ausschmückung der Residenz. Der Zuzug von Fremden sollte in Potsdam noch fast einhundert Jahre anhalten. Die Toleranz, die der Kurfürst versprach, musste von den alteingesessenen Potsdamern mit Leben erfüllt werden. Leicht war das nicht immer, zumal die Neusiedler Privilegien genossen, von denen die Potsdamer nur träumen konnten.

Zu den von der Nachwelt bewunderten Leistungen des Großen Kurfürsten gehörte die Schaffung eines stehenden Heeres. Die Erhebung der Mahl-, Schlacht- und Brau-Steuer versetzte ihn in die Lage, ein stets verfügbares Heer zu unterhalten, das im Fall eines Kriegs auf 20.000 Mann aufgestockt werden konnte. Von der Anwerbung junger Männer zum Militär abgesehen, war Potsdam davon jedoch kaum betroffen. Hier waren zur damaligen Zeit kaum mehr als 150 Bewaffnete anwesend – und die gehörten vor allem der Schlosswache an.

Der nunmehr „Große" Kurfürst starb am 9. Mai 1688 im Alter von 68 Jahren im Potsdamer Stadtschloss. Er hinterließ einen funktionierenden und im Ausland geachteten – vielleicht auch gefürchteten – Staat mit geordneten Finanzen. Seinen direkten Nachfahren vererbte er eine quälende Krankheit, die Gicht. Und er wurde zum Namensgeber aller weiteren Herrscher aus dem Hause Hohenzollern. Sie hießen, wie er, Friedrich Wilhelm oder nur Friedrich oder nur Wilhelm. Deshalb sind die römischen Ziffern so wichtig, wenn es gilt, preußische Könige und deutsche Kaiser auseinanderzuhalten.

Ab jetzt: Königsresidenz

Nach dem Großen Kurfürsten kam Friedrich III., der „schiefe Fritz". Die Berliner waren auch damals nicht fein, wenn es galt, körperliche Gebrechen mit drastischen Namen zu versehen. Ein Missgeschick der Amme soll der Grund dafür gewesen sein, dass sich Friedrichs Knochen nicht ordentlich entwickelten. Seine Körperhaltung war alles andere als „majestätisch". Historiker vermuten, dass die Prunksucht Friedrichs auch auf die körperliche Einschränkung zurückzuführen war. Sie sollte damit überdeckt werden.

Das Verhältnis des neuen Kurfürsten zu Potsdam war wohlwollend, wenn auch nicht innig. Zunächst waren ihm Stadt und Schloss entzogen, denn die zweite Frau des Großen Kurfürsten, seine Stiefmutter Dorothea, erbte beides. Das war allerdings nicht Friedrichs größtes Problem. In seinem Testament hatte der Vater bestimmt, dass Brandenburg-Preußen unter die fünf lebenden Söhne aufgeteilt wird. Das war ein glatter Verstoß gegen das Hausgesetz der Hohenzollern, wonach im Erbfall die Einheit des Staates zu wahren war. Vier Jahre dauerten die Auseinandersetzungen, bis sich Friedrich gegen die Geschwister durchsetzen konnte. Die Stiefmutter allerdings starb bereits ein Jahr nach ihrem Mann, und im Jahr 1690 konnte Friedrich ihren Erben Schloss und Amt Potsdam für 160.000 Taler abkaufen.

Er ließ daraufhin das Schloss nach französischem Geschmack umbauen. Das vormals steile Dach erhielt eine Mansarde, die Türme auf dem Dach wurden entfernt, der Bau bekam eine goldene Balustrade als besonderen Schmuck. Die Fassade wurde durch neuen Putz markant gegliedert. Auch im Inneren ließ er Verschönerungsarbeiten vornehmen und den Lustgarten weiter ausbauen.

In der Stadt wurde eine schnurgerade Verbindung zur Glienicker Brücke hergestellt. Mehr passierte zunächst nicht. Kurfürst Friedrich III. konzentrierte alle Mittel auf den Neubau des Berliner Residenzschlosses. Es erhielt damals jene Ausmaße, die die Grundlage für den Schlossneubau in heutiger Zeit waren. Insgesamt besaß der König 25 Schlösser. Sein Lieblingsschloss für den Aufenthalt im Grünen war Oranienburg. Dass hier seine Mutter lebte, mag dabei eine Rolle gespielt haben. Im erweiterten und prachtvoll ausgestatteten Schloss brachte der Kurfürst eine in ganz Europa bewunderte Porzellansammlung unter.

Kurfürst Friedrich III. sah es als seine vornehmste Aufgabe an, sich mit viel Aufwand und Pomp in Szene zu setzen. Es entwickelte sich eine Hofhaltung, die bald alle Mittel sprengte. Allein 400 Kammerherren hatte er in Diensten. Aber Friedrich wollte noch mehr, er strebte nach der Königskrone. Rund zehn Jahre lang schickte er brandenburgische Truppen in den Spanischen Erbfolgekrieg, um sich Kaiser Leopold I. für dieses Vorhaben gewogen zu machen. Im Jahr 1700 erhielt er die Zustimmung – allerdings nicht für das brandenburgische Stammland, sondern das weit entfernte Herzogtum Preußen. Es gehörte nicht zum Heiligen Römischen Reich und so genügte es, wenn der Kaiser zustimmend nickte.

Im Vorgriff auf das freudige Ereignis erteilte Friedrich den Auftrag, am Potsdamer Schloss Umbauten vorzunehmen, die das Schloss noch mehr nach seinem französischen Vorbild ausrichten sollten. Beteiligt war auch Andreas Schlüter, der Baumeister des Berliner Schlosses. Von ihm stammten die Stuckaturen im Marmorsaal, die später beim Umbau des Schlosses durch Knobelsdorff unangetastet blieben. Baumeister Jean de Bodt übernahm die Aufgabe, an der zur Stadt zugewandten Nordseite des Schlosses ein repräsentatives Portal zu errichten – das Fortunaportal. Später wurde auf dem Alten Markt, dort, wo sich heute der Obelisk befindet, ein Gipsabguss des Reiterstandbildes des Großen Kurfürsten platziert, das sich als Bronzeoriginal neben dem Berliner Schloss befindet (im Berliner Bodemuseum steht eine verkleinerte Kopie des Denkmals).

Am 18. Januar 1701 setzte sich der Kurfürst im fernen Königsberg die Königskrone aufs eigene Haupt und nannte sich fortan König Friedrich I. Dass er formell nur der König IN Preußen war und nicht der aller seiner Länder, kümmerte ihn wenig. Er war König und ließ sich von seinen Untertanen entsprechend huldigen. Im März 1701 zog er mit gewaltigem Pomp durch eine extra errichtete Ehrenpforte in Potsdam ein und betrat durch das Fortunaportal sein Schloss. Er blieb hier bis zum Mai, um dem Hof in Berlin ausreichend Zeit zu geben, seinen Einmarsch in der Hauptresidenz würdig vorzubereiten. Als König Friedrich II. rund 50 Jahre später einen neuen Schlossumbau verfügte, ließ er das Portal unangetastet. Es war und blieb Zeichen der Königswürde.

Diese Königswürde konnte Friedrich I. im Sommer 1709 so richtig zur Schau stellen. Es kamen August der Starke aus Sachsen und Friedrich IV. von Dänemark zu Besuch. Sie trafen sich, um das weitere Vorgehen im Nordischen Krieg (1700–1721) gegen Schweden um die Vorherrschaft im Ostseeraum zu verabreden. Genauer gesagt: Die Arbeit verrichteten die Minister und Diplomaten in Oranienburg, während sich die Könige in Potsdam vergnügten. Zum ersten und letzten Mal konnte sich hier Friedrich I. als Gleicher unter Gleichen fühlen. Und er ließ sich nicht lumpen. Festliche Diners, Bälle und Theateraufführungen lösten einander ab. Eine Jagdpartie brachte unter anderem hundert Hirsche zur Strecke. Ein Höhepunkt mag die Fahrt mit dem Prachtschiff „Liburnica" von Potsdam nach Caputh gewesen sein. Es war in Holland gebaut worden und konnte in flachen Gewässern segeln. 22 Kanonen hatte es an Bord, dazu jeden erdenklichen Luxus im Inneren.

Friedrich starb am 25. Februar 1713. Er vererbte dem Sohn ein heruntergewirtschaftetes Land – ein Flickenteppich, der sich vom Niederrhein bis zur Kurischen Nehrung erstreckte und angesichts seiner territorialen Lage manche Begehrlichkeit bei benachbarten Mächten weckte. Er hinterließ seinem Nachfolger, der als Friedrich Wilhelm I. den Thron bestieg, einen bankrotten Staat mit 20 Millionen Thalern Schulden, einen völlig überzogenen, unnützen Hofstaat und eine korrupte Regierung. Aus welchem Holz musste der geschnitzt sein, der dieses Erbe antrat?

Statue der Fortuna auf dem gleichnamigen Schlossportal (siehe auch Foto S. 28)

Potsdams Schöpfer im Dienst der Kurfürsten
Drei Baumeister, ein Gärtner

Johann Gregor Memhardt (1607–1678)

Der in Linz an der Donau geborene Memhardt erhielt in den Niederlanden eine Ausbildung als Festungsbauer. Er wirkte in einer Zeit, als der Beruf des Architekten noch nicht klar geschieden war vom Maler, Ingenieur und Baumeister/Bauleiter. Seit ca. 1639 stand er in den Diensten der brandenburgischen Kurfürsten. In Potsdam plante und realisierte er den vom Großen Kurfürsten gewünschten Bau eines Residenzschlosses mit Lustgarten. Die Arbeiten erstreckten sich von 1660 bis 1670. In dieser Zeit fungierte er auch als Lehrer des Kronprinzen, des späteren Königs Friedrich I.

Johann Arnold Nering (1659–1695)

Da sich die kurfürstliche Familie seit 1669 immer häufiger in Potsdam aufhielt, erfolgte ab 1679 eine Vergrößerung des Schlosses. Die Erweiterungsbauten zwischen 1679 und 1682 lagen in den Händen der Baumeister Michael Mattias Smidts (1626–1692) und Johann Arnold Nerings. Wie Memhardt wurde auch Nering in Holland ausgebildet. Ausgedehnte Bildungsreisen führten ihn nach Italien.

Jean de Bodt (1670–1745)

De Bodt wurde als Kind wohlhabender Eltern in Paris geboren. Dort studierte er Architektur. Als Hugenotte floh er nach Holland, wo er zunächst eine militärische Karriere begann. 1699 folgte er dem Ruf des Kurfürsten Friedrich III. (ab 1700 König Friedrich I.) an den Berliner Hof. In Potsdam zeichnete er verantwortlich für das Fortunaportal an der Nordseite des Stadtschlosses.

Dirk van Langelaer (1640–1713)

Der in einer holländischen Hofgärtner-Familie geborene van Langelaer war der erste, der auf der „Insel Potsdam" Pflanzungen vornahm. Unter anderem legte er die Eichenallee vom Stadtschloss bis nach Golm an sowie die Baumreihen entlang der Lindenstraße und der Jägerallee.

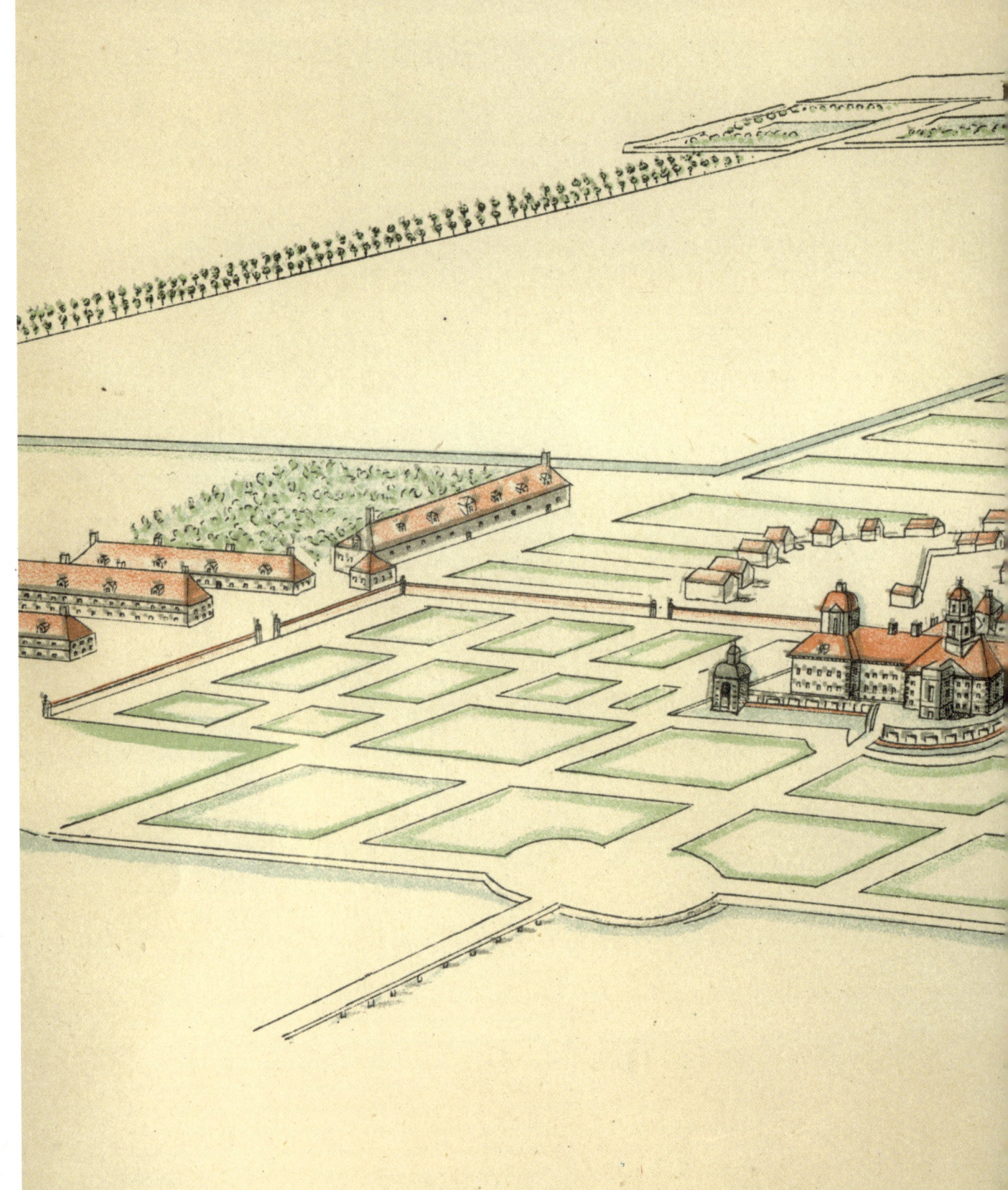

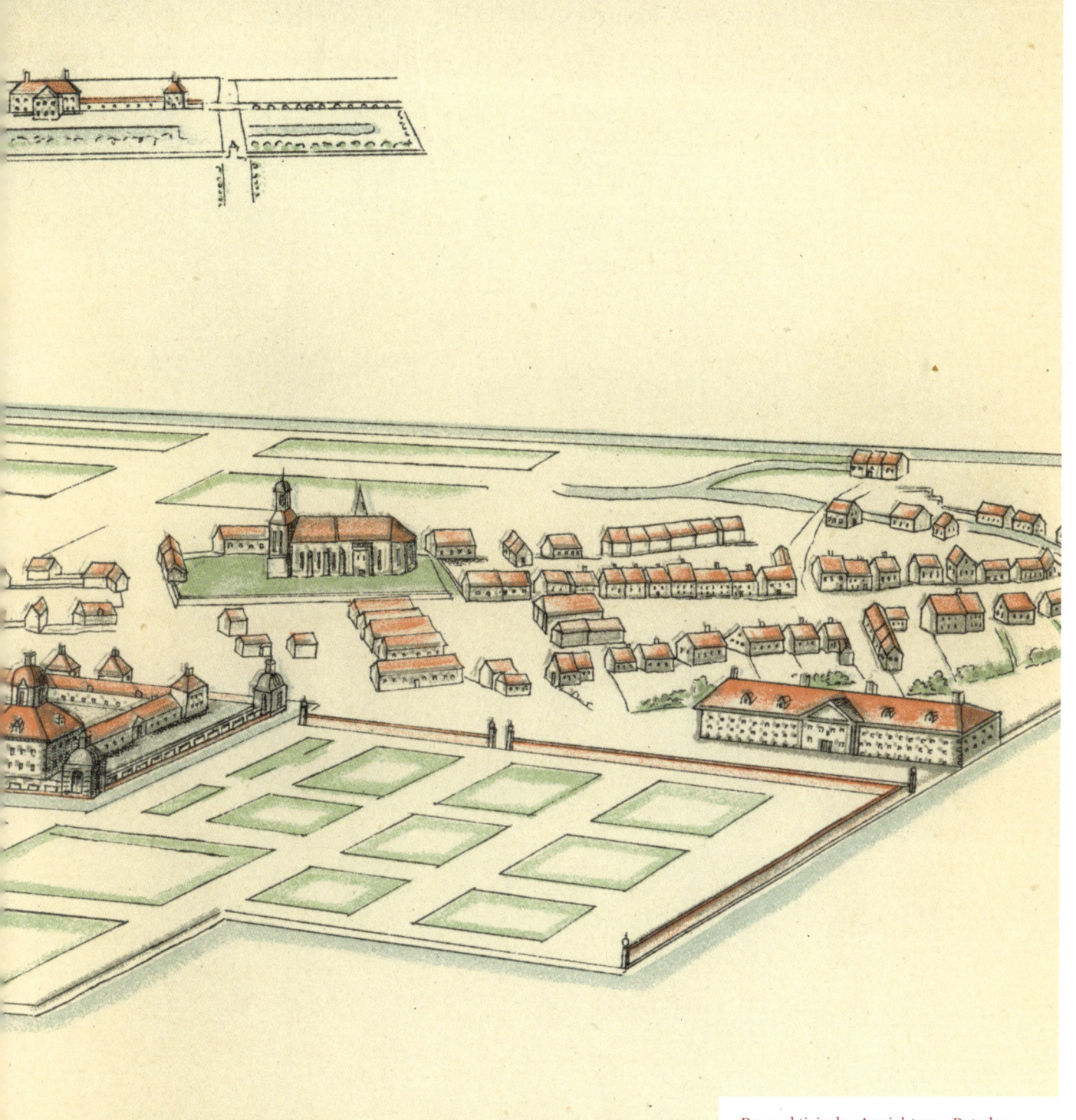

Perspektivische Ansicht von Potsdam nach Memhardt, ca. 1672, entnommen aus Georg Sello, „Potsdam und Sanssouci" 1888

1713 – 1740

Der König übernimmt die Stadt

Der Apfel fällt nicht weit vom Stamm, sagt man. Im Verhältnis von König Friedrich I. und seinem Sohn Friedrich Wilhelm stimmt diese Spruchweisheit aber ganz sicher nicht. Sie konnten verschiedener nicht sein. Schon in ihrer Statur unterschieden sie sich deutlich – der eine klein und schwächlich, der andere bullig und kraftstrotzend. Noch mehr klaffte ihr Verständnis als königliche Landesväter auseinander. Der eine schaute permanent in Richtung des französischen Hofes, um abzukupfern, was er nur konnte, und legte Wert auf ein festgefügtes Hofzeremoniell mit Verschwendung auf allen Gebieten. Der andere verhöhnte die oberflächliche Künstelei am französischen Hof, war sparsam bis zum Geiz und entließ gleich nach seinem Machtantritt Heerscharen von Höflingen. Und er war äußerst misstrauisch (um dann doch von engen Vertrauten hintergangen zu werden). Kurz: Mit König Friedrich Wilhelm I. brach in Brandenburg-Preußen ein neues Zeitalter an und in Potsdam allemal.

Es endete die Zeit der seidenen Gewänder, es begann die der groben Uniformen. Jetzt ging es darum, eine „formidable Armee" zu schaffen und die Staatstresore zu füllen. Die meiste Zeit verbrachte der König selbst in der Uniform eines Obersten. Diesen Rang hatte ihm sein Vater verliehen, als er in jungen Jahren das „Königsregiment" übernahm. Sich selbst weiter zu befördern, widersprach seinem Pflichtverständnis. Bald nannte man Friedrich Wilhelm I. den „Soldatenkönig". Bei all dem verfolgte er keine kriegerischen Ziele. Brandenburg-Preußen unangreifbar zu machen, war ihm als strategisches Ziel bereits genug. Dem „Soldatenkönig" war Potsdam die erste und wichtigste „Soldatenstadt", denn hier formierte er seine Leibtruppe zum Muster für die gesamte Infanterie.

Der Tag, an dem Potsdam Soldatenstadt wurde, lässt sich genau datieren: Montag, der 3. Juli 1713. Seit dem Tod des alten Königs waren gut vier Monate vergangen. Fast 600 Soldaten marschierten an jenem Tag über die damals noch hölzerne Lange Brücke in die Stadt ein und nahmen hier Quartier. Sie kamen aus Königs Wusterhausen, Mittenwalde und Zossen, wo sie Friedrich Wilhelm auf eigene Kosten als Privatarmee rekrutiert, auf sich eingeschworen und gedrillt hatte. In ihren Uniformen überwog die Farbe Rot. Daher nannte man sie die „Roten Grenadiere".

Das Potsdamer Schloss bot zwar keinen Vergleich zu dem gerade zehn Jahre zuvor fertig gewordenen gewaltigen Neubau in Berlin. Dafür aber ausreichend Abstand zur alten Hofkamarilla, die den Vorhaben des jungen Königs zur Modernisierung des Staates nur im Wege gestanden hätte. Also hieß es auch für den König, sich einzuschränken. Repräsentative Empfänge waren hier eh nicht geplant. Der König begnügte sich mit Wohnräumen, deren Wände nur getüncht und mit einfachem Mobiliar ausgestattet waren. Mit den parasitären Hofschranzen verschwanden aber auch die Musiker – bis auf die Trompeter und Pauker, sie wurden bei den Truppen integriert – und all die anderen, die das geistig-kulturelle Leben ausmachten.

Bereits am 1. Juni 1713, also einen Monat vor dem Einmarsch der Grenadiere, erließ der König ein Reglement, das genau festlegte, wie seine Truppe in Potsdam unterzubringen sei. Potsdams gerade einmal 1.500 Einwohner hatten bisher im Traum nicht daran gedacht, fremden Soldaten Quartier zu geben. Die bisher 150 Militärpersonen, meist Schweizer Wachsoldaten des selten bewohnten Schlosses, fielen kaum auf. Potsdam war damals ein kleines Nest von rund 200 windschiefen Fachwerkhäusern um das Schloss. Nun bekam jeder Potsdamer Einquartierungen, der ein Haus besaß.

Jedes Haus eine Kaserne

„Naturalquartier" nannte man das. Bürgerhäuser wurden zu Kasernen. Die Bürger selbst waren Teil der Kasernierung. Neben den Räumlichkeiten hatten sie für das leibliche Wohl der Soldaten zu sorgen. Die Potsdamer bekamen zwar aus der königlichen Schatulle ein „Quartier-

Das Jägertor (1733) ist das älteste noch erhaltene Stadttor Potsdams.

nenselben eine sichere und freye retraite in alle Unsere Lande

geld" ausgezahlt, das aber reichte hinten und vorn nicht. Denn dafür hatten sie ein Zimmer zu stellen, zu heizen, zu reinigen und die Betten herzurichten. Ferner hatten sie zu kochen (die Lebensmittel brachten die Grenadiere selbst mit) sowie das „Sauer und Süß" (Essig, Salz, Pfeffer) zu stellen. Das Geld kam von den jeweiligen Kompanien, und mancher Offizier sah hier eine Möglichkeit, kräftig in die eigene Tasche zu wirtschaften.

Aber keins der Häuser war für einen solchen Zuzug ausgestattet. In den wenigen Räumen wurde schließlich nicht nur gewohnt, sondern auch gearbeitet. Es wurde eng in Potsdam, sehr eng. In den Soldatenstuben kamen vier, fünf, zuweilen sechs Mann auf zwanzig Quadratmeter. Auch der König beteiligte sich an den Einquartierungen: Er übernahm vier Leutnants und einen Fähnrich.

Bei den Einquartierungen gab es eine strenge Hierarchie: Ein Leutnant hatte ein Zimmer für sich, ein Kapitän zwei. Gemeine Soldaten teilten sich zu viert eine Stube. Dabei war nicht selten ein Bett zweischläfrig. Geschlafen wurde in Schichten. Ganz schlimm kam es, wenn ein „beweibter" Soldat samt Frau und Kindern vor der Tür stand. Kein Wunder, dass die ersten kasernenartigen Gebäude in Preußen für diese Soldatenfamilien gebaut wurden. Es waren langgestreckte, schmucklose Traufenhäuser, in denen Soldaten meist zwei Zimmer für die Familie hatten, manchmal eine Stube mehr – aber die war für einen zusätzlich einquartierten Grenadier. In der Lindenstraße steht noch solch eine Kaserne.

Die einfache Bauweise und die ärmliche Ausstattung der Quartiere entsprach dem Wesen des Königs, der auch für sich nur Luxus beanspruchte, wenn es die Repräsentationspflichten gegenüber ausländischen Besuchern erforderten. Friedrich Wilhelm I. war durch und durch ein Pflichtmensch. Im Gegensatz zu den Gepflogenheiten seiner Zeit war er zudem ein sehr reinlicher Mensch. Am liebsten seifte er sich mit fließendem, kalten Wasser ab. Nach dem Ankleiden zog er sich Ärmelschoner oder eine Schürze über die Uniform und setzte sich an seinen Arbeitstisch. Nach dem Frühstück ging er die wenigen Schritte vom Schloss auf den Exerzierplatz.

Preussischer Drill

Zunächst wurden in der Stadt die größtenteils maroden Häuser hergerichtet, es wurde angebaut und aufgestockt. 1718 wurde der Kanal begradigt und mit Eichenbohlen verschalt. An Zu- und Abfluss wurden Wassertore eingebaut. Im gleichen Jahr war die Riesenkaserne namens Potsdam eingezäunt – zunächst durch einen einfachen Palisadenzaun, nur wenige Jahre später mit einer Mauer.

Den Lustgarten, an dem sich seine Vorgänger erfreuten, ließ der neue König planieren und nutzte ihn fürderhin als Exerzierplatz. Ziel all der Übungen war absolute Gleichförmigkeit aller Bewegungen und der damit verbundene Gleichklang. 1717 wurde die Riesengarde offiziell zum 1. Bataillon des „Königlichen Regiments Grenadiere" erklärt. An ihnen und mit ihnen erprobte Friedrich Wilhelm I. jeden einzelnen Schritt seiner selbst ausgeklügelten Militärreform: Vereinheitlichung der militärischen Strukturen, Vereinheitlichung der Ausrüstung einschließlich Bekleidung und Bewaffnung, Vereinheitlichung der Exerzierregeln. Potsdam war die Pflanzschule des Heeres.

Der König hatte bei all diesen Bemühungen einen starken Verbündeten: Leopold I. Fürst von Anhalt-Dessau, genannt der „Alte Dessauer". Er gilt als der Erfinder des preußischen Gleichschritts. Viele Exerzierregeln gehen auf ihn zurück. Der Fürst war ein treuer Diener von drei preußischen Königen. Er diente bereits als Heerführer unter dem Vater Friedrich Wilhelms I. und konnte noch als 70-Jähriger für dessen Sohn eine entscheidende Schlacht im Zweiten Schlesischen Krieg für Preußen entscheiden.

Ein weiterer wichtiger Schritt war 1733 die Einführung des Kantonsystems. Bis dahin wilderten die Werber der einzelnen Regimenter wahllos im ganzen Land. Von nun an wurde jedem Regiment ein bestimmtes Gebiet (Kanton) zugeordnet, und nur dort durften die jungen Männer ausgehoben werden. Die Registrierung erfolgte bereits im Kindesalter. Für das Ende der Dienstzeit gab es keine Begrenzung. Allerdings brachten die Soldaten den größten Teil des Jahres in ihren Heimatorten zu, wo meist der Gutsherr das Kommando übernahm. Einmal Soldat – immer Soldat. Ein junger Mann, dessen Bindung an das Militär nicht klar eingeschätzt werden konnte, war ein „unsicherer Kantonist". Das Ergebnis: Wenige Jahre später waren zwei Drittel der Militärangehörigen Inländer.

Und noch etwas brachte die Reform: Angehörigen des Adels wurde der Militärdienst außerhalb Preußens verboten, gleichzeitig zwang der König den Adel zum

Dienst als Offizier in seiner Armee. So entstand eine Offizierskaste, die für Bürgerliche lange Zeit weitgehend verschlossen war. Fast einhundert Jahre lang war ein preußischer Offizier meist ein „von". Und das vor allem in den Potsdamer Garderegimentern.

Der König kümmerte sich gern persönlich um seine kleine Residenzstadt. Er vertrieb den Schlendrian, wenn er in Wut geriet, auch mal mit der Peitsche. Arbeit war die erste Bürgerpflicht. Er sorgte sich um funktionierende Märkte mit preiswerten Angeboten, ließ etliche Straßen erstmals pflastern und achtete auf die Bewahrung des Geschaffenen. So wurden die Scheunen der Potsdamer vor die Tore der Stadt verlegt, denn sie waren meist Ausgangspunkt von Stadtbränden.

Schenken, das waren im alten Potsdam Wirtshäuser, aber auch private Stuben. In der Stadt gab es anfangs 21, später 75 Hausbrauereien. Dieses Bier soll grauenhaft schlecht gewesen sein. Es heißt, es war so schlecht, dass es Anlass zu mancher Desertion gegeben hatte. Immerhin wurde ein Teil des Solds in Bier ausgezahlt. Also befahl Friedrich Wilhelm 1728 den Bau einer Königlichen Brauerei in Sichtweite des Schlosses, gleich am gegenüberliegenden Havelufer. Hier sollte das beste Bier der Stadt gebraut werden, und der König prüfte selbst die Qualität. Der Genuss von Branntwein war den Grenadieren untersagt. Denn der König hatte verfügt, dass „das Vollsuffen als Hauptursache vieler Händel bei Strafe verboten ist". Branntwein durfte nur an die privilegierten Arbeiter der Gewehrfabrik ausgegeben werden.

Auf Stadtobere konnte Friedrich Wilhelm gern verzichten. 1719 schaffte er die jährliche Bürgermeisterwahl ab und setzte ein ständiges Kollegium ein – nach seinen Gnaden, versteht sich. Drei Jahre später bekam Potsdam eine neue Stadtverfassung. Er sorgte dafür, dass Potsdam eine funktionierende Verwaltung, einschließlich einer Polizei, bekam. Ein Beamtenmagistrat regelte die Details. Immerhin spendierte der König seiner Stadt 1721 ein neues Rathaus und setzte den Beamtenmagistrat mit auf seine Sold-Liste. Eine neue Stadtverfassung unterstellte die Verwaltung direkt der Kriegs- und Domänenkammer. Ab 1737 war Potsdam nicht mehr einem Amt unterstellt

Auf originelle Weise kommt zum Vorschein, dass sich unter dem Putz der Giebelhäuser Fachwerk verbirgt.

kund zu thun/was für Grechtigkeiten/ Freyheiten und Prärogati-

– die Stadt war nun auch formell eine „Immediatstadt". Das heißt, hier hatte nur noch der König das Sagen. So wurde Potsdam für mehrere Generationen ein Spielball der preußischen Könige – in Guten wie im Schlechten.

Die erste Stadterweiterung

Die beengten Verhältnisse in Potsdam sollten sich bald dramatisch auswirken. Es kam, was kommen musste: Zwei Jahre nach dem Einzug der „Roten Grenadiere" grassierte das Fleckfieber. Kein Wunder bei einer so vollgepfropften Stadt mitten in sumpfigem Gelände. Diese Epidemie gab den Anstoß zur Erweiterung Potsdams. Noch hatte der König in Potsdam nur seine Leibgarde in der Stärke eines Bataillons um sich. Sein Ziel aber war, seine „Langen Kerls" mit seinem in Brandenburg und Nauen stationierten regulären „Königsregiment" zu vereinen. Das war nur zu realisieren, wenn er neue Unterkünfte schuf. So kam es 1721 zur ersten barocken Stadterweiterung.

Bauland wurde durch Entwässerung des feuchten Geländes außerhalb des Zauns gewonnen. Um ein Haar hätte der König bei einem Inspektionsritt sein Leben verloren, als er in sumpfigem Gelände am heutigen Wilhelmplatz mit seinem Pferd zu versinken drohte. Die Rettung kam buchstäblich in letzter Minute. Der Potsdamer Stadtkanal war für einige Jahre Teil der Stadtgrenze – seine Brücken waren Klappkonstruktionen, die nachts aufgezogen werden konnten. Grachtenbauer aus den Niederlanden halfen beim Bau der künstlichen Wasserstraße, die zugleich als Transportweg für Baumaterial und Abwasserkanal diente.

Entlang des Kanals entstanden in Massivbauweise gemauerte Häuser, die den hohen Offizieren, Beamten und Kaufleuten vorbehalten waren. Sie bezuschusste der König durch kostenloses Bauland und verbilligte Baumaterialien, „Baufreiheitsgelder" hieß das. Die Ausstattung war Privatangelegenheit der Bauherren. Wollte der König einem Bauherren eine besondere Gunst erweisen, dann verlieh er dem Haus eine „Gerechtigkeit", also durfte hier ein Gewerbe ausgeübt werden. Besonders beliebt war die Braugerechtigkeit für fleißige Bürger, Beamte und sogar Offiziere.

Zwischen 1720 und 1738 stieg die Zahl der Braustellen in Potsdam erheblich. Einige wohlhabende Grenadiere waren selbst unter die Bierbrauer gegangen. Auch für Offiziere war der Gerstensaft eine sprudelnde Geldquelle. Selbst Gottfried Emanuel von Einsiedel, der Chef des Königsregiments, besaß für sein Haus in der Schlossstraße die Braugerechtigkeit, die Genehmigung zur Branntweinbrennerei, zum Weinausschank und sogar zum Betrieb einer Apotheke. Es bleibt hinzuzufügen, dass Bier – genauer: Dünnbier – in der damaligen Zeit ein Grundnahrungsmittel war und von Jung und Alt, Männern und Frauen konsumiert wurde. Nicht zu vergessen, dass Potsdam damals von Weinbergen umgeben war – am Heiligen See und am Jungfernsee zum Beispiel. Der Wein war ziemlich sauer, aber es wurde getrunken, was auf den Tisch kam. Bier und Wein waren allemal sauberer als ungereinigtes Wasser.

So wurde nach 1721 die Residenz um ganze Straßenzüge erweitert. Gebaut wurde schnell und billig: simple Fachwerkhäuser, von denen heute kein einziges mehr vorhanden ist. Diese Häuser hatten eine dreifache Funktion: erstens Wohnraum für Potsdamer Neubürger, zweitens Gewerberaum und drittens Schlafstätte für das Militär. Im Normalfall wurden in jedem Haus vier Soldaten untergebracht. Das dafür vorgesehene Zimmer musste „ordonnanzfähig" sein, das heißt, Platz für die Schlafstätten von vier Soldaten bieten. 20,5 Quadratmeter maß ein solcher Raum. Die Häuser mussten auf Vorrat gebaut werden, ganz gleich, ob bereits Bewohner vorhanden waren oder nicht. Hauptsache, es kommt jemand und zieht ein. Mit Steuererlässen und Naturalgeschenken, z.B. einem kompletten Hausrat oder sogar dem Haus selbst, wurden Neubürger angelockt. Von Einquartierungen wurden sie für die ersten Jahre befreit. Auch 600 Straßenlaternen zweigte der König aus Berlin ab. Und Potsdams Straßen bekamen neues Pflaster.

Wohnen und Arbeiten waren in Potsdam eng beieinander. Meist standen auf den Hinterhöfen kleine Werkstätten für allerlei Handwerk. 1724 wurden 48 Berufsgruppen gezählt. Die größte Gruppe stellten immer noch die Fischer. Zu den neueren Gewerben zählt die Buchdruckerei. Bartholomäus Neumann erhielt 1722 die Lizenz zur Herstellung von Kirchen- und Schulbüchern. Die Zukunft sagte sich jedoch mit den Manufakturen an. So ließ der König von den Berliner Bankiers Daum und Splittgerber eine Gewehrfabrik errichten, die bald zum Muster für das preußische Manufakturwesen avancieren sollte. Hierfür ließ er Arbeiter aus wallonischen Waffenschmieden, aber auch aus dem thüringischen Suhl anwerben. Hier wurden die in Spandau gegossenen Gewehrläufe zu fertigen Waffen montiert. Potsdam und Spandau zusammen schafften einen jährlichen Ausstoß von 10.000 Gewehren.

Drei Baumeister im Auftrag des „Soldatenkönigs"
Barock auf Preußisch

Philipp Gerlach (1679–1748)

Als Sohn eines Militärbaumeisters war auch er zunächst als Ingenieur-Offizier für das Militär tätig. Bei seinen Architekturentwürfen verband er Stilmittel des französischen Barock mit dem des niederländischen. Als königlicher Baudirektor war er vor allem in Berlin tätig. Die Potsdamer Garnisonkirche, einer von insgesamt elf Kirchenbauten aus seiner Feder, gilt als eins seiner Hauptwerke und zugleich als besonders schönes Beispiel des norddeutschen Barock.

Pierre de Gayette (1688–1747)

Auch de Gayette ist als Hugenotte aus seiner französischen Heimat geflohen. Er begann seine Laufbahn als Ingenieur-Leutnant und war seit 1720 Hofbaumeister in Potsdam. Er war als Baumeister unter dem „Soldatenkönig" an den Erweiterungen der Stadt beteiligt. Hervorzuheben sind das Kirchenschiff der Heiliggeistkirche, der Lange Stall, das Jagdschloss Stern und die Typenbauten in der Potsdamer Innenstadt.

Johann Friedrich Grael (1707–1740)

Hohe Kirchtürme waren die einzige bauliche Ambition des „Soldatenkönigs". Und so schickte er den jungen Architekten zum Studium hoher Kirchenbauten nach Straßburg, Dresden und Frankfurt/Main. Graels Hauptwerke waren dann auch die Türme der Heiliggeistkirche in Potsdam und der Sophienkirche in Berlin. Für den Petrikirchturm erarbeitete Grael den Entwurf, der unter der Bauleitung von Philipp Gerlach jedoch einstürzte. Eine Untersuchungskommission bestätigte die Korrektheit von Graels Entwurf, dennoch wurde er 1735 für einige Tage in Potsdam inhaftiert und danach des Landes verwiesen.

durch die grosse Noth und Trübsal/womit es dem Allerhöchsten

Der fromme König kümmerte sich auch um die Gottesfürchtigkeit der Bürger und Soldaten. Er ließ 1721 an der Breiten Straße eine Fachwerk-Kirche errichten, die als Hof- und Garnisonkirche dienen sollte. Man hätte sie auch einen Predigtsaal mit angeschlossenem Turm nennen können. Der Bau wurde allerdings so überstürzt hochgezogen, dass er bereits nach acht Jahren wieder abgerissen werden musste. Der Untergrund war nicht genügend befestigt. Noch im Dezember des Jahres 1730 begann der Architekt Philipp Gerlach damit, eine neue Kirche zu errichten. Diesmal gemauert, und einen besonders hohen Turm sollte sie bekommen. 1732 konnte sie eingeweiht werden. Sie bot Platz für 2.800 Gläubige, die allerdings dicht gedrängt sitzen mussten: unten die Zivilgemeinde, bestehend aus dem Hofstaat und der Dienerschaft, auf den Rängen die Uniformierten. Die Gottesdienste wurden für den Hof im reformierten und für die Militärs im lutherischen Ritus abgehalten.

Etwa zur gleichen Zeit ließ der „Soldatenkönig" die Katharinenkirche neben dem Schloss erneuern und vergrößern und widmete sie nun dem Heiligen Nikolaus. Am östlichen Ende der Stadt ließ er 1726 bis 1728 eine neue Kirche errichten: die Heiliggeistkirche. Die fast gleich hohen Türme dieser drei Kirchen (zwischen 86 und 89 Meter hoch) sollten als Dreieinigkeit lange Zeit die Silhouette Potsdams bestimmen. Die Nikolaikirche brannte 1795 vollständig aus und wurde durch einen Neubau ersetzt, dem 1850 eine riesige Kuppel aufgesetzt wurde. Die Kirche erreicht eine Höhe von 77 Metern. Alle drei Kirchen wurden in der Bombennacht des 14. April 1945 schwer beschädigt. Die Nikolaikirche wurde nach und nach wieder aufgebaut, die Heiliggeistkirche vollständig abgerissen, und der Turm der Garnisonkirche blieb bis 1968 schwer beschädigt stehen und wurde dann gesprengt. Der Turm der Heiliggeistkirche wurde vor einigen Jahren durch einen modernen Bau ersetzt, und der der Garnisonkirche wird aus Spendenmitteln derzeit als Begegnungsstätte wiedererrichtet.

Im Zug der ersten Stadterweiterung nahm auch das „französische Quartier" deutliche Konturen an. 1720 erneuerte König Friedrich Wilhelm I. die den Refugies vom „Großen Kurfürsten" eingeräumten Privilegien. Das waren unter anderem die Befreiung vom Militärdienst, keine Soldateneinquartierungen, mehrere Jahre Steuerbefreiung, kostenloses Baumaterial, rasche Erteilung des Bürgerrechtes. Die Kolonie hatte ihren eigenen Bürger-

Entlang der Brandenburger Straße haben sich zu den typischen Giebelhäusern inzwischen Gebäude anderer Epochen gesellt.

meister, ihre eigene Polizei und Gerichtsbarkeit. Hier lebten allerdings nicht nur Franzosen, sondern auch wohlhabende Schweizer und Niederländer. Die französisch-reformierte Kirchengemeinde traf sich in der Schlosskapelle. Wen wundert es, dass die Potsdamer Bevölkerung mürrisch auf dieses privilegierte Viertel schaute? Die viel gerühmte Potsdamer Toleranz brauchte ihre Zeit. Vom französischen Viertel ist nur noch die Französische Kirche vorhanden.

Nicht nur für das Seelenheil seiner protestantischen Glaubensbrüder sorgte Friedrich Wilhelm I. Im Hof der Gewehrfabrik ließ er für die wallonischen Gastarbeiter einen katholischen Betsaal bauen. Er selbst stiftete eine silberne Ampel für das ewige Licht. Sie hängt heute noch in der katholischen Kirche am Potsdamer Bassinplatz.

Gleich hinter der Garnisonkirche wurde entlang des Kanals ein großes Exerziergebäude aus riesigen Balken zusammengezimmert, in dem bei schlechtem Wetter der Drill weitergehen konnte. Es war ein monumentaler Fachwerkbau, ein Meisterwerk der Zimmermannskunst, der den bis heute benutzten Spitznamen „Langer Stall" nicht verdient hat. Am Ende des Riesenbaus richtete der König das Bethaus für die orthodoxen Angehörigen der Garnison ein. Der Nachfolger des „Soldatenkönigs" sollte den „Langen Stall" mit einer Schaufassade ausstatten, die das Bauwerk dahinter schamvoll verbirgt. Während der eigentliche Lange Stall 1945 zerstört wurde, blieb der steinerne Vorbau erhalten.

Ein Haus für Militärwaisen

Zwischen dem Stadtkanal und der damaligen Stadtgrenze wurde ab 1722 ein Gelände bebaut, das größer war als das Schlossareal. Hier wuchs der Gebäudekomplex des Militärwaisenhauses aus dem Boden. Das Waisenhaus ist Ausdruck der tiefreligiösen Gesinnung Friedrich Wilhelms I. Sein Vorbild waren die Franckeschen Stiftungen in Halle/Saale, gegründet von dem pietistischen Theologen August Hermann Francke. Dass der König ein solches Haus für Soldatensöhne für erforderlich hielt, hing weniger damit zusammen, dass durch Kriege Waisen entstanden (denn Kriege führte er nicht), sondern eher mit der sozialen Lage vieler Soldatenfamilien, die so arm waren, dass sie ihre Kinder nicht allein durchbringen konnten. Es liegt auf der Hand, dass ein solches Haus nur ein Tropfen auf den heißen Stein sein konnte. 1725 wurde ein entspre-

Ein schwieriges Erbe
Die Garnisonkirche

Wir nennen sie heute einfach Garnisonkirche. Korrekt wäre – zumindest bis 1848 – Hof- und Garnisonkirche. Denn so etwas gab es nur in Potsdam: König und Hof zusammen mit den Soldaten der Garnison unter dem gleichen Dach zum Gebet versammelt. Auch wenn die Sitzordnung eine klare Trennung vorsah: unten die Angehörigen des Hofes, oben auf den Balustraden dicht gedrängt die Uniformierten. Wie der Gottesdienst vonstatten zu gehen habe, hatte der König bis ins Detail selbst festgelegt. Er verlangte eine Ausstattung, die gleichermaßen die Reformierten wie die Lutheraner ansprechen konnte.

Die Kirchweihe der zweiten Garnisonkirche an diesem Ort fand am 17. August 1732 statt. Da ragte der Turm noch nicht über das Kirchschiff hinaus. Drei Jahre dauerte es noch, bis auch der fertig war. Immerhin brachte er es auf eine Höhe von 88,4 Meter und war in damaliger Zeit ein architektonisches Wunderwerk. In der offenen Laterne des Turms ließ der „Soldatenkönig" ein 35-stimmiges Glockenspiel einrichten. Seither erklang zur vollen Stunde die Melodie des Chorals „Lobe den Herren" und zu jeder halben Stunde „Üb immer Treu und Redlichkeit" nach den Noten von Mozart. Bis 1945 bestimmte es unüberhörbar den Sound von Potsdam, nicht nur zur Freude der Bewohner.

Ganz oben auf der Wetterfahne und über der Kanzel der Kirche stand der Wahlspruch „Friedrich Wilhelms I.: NEC SOLI CEDIT – „Selbst der Sonne weicht er nicht". Der Glockenturm der Garnisonkirche beherrschte – in ganzer Tiefe aus der Häuserzeile herausgerückt – fortan das Bild der Breiten Straße, wobei der Durchblick zum Stadtschloss und zum Neustädter Tor frei blieb.

In unmittelbarer Nachbarschaft zum martialischen Vorbau zum 1945 völlig zerstörten „Langen Stall" entsteht derzeit ein Nachbau des Turms der Garnisonkirche (Foto kurz vor Beginn der Arbeiten).

Weise zu subleviren und erträglicher zu machen. Damit alle die-

Mit der Fertigstellung des Turms ließ König Friedrich Wilhelm I. im Inneren ein „königliches Monument" errichten, das Kanzel und Gruft zu einer architektonischen Einheit verband. Als erster Hohenzoller ließ sich Friedrich Wilhelm I. nicht in der Gruft seiner Vorfahren im Berliner Dom bestatten, sondern hier in Potsdam bei seinen „lieben Kindern". Der schwarze Marmorsarkophag, den der König vorsorglich in Holland anfertigen ließ, war schmucklos. Über der Kanzel errichtete Joachim Wagner eine zweimanualige Orgel mit 25 Registern. Johann Sebastian Bach spielte darauf während seines Potsdam-Besuches 1747 vor Friedrich dem Großen. Auch der Sarg des Sohnes, Friedrich II., wurde entgegen dessen testamentarischem Willen hier aufgestellt.

So wurde die Garnisonkirche ein Wallfahrtsort für gekrönte Potsdam-Besucher. Im November 1805 schworen sich an den Särgen König Friedrich Wilhelm III. und der russische Zar Alexander I. ewige Treue, im Oktober 1806 stand hier in nachdenklicher Pose der französische Kaiser Napoleon und zollte Friedrich dem Großen seinen Respekt. Die Kirche selbst stellte er unter seinen Schutz. Sie wurde als einziges Gotteshaus in Potsdam während der folgenden französischen Besatzung nicht als Pferdestall missbraucht. Auf alten Fotos vom Inneren der Kirche sind Standarten und andere Trophäen zu sehen. Sie kamen nach den antinapoleonischen Befreiungskriegen in die Kirche. Die von König Friedrich Wilhelm III. im August 1809 verkündete Vereinigung der Reformierten und der Lutheraner zur Kirche der Union wurde zum 300-jährigen Jubiläum der Reformation am 31. Oktober 1817 erstmals in der Garnisonkirche mit einem gemeinsamen Gottesdienst gefeiert.

Die Ausgestaltung zum Militärtempel erfuhr noch einmal einen sichtbaren Schub, als nach den Kriegen, die der deutschen Reichsgründung von 1871 vorausgingen, Trophäen in großer Stückzahl in die Kirche kamen. Zuletzt bildeten 117 französische, 25 dänische Fahnen und 7 österreichische Feldzeichen ihre „Zierde". Hinzu kamen Erinnerungstafeln für gefallene Soldaten. Das und die Särge der beiden Könige in der Gruft ließen die Garnisonkirche zu einem symbolträchtigen Ort werden, in dem die preußischen Tugenden, aber auch der preußische Machtwille gefeiert wurden. Kaiser Wilhelm II. ließ daher 1897/98 den Innenraum der Garnisonkirche in neobarocken, wuchtigen Formen umgestalten.

Für Adolf Hitler schien das genau der passende Platz gewesen zu sein, um sein „Drittes Reich" in die preußische Tradition zu stellen. Vom „Tag von Potsdam" war nun die Rede. Hitler aber mied in den folgenden 12 Jahren Potsdam, in dessen Offizierssalons sich nach und nach Widerstand regte. Es hieß, der ehemalige Feldwebel habe sich im Kreis der Gardeoffiziere nicht wohlgefühlt. Wen wundert es, dass viele der Verschwörer des 20. Juli 1944

Militärflaggen statt Heiligenbilder – das Innere der Garnisonkirche Anfang des 20. Jahrhunderts, aus „Deutsche Lande/Deutsche Kunst" 1935

Die Garnisonkirche auf einer 5-Reichsmark-Silbermünze aus dem Jahr 1934. Sie erinnerte an den „Tag von Potsdam" (siehe S. 210).

Der Turm der Garnisonkirche trat aus der Häuserzeile der Breiten Straße hervor, um den Blick vom Stadtschloss aus auf sich zu ziehen. Aus „Deutsche Lande/Deutsche Kunst" 1935

gerade aus jener Potsdamer Kaserne stammten, die der Garnisonkirche auf Rufweite gegenüberstand? Dennoch blieb die Garnisonkirche ein zentraler Ort sowohl für die Traditionspflege wie auch für die Wehrmachtsseelsorge im „Dritten Reich". Für Fahnenweihen und Heldengedenkfeiern aller Art war sie ein idealer Ort.

Am 14. April 1945 legten britische Bomber die Potsdamer Innenstadt in Schutt und Asche. Die Garnisonkirche selbst erhielt zunächst keinen Bombentreffer. Allerdings geriet der benachbarte Lange Stall in Brand. Der griff auf die Kirche über und brachte dort einen Blindgänger zur Explosion. Von der Garnisonkirche blieben die Außenmauern des Kirchenschiffs, ein leerer Turm und das Kellergewölbe.

Nach dem Krieg wurde die Garnisonkirche in Heilig-Kreuz-Kirche umbenannt. In einem Torraum wurde eine kleine Kapelle hergerichtet, in der sich die Gemeinde, zu der nun nur noch Zivilpersonen gehörten, versammeln konnte. Zwei neu gegossene und im Turm aufgehängte Glocken riefen zum Gebet. Das Fragment des Turms gehörte noch über 20 Jahre lang zur Potsdamer Stadtsilhouette und war auf Ansichtspostkarten und in der Tourismus-Werbung abgebildet. In den frühen 1960er-Jahren konnten Besucher nach Anmeldung den noch etwa 60 Meter hohen Turm besteigen. Für die Potsdamer Tourismus-Werbung gehörte dieses Fragment immerhin bis zur endgültigen Sprengung zu den Sehenswürdigkeiten der Stadt.

werden/desto mehrere Bequemlichkeit haben mögen/umb dahin

Im Mai und Juni 1968 wurde das, was noch von der Garnisonkirche übrig war, gesprengt. Dagegen hatte es viele Proteste gegeben. Nicht nur Gläubige versuchten, die Ausführung des Beschlusses, der von SED-Chef Walter Ulbricht persönlich gefasst worden war, zu verhindern. Denkmalschützer, einzelne Stadtverordnete, Architekten usw. meldeten sich zu Wort – folgenlos. Auf einem Teil des Grundstücks entstand wenige Jahre später ein Rechenzentrum, das mit Mosaiken im Zeitgeschmack geschmückt wurde. Die Ikonografie der Garnisonkirche wurde durch die des sozialistischen Städtebaus ersetzt. Die 18 geschosshohen Glasmosaike wurden von Fritz Eisel entworfen und 1972 installiert. Die Tafeln stellen die wissenschaftlich-technischen Errungenschaften der Menschheit, einschließlich der Raumfahrt, im Stil des sozialistischen Realismus dar. Seit 1991 ertönt 200 Meter vom ursprünglichen Standort entfernt der Nachbau des Glockenspiels.

An Potsdams berühmteste Kirche erinnerten in den vergangenen Jahren eine Eisenplatte im Boden, ein kunstvolles Gitter, ein acht Meter hoher gemauerter Turmbogen mit einem Nagelkreuz und eine Ausstellung mit Architekturfragmenten, die zum Teil auf abenteuerliche Weise aus dem Schutt gerettet wurden. Das alles genau an dem Ort, an dem sie bis 1968 stand, zumindest das, was Bomben und Brand übrigließen. Inzwischen ist der Wiederaufbau der Garnisonkirche beschlossen, der Grundstein ist gelegt und die Finanzierung zumindest des Turms ist gesichert. Die ursprüngliche Kirchgemeinde beansprucht das Gebäude nicht mehr. Sie schlägt statt dessen ein internationales Begegnungszentrum vor. Sollte nicht nur der Turm, sondern auch das Kirchenschiff der Garnisonkirche wiedererrichtet werden, müsste allerdings das Rechenzentrum abgerissen werden. Es dient derzeit als Kultur- und Kreativhaus für rund 250 Künstler.

Eine Ansichtspostkarte zeigt den gestutzten Turm der Garnisonkirche 1968 noch immer als Sehenswürdigkeit. (Verlag Bild und Heimat/Darr)

chendes Haus für Mädchen an anderer Stelle fertig. Das noch vorhandene Große Militärwaisenhaus wird im kommenden Kapitel noch eine Rolle spielen.

An einer einzigen Straßenkreuzung wollte der fürsorgliche und weitblickende Friedrich Wilhelm beweisen, dass er wirklich an alles gedacht hatte: Garnisonkirche, Gewehrfabrik (nicht mehr vorhanden), Exerzierhaus (weitgehend zerstört), Waisenhaus – alles nur einen Steinwurf voneinander entfernt. Hier zeigte sich die enge Verbindung von Militär, Industrie und Religion. Und sie zeigte sich in besseren Verkehrsverbindungen. Die heutige Behlertstraße wurde als Weg nach Spandau angelegt, durch den Faulen See (heute die Grünfläche des Platzes der Einheit) wurde der Nauener Damm aufgeschüttet. 1724 wurde Potsdam in die Postverbindung Berlin – Leipzig aufgenommen. Zwischen Berlin und Potsdam wurden Meilensteine errichtet, die zum Teil heute noch vorhanden sind.

Für die Potsdamer zeigte sich die Soldatenstadt auch im Alltäglichen. Der Dienst an der Waffe war ein meist lebenslanges Tagewerk mit „Arbeitsbeginn" und „Feierabend". Als Bauarbeiter, Wollspinner, Stricker, Schuster usw. verdienten sie sich „nach Feierabend" etwas zum Sold hinzu. In den dienst- und damit soldfreien Monaten gingen die, die nicht in den Heimatort zurückkehren konnten, um dort – stets in Uniform – dem Gutsherren zu dienen, einer geregelten Arbeit nach. Das sehr zum Umwillen der Zünfte, die gegen die Konkurrenz der billigen Arbeitskräfte ankämpften. An den Türen der Manufakturen endete allerdings der Einfluss der Zünfte. Und die wurden immer zahlreicher. Auch Offiziere beteiligten sich am Potsdamer Wirtschaftsleben. Sie betätigten sich als Schankwirt, Vermittler von Arbeitskräften und gelegentlich als Waffenhändler.

Eine Garnisonstadt wie Potsdam konnte selbstverständlich auch mit einer Wachparade aufwarten. Mit lauter Marschmusik zogen die Wachsoldaten durch die Stadt. Jede Kompanie hatte zwei Unteroffiziere und 22 Grenadiere für die Wache einzuteilen. Das Leibbataillon entsandte nur Offiziere, die die übrigen Wachen zu kontrollieren hatten. Wenn die bunte Truppe, voran die Tambours, Trompeter und Querpfeifer (darunter einige Afrikaner), durch die Straßen paradierte, war das vor

Lange Kerls der Riesengarde Friedrich Wilhelms I., gemalt von Johann Christof Merk: links der Grenadier James Kirkland aus Irland (© bpk|Deutsches Historisches Museum|Arne Psille) und rechts Grenadier Schwerid Rediwanoff aus Moskau

allem für die Kinder eine willkommene Schau. Punkt 10 Uhr war feierliche Vergatterung vor dem Schloss, und dann zogen die Wachen zu den Potsdamer Stadttoren. Der Dienst an den Zugängen der Stadt war einem strengen Reglement unterworfen. Schon die geringste Abweichung konnte strenge Strafen nach sich ziehen.

Höhepunkt des Jahres waren Revuen auf dem Bornstedter Feld, die großen Truppenschauen im Frühherbst. Häufig lud Friedrich Wilhelm I. dazu gekrönte Häupter anderer Länder ein, um sie mit der Präzision seiner Truppen zu beeindrucken. Während bisher unter Ausschluss der Öffentlichkeit exerziert wurde, waren nun die Potsdamer eingeladen, sich das Ergebnis des Drills mit eigenen Augen anzusehen. Und zu staunen. Derweil waren die Förster und Vorsteher der umliegenden Dörfer in höchste Alarmbereitschaft versetzt, denn das Exerzieren außerhalb der Stadtmauern war eine große Verlockung zum Desertieren.

Drakonische Strafen

Auch außerhalb der Manöver krachte nachts immer mal wieder eine der zwei Lärmkanonen. Sie meldete, dass einer aus der Garnison entflohen war. Die Offiziere schickten sofort Berittene los, um den Ausreißer möglichst weit vor der Grenze einzufangen. Die meisten versuchten die Flucht über die Havel nach Süden. Vor allem im Winter war die vereiste Havel ein idealer Fluchthelfer, denn so war der Weg frei nach Süden in Richtung Fläming. Hier verlief die Grenze zu Sachsen. Wer Kanin, Klaistow oder Busendorf gleich hinter Ferch erreicht hatte, war in Freiheit. Allerdings hatten die Fliehenden sofort eine Truppe von Husaren im Nacken. Wehe, ein mitleidiges Herz in einem der umliegenden Dörfer half dem Unglücklichen. Dem drohten selbst schwerste Strafen, sogar der Galgen. Postmeister, Förster und andere Kundige in der Gegend waren aufgefordert, sich an der Menschenjagd zu beteiligen.

Einem gefangenen Deserteur drohte zumindest der Spießrutenlauf. Nicht jeder Unglückliche brachte den Mut zur Desertion auf. Die Annalen sprechen von einer rund ebenso großen Anzahl von Selbstmorden innerhalb der Garnison. Unter solchen Bedingungen war der König seines Lebens nicht mehr sicher. Mehrmals streiften Gewehrkugeln an seinem Kopf vorbei, obwohl beim Exerzieren scharfe Munition streng verboten war. Ab 1736

mussten sechs bewaffnete Husaren vor seinem Zimmer Wache halten. Potsdam war nun die bestbewachte Stadt Preußens.

Eiserne Disziplin war für Friedrich Wilhelm keine Sache der freiwilligen Einstellung, sondern des erbarmungslosen Zwangs. Subordination durch Prügel – der König betätigte sich mit seiner Peitsche nicht selten selbst als Vollstrecker. Eine fast alltägliche Strafe der damaligen Zeit war der Spießrutenlauf, der in Sichtweite des Schlosses, also vor den Augen des Königs, und in aller Öffentlichkeit, exekutiert wurde. Die Schwere der Strafe bestimmte die Länge der Gasse und die Anzahl der Durchläufe. Der Verurteilte hatte mit entblößtem Oberkörper zwischen zwei Reihen von je 30 Mann hindurchzugehen, die mit langen Ruten auf ihn einschlugen. Wer nicht ordentlich zuschlug, riskierte, selbst zum Delinquenten zu werden. Ein Durchlauf reichte aus, um auf dem Rücken blutige Striemen zu hinterlassen. Sechs Läufe waren aber die geringste Strafe, zwölf keine Seltenheit. 30-mal „Gasse" kam einem Todesurteil gleich. Auch direkte Todesurteile kamen vor, wenn auch nicht sehr häufig. Für diese Fälle wurde eigens ein Militärgalgen in der Nähe des Nauener Tores aufgestellt. Hier wurde exekutiert, es wurden aber auch nur die Steckbriefe der desertierten Soldaten angebracht.

Dass die Lebensverhältnisse im alten Potsdam immer wieder uneheliche Kinder hervorbrachten, soll nicht verwundern. Es lebten hier nicht nur junge Männer getrennt von ihren Familien, sondern auch junge Frauen, die als Mägde in die Stadt geschickt wurden. Für sie war es eine Katastrophe, wenn sich nicht gewollter Nachwuchs einstellte. Manche sah keinen anderen Ausweg, als das Kind zu töten. Wenn es allerdings ruchbar wurde, gab es kein Erbarmen. Auf Kindesmord stand die Todesstrafe durch Ertränken, „Säcken" genannt, weil die Unglückliche in einen Sack eingenäht und dann in die Havel geworfen wurde. Die Annalen von 1730 enthalten den Namen Anna Catharina Petsch, der dieses Schicksal widerfahren ist. Bereits als Gnade galt eine Hinrichtung durch Enthaupten.

Das „Haus zum Güldenen Arm" dient dem Potsdam Museum für Sonderausstellungen; es entspricht weitgehend dem Originalzustand von 1737.

ckel in Amsterdam anbefohlen/allen denen Französischen Leu-

Am Schluss der ersten Bauphase, das war 1724, befanden sich fünf Kompanien des 2. Bataillons des Königsregiments in Potsdam. Die Stadt war um mehr als das Doppelte gewachsen. In Potsdam zählte man inzwischen 5.640 Bürger in 553 Häusern, dazu insgesamt über 2.000 Mann Militär. Aus dem verschlafenen Nest war eine belebte Stadt mit allerhand Handwerk und Gewerbe geworden. Die Stadtgrenze verlief im Wesentlichen einen Häuserblock jenseits des Stadtkanals, also entlang der heutigen Charlottenstraße. Der Pfarrer Georg Belitz besang unter dem Pseudonym „Bellamintes" diese Zeit 1727 in einem langen Gedicht. Darin heißt es:

Die Häuser, welche schon der Würmer langes Nagen
und der geschärfte Zahn der strengen Zeit verletzt,
Die wurden überall, aufs eiligst, abgetragen
und an derselben Stell ein neuer Bau gesetzt.
Viel andre wurden auch aufs netteste verbessert,
Wenn man noch Dach und Fach von guter Haltung fand,
und Potsdam überhaupt erweitert und vergrößert,
wobey die Ordnung selbst den Maßstab angewandt.

Der Potsdamer Stadthistoriker Julius Haeckel schrieb 1912 wesentlich nüchterner: „Zu dem internationalen Durcheinander der Grenadiere kommt ein buntes Gemisch von gewerblichen Kolonisten aus allen deutschen Gauen (besonders Sachsen und der Pfalz), aus Holland, Dänemark und Frankreich ... Es muss eine wunderliche Stadt gewesen sein mit ihrer babylonischen Sprachverwirrung und ihren roten Riesen in jedem Haus."

1730 war ein schicksalsschweres Jahr. König Friedrich Wilhelm I. war gerade 42 Jahre alt und bereits ein schwerkranker Mann. Die Gicht, eine Erbkrankheit der Hohenzollern, hielt ihn fest im Griff. Die restlichen zehn Jahre seines Lebens sollte er unter starken Schmerzen leiden, immer bewegungsunfähiger werden und seine Umwelt durch fürchterliche Jähzornsausbrüche traktieren. Hinzu kamen ernste Probleme mit seinem ältesten Sohn, dem Kronprinzen Friedrich. Der hatte versucht, sich der väterlichen Strenge zu entziehen und Fahnenflucht zu begehen. Der Vater forderte die Todesstrafe. Nur mit Mühe gelang es dem Gericht, die Strafe in eine Festungshaft zu verwandeln. Katte, der beste Freund Friedrichs, musste stattdessen sein Leben opfern.

Das Jahr 1730 bescherte dem König aber auch eine große Enttäuschung vonseiten seiner Langen Kerls. 80 von ihnen, Polen und Kroaten sollen es gewesen sein, hatten sich verschworen, Potsdam von vier Seiten her gleichzeitig in Brand zu stecken. Im anschließenden Chaos wollten sie desertieren. Einer von ihnen ging allerdings vorher zur Beichte. Der katholische Pfarrer Raimund Bruns stellte in diesem Fall die Staatsräson vor das Beichtgeheimnis, der König erfuhr so von der Verschwörung und erließ harte Strafen: Zwei von ihnen wurden gehenkt, zweien wurden Ohren und Nase abgeschnitten, bevor sie nach Spandau in Festungshaft kamen, weitere mussten „Gasselaufen" und starben an den Folgen. 1730 war zugleich das Jahr, als in der preußischen Armee der Gleichschritt eingeführt wurde.

Außerhalb der Stadt entstand 1730 bis 1732 der einzige Schlossbau, den sich der „Soldatenkönig" selbst gönnte – das Jagdschloss Stern. Mit einem Schloss hat es nicht die geringste Ähnlichkeit, es ist ein schlichtes, holländisches Bürgerhaus. Später sollte noch ein ganzes Viertel im holländischen Stil folgen. Seinen Namen hat es von den ursprünglich 16 Schneisen, die für die Parforcejagd in den Wald geschlagen wurden und sich sternförmig kreuzen. Es ist nahezu in seinem Originalzustand erhalten. Neben einem holzgetäfelten Saal mit Gemälden, die den König auf der Jagd zeigen, gibt es lediglich eine Schlafkammer, ein Adjutantenzimmer und eine weiß gefliese Küche. Das Schloss wird vom Förderverein Jagdschloss Stern-Parforceheide betreut und von April bis September im Rahmen von Sonderveranstaltungen für Besucher geöffnet.

Zur Schlossanlage gehören außerdem das Kastellanhaus, der Pferdestall und weitere Nebengebäude, die zeitgleich mit dem Schloss erbaut wurden und vom Förderverein nach und nach instandgesetzt werden. So wurde der historische Backofen vor einigen Jahren denkmalgerecht nachgebaut und wird seitdem wieder genutzt.

Die zweite Stadterweiterung

Wenn Friedrich Wilhelm I. seinem Lebensziel, der Zusammenlegung seines gesamten Regiments in Potsdam, näherkommen wollte, musste er die Stadt noch einmal erweitern. Die Bürger dafür mussten allerdings erst angeworben werden. 1733 begann der neuerliche Stadtausbau, der Potsdams Ausdehnung noch einmal fast verdoppeln sollte. Der König selbst legte den Grundstein. Die Straßen der Stadterweiterung wurden mit Zirkel und Winkelmaß geplant, und der König höchstpersönlich überwachte den Bau der neuen Quartiere. Nie konnte es ihm schnell genug gehen.

Die Stadterweiterungen hießen im Sprachgebrauch der Potsdamer „Neustädte". Stadtgrenze und Stadtmauer schoben sich nach außen. Natürlich stand am Anfang wieder der Bau der Stadtmauer. Das Brandenburger Tor, das Jägertor und das Nauener Tor markieren noch heute deutlich den Verlauf. Nur das Jägertor steht heute noch in der Form, wie es der „Soldatenkönig" anlegen ließ (siehe Foto S. 40). Noch konsequenter als beim bisherigen Stadtausbau wurden die Straßen mit dem Lineal gezogen und die Häuser nach einem Typ gebaut.

Gebaut wurde – wie schon bei der ersten Stadterweiterung – so schnell und so günstig wie möglich. Bauarbeiter waren vor allem dienstfreie Soldaten der Potsdamer Garnison. Die Baumaterialien waren wiederum Ziegel, Holz, Stroh und Lehm. Keller wurden zugunsten einer kleinen Gewölbekammer für die Vorratshaltung unter der Küche eingespart. Es gab genaue Vorschriften für die Größe der Soldatenstuben: 20,5 Quadratmeter für vier Grenadiere, Platz für eine Schlafstelle, einen Stuhl und ein Spinnrad. Da es sich durchweg um Typenhäuser handelte, ging der Bau zügig voran. In den ersten zehn Jahren der Regierung Friedrich Wilhelms I. wurden etwa 130 Häuser gebaut, in den nächsten zehn Jahren bis 1733 waren es 250 und in den acht Jahren bis 1740 sogar 480 Häuser. Dazu kam eine neue, erweiterte Stadtmauer, die es bis auf 3,77 Meter Höhe brachte und auf der Stadtseite einen acht Meter breiten, unbebauten Streifen aufwies. Es sollte für die Wachleute keine toten Winkel geben.

Und dennoch dachte der oberste Feld- und Bauherr auch an die Schönheit seiner eingemauerten Stadt. Nicht das einzelne Haus hatte er dabei im Blick, sondern den gesamten Straßenzug. Er sollte so akkurat ausgerichtet sein wie die Linien der Soldaten beim Exerzieren. Daher wurden die Häuser nach Typen eingeteilt und genau nach Plan errichtet. So entstanden 322 Fassaden, deren Fensteranzahl niemals zufällig war. Die allermeisten Häuser besaßen fünf Achsen, d.h. 5 Fenster in einer Etage. Dadurch ergab sich die für Potsdam typische vertikale Betonung der Architektur, die von der Tür bis zur Giebelstube reichte. Die Häuser besaßen nur sehr spartanischen Schmuck, meist über den Eingängen. Keins sollte das andere durch Prachtentfaltung übertreffen. So einheitlich wie das Äußere der Grenadiere hatten auch die Fassaden der Häuser zu sein.

Potsdams Holländisches Viertel – das größte Stadtquartier im niederländischen Stil außerhalb der Niederlande

Nach holländischem Muster gebaut

Potsdams Stadterweiterungen zeugen von einem straff geordneten System, dem sich der Einzelne unterzuordnen hatte. Daher werden sie heute als „barocke" Stadterweiterungen bezeichnet, auch wenn der übliche barocke Schmuck fehlt. Vor allem Besucher aus Süddeutschland mit ihrer ganz anderen Vorstellung von Barock haben ein Problem damit, die Straßenzüge entlang der Brandenburger Straße und der Gutenbergstraße als „barock" einzuordnen. Nur zwei heute noch in ihrer Form vorhandene Häuser fallen aus dem üblichen Rahmen heraus: die Große Stadtschule in der Friedrich-Ebert-Straße (ehemals Nauener Straße), die es auf 13 Fensterachsen brachte, und das im holländischen Stil errichtete Kommandantenhaus in der Lindenstraße (auf dieses Haus wird später noch einzugehen sein). Mit dem Kommandantenhaus hielt die holländische Baukunst Einzug in die Potsdamer Innenstadt. Sie sollte sich bald auf ein ganzes Stadtviertel ausdehnen.

Das Holländische Viertel mit seinen 134 Häusern in vier Karrees war die Krönung des städtebaulichen Werks Friedrich Wilhelm I. 1732 hatte er Holland, das Land seiner Sehnsucht, bereist. Hätte er nicht in Preußen die Pflichten eines Königs zu erfüllen, hätte er sich ohnehin schon längst dort angesiedelt. So blieb ihm nur, sich ein Stück Holland nach Potsdam zu holen. Daher kam auf der Rückreise im Tross des Königs der 26-jährige Zimmermann Jan Bouman mit in die Residenzstadt. Er wurde zum Schlosskastellan ernannt und wohnte im Stadtschloss. Seine Aufgabe lautete: Errichtung eines Stadtviertels im holländischen Geschmack. Wie fast überall in Potsdam erwies sich auch hier der Baugrund als wenig geeignet. Der König aber ließ nicht locker. So wurde am nördlichen Ende des künftigen Viertels ein Bassin ausgehoben, in dem sich das Wasser sammelte und in den Heiligen See abgeleitet wurde. 1735 begann der Bau der ersten Häuser als massive Ziegelbauten – zum Teil mit typisch holländischen Rundgiebeln, zum Teil als Traufenhäuser.

Um den Eindruck des Holländischen noch zu verstärken, wurden die Fenster im Erdgeschoss mit „Windläden" ausgestattet, einige Häuser erhielten geschnitzte und bemalte Portaldekorationen. Alles war weit kostspieliger als die üblichen Fachwerkbauten in der zweiten Stadterweiterung. Dennoch wollte sie der König an niederländische Siedler verschenken. Wenn sie denn nur kämen. Daher versprach er ihnen schriftlich, dass das

und die ihrige aus Holland bis nach Hamburg zu transportiren/

geschenkt erhaltene Haus vererbbar ist, dass jeder Handwerker den Titel eines „Hofhandwerkers" tragen darf und dass – ein ganz besonderes Privileg – diese Häuser von militärischen Einquartierungen verschont bleiben. Dennoch kamen nur wenige aus den Niederlanden. So geschah es, dass wohlhabende Angehörige der Potsdamer Garnison in dieses Viertel einzogen. 1742, zum Zeitpunkt der Fertigstellung, wohnten in 48 der Häuser Grenadiere. Somit war auch das Holländische Viertel ein Teil der Soldatenstadt Potsdam.

Offenbar war der König mit der Arbeit der Verwaltung in den darauf folgenden Jahren unzufrieden, denn am 6. Februar 1735 erließ er das Edikt, das Potsdam zur Immediatstadt machte, das heißt, er nahm die Residenz in seinen Besitz. Im Edikt hieß es, wer wolle Potsdam fortan „mit seinem väterlichen Segen überschütten". Er versprach, die Stadt „mehr und mehr zu erweitern, mit mehrern Einwohnern zu besetzen, auch alles, was zur Auszeichnung einer wohlangelegten Stadt nöthig und nützlich seyn kann, mit Aufwendung grosser Mühe und Kosten vorzukehren" (Fundationsurkunde vom 15. 8. 1736).

1738 waren schließlich alle drei Bataillone der Garde mit 3.657 Mann in Potsdam einquartiert. Die Stadt hatte 11.708 Einwohner in 1.154 Bürgerhäusern. In Potsdam wuchs nicht nur die Garnison, sondern auch das Handwerk. Hier wurde produziert, was die Armee immer gebrauchen konnte. Von der Gewehrfabrik war bereits die Rede. Es gab aber auch vier Bandmühlen zur Herstellung der Haarbänder für die Zöpfe, jede Menge Tuchmacher für Uniformen aller Art, Samt- und Seidenfabrikanten für die Bedürfnisse der besseren Gesellschaft. Potsdam war umgeben von Windmühlen, die das Mehl lieferten. Entlang der Nuthe entwickelte sich ein Gewerbegebiet mit Wassermühlen für die Tuchwalke, die Nähnadelfabrikation, die Glasfabrikation und ein Sägewerk. Tatsächlich gab es nicht wenige Potsdamer, die an der neuen Zeit gut verdienten.

Körperlich war der König inzwischen ein kranker Mann. Wassersucht und Gicht setzten ihm so schwer zu, dass er seine letzten Jahre in einem speziell für ihn angefertigten Rollstuhl verbringen musste. Zwischen seiner Wohnung im Potsdamer Schloss und dem Exerzierplatz wurde eigens dafür eine Rampe angebaut. Die Fertigstellung des Holländischen Viertels sollte Friedrich Wilhelm I. nicht mehr erleben. Er starb am 31. Mai 1740 im Alter von nur 52 Jahren.

Eine europäische Sehenswürdigkeit

Wie sah Potsdam aus, am Ende der Regierungszeit des „Soldatenkönigs" Friedrich Wilhelm I.? Der Stadthistoriker Julius Haeckel versuchte rund 170 Jahre später eine Antwort zu geben: „Nüchtern, geradlinig und ordentlich, aber auch propre und mit breiten Straßen gesund, einfach und schnell in Fachwerk aufgebaut. Die Balken orangefarben, die Fächer weiß, freundlich und lustig ... Trotz aller Schlichtheit das Hausbaues hatte der König die Öde der Gleichförmigkeit vermieden durch die vier Bauarten, aus denen sich das kurfürstliche Schloss mit dem Reitstall, die Gewehrfabrik, das große Waisenhaus, das Fachwerk-Rathaus mit kleinem Turm, das große Stadthaus in der Lindenstraße, die große Stadtschule in der Nauener Straße, die Tore und Plätze und nicht zuletzt die drei Kirchen heraushoben. Es war eine Stadt, die als eine europäische Sehenswürdigkeit besucht wurde."

In seinem 1917 erschienenen Buch „Potsdam – eine Biografie" beschrieb der Schriftsteller Fritz Stahl die Stadt so: „Die Soldatenstadt Potsdam, die (angeblich) streng und nüchtern war, sah also doch etwas anders aus. Ein Mensch der Gegenwart, durch Zauber in sie versetzt, würde sie durchaus phantastisch finden. In den Straßen mit den dreist farbigen Häusern zwischen anderem bunten Volk die riesigen Grenadiere, ganz in Rot oder Gelb mit preußischblauen Röcken und hohen blanken Blechmützen: Und während das Auge dieses farbentolle Bild aufnimmt, hört das Ohr ein babylonisches Gewirr von Sprachen, in denen kaum eine europäische fehlt."

Und die Menschen darin? 1888 schrieb der Historiker Georg Sello in seinem Buch „Potsdam und Sanssouci": „Es werden schwerlich die solidesten Elemente gewesen sein, welche die Aussicht auf den kostenfreien oder billigen Erwerb eines Hauses nach Potsdam lockte, wo das spanische Rohr stets über ihnen schwebte. Es bildete sich ein gefährliches Proletariat, dessen Hauptgewerbe war, auf Königsgnade zu spekulieren. Dazu kam die zahlreiche, aus aller Herren Länder zusammengewehte Soldateska, der das Heiraten verboten, aber der Concubinat unter gewissen, leicht zu erfüllenden Bedingungen erlaubt war. Dass solche Zustände zur sittlichen Hebung der Volksseele Potsdams nicht angetan waren, liegt auf der Hand."

HOLLAND AM STADTRAND
Das Jagdschloss Stern

Auf der einen Seite die Autobahn, auf der anderen ein Wohngebiet mit langen Reihen von Plattenbauten – und mittendrin ein Schloss. Das Bild, das diese Aufzählung in der Fantasie erzeugt, verlangt nach Korrektur. Zunächst müssen wir uns viel Wald hinzudenken. Das Gebiet heißt Parforceheide. Ein Kenner der Jagd entnimmt diesem Namen, dass hier einst fürstliche Hetzjagd betrieben wurde. Die Jäger und ihre Hunde verfolgen das Wild so lange, bis es ermüdet und gestellt werden kann. Die Skulptur auf dem Jägertor in Potsdam stellt genau den Moment dar, in dem die Jagdhunde einen Hirsch greifen. Erst der Jäger vollendet die Jagd. Man musste selbst im 18. Jahrhundert zum Hochadel gehören, um sich die riesigen Waldflächen leisten zu können, die die Parforcejagd erfordert. Der „Soldatenkönig" Friedrich Wilhelm I. konnte es.

Um sich nach einer anstrengenden Jagd die Rückkehr ins Potsdamer Schloss sparen zu können, ließ er sich ein Haus genau an jener Stelle bauen, an der sich 16 Waldschneisen trafen. Bezeichnenderweise wurde der Ort „Stern" genannt. Das Bauwerk sieht aus wie ein Bürgerhaus in den Niederlanden: rote Ziegel, hohe Fenster, der typische abgerundete Giebel. Niemand käme auf die Idee, dieses Haus „Schloss" zu nennen, wenn es nicht von einem König für gelegentliche Wohnzwecke genutzt worden wäre. Es entstand 1730 bis 1732 als erster Potsdamer Bau im holländischen Stil. Das „Kommandantenhaus" in der Lindenstraße und das Holländische Viertel sollten kurz danach folgen. Man vermutet, dass der aus Holland stammende Grenadier des königlichen Leibbataillons namens Cornelius van der Bosch mit der Bauausführung des Jagdschlosses betraut war. Er war im Zivilberuf Zimmermann.

Auch wenn sich die Umgebung des „Stern" in den vergangenen Jahrzehnten kräftig verändert hat, ist das Jagdschloss nahezu in seinem Originalzustand erhalten. Es enthält einen holzgetäfelten Saal mit Gemälden, die den König auf der Jagd zeigen, eine Schlafkammer, ein Adjutantenzimmer und eine weiß gefliese Küche. Die nutzte der König auch zur morgendlichen Wäsche, denn hier gab es fließendes Wasser (was nicht einmal das Schloss von Versailles aufweisen konnte).

Zur Schlossanlage gehören außerdem das Kastellanhaus, der Pferdestall und weitere Nebengebäude, die zusammen mit dem Schloss erbaut wurden. Das Kastellanhaus diente lange Zeit als beliebtes Ausflugsrestaurant und wartet auf seine Sanierung. Ein historischer Backofen wurde denkmalgerecht nachgebaut.

Nur ein Steinwurf vom Wohngebiet „Stern" entfernt: das Jagdschloss des „Soldatenkönigs"

Trommeln geben den Takt vor
Ein Tag im alten Potsdam

Der König: Das Tagewerk des „Soldatenkönigs" begann bereits um vier Uhr in der Frühe mit einer Andacht. Danach wusch er sich und ließ die Kabinettsräte – heute würde man „Minister" sagen – während des Ankleidens vortragen. Im Stehen hatten sie seine Bemerkungen zu notieren. Auch weiterhin verlor der König keine Zeit. Während er frühstückte, sah er die ausgearbeiteten Kabinettsorders des vorigen Tages durch und unterschrieb sie. Danach begab er sich anfangs zu Pferde, dann zu Fuß, schließlich im Krankenwagen, die zwei Diener schieben mussten, auf den Exerzierplatz. Hier übernahm er nicht selten die Rolle des Feldwebels und gab höchstpersönlich die Exerzieranweisungen. Nach dem Exerzieren ging er durch die Straßen Potsdams und genoss den Fortschritt der Bauarbeiten. Das Hämmern und Sägen und Rufen der Bauleute war ihm ebenso Musik wie das Trommeln und Pfeifen seiner Grenadiere. Das Mittagsmahl glich einem Feldlager. Nicht selten saßen 30 Offiziere mit am Tisch. Der König saß auf einem hölzernen Stuhl. Nicht bequem, aber extra breit. Gegessen wurde deftige Hausmannskost, die auf Zinntellern serviert wurde. Der Nachmittag war „Freizeit". Ein Ausritt, ein wenig malen, einen Besucher, es kam, wie es kam. Der Abend wurde im Kreis von Militärs verbracht, im berühmt-berüchtigten Tabakskollegium.

Im Potsdamer Schloss ließ er dafür einen großen Raum im Westflügel herrichten – mit einem langen Eichentisch und rustikalen Bänken. Nur für ihn gab es einen hölzernen Lehnstuhl, der im Lauf der Zeit immer breiter angefertigt werden musste. Hier versammelte er allabendlich die hohen Militärs der Garnison um sich. Gelegentlich stieß hoher Besuch zur Runde. 1728 war es August der Starke aus Dresden, 1732 Franz I. von Lothringen, der spätere Kaiser, und 1735 Polenkönig Stanislaus. Es sollte geredet werden, wie jedem der Schnabel gewachsen war. Ging es anfangs noch um Strategie und Politik, überwogen später die derben Witze. Der König selbst ließ sich als Oberst anreden. Zu trinken gab es Ducksteiner Bier aus Königslutter (die „Potsdamer Stange" war nicht nach seinem Geschmack) und im weiteren Verlauf des Abends ließ er kalte Platten mit Brot, Wurst und Käse reichen. Das Entscheidende aber war das Rauchen. Dazu hatten die Herren Ton- oder Meerschaumpfeifen.

Eine traurige Rolle spielte bei diesen Herrenabenden ein gelehrter Professor, der zeitweise sogar Präsident der preußischen Akademie der Wissenschaft war: Jakob Paul von Gundling (1673–1731). Er wurde als „königlicher Zeitungsvorleser" in das Tabakskollegium berufen. Tatsächlich spielte er dort die Rolle des Hofnarren. Als Zielscheibe deftigen Spotts war er für die anwesenden Militärs nur eine Witzfigur. Zudem wurde ihm kräftig Alkohol eingeflößt. Als Gundling starb, ließ ihn der König in ein Weinfass legen und auf dem Bornstedter Friedhof begraben. Ein später in der Bornstedter Kirche angebrachtes Epitaph erinnert an diese tragische Gestalt.

Kaum eine Geschichtsdarstellung in früherer Zeit ohne den „Soldatenkönig" mit seinen Langen Kerls
links: Zeichnung von Adolph Menzel
rechts: Illustration von Arthur Kampf in „Preußens Geschichte", Leipzig 1913

Seine Soldaten: In der Garnisonstadt Potsdam diktierte der Lauf der Sonne wesentlich das Leben. Mit dem ersten Sonnenstrahl ertönte der Weckruf. Das 1. Bataillon Leibgarde des Königsregiments machte den Anfang. In den Soldatenstuben begann das morgendliche Getöse, wenn vier Mann auf engem Raum fluchend ihre Uniform sortierten und in die Stiefel stiegen. Damit war auch für die Potsdamer Zivilbevölkerung die Nacht zu Ende. Frühstück war nicht üblich. Vielleicht eine Gurke mit einem Stück Brot auf den Weg. Gut, wenn noch Brotsuppe vom vergangenen Abend übrig war. Auf dem Exerzierplatz gleich neben dem Schloss lief das Regiment zusammen und stellte sich kompanieweise auf. Nachdem die Vollständigkeit der Mannschaften festgestellt war, ging es um den Zustand der Montur und um die Perfektion des Zopfes. Dann wurde exerziert – in Formation marschiert, Gefechtsaufstellung und Attacke geübt.

Nach der Inspektion der Truppe durch die Offiziere, häufig durch den König persönlich, wurden die Griffe geübt. Anschließend war das Vor- und Zurückgehen in geschlossenen Formationen dran und dann das Schießen aus den Karrees. Neben dem Schloss muss es dabei sehr laut zugegangen sein. Es wurde getrommelt und gebrüllt, getrampelt und geschossen. Bei den Übungen in Formationen wurde peinlichst darauf geachtet, dass die Männer exakt nach ihrer Größe standen, dass die Reihen schnurgerade ausgerichtet waren und der Abstand zwischen den einzelnen Reihen und Gliedern stets der gleiche war. Die längsten Grenadiere standen im ersten und vierten Glied, damit auch bei Kehrtwende immer die Größten vorn standen. Besondere Verantwortung trug der Flügelmann. Es waren stets die Allergrößten, und sie waren es, die den Takt für Griffe und Bewegungen vorgaben. Sie waren buchstäblich „Vorturner". Gegen Mittag war alles vorbei.

Soldatsein war ein Halbtagsjob. Der Nachmittag war – außerhalb der sechswöchigen Manöverzeiten – frei, um Waffe und Montur zu pflegen. Manche hatten auch einen Nebenerwerb. Schon der „Soldatenkönig" ließ Spinnräder in die Soldatenstuben stellen. Da konnten sich die harten Jungs nützlich machen. Ihr König kannte viele Bürger und Grenadiere beim Namen und meinte, sich wie ein Nachbar fühlen zu können. Da er aber sehr schnell einen Tobsuchtsanfall bekommen konnte, wenn er Faulenzer vor sich meinte, machten die meisten einen großen Bogen um ihn. Er lud sich – ohne zu fragen – gern bei Offizieren und Bürgern als Gast ein. Eine heikle Ehre für die Auserwählten.

Und abends? Da ging es in die Schenke. Man trank, würfelte, spielte Karten. Es gab in aller Regel Bier. Getrunken wurde vorwiegend aus hohen Gläsern. Daher der Name „Potsdamer Stange" für eine obergärige Spezialität, die in letzter Zeit durch Braumanufakturen wieder populär gemacht wird.

Friedrich Wilhelm und die langen Kerls

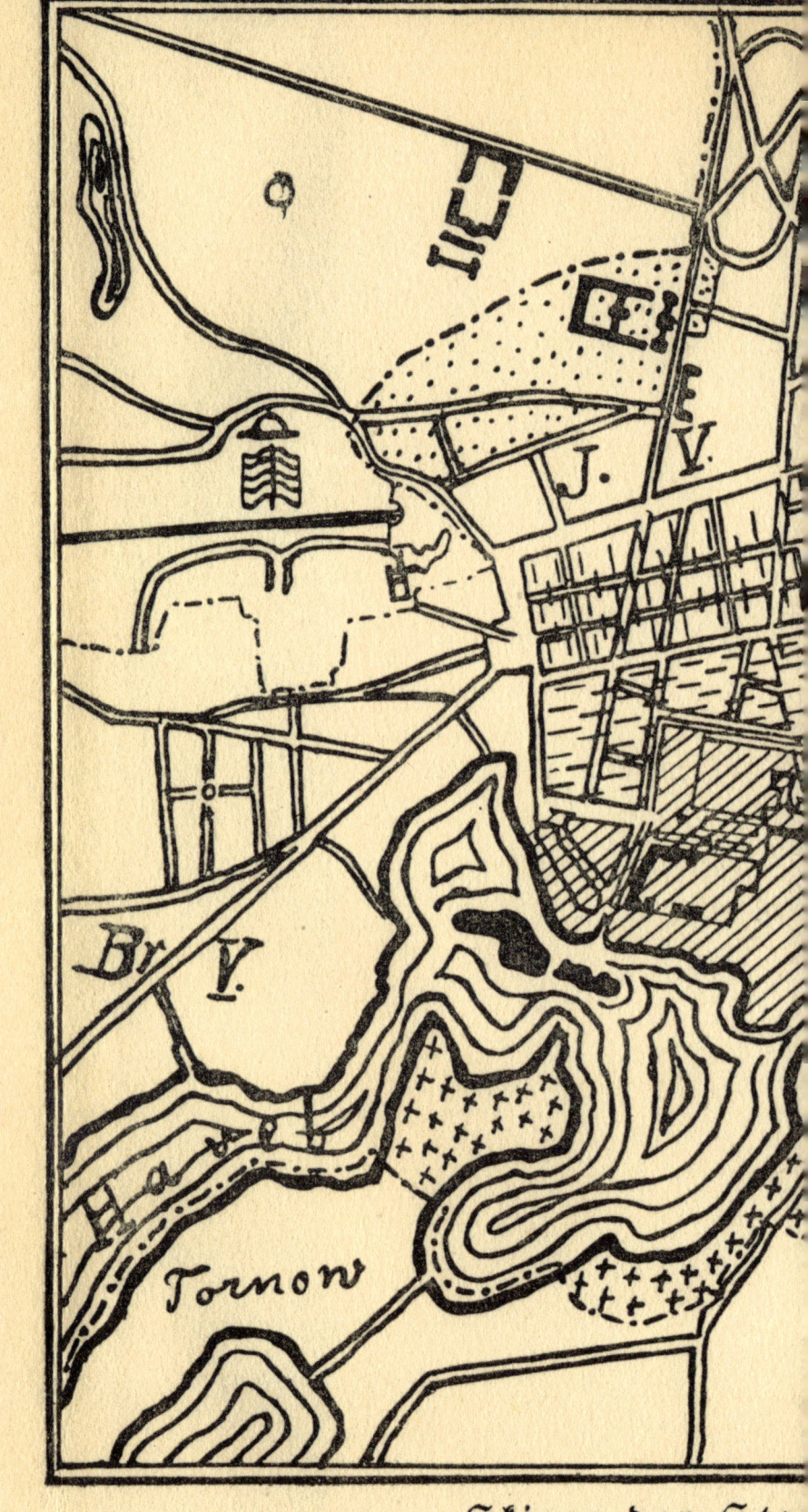

Diese Skizze mit den Stadterweiterungen zwischen 1640 und 1875 hat Julius Haeckel eigenhändig für sein 1912 erschienenes Buch „Geschichte der Stadt Potsdam" angelegt.

1740 – 1786

Wieder ist es Potsdam

Im Sterbejahr des „Soldatenkönigs" Friedrich Wilhelm I., 1740, hätte wohl niemand eine Wette darauf abgeschlossen, dass dessen Sohn und Thronfolger Friedrich II. dereinst ebenfalls seinen Lebensmittelpunkt nach Potsdam verlegen würde. Ausgerechnet in jene Stadt, in der er vom Vater während seiner Kindheit und Jugend seelisch und körperlich drangsaliert wurde. Kleidung, Interessen, Musizieren, Lektüre – mit nichts konnte er es dem strengen Vater recht machen. Und wer den Kronprinzen zum Beispiel bei seiner Leidenschaft für die Musik unterstützte, wurde strengstens bestraft. So erging es Dorothea Ritter, Tochter des Rektors am Potsdamer Gymnasium. Sie war sehr musikalisch und hatte eine herrliche Stimme. In der Nikolaikirche durfte sie solo singen. Sie und der damals 18-jährige Friedrich musizierten gelegentlich gemeinsam. Für dieses „Verbrechen" wurde sie sechsmal ausgepeitscht und anschließend ins Spinnhaus nach Spandau gebracht, wohin man gewöhnlich Huren schickte. Erst nach drei Jahren kam sie frei.

Der Vater konnte und wollte seine Verachtung gegenüber dem Sohn nicht verbergen. Bei der allabendlichen Verabschiedung vor dem Tabakskollegium machte er ihn gern zum Gespött der Runde. Irgendwann war das Fass zum Überlaufen voll und Friedrich entschloss sich zur Flucht aus Preußen. Die aber war so stümperhaft geplant, dass sie aufgedeckt und vereitelt wurde. Im Schloss Köpenick wurde anschließend der Prozess abgehalten, der Kronprinz des Hochverrats angeklagt und auf die Festung Küstrin verbannt. Wieder traf die Härte des rachsüchtigen Vaters nicht den Sohn, sondern einen Vertrauten. Der in die Flucht eingeweihte Hans Hermann von Katte, 26 Jahre alt, wurde vor den Augen des Kronprinzen geköpft. Während der junge Premierleutnant sein junges Leben der Rachsucht des preußischen Königs opfern musste, exerzierte der vor dem Potsdamer Schloss seine Lieblingstruppe, die Langen Kerls.

Prunkstücke des friderizianischen Potsdam: die Hiller-Brandtschen-Häuser im Vordergrund und ein Teil des Großen Militärwaisenhauses mit der Caritas-Figur

In Küstrin war Friedrich nicht nur Gefangener. Er arbeitete in der Verwaltung und genoss viele Freiheiten. Hier begannen bereits seine Vorbereitungen auf die späteren Aufgaben als König. Er lernte die Verwaltungsbürokratie kennen, befasste sich mit Finanzfragen und inspizierte Dörfer der Umgebung. Die Freilassung aus der Festung kam nach drei Jahren. Sie war mit Ergebenheitsbriefen an den Vater und einer Zwangsehe mit Elisabeth Christine von Braunschweig-Wolfenbüttel-Bevern verbunden. Zudem wurde er 1732 in eine Uniform gesteckt und als Regimentskommandeur im Rang eines Oberst (ab 1735 Generalmajor) in die Provinz geschickt. Erst nach Nauen, dann nach Neuruppin.

1736 erhielt Friedrich das nördlich von Neuruppin gelegene Schloss Rheinsberg zur freien Verfügung. Friedrich hat wahrlich etwas daraus gemacht: ein architektonisches Kleinod, einen Musentempel, einen Studienort und eine Adresse für den Briefwechsel mit gelehrten Köpfen. Auch den ersten Brief an den großen Voltaire schrieb er in Rheinsberg. Hier machte sich Kronprinz Friedrich auf den verschiedensten Gebieten schlau. Er las Bücher über Philosophie, Militärwesen, Architektur. Hier entwickelte er seine Vorstellungen, die sich dann in Bauwesen, Raum- und Landschaftsgestaltung umsetzten. Und er verfasste seine ersten politisch-philosophischen Schriften.

Ohne Rheinsberg ist das, was später in Potsdam geschah, nicht denkbar. Hier befinden sich die Wurzeln des „friderizianischen Rokoko". Viele der damaligen Mitstreiter spielten später bei der Umgestaltung Potsdams eine wichtige Rolle. Allen voran Georg Wenzeslaus von Knobelsdorff, den Friedrich bereits in Neuruppin kennengelernt hatte. Der Autodidakt Knobelsdorff schuf mit dem von Friedrich in Auftrag gegebenen Apollotempel im Neuruppiner Tempelgarten sein erstes Werk. Später baute er das Rheinsberger Schloss um. Nach dem Thronwechsel folgte die Königliche Oper (heute Staatsoper) Unter den Linden in Berlin. Zehn Jahre nach Rheinsberg sollte er gleichzeitig am Potsdamer Stadtschloss und an Schloss Sanssouci arbeiten.

Ein stürmischer Beginn

Im Jahr 1740 hatte der frisch auf den Thron gelangte Friedrich II. andere Sorgen als die Fortführung seines Musenhofes. Als erstes löste Friedrich die Lieblingstruppe seines Vaters auf und gliederte die Riesengrenadiere in reguläre Truppen ein. Das Leibbataillon des Vaters erhielt die Funktion einer Traditionstruppe, die als äußeres Zeichen die alten, hohen Grenadiermützen beibehielt, während er sie im übrigen Heer abschaffte. Keinesfalls wollte Friedrich die kostspielige Marotte seines Vaters fortsetzen. 1739 schlug der Verpflegungsetat dieser Truppe mit 291.248 Talern zu Buche, im Vergleich zu 72.800 Talern für ein normales Infanterieregiment. Bei dieser Gelegenheit ordnete er die in Potsdam stationierten Garden neu, wobei seinem Neuruppiner Regiment eine führende Rolle zukam. Den weiteren Ausbau der bereits mit 83.000 Mann kampfstarken preußischen Armee, davon 3.500 in der Potsdamer Garnison, machte auch er zur Chefsache. Die Zeichen standen auf Krieg.

Nur wenige Monate nach der Thronbesteigung setzte König Friedrich II. auch seine Potsdamer Garderegimenter in Marsch. Am 20. Oktober 1740 war in Wien Kaiser Karl VI., zugleich Erzherzog von Österreich, gestorben. Nachfolgerin wurde dessen Tochter Maria Theresia. Friedrich sah nun das ohnehin politisch isolierte Österreich mit einer Frau an der Spitze zusätzlich geschwächt. Eine günstige Gelegenheit zum Raubzug. Sein Ziel war die Annexion des an Rohstoffen reichen Schlesien, auf das er einen reichlich konstruierten Anspruch erhob. Also zog er sich mit seinen engsten Vertrauten in das damals noch außerhalb von Berlin gelegene Schloss Charlottenburg zurück und tüftelte

Zeitgleich zum Umbau des Potsdamer Stadtschlosses ließ Friedrich II. den Lustgarten erneuern. Dazu gehörte ein Bassin mit der Skulpturengruppe „Neptuns Triumph". Die nach den Kriegszerstörungen wiedergefundenen Fragmente lassen das Original erahnen.

einen Eroberungsplan aus. In den Abendstunden des 16. Dezember 1740 verließ Friedrich einen Maskenball im Berliner Schloss und führte zwei eilig und unter großer Geheimhaltung zusammengezogene Armeecorps in Richtung Schlesien. Im Februar/März folgten die Potsdamer Gardetruppen.

Die Feuertaufe erhielten sie, die unter dem „Soldatenkönig" 25 Jahre Friedenszeiten erlebt hatten, in den Schlachten bei Mollwitz (10. April 1741) und Chotusitz (17. Mai 1742). Beide Male gingen die Preußen als Sieger hervor. Im August 1741 war Breslau erobert, und im Jahr darauf wurde ein Raubfrieden geschlossen. Schlesien war nun eine preußische Provinz, der sich Friedrich jedoch nicht sicher sein konnte. Die Österreicher waren zwar geschlagen, aber nicht vernichtet. Und welche Verbündeten konnte Maria Theresia für sich mobilisieren? Friedrich ahnte offenbar, dass Schlesien mit dem überfallartigen Krieg noch nicht gesichert war.

Währenddessen hatte Knobelsdorff das Schloss Charlottenburg um den „Neuen Flügel" mit prunkvollen Sälen und einer Wohnung für den König erweitert. Auch das Opernhaus Unter den Linden hatte er fertiggestellt. Dass Friedrich II. das Berliner Schloss mied, war von Anfang an ausgemachte Sache. Hier hielt er sich nur zu offiziellen Anlässen, während der Ballsaison zum Jahreswechsel und bei wichtigen politischen Anlässen auf. Seine Ehefrau, mit der er in Rheinsberg noch zusammengelebt hatte, verwies er auf das Schloss Niederschönhausen, wo sie fortan mit einem kleinen Hofstaat ihr eigenes Leben führte.

In Potsdam regte sich zunächst wenig. Immerhin ließ der neue König das unter seinem Vater begonnene Holländische Quartier beenden. 1742 waren alle geplanten 134 ziegelroten Häuser fertig. Im Sommer jenes Jahres kehrten vier Gardebataillone aus dem Ersten Schlesischen Krieg nach Potsdam zurück. Diese Rückkehr war ein deutliches Signal dafür, dass die Stadt als herausgehobene Garnison Preußens erhalten bleiben sollte.

Bereits 1741 hatte Friedrich Potsdam die Kantonfreiheit gewährt. Die jungen Männer der Stadt waren damit vom Militärdienst befreit. Für die Besitzer der Manufakturen, vor allem die für das Militär tätigen, wie Textilfabriken, die Gewehrfabrik, die Hersteller von Zopfbändern, Metallknöpfen und Borten, war das ein Segen. Sie konnten nun ihre Arbeitskräfte langfristig planen. Bestehen blieb auch das System der Trennung von Exerzierzeit – zwei Monate im Jahr – und exerzierfreier Zeit – zehn Monate. Wer in der Nähe wohnte, fuhr in die Heimat. Aber vor allem die aus dem Ausland angeworbenen oder gekidnappten Soldaten blieben das ganze Jahr über in der Stadt. In den „freien" Monaten lebten sie hier wie normale Bürger und gingen einer geregelten Arbeit nach. Die meisten saßen am Spinnrad und verarbeiteten Wolle, später auch Baumwollfasern zu Garn.

Im Sommer 1744 standen die Zeichen wieder auf Sturm. Friedrichs Widersacherin Maria Theresia konnte diplomatische Erfolge erzielen und zum Beispiel Großbritannien als Bündnispartner gewinnen. Hingegen konnte sich Friedrich nicht sicher sein, wen Russland in einem künftigen Konflikt unterstützen würde. Also setzte er noch einmal alles auf eine Karte und ließ im August seine Truppen von Schlesien aus weiter nach Böhmen einrücken. Es begann der 2. Schlesische Krieg. Rund vier Wochen später nahm er Prag ein, sichern konnte er es nicht. Im folgenden Winter gelang es nicht, die weit vorgerückten preußischen Truppen ordentlich zu verpflegen. Es kam zu Revolten, viele Soldaten desertierten. Friedrich musste sich mit seiner Armee nach Schlesien zurückziehen. Es folgten drei Schlachten, in denen die Preußen vor allem den mit Österreich verbündeten Sachsen gegenüberstanden. Trotz zahlenmäßiger Unterlegenheit konnten die Preußen alle Schlachten für sich entscheiden. Der Krieg endete mit dem Frieden von Dresden, in dem nun festgeschrieben war, dass Schlesien ein Teil Preußens bleibt. Als Friedrich an der Spitze seiner Truppen in Berlin einrückte, begrüßte das Volk begeistert ihren Friedrich als „den Großen".

Entscheidung für Potsdam

Warum aber blieb Friedrich nicht in Charlottenburg? 1744 beschloss er, seinen Wohnsitz von nun an in Potsdam zu nehmen. Die Jagdgründe, die seine Vorfahren an Potsdam begeisterten, waren es jedenfalls nicht, die seine Entscheidung beeinflussten. Friedrich hasste die Jagd. Es müssen wohl in Kombination das Schloss, die Stadt und das Militär gewesen sein, die ihn lockten. Offenbar war er in den Schlachten der beiden Schlesischen Kriege zu der Einsicht gelangt, dass auch in Friedenszeiten eine Voraussetzung für die Kampfkraft

Meister des Friderizianischen
Sechs Baumeister

Hans Georg Wenzeslaus von Knobelsdorff (1699–1753)

Es ist schon erstaunlich: Die berühmten Schlösser von Sanssouci, Rheinsberg, die Staatsoper in Berlin – sie alle und noch viel mehr Klassiker des friderizianischen Rokoko stammen von einem Autodidakten. Wie einige seiner Vorgänger unter den Potsdamer Baumeistern begann auch er als junger Offizier. Er gehörte zum engeren Kreis um den Kronprinzen Friedrich in Rheinsberg. Der bot ihm die Gelegenheit zu einem ausgedehnten Studienaufenthalt in Italien. Die große Kunst Knobelsdorffs bestand darin, aus Ideenskizzen Friedrichs architektonische Kunstwerke entstehen zu lassen. Sein ausgeprägtes Stilempfinden ließ ihn häufig in Konflikt mit dem König geraten.

Jan Bouman (1706–1776)

Knobelsdorff lieferte die Entwürfe für den Umbau des Potsdamer Stadtschlosses und Bouman leitete die Arbeiten. Ein ausgebildeter Architekt war auch er nicht. Er stammte aus Amsterdam und lernte den Beruf des Zimmermanns. 1732 wurde er von König Friedrich Wilhelm I. während einer Holland-Reise angeworben, um in Potsdam ein Viertel im holländischen Stil zu errichten. Friedrich II. beauftragte ihn später u.a. mit dem Bau der Friedrichskirche in Nowawes und des Alten Rathauses. Sei größtes Werk wurde der Bau der heutigen Humboldt-Universität in Berlin.

Johann Gottfried Büring (1723–1788)

Nach der Ausbildung war er als Kondukteur am Potsdamer Bauamt tätig und beteiligte sich 1744 an der Terrassierung des Weinbergs am Schloss Sanssouci. 1754 folgte er dem Ruf Friedrichs II., sich an der Verschönerung Potsdams zu beteiligen. Für ihn wurde 1752 ein eigenes Hofbauamt, das „Baucomptoir", im Stadtschloss eingerichtet. Sein erster Bau hier war das Direktionsgebäude der Gewehrmanufaktur. Anschließend leitete er Entwürfe für die repräsentativen Palastfassaden nach historischen Vorbildern. Nach Auseinandersetzungen mit dem König, der ihm Unregelmäßigkeiten in der Rechnungsführung vorwarf, fiel Büring in Ungnade und wurde 1764 in Arrest genommen. Ihm gelang die Flucht nach Sachsen.

Carl Philipp Christian von Gontard (1713–1791)

Der Sohn eines aus hugenottischer Familie stammenden Ballettmeisters am Bayreuther Hof der Schwester Friedrichs II. absolvierte eine Architekturschule in Paris. Nach dem Siebenjährigen Krieg holte Friedrich II. den Baumeister an seinen Hof. Während seiner Tätigkeit für den Preußenkönig war von Gontard an etwa 100 Bauten beteiligt, unter anderem am Neuen Palais und dem Großen Militärwaisenhaus, nach dem Tod Friedrichs II. auch am Marmorpalais. Er gestaltete die Stadtseite des Brandenburger Tores. In Berlin errichtete er unter anderem die Türme des Französischen und des Deutschen Domes auf dem Gendarmenmarkt.

Georg Christian Unger (1743–1799)

Auch er gelangte von Bayreuth aus an den Hof Friedrichs II. Dort schuf er etwa 260 Entwürfe für verschiedenste Bauwerke, wovon er viele selbst realisierte. Seine wichtigsten Arbeiten in Potsdam waren der Umbau der Neuen Kammern im Park Sanssouci, das Belvedere auf dem Klausberg, das Schmuckportal des Langen Stalls und die Feldseite des Brandenburger Tors in Potsdam sowie die Hiller-Brandtschen-Häuser. Unger entwickelte den Bautyp des „Bürgerpalais", das bürgerliche Wohnhaus mit einer palastartigen Außenhülle.

Heinrich Ludwig Manger (1728–1790)

Nach der Ausbildung zum Maurer und Zimmermann wurde er 1753 zum Baukondukteur (Bauleiter) in Potsdam berufen. Manger wirkte beim Entwurf zum Neuen Palais mit. Auf ihn gehen die ersten massiven Brücken über den Stadtkanal zurück. Ferner war Manger am Bau von 60 Kolonistenhäusern in Nowawes beteiligt. Als Manger einen Kostenvoranschlag eingereicht hatte, den Friedrich II. zu teuer fand, ließ er ihn arretieren. Sein Nachfolger, Friedrich Wilhelm II., holte Manger aus dem Gefängnis und machte das Unrecht wieder gut, indem er den Baumeister zum Oberhofbaurat und Garteninspektor beförderte. Manger schrieb das Buch „Baugeschichte von Potsdam", eine heute noch wichtige Quelle zum Verständnis des Baugeschehens unter Friedrich II.

seiner Truppen die Nähe zum obersten Befehlshaber ist. Die baulichen Hinterlassenschaften seines Vaters entsprachen zwar nicht Friedrichs Vorstellungen von einer repräsentativen Residenz, aber er sah das Potenzial. Hier konnte er, so rechnete er sich aus, auf relativ rasche Weise einen angemessenen Königssitz entstehen lassen. Zumal er mit von Knobelsdorff einen genialen Verwirklicher seiner Ideen an der Seite hatte.

Eine Dekade des Friedens

Der 2. Schlesische Krieg war noch nicht gewonnen, da erteilte Friedrich II. seinem Vertrauten von Knobelsdorff den Auftrag, das Potsdamer Schloss zu verschönern. Das geschah in drei Etappen: Zunächst waren nur Instandsetzungs- und Putzarbeiten vorgesehen; in der zweiten erfolgten die umfassenden Umbauten und in der dritten – sie dauerte am längsten – die Innenausgestaltung und die Fertigstellung der Fassaden. Für seine Bauten holte Friedrich II. Bau- und Zimmerleute nach Potsdam, aber auch Bildhauer, Stuckateure, Möbeltischler, Seidenweber und viele andere Kunsthandwerker, die es unter dem „Soldatenkönig" in der Stadt nicht gab. Sie errichteten das – neben Schloss Sanssouci – Hauptwerk des friderizianischen Rokoko.

Den Grundriss des ursprünglichen kurfürstlichen Baus ließ Knobelsdorff unangetastet. Allerdings wurden die Seitenflügel bis zur Höhe des Mittelbaus auf drei Etagen aufgestockt. Der Bau wurde stärker gegliedert und mit einem Kupferdach versehen. Seinen äußeren Schmuck erhielt er unter anderem durch viele Sandsteinfiguren. Die bisherige grüne Treppe zum Lustgarten hin wurde durch eine großzügige Rampe zur bequemen Auffahrt ersetzt, ebenso eine hölzerne Treppe am Mittelbau durch eine prachtvolle aus schlesischem Marmor.

Das friderizianische Stadtschloss war mit mehr als 300 Plastiken geschmückt, davon auf dem Schloss 76 Figuren, 92 Vasen und 16 Trophäen. Die berühmteste, weil schönste Figur war die Minerva, die Göttin der Wissenschaften und der Künste. Sie zierte den östlichen Kopfbau, unter dem sich bis 1801 das Hoftheater befand. Acht unversehrte Attika-Figuren waren nach der Sprengung des Schlosses 1960 nach Berlin gelangt

Der brandenburgische Landtag in einem Nachbau des friderizianischen Stadtschlosses. Wo sich einst der prunkvolle Marmorsaal befand, ist heute der schlichte Plenarsaal.

und zieren seit 1967 als Potsdamer Dauerleihgabe die beiden Seitenflügel der Humboldt-Universität. Jahrzehnte später entstand daraus ein langer Streit, wem die Figuren nun gehören.

Die Schlosskirche des „Soldatenkönigs" wurde zu Gästewohnungen umgebaut (später logierte dort Königin Luise), andererseits erhielt das Schloss einen Theaterraum. Eine Kirche benötigte Friedrich II. nicht. Mit dem noch auf Schlüter zurückgehenden Marmorsaal – er wurde zum Gedenken an den Großen Kurfürsten ausgestaltet – und den angrenzenden Sälen wurden prachtvolle Innenräume geschaffen. Vor Friedrich II. hatten alle Monarchen ihre privaten Gemächer zur Westseite hin, mit Blick auf den Lustgarten bzw. auf den Exerzierplatz. Deren Gemahlinnen bewohnten Räume im gegenüberliegenden Flügel. Da Friedrich II. jedoch ohne Gemahlin in das Schloss einzog, wählte er die Räume auf der Ostseite für sich selbst mit Blick zur Havel und zum Brauhausberg.

Der langjährige Generaldirektor der Stiftung Preußische Schlösser und Gärten Berlin-Brandenburg, Hans-Joachim Giersberg, schrieb in seinem Buch „Friedrich als Bauherr": „Nach der achtjährigen Bauzeit von 1744 bis 1752 war aus dem äußerlich nicht sehr ansprechenden Potsdamer Stadtschloss eine repräsentative Anlage geworden, die durch einheitliche architektonische Gliederung, reichen plastischen Schmuck und nicht zuletzt durch eine auffällige Farbigkeit – rot gestrichenes Mauerwerk, gelbe Architekturteile, blau lackiertes Kupferdach ... und grünes Fortunaportal – ein prächtiges Bild bot."

In der Bombennacht vom 14. April 1945 wurde das Schloss schwer beschädigt und brannte aus. 1959 und 1960 wurden die Reste gesprengt. Wie wir heute wissen, war damit die Geschichte des Gebäudes längst noch nicht zu Ende. Das in den vergangenen Jahren für den brandenburgischen Landtag neu entstandene Gebäude gibt das meiste von dem eindrucksvoll wieder, was Giersberg beschrieben hat. Einschließlich der von Knobelsdorff eingebauten Marmortreppe. Diesmal allerdings weniger prunkvoll, dafür nüchtern, nahezu schmucklos. Nur sechs originale Reliefs aus dem Jahr 1750 schmücken den Aufgang, über den Besucher in das Landtagsfoyer gelangen. Das Gebäude sieht aus wie das friderizianische Schloss, ist aber in seinem Inneren ein modernes Funktionsgebäude mit Plenarsaal, Fraktionsräumen und Arbeitszimmern für die Abgeordneten.

„Das ist kein Schloss" steht in französischer Sprache in schwungvollen Lettern an der Fassade. Ein Hinweis an die Betrachter, sich nicht täuschen zu lassen.

Zur gleichen Zeit, als der Umbau des Stadtschlosses in vollem Gange war, begann knapp zwei Kilometer Luftlinie entfernt der Neubau eines kleinen Schlosses für die Sommermonate: des Weinbergschlosses „sans souci" – ohne Sorge. Bereits 1744 hatte König Friedrich II. Befehl gegeben, den „Wüsten Berg" bei Bornstedt durch die Anlage eines in Terrassen gegliederten Weinbergs zu kultivieren. Wüst war dieser Berg geworden, als der dortige Eichenwald für den Stadtausbau von Potsdam gerodet wurde. Ins Blickfeld Friedrichs geriet er bei Besuchen des jungen Friedrich im Küchengarten seines Vaters.

Grundsteinlegung für das kleine Schloss war am 14. April 1745. Genau 200 Jahre später wurde die Innenstadt von Potsdam durch einen verheerenden Bombenangriff weitgehend zerstört. Obwohl auch im Falle Sanssouci von Knobelsdorff als der Schöpfer des inzwischen weltberühmten Baus gelten kann, geht es auf eigenhändige Skizzen Friedrichs II. zurück. Er gab mit leichter Hand ebenso die Anlage des Weinbergs wie auch die Aufteilung der Räume im Inneren vor. Im Zentrum wünschte er sich das Vestibül und den Marmorsaal unter einer markanten Kuppel.

Der König kümmert sich

Für sich selbst hatte der König nur ein Arbeits- und Schlafzimmer und die Bibliothek („genau wie in Rheinsberg" war die Vorgabe) vorgesehen. Hinzu kamen auf der rechten Seite ein Empfangs- und ein Konzertzimmer. Die Räume auf der linken Seite waren Gästen vorbehalten. Geselligkeit ja – aber nur im kleinen Kreis, das war die architektonische Aussage. Sehr privat sollte es sein. Daher wehrte sich der König auch gegen den Rat seines Architekten, das Schlösschen zu unterkellern, auf einen Sockel zu stellen und näher an die Terrassen zu rücken. Nein, es sollte sich flach an den Berg schmiegen. Bei den Arbeiten an den Außenanlagen wurde auch die Gruft angelegt, in der Friedrich nach eigenem Willen dereinst begraben sein wollte. Doch zunächst hatte er noch 40 Jahre zu leben.

Während seine beiden Schlösser Gestalt annahmen, kümmerte sich der König wieder stärker um seine Stadt. Es sollten fast zehn Jahre in Frieden vergehen, in denen der König gewaltige Mittel in die Verschönerung seiner Residenz pumpte. Nun begann er, Potsdam „sein Festkleid zu schenken", wie Julius Haeckel 1912 die Jahre, in denen Friedrich II. in Potsdam das Sagen hatte, beschrieb. Aber schon hier sei festgestellt: Dieser König hat in Potsdam ganze Straßenzüge erneuern lassen (während seiner Regierungszeit wurden 612 Bürgerhäuser anstelle älterer Bauten errichtet) und die Schlösserlandschaft von Sanssouci hinzugefügt, die damals noch außerhalb der Stadtmauern lag. Am Wesen der Stadt hat er aber kaum etwas geändert. Potsdam hat sich in den 46 Jahren seiner Regentschaft minimal ausgedehnt. Es blieb die Residenz-, Garnison- und Manufakturstadt, zu der sie sein Vater, der „Soldatenkönig", bereits gemacht hatte. Und noch nicht einmal Bürgersteige hatte diese Stadt. Die kamen erst Mitte des 19. Jahrhunderts in Mode.

Mit seinen Garderegimentern war Potsdam weiterhin die „Pflanzschule" des preußischen Heeres. Es kamen immer mehr Soldaten in die Stadt, und die Einquartierungen wurden immer belastender für die Bürger. Am Ende der Regierungszeit Friedrichs II. hatte sich die Zahl der Soldaten in Potsdam fast verdoppelt. Es wurde eng in der Barockstadt Potsdam. Wenn im Folgenden immer wieder von palastartigen Bürgerhäusern die Rede ist, sollte das bedacht sein.

Zunächst verpasste er 1749 Potsdam ein neues Polizeireglement. 19 Polizeibedienstete sollte es von nun an geben. Der König selbst hatte ein scharfes Auge auf deren Arbeit. Schließlich hatten sie nicht nur für die Durchsetzung des Rechtes und der Ordnung in der Stadt zu sorgen. Sie überwachten auch die Versorgung der Potsdamer mit genießbaren Lebensmitteln, wozu vor allem Getreide und Mehl gehörten. Die Gendarmen kontrollierten auch die Preise. Die wurden entsprechend der Marktlage monatlich vom Magistrat festgesetzt und galten für alle Verkäufer. Niemand sollte übers Ohr gehauen werden. Eine wichtige Rolle spielte die Gassen- und Feuerpolizei. Sie hatte den baulichen Zustand der Häuser und die Freihaltung der Brandgassen im Blick. Besonders wichtig war für den König die Fremdenpolizei. Sollte ein unbekannter Fremder den Wachen an den Stadttoren durchgeschlüpft sein, hatte ihn die Fremdenpolizei ausfindig zu machen und dem König zu melden.

Agenten Lely, anzugeben/gestalt Wir denn denenselben beyder-

Die ausreichende Versorgung Potsdams mit Lebensmitteln zu festgesetzten Preisen war nicht einfach. Damals galt in Preußen der Grundsatz, dass die Dörfer im Umkreis von vier Meilen um eine Stadt als deren natürliche Speisekammer zu dienen hatten. Im Falle von Potsdam überschnitt sich dieser Bannkreis mit dem von Berlin. Und dieser Markt war für die Bauern viel größer und attraktiver. Häufig musste daher die Polizei einschreiten und Lieferungen von Fisch, Obst und Gemüse, die für Berlin bestimmt waren, nach Potsdam umleiten. Den Potsdamer Schlächtern blieb angesichts der Berliner Sogwirkung nichts anderes übrig, als sich auf Märkten in Schlesien mit Schlachtvieh zu versorgen. Das trieben sie über die weite Strecke bis vor die Tore von Potsdam, wo es auf den dortigen Äckern noch einmal gemästet wurde, um dann geschlachtet zu werden. Das Getreide für Potsdam wurde vor allem in Wassermühlen entlang der Nuthe gemahlen. Die reichten allerdings bald nicht mehr aus. Also wurden Windmühlen in die Landschaft gesetzt.

Die Nahrung der einfachen Potsdamer bestand damals vor allem aus Hirsebrei, Grütze und Brei aus geschältem Kornmehl. Fleisch kam allenfalls am Wochenende auf den Tisch, dazu Klöße aus Gerstenmehl (solange die Kartoffel noch kein Massenprodukt war). Dazu gab es Erbsen, Linsen und Sauerkraut. Getrunken wurde Milch, Dünnbier und „Preußischer Kaffee", der aus der Zichorienwurzel hergestellt wurde.

Der König und seine Juden

Die rund 300 in Potsdam lebenden Juden hatten einen nicht zu unterschätzenden Anteil am wirtschaftlichen Aufbau Preußens. Friedrich II., der mit seinem Spruch in die Geschichtsbücher einging, dass in seinem Staat „jeder nach seiner Fasson Selich werden" kann, machte den Juden das Leben nicht leicht. Schon sein Vater, der „Soldatenkönig", hatte ein Reglement für den Erwerb eines Schutzbriefes erlassen, das eine geschäftliche Niederlassung oder eine Heirat zur Bedingung machte. Diese an Mafia-Methoden erinnernde Regel machten den „Schutz" sehr teuer und erlaubte schließlich nur

Gediegen und schmuckvoll: eine Häuserzeile in der friderizianisch geprägten Potsdamer Innenstadt

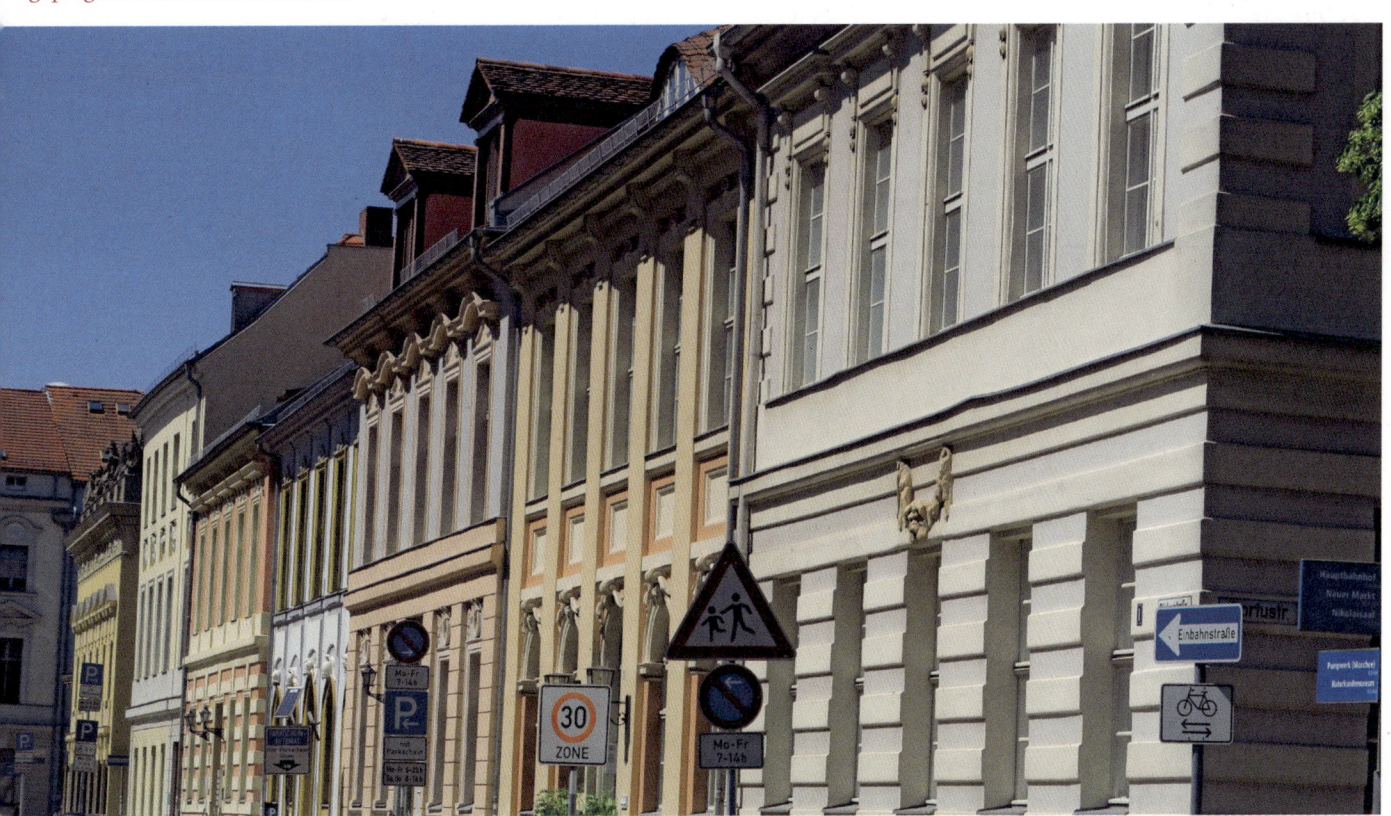

seits anbefohlen/ihnen mit Gelde/Passeporten und Schiffen be-

noch begüterten Juden den Verbleib in Preußen. „Schutzjuden" wurden sie genannt. Sohn Friedrich änderte an dieser Praxis nichts, obwohl immer mehr Juden als Unternehmer eine große Rolle bei der Entwicklung der preußischen Wirtschaft spielten. Mehr noch: Der eingefleischte Judenhasser verschärfte das Generalreglement 1750 noch einmal und teilte die Juden nach ihrer Nützlichkeit in verschiedene Klassen ein.

Nicht selten übte der König Druck aus, um wohlhabende Juden dazu zu bringen, Manufakturen aufzubauen oder heruntergewirtschaftete zu übernehmen. Bei der Aufzählung der Besitzer von Textilmanufakturen in Potsdam fällt auf, dass hier viele Juden darunter waren. Juden waren es auch, die gezwungen wurden, Produkte der Königlichen Porzellanmanufaktur aufzukaufen und in den Handel zu bringen. „Judenporzellan" wurde diese Waren allgemein benannt. Auch die Falschmünzerei während des Siebenjährigen Krieges überließ er jüdischen Kaufleuten, die sich zwar daran mächtig bereicherten, aber andererseits antijüdische Stimmungen erzeugten. Alles vom König wohl vorausbedacht. Während Friedrich II. mit jüdischen Geschäftsleuten seine Spielchen trieb, zeigte er kein Interesse an den jüdischen Geistesgrößen in seinem Land. Dem Philosophen Moses Mendelssohn verweigerte er zeitlebens die Aufnahme in die Preußische Akademie der Wissenschaften.

Trotzdem gelang es den Potsdamer Juden, Friedrich II. einiges abzutrotzen: 1743 wies er ihnen ein Stück unnützen Bodens weit hinter der Stadt als Friedhof zu. So mussten sie ihre Toten nun nicht mehr nach Berlin zur Bestattung bringen. Dann erlaubte er ihnen, sich mitten in der Stadt eine Synagoge zu bauen. 1767 wurde sie eingeweiht. Sie stand in der Nähe des Wilhelmplatzes in dem seit 1786 Ebräerstraße genannten Weg auf sumpfigem Untergrund. Sie und ihr Nachfolgebau mussten daher nach kurzer Zeit wieder abgerissen werden. Erst 1903 wurde neben der Post am Wilhelmplatz ein jüdisches Gotteshaus eingeweiht, das sich standfest zeigte.

Die Feldseite des Brandenburger Tores empfängt die Ankommenden mit gewaltigem Protz. Die Stadtseite zeigt sich viel schlichter.

Ein unbequemer Bauherr

Friedrich II. konnte sich kein Schloss inmitten ärmlicher Katen vorstellen. Er sah seine Residenz als ein Gesamtkunstwerk und sich selbst als dessen Gestalter. Ausgehend vom unmittelbaren Schlossumfeld, ließ der König viele massive Bürgerhäuser entstehen. Wenige auf unbebauten Flächen, viele anstelle von baufälligen Fachwerkbauten. Die ersten Bauten waren noch mit dem Namen Knobelsdorff verbunden. Das betraf Häuser am Alten Markt und entlang der Schloßstraße. Auch für den Obelisk auf dem Alten Markt zeichnete er als Architekt. Als in ihrer schönen Schlichtheit geniale Meisterwerke Knobelsdorffs gelten die beiden Flügelbauten am Beginn der Breiten Straße. Sie wurden auf Kosten des Königs „zur Zierde der Stadt" errichtet. Eins von ihnen beherbergt heute die Potsdamer Spielbank. Knobelsdorff offenbart hier einen Stil, der sich deutlich von späteren Bauten unter Friedrich II. abhebt. Er ist gekennzeichnet durch sparsames Dekor und durch ruhige, unverzierte Wandflächen. Stilvoll nennt man das heute.

Der König nahm starken Einfluss auf das Baugeschehen. Er fühlte sich nicht nur als der Bauherr, sondern betätigte sich auch als Architekt und sogar als Bauleiter. Ständig war er auf den Baustellen präsent und nahm alles unter die Lupe. Die Fertigstellung konnte er kaum abwarten. So bewohnte er bereits das Stadtschloss, als die Handwerker noch zugange waren. Bei Schloss Sanssouci war es kaum anders. Während Friedrich seinem Architekten von Knobelsdorff in Rheinsberg noch voll vertraute, gewann er als Sieger in zwei Kriegen derart an Selbstvertrauen, dass er sich in Dinge einmischte, von denen er eigentlich nichts verstand. So verschlechterte sich das Verhältnis zwischen König und Architekt zunehmend. Es muss für den Architekten eine Freude gewesen sein, als er kurz vor seinem Tod 1753 abseits des Schlosses das Haus für den Kommandanten der Garde du Corps am östlichen Stadtkanal und die Französische Kirche am Bassinplatz zumindest entwerfen konnte.

Eine besondere Symbolik sollten die Potsdamer Stadttore erhalten. Zwar änderte Friedrich II. am Verlauf der Stadtmauer so gut wie nichts, wohl aber an den Toren. Bis auf eins: Das Jägertor steht noch immer so, wie es der „Soldatenkönig" errichten ließ. Es war noch der todkranke Knobelsdorff, der sich 1753 um das Neustädter Tor kümmerte. Es stand dort, wo einst die Schlossfreiheit (heute die Breite Straße) endete. Die Neustädter Havelbucht reichte damals noch viel weiter nach Norden. Die Anlage des dortigen Stadttores in Form zweier ägyptischer Pyramiden signalisierte das Ende des Schlossbezirks. Von den zwei Steinsäulen hat eine den Krieg überstanden und steht heute ein paar Meter neben dem ursprünglichen Standort. Das Berliner Tor an der Straße zur Glienicker Brücke wurde 1753 einem Triumphtor aus Römischer Zeit nachempfunden. 17 Jahre später ließ er im gleichen Stil auch das Brandenburger Tor neu errichten. Die Residenz war markiert, wie es sich für einen Imperator ziemte.

Und dann das Nauener Tor am Stadtausgang in Richtung Norden (Foto S. 14). Es wurde 1753 bis 1755 errichtet und gilt als erstes Bauwerk des neugotischen Stils auf dem europäischen Kontinent. Lange haben Kunsthistoriker nach einer entsprechenden Vorlage in England und Schottland gesucht. Es fand sich aber keine, die ähnliche Kegeldächer wie in Potsdam besessen hätte. Wie wäre es aber damit, die beiden Türme von Schloss Rheinsberg als Vorbild zu sehen? Immerhin führt die Straße nach Rheinsberg in Richtung Norden durch das Nauener Tor. Bis zum Jahr 1867 erfüllte es noch nicht einmal vollständig die Funktion als Stadttor, denn gleich hinter dem neuen Tor stand noch das alte aus dem Jahr 1733, erbaut zur Zeit des „Soldatenkönigs".

Nach dem Tod Knobesdorffs misstraute der König immer mehr den einheimischen Architekten und ließ Gebäude nach älteren ausländischen, vornehmlich italienischen, französischen und englischen, Vorbildern nachbauen. Er suchte dort das Bekannte und Bewährte, dem er nacheifern konnte. Die Vorlagen entnahm der König Kupferstichen seiner 43 Bände über Architektur, die sich in seinen Bibliotheken fanden. Im venezianischen Grafen Francesco Algarotti hatte der König einen exzellenten Ratgeber in künstlerischen Fragen. Er war es, der Friedrich auf den Renaissance-Künstler Andrea Palladio aufmerksam machte. Dessen architektonische Vorlagen sollten beim weiteren Umbau Potsdams eine wichtige Rolle spielen.

Anfangs zeichnete der König die Abbildungen von Hand nach, um die tatsächliche Herkunft der Vorgaben zu verschleiern. Später sparte er sich diese Mühe. Es ist dem Talent aller an diesen Nachbauten beteiligten Architekten zu verdanken, dass sich Potsdam nicht zu einem schrillbunten Architektur-Museum entwickelte. Vielmehr gelang es, die Vorgaben weitgehend harmonisch in das

Das Refugium auf dem Weinberg
Schloss Sanssouci

Schloss Sanssouci ist etwas ganz Besonderes. Man stelle sich vor: Innen geht der König einer aufstrebenden Macht seinen Staatsgeschäften nach, und außen tanzen halbnackte Getreue von Bacchus, Gott des Weines und des Frohsinns, einen ausgelassenen Reigen. Auch wenn diese Bacchanten aus Sandstein bestehen, machen sie doch einen sehr lebendigen Eindruck. Sie treten in Paaren auf, die sich meist voneinander weg bewegen, aber zugleich Blickkontakt zum Nachbarn aufnehmen. So ergibt sich ein ausgelassener Reigen. Manche Betrachter sehen in den Gesichtern vom Alkoholrausch enthemmte Figuren, andere glauben laut tönende Sänger zu erkennen. Die Weinblätter und -trauben darstellenden Ornamente lassen keinen Zweifel, womit dieser Zustand ausgelöst wurde. Die Szene wirkt verspielt, aber nicht überladen, ein idealer Übergang aus dem Inneren des Schlosses hinaus auf die oberste Terrasse des Weinberges.

Architektonisch haben die Figuren die Aufgabe, das Dach zu stützen. Sie sind in der Architektensprache Hermen. Entworfen wurden sie von Baumeister Knobelsdorff. Die Umsetzung lag buchstäblich in den Händen von Friedrich Christian Glume. Er gehörte zu einer bedeutenden Bildhauerfamilie. Sein Vater war an der Gestaltung der Gruft der Potsdamer Garnisonkirche beteiligt, sein Bruder machte vor allem als Medailleur von sich reden. Das handwerkliche Geschick Glumes wird deutlich, wenn man sich vorstellt, dass alle 36 Figuren zunächst als roher Stein in das Mauerwerk eingearbeitet wurden und anschließend an Ort und Stelle ihre endgültige Form erhielten.
Von diesem bunten Treiben vor den Fenstern mag sich auch die illustre Runde inspiriert haben, die Anfang der 1750er Jahre täglich zur Mittagszeit

Der Besuchermagnet im Park Sanssouci: das Schloss auf dem Weinberg
© SPSG|terra press

im Marmorsaal zusammenkam. „Tafelrunde von Sanssouci" nennt man heute diese Treffen. Adolph Menzel, der körperlich kleine, aber künstlerisch große Maler, hat die Runde in einem seit 1945 verschollenen Gemälde festgehalten. Da sitzen große Geister ihrer Zeit und führen ein ungezwungenes Gespräch. Lieblingsthema ist die Philosophie, vor allem die der alten Griechen. Aber auch die Künste und die Wissenschaft kommen nicht zu kurz. Immerhin sitzen neben König Friedrich II. u.a. der französische Aufklärer und scharfzüngige Literat Voltaire, der Marquis d'Argens, Kenner der Antike, der italienische Kunstliebhaber und Philosoph Graf Algarotti, der Arzt und Philosoph La Mettrie. Wahrscheinlich von hinten auf dem Bild zu sehen ist der Naturforscher Maupertuis.

Die Unterhaltungen sind so ungezwungen, dass Voltaire in seinen Memoiren darüber schrieb, ein Fremder würde geglaubt haben, „die Sieben Weisen Griechenlands im Freudenhaus" zu hören. Robuste Naturen müssen es allerdings gewesen sein, die sich täglich dem beißenden und auch verletzenden Spott des Königs aussetzten. Ihre beste Zeit hatten die Tafelrunden zwischen 1750 und 1753, als der berühmte Voltaire Gast am Hofe Friedrichs II. war. Die Männerrunden endeten mit dem Ausbruch des Siebenjährigen Krieges und fanden nach dessen Ende keine Fortsetzung.

Der Marmorsaal von Schloss Sanssouci ist rund und hat somit einen Grundriss, der sich bei vielen Bauten Friedrichs II. findet – mal kreisrund, mal leicht oval. Bereits Schloss Rheinsberg hatte ein rundes Turmzimmer, im Potsdamer Stadtschloss waren zwei Räume rund angelegt, die St.-Hedwigs-Kathedrale in Berlin und die Französische Kirche in Potsdam sind Rundbauten. Zu erklären ist diese Vorliebe für runde Räume mit dem Vorbild des Pantheons in Rom, das allen Göttern geweihte Heiligtum im antiken Rom. Es spricht für die Schlitzohrigkeit Friedrichs, dass er den Katholiken in Berlin und den Französisch-Reformierten in Potsdam jeweils eine Kirche schenkte, die zumindest baulich in der Tradition dieses Tempels für alle Götter steht. Für beide Kirchen stammten die ersten Entwürfe vom Sanssouci-Erbauer Knobelsdorff.

Stadtgefüge einzuordnen, sodass doch insgesamt etwas Eigenes entstand. Es ist vorstellbar, was Knobelsdorff empfunden haben muss, als er auf Befehl seines Königs einen Vorbau für die als nicht repräsentativ genug empfundene Stadtkirche St. Nikolai am Alten Markt entwerfen sollte. Ein Vorbild hatte der gleich mitgeliefert: die Schaufassade von Santa Maria Maggiore, eine der vier Papstbasiliken Roms (d.h., sie befindet sich im exterritorialen Besitz des Vatikans). Knobelsdorff verkleinerte das Vorbild, um es in den Proportionen dem engen Alten Markt von Potsdam anzupassen. Die Potsdamer nannten diesen Bau bald respektlos „Vorhemdchen".

So, wie der Kirche ein „Vorhemdchen" verpasst wurde, wurden Potsdamer Bürgerhäusern in den folgenden Jahren Schaufassaden vorgesetzt. Dabei galt, dass alles Bauen vom Willen, Geschmack und – ein wenig zumindest – vom Sachverstand des Königs abhing. Er nahm keine Rücksicht darauf, wie es sich hinter den Schmuckfassaden lebte. Egal, ob die Fenster zu den vorhandenen Geschosshöhen und zur Raumaufteilung passten und ob der Unterhalt der aufwändigen Fassaden überhaupt zum Einkommen der Bewohner passte. Auch wenn der König viele dieser Fassaden verschenkte oder zumindest subventionierte, waren sie für die neuen Besitzer eher eine Last als eine Freude. Der große Voltaire schrieb: „Hier lebt die Armut in Palästen". Besser dran waren da begüterte Potsdamer, die sich mit finanzieller Unterstützung des Königs von Grund auf durchgeplante, massive Häuser leisten konnten, vielleicht sogar noch mit einem gesonderten Anbau für die obligatorische Unterbringung von Soldaten. Ein solches „Vorhemdchen" ist hinter der Garnisonkirche zu besichtigen. Dort hatte die steinerne Portalfassade am Langen Stall aus dem Jahr 1781 den Krieg überstanden, während die hölzerne Reithalle im Zweiten Weltkrieg ausgebrannt ist.

Doch nicht nur zum Herren über alle Bauten in Potsdam fühlte sich Friedrich II. berufen. Seine Mission sah er als Philosoph und Verehrer der Künste. Wenn er schon König sein musste, dann ein philosophierender König. Für ihn war das nicht Beschäftigung im stillen Kämmerlein, sondern aktive Auseinandersetzung mit großen Denkern seiner Zeit. Der wohl bekannteste und einflussreichste war Francois-Marie Arouet, genannt Voltaire. Er war der führende Kopf der europäischen Aufklärung, ein scharfzüngiger Kritiker des Absolutismus.
Dennoch gelang es Friedrich noch als Kronprinz, mit dieser Koryphäe in Kontakt zu treten. Sein Trick: Er präsentierte sich als künftiger Monarch, der sich von der Vernunft leiten lässt und der eines Tages alles anders machen will, als die Monarchen vor ihm. Offenbar glaubte Voltaire daran, den Preußenkönig nach seinem Ideal formen zu können. So trat er mit Friedrich in einen intensiven Briefwechsel und nahm schließlich eine Einladung nach Potsdam an.

Fast drei Jahre blieb Voltaire Gast am preußischen Königshof und hielt sich in dieser Zeit meist in Potsdam auf. Hier war er der Star unter anderen Geistesgrößen bei den Tafelrunden auf Schloss Sanssouci. Friedrich hatte ihn mit der Aufgabe betraut, seine französischen Texte zu redigieren und sprachlich zu verfeinern. Verständlicherweise hielt Voltaire das für eine Zumutung.

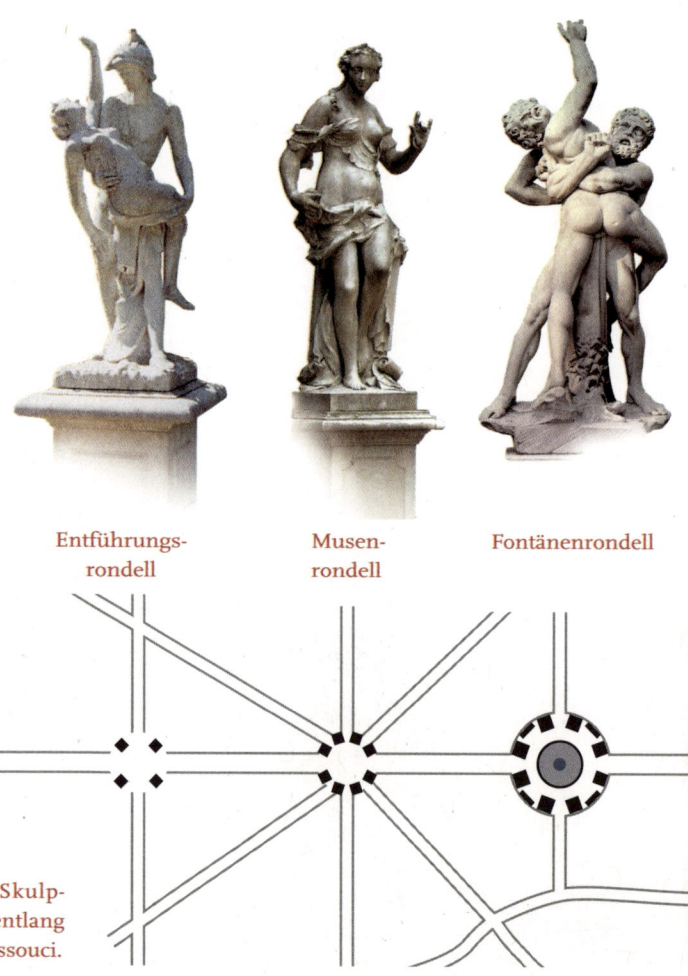

Entführungs-rondell   Musen-rondell   Fontänenrondell

Thematisch ausgewählte Skulpturen zieren die Rondelle entlang der Hauptallee im Park Sanssouci.

Als sich Voltaire auf windige Geschäfte einließ und andere Vertraute Friedrichs beleidigte, kam es zum Bruch. Über seine Rolle als königlicher Korrektor schrieb er erzürnt, der König werde nicht müde, „mir seine schmutzige Wäsche zum Waschen zu schicken". Es kam zum Eklat, und Voltaire reiste im Zorn ab. Dennoch nahmen beide ihren Briefwechsel wieder auf. Der dauerte bis zum Tod Voltaires und endete in einer späteren Buchausgabe mit Nummer 245.

Friedrich, der Musikus

Friedrich fühlte sich jedoch nicht nur zur Philosophie hingezogen, sondern auch zur Musik. Seit Kindertagen spielte er Querflöte und brachte es zu beachtlicher Fertigkeit. Der König komponierte Konzerte und Sonaten. Dass die spanische Nationalhymne von ihm komponiert wurde, ist allerdings eine Legende. Für sein Flötenspiel hatte Friedrich einen weithin bekannten, hervorragenden Lehrer: Johann Joachim Quantz. Über 25 Jahre währte sein Aufenthalt am preußischen Hof. Friedrich II. belebte unmittelbar nach seiner Thronbesteigung auch das Musikleben zunächst in Berlin, dann in Potsdam. Eine kleine Hofkapelle hatte er bereits in Rheinsberg zusammengestellt. Kapellmeister am Hof war Carl Heinrich Graun, ursprünglich Hofsänger. Er komponierte zur Hochzeit des Kronprinzenpaares eine Oper, der 27 weitere folgen sollten. Auch der Bruder Johann Gottlieb Grauns trat bei König Friedrich II. in die Dienste. Er war Konzertmeister.

Terrassen Schloss Sanssouci

Oranierrondell

Mohrenrondell

Obeliskportal

Französisches Rondell

versehen werden mögen. Weilen Unsere Lande nicht allein mit

Segen und Fluch
Das Militärwaisenhaus

Am Rand der Potsdamer Altstadt, in Sichtweite des Landtagsschlosses, steht ein Gebäudekomplex, den man für ein weiteres Schloss halten könnte. Oder zumindest für ein großes Regierungsgebäude mit riesigen Ausmaßen und spätbarockem Schmuck. Über allem thront auf einem tempelartigen Dachaufbau die vergoldete Figur der Caritas. Sie gehört seit dem Wiederaufbau des im Zweiten Weltkrieg zerstörten Monopteros wieder zur Stadtsilhouette Potsdams. Die Rede ist vom Gebäude des Großen Militärwaisenhauses zu Potsdam. Auch hier ließ Friedrich II. durch eine beeindruckende Schauarchitektur die wahre Bestimmung des Komplexes verdecken.

© Archiv Waisenhaus

Gegründet wurde das Militärwaisenhaus 1724 vom streng protestantisch geprägten „Soldatenkönig" Friedrich Wilhelm I. Der Mann, der seine Kinder mit äußerster Strenge erzog, hatte ein Herz für seine Landeskinder. Bereits 1717 führte er die allgemeine Wehrpflicht ein, ohne sie allerdings flächendeckend durchsetzen zu können. Mit dem Waisenhaus schuf er eine Versorgungs- und Erziehungsanstalt für Soldatenkinder, deren Eltern nicht in der Lage waren, den Lebensunterhalt für die Familie aufzubringen. Ein Zögling der Anstalt musste nicht zwangsläufig elternlos sein. Da der König keine Kriege führte, waren Soldatenwaisen eher selten. Aufgenommen wurden Kinder im Alter von sechs bis sechzehn Jahren.

Vielmehr sollten zunächst rund 150 Soldatenkinder vor Verwahrlosung geschützt und ihnen eine ordentliche Schulausbildung mit Lesen, Schreiben und Rechnen ermöglicht werden. Sogar Musikunterricht wurde erteilt. Ziel war hierbei zunächst, talentierte Knaben als Trompeter und Tambours auszubilden, um sie zu den Regimentern des Landes zu entsenden. Im Laufe der Zeit wurde für musikalische Kinder eine gesonderte Musikschule auf dem Gelände des Waisenhauses gebaut, wo Unterricht an den meisten damaligen Instrumenten erteilt wurde. Ganz wichtig war dem König die religiöse Unterweisung. In diesem Zusammenhang mag bemerkenswert sein, dass das Baumaterial für das erste Gebäude von der nach der Reformation niedergerissenen St. Marienkirche in Brandenburg an der Havel stammte.

Mit der Gründung des Waisenhauses als eine Stiftung mit eigenem Besitz sorgte er dafür, dass sich die Einrichtung selbst wirtschaftlich unterhalten konnte. Ihr gehörten Ländereien in der Gemarkung Bornstedt (als Friedrich II. sein Schloss Sanssouci plante, musste er den Baugrund dafür vom Großen Militärwaisenhaus abkaufen), ihr kamen die Gewinne des Alaunwerkes in Freienwalde und des Berliner Lagerhauses zu. Sogar die Anzeigenerlöse der „Berliner Intelligenzblätter" sollten für den Unterhalt des Großen Militärwaisenhauses genutzt werden.

Der historische Ort

Als Friedrich II. den Preußenthron übernahm, verloren die religiösen Grundlagen der Anstalt an Bedeutung. Sie verwandelte sich in wenigen Jahren zur Zucht- und Arbeitsanstalt. Schule und Erziehung der Kinder wurden zur Nebensache. Die Zöglinge des Militärwaisenhauses dienten vorwiegend als billige Arbeitskräfte für Potsdamer und Berliner Manufakturen. Was unter dem „Soldatenkönig" als handwerkliche Unterweisung – zum Beispiel das Strümpfestricken – für 130 Zöglinge begann, entwickelte sich unter Friedrich II. zu einem lukrativen Geschäft. 1740 auf 1.400 Knaben und 150 Mädchen angewachsen, stellte das Waisenhaus ein großes Reservoire für billige Arbeitskräfte dar.

Die Fabrikanten mussten lediglich für die Unterbringung sorgen. Lohn und Kosten für den Unterhalt trug das Waisenhaus. So wurden die Mädchen in einer Spitzenklöppelei neun Stunden am Tag beschäftigt, andere mussten Tuche nähen und aussticken. Die Jungen schufteten unter anderem in der Gold- und Silberdrahtzieherei. Dennoch herrschte Mangel, die Versorgung war miserabel. 15 bis 20 Prozent der Kinder waren krank. Häufigste Krankheiten waren Tuberkulose, Krätze, Skorbut und Auszehrung. Die Sterblichkeit kletterte von 3 Prozent zur Zeit Friedrich Wilhelms I. auf 15 Prozent zur Zeit Friedrichs II.

Die Lage besserte sich, als Wilhelm von Rohdich im Jahr 1779 Stadtkommandant von Potsdam wurde und damit die Leitung des Großen Militärwaisenhauses übernahm. Als erste Maßnahme wurden viele Kinder ausquartiert und zur Betreuung zu Bauern gegeben. 1795 wurden die Lohnarbeitsverträge gänzlich gekündigt. Das Große Militärwaisenhaus fand zu seiner eigentlichen Bestimmung zurück – der Betreuung bedürftiger Kinder.

Im Treppenhaus des von Carl von Gontard errichteten Hauptgebäudes des Großen Militärwaisenhauses zu Potsdam, links der Monopteros mit der Caritas-Figur über dem Gebäude

Ein berühmter Name zierte die Hofkapelle. Es war Carl Philipp Emanuel Bach, der bekannteste Spross Johann Sebastian Bachs. Der junge Bach war ein Meister auf Tasteninstrumenten. Für das Cembalo komponierte er rund 150 Sonaten und 50 konzertante Stücke. Dem jungen Bach hat es Potsdam zu verdanken, dass sich der alte Meister im Mai 1749 für ein paar Tage hier aufhielt. Er musizierte im (noch im Bau befindlichen) Stadtschloss und gab ein Orgelkonzert in der Heiliggeistkirche. Wie es bei einem Musikabend bei König Friedrich II. zuging, zeigt uns Adolph Menzel in dem berühmten Gemälde „Das Flötenkonzert von Sanssouci".

Während Friedrich II. in seinen beiden Potsdamer Schlössern philosophierte, musizierte und kräftig politisierte, gingen in der Umgebung des Weinbergs die Arbeiten weiter. Nachdem er seinem Bruder Heinrich das Rheinsberger Refugium überlassen hatte, musste nun in der Potsdamer Umgebung Ersatz gebaut werden. Außerdem kamen immer neue Erfordernisse hinzu. Für seine Skulpturen- und Gemäldesammlungen musste Raum zur Präsentation geschaffen werden, Friedrich suchte stets nach neuen Verbindungen zwischen dem höfischen Leben und der Natur, er brauchte Platz für viele Gäste. Nicht zuletzt als Chef des Hauses Hohenzollern hatte er es permanent mit Besuchen aus der engen und weiten Verwandtschaft zu tun. So trafen sich Familien- und Machtpolitik.

Hier eine Aufzählung all dessen, was in den 1750er Jahren begonnen oder fertiggestellt wurde:

1746–1747	Bau eines Orangeriehauses (Knobelsdorff) westlich von Schloss Sanssouci, später Umbau zum Gästeschloss „Neue Kammern",
1747–1748	Obeliskportal und Obelisk (Haupteingang zu Friedrichs Zeiten),
1748	Aushub eines Wasserbassins auf dem Ruinenberg,
1751–1762	Marmorkolonnade als festlicher Abschluss der Hauptallee (Knobelsdorff),
1752–1754	Bau der Neptungrotte (Knobelsdorff),
1754–1756	Chinesisches Haus (Büring),
1755–1764	Bildergalerie (Büring); der älteste erhaltene Galeriebau Deutschlands, entstand an der Stelle zweier Gewächshäuser.

Im Park Sanssouci stehen heute rund 1.000 Skulpturen – einige in Rondelle entlang der Hauptallee gefügt, andere nahezu versteckt zwischen Bäumen. Ein im Jahr 1775 erschienener Reiseführer fasst zusammen: „Seine Majestät, der König von Preußen, besitzen eine Sammlung von antiken und modernen Statuen, welche, außer etwa zu Rom, zu Portici unweit Neapel, und zu Florenz, ihres gleichen nicht hat."

Während Friedrich bei Musikern auf deutsche Künstler setzte, hatte er zu den deutschsprachigen Literaten ein gestörtes Verhältnis. So kommt es, dass der König von einem – wie wir heute wissen – historischen Besuch keine Ahnung hatte. Es war im Februar und März 1755, als Gotthold Ephraim Lessing in einem kleinen Landhaus an der Havel das erste bürgerliche Trauerspiel in deutscher Sprache verfasste. Viel später, im Mai 1778, besuchte eine weitere Größe der deutschen Literatur Potsdam: Johann Wolfgang von Goethe. Er gehörte zum Gefolge des Weimarer Herzogs auf dem Weg nach Berlin. Auf der Rückreise wollte er Schloss Sanssouci besuchen. Damals war es üblich, dass bei Abwesenheit des Königs eine Besichtigung der Schlösser in Begleitung des Kastellans (dem Aufseher des Schlosses) durchaus möglich war. Von diesem Besuch des Dichterfürsten gibt es nur eine Tagebuchnotiz: „Kastellan Flegel."

In den Jahren nach den beiden ersten Schlesischen Kriegen nahm Potsdam einen bemerkenswerten wirtschaftlichen Aufschwung. Noch immer war die Textilindustrie mit den Zweigen Wolle, Baumwolle, Leinen und Seide vorherrschend. Die Bautätigkeit des Königs förderte alle Bauwerke vom Maurer bis zum Zimmermann. Dem Bedarf des Hofes entsprechend, siedelten sich zahlreiche Manufakturen an: eine Fayencenfabrik, eine Fabrik für Drechselwaren in Elfenbein und Schildpatt, eine Tabakfabrik sowie Hersteller von Bleistiften, Tapeten, Gold- und Silberdraht, Nähnadeln. Dazu kamen Betriebe, die nur oder vorwiegend für das Militär produzierten: die Gewehrfabrik, Tuchmacher und Schneider für Uniformen, Lohgerber, Zopfbänder, Metallknöpfe, Borten … Einige der Fabrikanten siedelten sich bereits außerhalb der Stadtmauern an, zum Beispiel am Brauhausberg in der Nähe der Königsbrauerei.

Zu den kühnsten Maßnahmen zur Wirtschaftsförderung in Potsdam gehörte die Ansiedlung Böhmischer Weber in der Nähe von Neuendorf vor den Toren Potsdams. Zwischen 1751 und 1754 und dann noch zwischen 1764 bis 1767 entstanden in Nowawes (deutsch „Neu-dorf")

210 Häuser für 420 Familien. In der Mitte wurde extra für die Ankömmlinge eine Kirche gebaut und nicht nach einem Heiligen benannt, sondern nach dem König: Friedrichskirche. Rund 1.000 Einwohner böhmischen Ursprungs hatte die Siedlung schließlich. Es waren Weber und Spinner, die in ihrer Heimat wegen ihres protestantischen Glaubens verfolgt wurden. Die planmäßige Anlage der Siedlung ist heute noch zu erkennen.

Markant sind die großen Grünflächen vor den kleinen Häusern, die zum Bleichen der gewebten Tücher genutzt wurden. Straßennamen wie Tuchmacher-, Garn- und Spindelstraße erinnern noch an die Wurzeln des Stadtteils. In den Jahren nach der Gründung blieb es unruhig in Nowawes. Von der versprochenen Starthilfe sahen nur die Allerersten etwas. Viel unangenehmer aber war, dass die Weber nicht mehr als eigenständige Unternehmer arbeiten konnten. Stattdessen wurden sie in ein Verlegersystem gepresst, das ihnen weder den freien Einkauf der Rohstoffe noch den Verkauf ihrer Waren gestattete. Eine rasche Verarmung war die Folge.

Für die aus Böhmen angelockten Weber waren die bescheidenen Katen in Nowawes gut genug.

Alle Liebe den Seidenraupen

Wenn von Potsdamer Textilfabrikation die Rede ist, darf man keinesfalls die Seidenherstellung vergessen. Sie lag König Friedrich II. besonders am Herzen. Die Kunst, aus dem Gespinst der Seidenraupen feinste Stoffe herzustellen, hatten Hugenotten aus Frankreich mitgebracht. Gebraucht wurden sie für die neueste französische Mode, die auch in Preußen maßgebend für die Kleidung der Wohlhabenden war. Vor allem aber benötigte man Seidenstoffe zur Auskleidung der Wände in den vielen Schlössern. Tapeten waren damals aus kunstvoll gefärbter Seide.

Wer Seidengarn verspinnen will, braucht tausende Seidenraupen, die den Ausgangsstoff erzeugen. Die wiederum benötigen die Früchte der Maulbeerbäume zur Ernährung. Also gab der König Befehl, Maulbeerbäume in großer Stückzahl anzubauen – als Alleebaum an Straßen, in Plantagen, auf Friedhöfen – wo immer es möglich war. 20.000 dieser Bäume sollen in und um Potsdam gestanden haben. Allein in den 1760er Jahren verzeichnen die Potsdamer Annalen folgende Firmengründungen: 1764

bequem/als stellen Wir denen die darinn sich werden setzen

das Seiden-Manufacturhaus Isaak Bernhard, 1765 die Seidene Strumpf-Manufactur Asimont und die Seidene Schnupftücher-Manufactur Koch, ferner das Seidentiragenhaus, eine Musteranstalt für Seidenraupenzucht. Mit dem Tod Friedrichs II. endete die Seidenraupenzucht im großen Stil. Die Bäume verschwanden nach und nach. Auf dem Weberplatz in Nowawes steht noch eines der alten Exemplare, und die Maulbeerallee quer durch den Park Sanssouci erinnert an diese Phase.

Auch das Große Militärwaisenhaus zu Potsdam unterhielt eine eigene Maulbeerplantage mit Seidenraupenzucht und Garnaufbereitung. 6.000 Bäume standen dort auf schlechtem Sandboden. Viel Mühe mussten die Zöglinge des Waisenhauses für die Pflege der Pflanzen aufwenden. Hinzu kamen noch zwei Stunden für den Hin- und Rückweg.

Ein Krieg mit schlimmen Folgen

Im Lauf des Frühjahres 1753 verdüsterten sich die politischen Wolken über Preußen. Friedrich II., der es gewohnt war, sein Schicksal in die eigenen Hände zu nehmen, entschloss sich zum Krieg. Durch seine Spione hatte er von eifrigen diplomatischen Bemühungen seiner Gegner erfahren, neue Koalitionen gegen Preußen zu schmieden.

Obwohl keiner von ihnen konkrete Kriegsabsichten gezeigt hatte, suchte Friedrich II. noch einmal die Bestätigung seiner schlesischen Eroberung durch die europäischen Mächte. Doch insgesamt ging es in diesem Krieg vor allem um weltweite Machtpolitik. Im Wesentlichen standen sich Preußen mit einigen deutschen Kleinstaaten und England auf der einen Seite und Österreich, Frankreich, Russland, Schweden und Sachsen auf der anderen Seite gegenüber. In dieser Konstellation trafen die Mächte nicht nur in Europa aufeinander, sondern auch in Nordamerika, Indien und auf den Weltmeeren. Es heißt, dieser Krieg sei der erste Weltkrieg in der Geschichte gewesen.

Der Siebenjährige Krieg begann am 29. August 1756, als preußisches Militär mit seinem König an der Spitze bei Jüterbog die Grenze zum neutralen Sachsen überschritt. Bereits im Juni hatten in Potsdam die Kriegsvorbereitungen begonnen: Beurlaubte wurden in die Garnison zurückgeholt, die Bataillone soweit es nur ging komplettiert, es wurden Packknechte hinzugezogen, Packpferde angeschafft. Der König selbst exerzierte die Truppe, um ihr den letzten Schliff zu geben und um die Ausrüstung zu kontrollieren.

wollen/allerdings frey/denjenigen Ort welchen sie in Unserm

Am Tag vor dem Ausrücken wurden die Tornister mit Wäsche, Schuhen, Besteck und Fourage (u.a. Brot für neun Tage) gepackt, Trinkflasche und Kessel hingen an den Riemen. Auch Puderbeutel und Kamm gehörten zur Ausrüstung. Über die Lange Brücke rückte die Potsdamer Garnison schwer bepackt in Richtung Beelitz aus. Noch ein Tag sollte vergehen, bis die sächsische Grenze erreicht war. Da die Truppen in Sachsen kaum auf Widerstand stießen, nahmen sie am 9. September Dresden kampflos ein und richteten dort ohne Kriegsnotwendigkeit fürchterliche Zerstörungen an.

Die preußische Wirtschaft wurde nun auf Kriegsmodus umgestellt. Es gab kein Geld mehr für die Verschönerung der Stadt, Neubauten wurden bestenfalls noch fertiggestellt, nichts Neues wurde begonnen. Allenfalls die Einfassung des Stadtkanals mit Ziegelsteinen und Sandsteinplatten wurde fortgesetzt. Da sich der König während des Krieges nur sehr selten in Potsdam blicken ließ, wurde die Hofhaltung auf ein Minimum reduziert. Für die Potsdamer Handwerker und Kaufleute begannen magere Zeiten. Kunsthandwerker verdingten sich außerhalb von Preußen. So ist es zu verstehen, dass in dem kleinen mecklenburgischen Residenzstädtchen Mirow, nicht weit von Rheinsberg entfernt, friderizianischer Rokoko vom Feinsten anzutreffen ist. Zwischen 1755 und 1762 sank die Einwohnerzahl Potsdams um fast 5.000. Nur Betriebe, die unmittelbar für den Bedarf des Militärs arbeiteten, produzierten weiter. Die Gewehrfabrik hatte kurz vor dem Krieg sogar noch 50 Waffenschmiede (eine bereits damals veraltete Berufsbezeichnung) aus Suhl eingestellt.

Es sollte aber noch ärger für Potsdam kommen. Im Oktober 1760 kam der Krieg in Form einer österreichischen Vorausabteilung in die Stadt. 2.000 russische Kosaken waren außerdem bereits an der Havel. Die Geschichtsbücher sprechen von Ausschreitungen, geben aber nicht an, was damals tatsächlich geschah. Vielleicht ist die Zerstörung der Maschinen in der Gewehrfabrik gemeint. Die königlichen Schlösser blieben jedenfalls unbehelligt. Es galt damals noch der Ehrenkodex, wonach die Residenzen der Gegenseite verschont werden. Allerdings hatte im Jahr zuvor Friedrich selbst den Befehl gegeben, das Schloss Hubertusburg des sächsischen Grafen Heinrich von Brühl zu plündern. 60.000 Taler Kontribution nahmen die Österreicher mit, als sie nach zwei Tagen vor den anrückenden preußischen Truppen fliehen mussten. Die Potsdamer Bürgerschaft musste für diesen Betrag bei einem Hamburger Bankier einen Kredit in

Man muss weit zurücktreten, um die Frontlänge von 220 Metern voll zu erfassen. © SPSG|terra press

Herzogthum Cleve/den Graffschafften Marck und Ravenzberg/

Ort der Muse für Aufklärer
Das Marquisat

Zwei Säulenstümpfe mit Halterungen für Gedenktafeln, die aber nicht mehr da sind, und daneben drei verwitterte Steinblöcke. Sie befinden sich am Ufer der Havelbucht, nicht weit entfernt von der „Moschee" und in der Nachbarschaft riesiger DDR-Wohnblocks, und sie markieren eine weitgehend unbekannte Potsdamer Erinnerungsstätte. Wenn man genau hinsieht, erkennt man auf einem der Steinblöcke eine Inschrift. Sie ist kaum noch zu lesen, aber die Wörter Voltaire und Lessing sind noch auszumachen. Was haben Voltaire und Lessing gemeinsam und was verbindet sie mit diesem Ort?

Die Brandenburger Vorstadt befand sich zu Lebzeiten der beiden hervorragenden Vertreter der europäischen Aufklärung außerhalb der Potsdamer Stadtmauern. Von hier aus konnte man auf dem Weinberg das Schloss Sanssouci sehen – und umgekehrt hatte Friedrich II. von der Terrasse seines Sommerdomizils einen Blick auf die Havel. Durch die Bebauung der Brandenburger Vorstadt im 19. Jahrhundert ist dieser Blick weitgehend verloren gegangen. Das Havelufer war damals von Gärten gesäumt, und es standen hier kleine und größere Gartenhäuser. Das markanteste dieser Häuser am Wasser, beinahe ein kleines Schloss, gehörte dem Markgrafen Friedrich Wilhelm, einem Enkel des Großen Kurfürsten. Als der 1744 im 2. Schlesischen Krieg fiel, erbte sein Bruder Karl das Anwesen, der es gegen ein paar Pferde eintauschte. Sein Tauschpartner war König Friedrich II., der es als Gästehaus für die Teilnehmer an der Tafelrunde auf Sanssouci gut gebrauchen konnte. Als das Sommerschloss 1747 fertiggestellt war, war an das Gästeschloss „Neue Kammern" noch nicht zu denken.

Die Reste einer Gedenkstätte für die Aufklärer Voltaire und Lessing am Ort des ehemaligen Marquisats

Der historische Ort

Einer der bevorzugten Gäste auf Sanssouci war der Marquis d'Argens, ein französischer Schriftsteller, Kammerherr des Königs und Mitglied der Akademie der Wissenschaften. Der bekam vom König das Anwesen an der Havel geschenkt, und es hieß fortan im Volksmund das „Marquisat". Auch unter dem neuen Besitzer blieb es ein Gästehaus, offen für alle, die sich nach Ruhe abseits vom höfischen und städtischen Treiben sehnten. Im Sommer 1751 nahm Voltaire das Angebot des Marquis an, während dessen Abwesenheit hier zu wohnen. So kam es, dass Voltaire, der berühmteste aller Aufklärer, hier an der Havel sein bedeutendstes Geschichtswerk vollendete: „Das Jahrhundert Ludwigs XIV", eine Darstellung Frankreichs im 17. Jahrhundert, in dem er die Kultur und nicht den Monarchen in den Mittelpunkt stellte und damit in der Geschichtsschreibung neue Maßstäbe setzte.

Vier Jahre später traf Gotthold Ephraim Lessing im „Marquisat" ein. Es war inzwischen in den Besitz von Kabinettsrat Eichel gelangt, einem guten Freund des Marquis d'Argens. Eichel beschäftigte den sprachgewandten Lessing als Übersetzer französischer Texte ins Deutsche. Auch Dokumente aus einem Prozess, den Voltaire über sich ergehen lassen musste, übersetzte Lessing. Im Februar und März 1755 durfte er Eichels Schlösschen als Refugium nutzen. Lessing begab sich klammheimlich in Richtung Potsdam und wählte den Weg zum Marquisat so, dass er keines der Stadttore passieren musste. So erfuhr Friedrich II. nichts über seine Anwesenheit. Lessing hatte sich zurückgezogen, um ein neues Drama zu schreiben: „Miss Sarah Sampson". Was er in diesen zwei Monaten schuf, war eine völlig neue Gattung von Dramen in Deutschland: das bürgerliche Trauerspiel. Nicht mehr Könige und Helden waren die Protagonisten auf der Bühne, sondern Menschen aus dem Volke mit ihren Gedanken und Gefühlen. Es war eine Sternstunde für die deutsche Aufklärung.

Das „Marquisat" überlebte die Gründerzeiten in der Brandenburger Vorstadt nicht. Es musste einem Sägewerk weichen. In der Bombennacht vom 14. April 1945 wurden zahlreiche Häuser an der Havelbucht zerstört. Dort, wo das Marquisat war, spielen heute Kinder, und der Uferweg ist für jedermann frei. Fast idyllisch wäre die Stätte, die für die europäische Aufklärung so wichtig ist, wären da nicht die untrüglichen Zeichen von Vandalismus an den Gedenksteinen.

Höhe von 42.000 Talern aufnehmen. Außerdem musste sie Lebensmittel, Wein, Pelze, Tuche und bespannte Wagen bereitstellen. Als sie nach dem Krieg den König bat, ihr bei der Tilgung der Schulden zu helfen, hieß die Antwort: „Sie Mögen Sehen wie Sie die Schulden betzahlen Können ich werde das Liderliche gesindel nicht einen Groschen geben". 2.000 Taler gab er dann doch.

Der Krieg bescherte Potsdam einen illustren Gast: die Ehefrau Friedrichs II., Königin Elisabeth Christine. Das Jahr 1757 lief nicht günstig für die Preußen. Mit großem militärischen Aufwand schafften sie es in Sachsen und Schlesien, die Situation, wie sie zu Beginn des Krieges herrschte, wieder herzustellen. Währenddessen rückten die Franzosen auf Berlin vor. Friedrich befahl, den königlichen Hof samt seiner Gemahlin nach Magdeburg zu evakuieren. In der dortigen Festung wähnte er sie sicher. Auf dem Weg nach Magdeburg machte man in Potsdam halt. So bekam sie Gelegenheit, das Schloss Sanssouci, von dem sie schon viel gehört hatte, mit eigenen Augen zu sehen. Es war dies die einzige Gelegenheit in ihrem Leben.

Die Angehörigen der Potsdamer Garnison waren an allen größeren Schlachten des Krieges beteiligt. Sie erlebten glänzende Siege und bittere Niederlagen. Die Verluste waren insgesamt sehr hoch. Davon waren die Mannschaften ebenso betroffen wie die Offiziere. Manche Adelsfamilie wurde durch den Verlust gleich mehrerer Söhne für alle Zukunft ausgelöscht. 180.000 Tote und Gefallene wurden auf preußischer Seite gezählt. Dazu kamen 320.000 getötete Zivilisten. Nie zuvor war in einem Krieg die Zivilbevölkerung derart in Mitleidenschaft gezogen worden. Er endete nach sieben Jahren, ohne dass eine der kriegführenden Seiten eine eindeutige militärische Überlegenheit erlangte. Alle waren einfach am Ende.

Im Falle Preußens war es der unverhoffte Tod der russischen Zarin Elisabeth, der den preußenfreundlichen Peter III. auf den Thron brachte und die sicher geglaubte Niederlage Friedrichs II. abwandte. Der König selbst nannte diese Fügung „das Mirakel des Hauses Brandenburg". Dennoch verschob der Krieg die internationale Machtbalance. Preußen rückte – schon weil es den Krieg überhaupt durchgestanden hatte – in den Kreis der europäischen Großmächte auf. Russland vergrößerte seinen Einfluss, Frankreich verlor seine vorherrschende Stellung auf dem europäischen Kontinent und darüber hinaus große Teile seiner Kolonien in Indien und Nordamerika.

Der Krieg wurde nicht allein auf dem Schlachtfeld geführt, sondern auch an Börsen und in Banken. Friedrich selbst hatte die These aufgestellt, Kriege sollten kurz und heftig sein, andernfalls würden sie die Ressourcen der Staaten erschöpfen. In den sieben Jahren des dauernden Abschlachtens blieb Friedrich bald nichts anderes übrig, als zum Mittel der Falschmünzerei zu greifen, um seinen Krieg finanzieren zu können. Zunächst gelang es, mit minderwertigen Münzen die Kriegsmaschine zu finanzieren. Die für das Militär tätigen Fabriken arbeiteten auf Hochtouren. Kriegsgewinnler verdienten ein Vermögen. Dann aber rächte sich die Falschmünzerei. Als nach dem Krieg die mit minderwertigem Geld aufgenommenen Kredite mit vollwertigem beglichen werden mussten, kam es zum Crash. Erst brach eine Finanz-, dann eine Wirtschaftskrise aus. Selbst vermögende Vertraute des Königs verloren alles.

Grosse Not nach dem Krieg

In Potsdam zog die Armut ein. Am schlimmsten war es in den Jahren 1770/1771, als die Getreidepreise nach mehreren Missernten ins Unerschwingliche hochschnellten. Gerade in der von Friedrich II. persönlich gegründeten Kolonie Nowawes regierte das blanke Elend. Die Weber erhielten kaum noch Aufträge, und wenn es Arbeit gab, wurde sie lausig bezahlt. Auch den in Nowawes angesiedelten Maurern und Zimmerleuten aus Württemberg und der Schweiz, die auf der Baustelle des Neuen Palais eingesetzt waren, ging es schlecht, als der Bau vollendet war. Die Folge war, dass das Betteln überhandnahm. Und das überall in Preußen. Der König erließ daraufhin eine Kabinettsorder, in der er das Betteln verbot und als Abhilfe „kräftigeres Arbeiten" befahl. Obwohl das Dekret mehrfach erneuert wurde, blieb es weitgehend wirkungslos. In Berlin wurden Armenwächter gegen die Bettler eingesetzt, die allerdings im Volk sehr unbeliebt waren.

Die folgenden gut 20 Jahre seiner Regierung hatte Friedrich II. damit zu tun, den Wiederaufbau seines Landes voranzubringen. Wichtig waren ihm die Erhöhungen der Steuereinnahmen, der Akzise. So wirkte sich jede wirtschaftliche Erholung auf die Steuerlast der Bürger aus. Es war wie ein Teufelskreis. Einen Ausweg suchte Friedrich II. in der Gewinnung von Neuland. Die erfolgte vor allem durch die Trockenlegung von Flussniederungen, um dort Kolonisten aus der Pfalz und anderen westdeut-

Fassadenentwurf Friedrichs II. auf der Grundlage einer italienischen Vorlage, Federzeichnung aus dem Jahr 1749, © bpk|Kupferstichkabinett, SMB, Volker Schneider

schen Gebieten ansiedeln zu können. Insgesamt waren es rund 900 Dörfer, die in der Regierungszeit Friedrichs II. für Neusiedler gegründet wurden.

An seiner Streitmacht ließ Friedrich II. keine Abstriche zu. Sein Land rangierte bei seinem Tod bei der Bevölkerungszahl auf Platz 13 in Europa, besaß aber die drittgrößte Armee. Nach Kriegsende organisierte König Friedrich II. seine Potsdamer Garnison noch einmal um. Die Regimenter waren in einem desolaten Zustand. Viele der in Potsdam einrückenden Soldaten waren Gefangene, die jederzeit desertieren konnten. Die vor dem Krieg so hart erarbeitete Disziplin war weitgehend verschwunden. Also wurde größter Wert auf die Wiederherstellung eines hohen Ausbildungsstandes gelegt. Vor dem Schloss begannen wieder die Exerzierübungen. Wer nicht spurte, dem drohten drakonische Strafen. Originalton Friedrich II.: „Wenn ein Kerl im Dienst besoffen ist, so soll er auf der Herteste bestraft werden." Dennoch genoss die Potsdamer Garnison ein besonderes Recht: Die Soldaten und Offiziere konnten sich in Fragen von Beförderungen, Heirats- und Urlaubserlaubnissen direkt an den König wenden. Die Antwort konnte dann lauten: „Die langen Urlaubs taugen nicht vohr junge Leute".

Die stark auf die Bedürfnisse von Hof und Militär ausgerichtete Potsdamer Wirtschaft wies nach Berlin die zweitgrößte Dichte an Manufakturen auf. 1769 erschien ein „Statistisches Taschenbuch", in dem Preußens produzierendes Gewerbe (ohne Schlesien) aufgelistet war. In Potsdam ansässige Firmen waren darin verzeichnet: die Gewehrfabrik von Splittgerber & Daum mit 800 Beschäftigten, Ephraim & Söhne mit zwei Waisenhausmanufakturen (322 Mädchen), Joel mit einer weiteren Waisenhausmanufaktur (177 Mädchen). Das 1774 gegründete Armen- und Arbeitshaus bot eine weitere Quelle für billige Arbeitskräfte.

Während des Siebenjährigen Krieges wurden als große Ausnahme beim Potsdamer Schlösserbau die 1755 begonnenen Arbeiten an der Bildergalerie – wenn auch mit geringer Intensität – fortgesetzt. 1764 fertiggestellt, ist sie Deutschlands ältester erhaltener Museumsbau. Dass die Arbeiten weitergingen, während fast alle anderen Bauten auf Eis gelegt waren, zeigt, wie dringend es dem König mit der sachgerechten Unterbringung seiner Sammlung von vor allem flämischen und italienischen Barockgemälden war. Zu den Höhepunkten der Sammlung gehörten „Der ungläubige Thomas" des Italieners Caravaggio, Anton van Dycks „Pfingsten" und aus der Werkstatt Peter Paul Rubens „Die vier Evangelisten" und „Der heilige Hieronymus". Der langgestreckte eingeschossige Raum mit seinem wertvollen Marmorfußboden bietet mit seiner Lichtfülle ideale Voraussetzungen für die Ausstellung der Gemälde. In seinen Memoiren berichtet der berühmte Giacomo Casanova über einen Besuch bei Friedrich II. im Jahr 1765, dem ein Blick in die gerade erst fertiggestellte Bildergalerie vorausging.

Damals war es üblich, die Wände der Galerien möglichst voll mit Bildern zu bedecken. Als 1829 das Alte Museum in Berlin eröffnete, gingen etwa fünfzig Bilder dorthin. 1930 kamen 120 Bilder aus Friedrichs Erwerbungen zurück. Im Zweiten Weltkrieg wurden 1942 alle Gemälde nach Schloss Rheinsberg gebracht, von wo nur zehn 1946 wieder nach Potsdam kamen. Erst 1958 kam ein großer Teil der von der Sowjetunion konfiszierten Gemälde zurück nach Deutschland. Eine Reihe verblieb bis heute in russischen Sammlungen.

Es wird weiter gebaut

Unmittelbar nach dem großen Krieg begannen am Ende des Parks von Sanssouci die Arbeiten am Neuen Palais. Es sollte das größte aller friderizianischen Schlösser werden und Friedrichs letzter reiner Schlossbau. Er selbst nannte den Bau eine „fanfaronade", eine Prahlerei. Und häufig heißt es, der König habe damit die nach dem Krieg noch immer vorhandene Kraft Preußens unter Beweis stellen wollen. Tatsächlich aber reichten die Pläne für das Schloss weit in die Vorkriegszeit zurück.

Zunächst plante der König ein Riesenschloss in der Sichtachse von Schloss Sanssouci jenseits der Havel, das vor allem der Unterbringung und Unterhaltung seiner vielen Gäste dienen sollte. Diese Variante erwies sich als undurchführbar. 1754 reiste Friedrich nach Holland und kam mit Skizzen für sein geplantes Schloss zurück. Am Potsdamer Stadtkanal ließ er daraufhin ein Bürgerhaus in dem von ihm favorisierten Stil errichten, um die Wirkung der Fassade zu testen. Ein Jahr später begannen die konkreten Planungen für das Neue Palais. Der Siebenjährige Krieg unterbrach allerdings alles Weitere.

Während sich nach dem Ende des Krieges die Wirtschaft in Potsdam nur allmählich erholte, schritt der Bau des Riesenschlosses am Ende der Hauptallee des

dafür halten/daß in gedachter Unserer Chur-Marck-Brandenburg

Parks Sanssouci voran. Er war eine gewaltige Arbeitsbeschaffungsmaßnahme, nicht zuletzt für Soldaten. Zunächst wurde ein Kanal zwischen der Havel und der Großbaustelle ausgehoben. Auf ihm konnten die Kähne mit den Ziegeln aus dem Havelland und dem Holz aus der Schorfheide bis zu den Bauleuten fahren. Eine breite Allee zwischen dem Südtor und dem Neuen Palais markiert noch heute den Verlauf der Wasserstraße.

Für wertvolle Klinkersteine, die die Außenfassade des Neuen Palais suggerieren sollten, reichten die Mittel allerdings nicht. Sie sind aufgemalt. In nur sechs Jahren Bauzeit entstand ein Gebäude der Superlative: 220 Meter lang, 55 Meter hoch und mit 468 Sandsteinskulpturen geschmückt. Es besitzt rund 200 Räume, davon vier Festsäle, vier Konzertzimmer, ein Schlosstheater. Drei Grazien krönen das Palais und tragen ein Kissen mit der Königskrone: Aglaia (die Glänzende), Euphrosyne (der Frohsinn) und Thalia (die Festfreude). Einige der am Bau und an der Ausstattung beteiligten Künstler kamen aus Bayreuth, wo die 1758 gestorbene Schwester Wilhelmine einen Musenhof schaffen wollte. Ein Vorhaben, das mit ihrem Tod abrupt endete.

Einer von denen, die aus Bayreuth nach Potsdam kamen, war Karl von Gontard. Aus der Zahl der fähigen Architekten, die Friedrich II. um sich scharte, ragt er besonders heraus. Während Knobelsdorff zu Beginn der Regentschaft eine bestimmende und stilbildende Rolle spielte, kommt Gontard eine analoge Bedeutung an deren Ende zu. Er verstand es, trotz der Vorgaben und Einsprüche des Königs einen eigenen Stil zu entwickeln und ihn an seine Schüler – der wichtigste unter ihnen war Georg Christian Unger – weiterzugeben. Gontard steht für den Übergang vom Rokoko zum Klassizismus. Er fand besonders für die zahlreichen Bürgerhäuser immer neue Schmuckelemente. Im Volksmund wurde dieser Stil wegen seiner vielen Ornamente „Zopfstil" genannt.

Dem Neuen Palais folgte eine Reihe weiterer, sehr unterschiedlicher Bauten im Park von Sanssouci. Da waren zunächst die Communs (1766–1769) mit dem Kolonna-

Das Belvedere auf dem Klausberg war der Schlusspunkt Friedrichs II. im Park Sanssouci. © SPSG|terra press

denbogen und dem Triumphtor dazwischen. Sie wurden in den vergangenen Jahren erneuert und bilden wieder den dekorativen Abschluss des Parks Sanssouci nach Westen hin. Auch hier haben wir es mit einer pompösen Scheinarchitektur zu tun, denn hinter den schlossartigen Fassaden verbergen sich Wohnräume für die Dienerschaft und Wirtschaftseinrichtungen. Selbst nach den Auffassungen des 18. Jahrhunderts verstieß ein solcher Gegensatz gegen die guten Sitten. Ein unterirdischer Gang stellte die kurze Verbindung zum Neuen Palais her. Zwischen diesen Gebäuden ergab sich ein großflächiger Platz, der Mopke (so nannte man auch die Ziegelsteine, die als Pflaster genutzt wurden). Er diente vor allem in der Kaiserzeit als Paradeplatz.

Dem Neuen Palais vorgelagert, ließ Friedrich II. zwei tempelartige Rundbauten in den Park setzen. Der eine war dazu bestimmt, die Sammlung antiker Skulpturen aufzunehmen. Seit den 1920er Jahren ist der Antikentempel (1768/69) ein Begräbnisort der Hohenzollern. Symmetrisch dazu auf der südlichen Seite der Hauptallee steht der Freundschaftstempel (1768–1770) mit einer Sitzstatue von Friedrichs Lieblingsschwester Wilhelmine.

Auf dem Klausberg über dem Park Sanssouci entstand als Wohnung für den Winzer das „Drachenhaus" (1770–1772) im Stil einer chinesischen Pagode (heute ein beliebtes Restaurant). Nicht weit davon entfernt, entstand 1770 bis 1772 auf der Höhe des Klausbergs auf Geheiß Friedrich II. ein Belvedere. Hier nahm der König noch einmal eine Anleihe bei der Architektur des alten Rom auf und ließ einen weiteren Rundbau errichten. Vorbild war das Macellum Magnum von Kaiser Nero. Von hier aus genoss der König den Panorama-Blick auf die Gesamtanlage des Neuen Palais. Das Belvedere war der einzige Schlossbau im Park Sanssouci, der während des Zweiten Weltkrieges schwer beschädigt wurde. Durch eine Großspende der Messerschmitt Stiftung konnte das Bauwerk wiedererrichtet und 2002 der Öffentlichkeit übergeben werden. Als allerletzter Bau im Park Sanssouci wurden die Neuen Kammern (1771–1775) westlich von Schloss Sanssouci fertiggestellt. Sie sind ein Umbau einer 1747 von Knobelsdorff errichteten Orangerie zu einem üppig ausgestatteten Gästeschloss.

Zu den aus dieser Phase im Stadtgebiet noch erhaltenen palastartigen Bürgerhäusern zählen die Hiller-Brandtschen-Häuser (1769) an der Breiten Straße. 1945 zerstört und neuerdings originalgetreu wieder aufgebaut ist das Palais Barberini, ein grandioses Beispiel des palastartigen Bürgerhauses. Vorbild war ein Palazzo in Rom aus dem Jahr 1625. Hinter der beeindruckenden Schaufassade verbergen sich zwei dreigeschossige Bürgerhäuser.

Im Laufe der Zeit schien beim König ein Umdenken eingesetzt zu haben, denn nach und nach kam es zur Umgestaltung kompletter Straßenzüge, wobei die Architekten wesentlich mehr freie Hand hatten als bisher. Offenbar hatte sich beim König die Meinung durchgesetzt, dass ein geschlossenes Stadtbild mehr Wirkung entfaltet als eine Ansammlung zusammengewürfelter Architekturen. Dadurch ergaben sich nun geschlossene Ensembles, wie in der Kiezstraße und in der Wilhelm-Staab-Straße zu erleben ist. Allerdings handelt es sich bei letzterer um zwischen 1954 und 1957 entstandene originalgetreue Kopien von Häusern, die 1945 zerstört wurden. Nahezu parallel wurden zwischen 1763 und 1765 alle Brücken über den Stadtkanal erneuert oder als Steinbogenbrücken neu gebaut. Die markanteste von ihnen war die mit Lampenträgerfiguren geschmückte Breite Brücke.

Große Bemühungen stellte Friedrich II. auch bei der Ausbreitung des Weinbaus in und um Potsdam an. Im Winter 1771/72 musste der König durch die Freigabe von Getreide aus den Kornlagern der Armee eine Hungersnot bekämpfen. Daher verstärkte er noch seine Bemühungen um den Kartoffelanbau in Preußen. Er wusste, dass bei der Kartoffel deutlich weniger Ernteausfälle durch Wettereinflüsse drohen als bei Getreide. Er selbst ließ allerdings keine Kartoffel auf seine Tafel kommen. Dennoch ist es zu einer Tradition geworden, auf das Grab des Königs Kartoffeln zu legen.

Während Friedrich II. die von Stadtmauern umgebene Kasernenstadt Potsdam weitgehend so beließ, wie sie sein Vater hinterlassen hatte, wuchsen während seiner Regierungszeit die Vorstädte immer weiter. Zunächst waren es Maulbeerplantagen, Weinberge und Gemüsegärten, doch bald waren es respektable Ansiedlungen. Aus ihnen erwuchsen die heute noch namentlich bekannten Vorstädte. Diese Häuser waren einquartierungsfrei und musste allenfalls während der jährlichen Manöver Soldaten aufnehmen. Auch Gewerbegebiete entstanden vor den Toren der Stadt. Holz- und Bauhöfe, Magazine, Ziegeleien und Kalkbrennereien waren das, aber auch Abdeckereien und Lohgerbereien mit ihren unangenehmen Gerüchen waren darunter.

Der Alte Fritz

Der Siebenjährige Krieg hatte aus Friedrich dem Großen den „Alten Fritz" gemacht. Grambeugt kam er daher, faltig und grauhaarig. Am schlimmsten aber war sein ungezügelter Umgang mit anderen Menschen. Es hieß, er liebte seine Hunde mehr als die Menschen. Die Kriegsjahre hatten ihm den letzten Rest an Empathie für seine Umgebung genommen. Er war als Befehlshaber vor seinen Truppen oder als Wirtschaftslenker auf Inspektionsreisen eine gefürchtete Respektsperson, gleichzeitig aber auch ein wunderlicher Alter. Er legte kaum noch Wert auf seine Kleidung, seine Stiefel waren angeblich zerschlissener als die seiner Dienerschaft. Auch Schloss und Park Sanssouci zeigten deutliche Abnutzungsspuren. Friedrich dachte bei seinen Bauten nicht über den Tod hinaus.

Mit einer Ausnahme vielleicht: dem Brandenburger Tor. Es steht am Ende der Brandenburger Straße, der Magistrale durch die 2. Stadterweiterung. Anstelle eines viel kleineren Stadttores (in den Dimensionen des Jägertores) ließ sich Friedrich 1770/71 ein prachtvolles Tor nach dem Vorbild antiker römischer Triumphbögen errichten. Zwei bedeutende Architekten waren daran beteiligt. Die Stadtseite des Tors gestaltete Gontard mit Pilastern und Trophäen. Die Feldseite des Tores, also der Anblick für die in die Stadt kommenden Fremden, setzte dessen Schüler Unger mit einer plastisch ausgebildeten klassischen Säulenarchitektur wirkungsvoll in Szene. Erst mit dem Abriss der Stadtmauer wurde das Tor freistehend.

Trotz einer relativ modernen Justiz in Preußen trugen die Untertanen ihre Sorgen am liebsten direkt an den König heran. Wer will nicht ohne unberechenbare Gerichte zu seinem Recht kommen? So kamen sie von überall, um an einer Linde unterhalb seines Arbeitszimmers im Stadtschloss Bittschriften anzubringen. Ein Hausdiener nahm sie ab und brachte sie dem König. Der kritzelte eine kurze Bemerkung an den Rand und gab die Zettel an seine Bediensteten weiter. Sie fertigten daraus – sofern die Bemerkung des Königs positiv ausfiel – eine Kabinettsorder.

Am 5. August 1772 konnte der König einen wichtigen außenpolitischen Erfolg verzeichnen. Mit Russland und Österreich unterzeichnete Preußen den „Petersburger Vertrag". Die einstigen Gegner im Siebenjährigen Krieg einigten sich darauf, Polen zu zerstückeln und jedem ein Stück der Beute zuzuschanzen. Für Polen bedeutete er den Verlust von über einem Drittel seines Territoriums. Preußen bekam mit großen Teile Westpolens zwar den kleinsten Teil der Beute, aber einen politisch sehr wichtigen. Denn nun gehörte den Hohenzollern das gesamte preußische Territorium, und der König war nun nicht mehr „König in Preußen", sondern „König von Preußen".

Als Menetekel muss es manchem Potsdamer vorgekommen sein, als am 16. Juli 1776 der bleierne, jedoch vergoldete Atlas mit großem Getöse von der Kuppel des Rathauses fiel. Das Unglück passierte nach Marktschluss und richtete keinen ernsthaften Schaden an. In der Figur des Atlas sah Friedrich ein Sinnbild für den Staatenlenker, der an seinen Aufgaben schwer zu tragen hat. Nun lag er am Boden. Ein Jahr später war ein neuer Atlas aufgestellt. Diesmal ein aus Kupfer getriebener und somit viel leichterer. Potsdam hatte zu jener Zeit rund 28.000 Einwohner. Davon waren die Hälfte zivile Einwohner, unter ihnen etwa 300 Juden und 350 eingewanderte Franzosen und Böhmen. Ungefähr 700 gehörten dem Hofstaat des Königs sowie des Kronprinzen an. Die andere Hälfte bestand aus Soldaten, deren Familien, Insassen des Waisenhauses usw.

Der „Alte Fritz" wurde am Ende seines Lebens zur tragisch-komischen Figur. Er achtete nicht mehr auf sein Äußeres. Alles an ihm war verschlissen: die Stiefel, die Wäsche, der Gehrock. Auch der für ihn typische Zopf bestand nur noch aus wenigen, schütteren Haaren. Apropos Zopf: Der „Soldatenkönig" Friedrich Wilhelm I. hatte ihn in seiner Armee als einheitliche Haartracht eingeführt. Friedrich II. übernahm diese Mode. Der Zopf gehörte nun zum Erscheinungsbild des preußischen Soldaten in den Schlachten dreier Kriege. Praktisch war er nicht. Nach dem Tod des „Alten Fritz" wurden die Zöpfe kürzer und nach den verlorenen Schlachten gegen Napoleon 1806 ganz abgeschafft. Moderne Zeiten brachen an, die „alten Zöpfe" wurden abgeschnitten.

Am 17. August 1786 starb Friedrich II. in einem Lehnstuhl auf Schloss Sanssouci. Entgegen seiner testamentarischen Verfügung wurde er nicht in der Gruft neben Schloss Sanssouci (neben seinen Hunden) beigesetzt, sondern in einem Gewölbe unter der Garnisonkirche neben seinem Vater, dem „Soldatenkönig". Am Ende des Zweiten Weltkrieges wurden die Särge aus Angst vor Zerstörung auf Reisen nach Süddeutschland geschickt. Nach Jahren auf der Burg Hohenzollern wurde genau 205 Jahre nach seinem Tod der Sarg Friedrichs II. in der Gruft beigesetzt. Jetzt war er ohne Sorge - „sans souci".

Kunst im Akkord
Friedrichs Bildhauer

Johann Peter Benkert (1709–1765)

Seit 1744 arbeitete er in Potsdam. Von ihm stammen die Figurengruppen des Chinesischen Hauses (zusammen mit Gottlieb Heymüller) sowie die der Neptungrotte. Nach ihm ist eine Straße im Holländischen Viertel benannt.

Johann August Nahl (1710–1781)

Von 1740 bis 1746 war Nahl unter der Regie von Knobelsdorff an der Innenausstattung der für Friedrich II. errichteten Schlösser beteiligt. Er entwarf auch den Brunnen für den Lustgarten. Als Nahl den Posten Knobelsdorffs als Generalintendent die Oberaufsicht über die königlichen Bauten übernehmen sollte, entschloss er sich, wegen unbezahlter Rechnungen und Soldateneinquartierungen Preußen heimlich zu verlassen.

Friedrich Christian Glume (1714–1752)

Der Berliner Bildhauer gilt als einer der bedeutendsten Bildhauer unter Friedrich II. Er schuf unter anderem die Bacchanten am Schloß Sanssouci sowie die Pferde- und Reitergruppen über den Portalen des Marstalls. Nach ihm ist eine Straße in der Nauener Vorstadt benannt.

An den von Friedrich Glume geschaffenen Reitergruppen am Marstall kommt kein Potsdambesucher vorbei.

Gottlieb Heymüller (1715–1763)

Der in Oberösterreich geborene Bildhauer arbeitete gemeinsam mit Benkert (seinem Schwager) an zahlreichen Projekten im Park Sanssouci. Er hat wesentlichen Anteil an den über 400 Sandsteinfiguren rund um das Neue Palais.

Johann Melchior Kambly (1718–1783)

Der in Zürich geborene Kambly war vorrangig Kunsthandwerker und Möbeltischler und hatte an der Innenarchitektur der Wohnräume des Königs entscheidenden Anteil. Er arbeitete aber auch u.a. an den Skulpturen für Sanssouci und das Neue Palais. Die Skulpturen für den Kopfbau des „Langen Stalls" stammen aus seiner Werkstatt. Nach ihm ist eine Straße im Kirchsteigfeld benannt.

Rudolf Kaplunger (1746–1795)

Kaplunger lebte zwischen 1770 und 1777 in Potsdam und schuf in dieser Zeit unter anderem die Caritas-Statue auf dem Großen Militärwaisenhaus.

Von Gottlieb Heymüller geschaffene Figuren am Neuen Palais
© SPSG|terra press

Plan von Potsdam mit den Erweiterungen bis 1797
©bpk|Kupferstichkabinett, SMB|Jörg P. Anders

1786 – 1808

Im Donnerhall der Revolution

Nach dem „Alten Fritz" kam der „dicke Wilhelm", der „Luderjahn". Was so respektlos klingt, mag aber aus Berliner Schnauze auch eine Liebeserklärung gewesen sein. Der neue König wurde gegenüber dem alten Griesgram einfach als Mensch gesehen. Selbst wenn er abergläubisch war, leicht beeinflussbar und den weiblichen Reizen allzu sehr verfallen – wer war schon frei von Schwächen? Immerhin sprach der neue König (er war bei Regierungsantritt bereits 42 Jahre alt) deutsch mit Berliner Dialekt, redete die Menschen mit Namen an und nicht mit dem distanzierten „Er" seines Vorgängers. Und er hatte ein Familie – genau genommen sogar zwei.

Nach Friedrich II. kam Friedrich Wilhelm II. Er war mit seiner hünenhaften Statur ein „Mann zum Anfassen", ein Hoffnungsträger nach Jahren der Erstarrung. Deutsche Wissenschaftler und Künstler hofften, nun endlich nicht mehr hinter französischen oder italienischen Protegés zurückstehen zu müssen. Am Hof wurde jetzt nicht mehr französisch gesprochen, und im Theater waren Stücke deutscher Autoren zugelassen. Mancher, wie der Baudirektor Ludwig Manger, hoffte zu Recht auf Entlassung aus dem Gefängnis. Vergebens hofften allerdings die Potsdamer Bürger darauf, dass die „Naturaleinquartierung" der Soldaten nun ein Ende hat. Sie ging weiter, wenn auch etwas abgemildert.

Der neue König war der Sohn des nächstjüngeren Bruders von Friedrich II., namens August Wilhelm von Preußen. Bereits 1744 hatte der kinderlose König diesen zehn Jahren jüngeren Bruder testamentarisch zu seinem Nachfolger bestimmt. Der bekam damit den Titel „Prinz von Preußen" und erhielt eine militärische Ausbildung. Während des Siebenjährigen Krieges stieg er zum „General der Infanterie" auf. Ob eigene Fehleinschätzungen oder schlechte Ratgeber – August Wilhelm geriet in militärische Situationen, aus denen er selbst keinen Ausweg mehr fand. Bruder Friedrich musste mit seinen Truppen zu Hilfe eilen. Die Quittung waren Entlassung aus der Armee in Schimpf und Schande und Verbannung auf Schloss Oranienburg. Hier starb er nach knapp einem Jahr „an Körper und Seele gebrochen", wie es in Geschichtsbüchern heißt.

Das Marmorpalais im Neuen Garten steht für den Übergang vom Barock zum Klassizismus. © SPSG|tp

Dass der Sohn dieses Mannes, der nun der „Prinz von Preußen" wurde, bei Friedrich II. denkbar schlechte Karten hatte, versteht sich von selbst. Weder weihte er ihn in die Kunst des Regierens ein, noch beteiligte er ihn irgendwie an den Regierungsgeschäften. Im Gegensatz zu seinem Vater hatte der neue Thronanwärter mehr Glück im Siebenjährigen Krieg. Während zweier Schlachten im Jahr 1762 erwies er sich ebenso umsichtig wie mutig, sodass er mit 18 Jahren zum Kommandeur eines Potsdamer Infanterieregimentes aufrückte. Bei seinen Soldaten erfreute er sich großer Beliebtheit. Ein Grund mehr für Friedrich II., auf misstrauische Distanz zu seinem Nachfolger zu gehen.

Als Chef des Hauses Hohenzollern entschied König Friedrich II. eigenmächtig über die Ehefrauen des Thronfolgers. Eine erste Ehe mit der eigenen Cousine wurde nach vier Jahren geschieden, unter anderem weil kein Stammhalter geboren wurde. 1769 wurde mit Friederike Luise von Hessen-Darmstadt eine zweite Ehe geschlossen. Sie brachte den Stammhalter und sechs weitere Kinder zur Welt.

Ein König kleiner Reformen

Kronprinz Friedrich Wilhelm besaß ein eigenes, seit 1763 in Potsdam stationiertes Regiment – es war das Infanterieregiment Nr. 18 und trug den Namen „Prinz von Preußen". Als Wohnsitz wurde ihm vom König das Haus Neuer Markt 1 zugewiesen. Es wird heute als „Kabinettshaus" bezeichnet, zur Zeit ist dort u.a. die brandenburgische Tourismus-Marketinggesellschaft untergebracht. Aus heutiger Sicht politisch völlig unkorrekt, trägt ein

Mohrenpaar über dem Eingang eine kleine Balustrade. Da das Haus für die Hofhaltung des Thronerben nicht ausreichte, wurde ein weiteres Haus am Neuen Markt hinzugefügt. Rauschende Bälle wurden, wie es heißt, hier gefeiert. Eine Tafel im Haus teilt heutigen Besuchern mit, dass hier der spätere König Friedrich Wilhelm III. und – mit hoher Wahrscheinlichkeit – auch Wilhelm von Humboldt geboren wurden. Dessen Vater war Kammerherr am Hof des Prinzen.

An der Stadt Potsdam hatte der neue König nur begrenztes Interesse. Er verfügte, dass zu Ende gebaut wurde, was angefangen war. Bereits 1788 war das noch von Friedrich geplante Bauprogramm abgeschlossen. Danach beschränkte sich die auf gerade einmal ein Sechstel gegenüber der Zeit, als Friedrich II. Bauherr in Potsdam war, zurückgegangene Bautätigkeit im Wesentlichen auf den Ersatz zerstörter Substanz. Der sumpfige Untergrund in Potsdam brachte immer wieder Häuser zum Einsturz. Auch der verheerende Brand der Nikolaikirche am 3. September 1795 hatte Auswirkungen auf umstehende Gebäude. In all diesen Fällen übernahm der neue König die Kosten des Wiederaufbaus. So großzügig hatte er sich übrigens auch nach dem großen Stadtbrand von Neuruppin von 1787 gezeigt, wo beim Wiederaufbau die „preußischste" aller preußischen Städte entstand.

Beim Neubau von Bürgerhäusern spielte von nun an das „Vorhemdchen" keine Rolle mehr. Zwar sollten die Häuser nach wie vor repräsentativ wirken, aber das Äußere zum Inneren passen. Der Fassadenschmuck war nun längst nicht mehr so üppig wie zu friderizianischer Zeit. Keine wuchtigen Pilaster mehr, keine aufwändigen Plastiken. Das Rokoko wurde allmählich vom Klassizismus abgelöst. Deutlich wird das bei der Neugestaltung des Arbeits- und Schlafzimmers Friedrichs II. im Schloss Sanssouci. Es war beim Tod des alten Monarchen derart verschlissen, dass dringend etwas passieren musste. Friedrich Wilhelm II. ließ diesen persönlichen Bereich des Schlosses nach dem neuen Geschmack umbauen.

Ansonsten erneuerte Friedrich Wilhelm II. die seit dem alten König bestehende Forderung, dass die „Hausbesitzer" für den Unterhalt der zum Teil sehr witterungsan-

Das Wachhaus stiftete König Friedrich Wilhelm II. seinem Leibregiment.

chen lassen/befehlen auch hiemit und Krafft dieses/so bald ei-

fälligen Fassaden einschließlich Statuen und Ornamente verantwortlich sind. Auch wenn sie sie am liebsten abgerissen hätten. Diese „Besitzer" mussten zwar den allergrößten Teil der Kosten für den Hausbau selbst aufbringen – nur 8 bis 15 Prozent der Baukosten steuerte der König bei. Trotzdem verteilte er gnädigerweise „Schenkungsurkunden". Diese „Schenkung" war von Anfang an mit vielen Auflagen verbunden und begründete immer noch keinen Rechtsstatus. Genau genommen besaßen sie allenfalls eine lebenslange Bewirtschaftungserlaubnis für die Häuser. Besitzer sahen anders aus.

So ist es mit Hoffnungsträgern: Sie enttäuschen sehr schnell. Der Rückgang der Bautätigkeit schuf Arbeitslosigkeit und Unmut. Da der neue König nicht vorhatte, an der Einquartierung von Soldaten in Bürgerhäusern etwas zu ändern, musste er den Potsdamern auf andere Weise entgegenkommen. Immerhin kam auf drei Bürger ein Soldat. Also erleichterte er die Regeln der Einquartierungen: Die Soldatenstuben durften jetzt auch in oberen Stockwerken liegen (also in den Giebelstuben der 2. Stadterweiterung), und die Quartiere sollten gerechter auf alle Häuser verteilt werden, es wurde eine auch mit Zivilisten besetzte Einquartierungskommission eingesetzt, die die angebliche Gerechtigkeit überwachen sollte.

Neues im Stadtbild

Das markanteste Gebäude aus der Zeit Friedrich Wilhelms II. im Potsdamer Stadtbild ist die „Alte Wache" in der Charlottenstraße, Ecke Lindenstraße. Sie ersetzte ein altes Tor mit Wache am Ausgang der ersten Stadterweiterung, das bereits in den 1730er Jahren seine Funktion verloren hatte. Das neue, markante Arkaden-Gebäude entstand 1795–97 und war ein Geschenk des Königs an sein ehemaliges Regiment. Es enthielt zu ebener Erde das Wachlokal und darüber eine Montierungskammer. Wenn das Gebäude an südeuropäische Markthallen erinnert, dann hat das einen realen Kern, denn es bot damals auch Platz für Verkaufsstände von Fleischern. Heute residiert in dem Haus eine Bank.

Ein weiteres Bauwerk aus der Epoche nach Friedrich II. ist der Kutschstall am Neuen Markt. Er entstand 1787 bis 1789 und ersetzte einen in die Jahre gekommenen Stall für Pferde und Kutschen aus der Zeit des Großen Kurfürsten. Hier finden wir noch einmal die für das alte Potsdam typische Palastarchitektur. Über der reichlich bemessenen Durchfahrt, dort, wo häufig eine Quadriga das Tor ziert, entdecken wir die naturalistische Plastik eines wild auf seine Pferde eindreschenden Kutschers. Es ist ein Abbild von Kutscher Pfund, dem langjährigen Getreuen von Friedrich II. Über das Verhältnis der beiden gibt es jede Menge Anekdoten. Die Kutsche ist eingerahmt von Stallknechten bei der Arbeit. Noch vor wenigen Jahren hätte man antikisierende Waffen und Helme, vielleicht auch Blumen oder Masken angebracht. Jetzt sind es einfache Menschen. Die Zeiten haben sich geändert.

Vielleicht nicht ganz, denn Friedrich Wilhelm II. ist nicht ohne Grund zu seinem Spitznahmen „Luderjahn" gekommen. Im Gegensatz zu seinen Vorfahren auf dem Preußenthron, die durchweg ein überschaubares bzw. gar kein Eheleben führten, gönnte sich der neue Monarch das königliche Privileg der Mätressenwirtschaft. Bereits während seiner ersten Ehe hatte der 22-jährige Kronprinz die erst 13-jährige Wilhelmine Encke kennengelernt. Sie war die Tochter eines Potsdamer Hornisten im Dienste Friedrichs II. Der Prinz ermöglichte dem Mädchen eine gediegene Ausbildung, machte sie bald zu seiner Geliebten und ein Jahr vor seinem Tod zur Gräfin Lichtenau. Mit ihr pflegte er eine weitgehend normale bürgerliche Ehe, aus der sechs Kinder (wovon nur zwei das Erwachsenenalter erreichten) hervorgingen. Selbst der sittenstrenge König Friedrich II. erkannte Wilhelmine 1777 als Mätresse des Prinzen an. Vielleicht spielte dabei eine Rolle, dass sie sich als sehr kunstsinnig und belesen erwies. Sie pflegte den todkranken König Friedrich Wilhelm II. im Potsdamer Marmorpalais in dessen letzten Tagen. Nach seinem Tod ließ dessen ehelicher Sohn Friedrich Wilhelm III. sie wegen Hochverrats und Unterschlagung in Festungshaft nehmen und ihr gesamtes Vermögen konfiszieren. Erst 1811 wurde die Gräfin Lichtenau vollständig rehabilitiert. Zu verdanken hatte sie das Kaiser Napoleon I.

Der neue Kutschstall war gerade fertig, da krachte es gehörig in Paris. Der Sturm auf die Bastille kündigte ein neues Zeitalter an. In Preußen wollte das allerdings kaum jemand wahrnehmen. Selbst als am 21. Januar 1793 sein französischer Kollege enthauptet wurde, musste sich der preußische König keine Sorgen machen. Hatte er nicht durch die Einführung neuer

Kultur für Potsdamer Bürger
Das Schauspielhaus

„DEM VERGNÜGEN DER EINWOHNER" – das stand in großen Lettern über dem Eingang des Potsdamer Schauspielhauses. Als der Musentempel am 7. Oktober 1795 mit dem Lustspiel „Maske für Maske" eröffnet wurde, war dieses Motto nahezu revolutionär. Denn das Bürgertum war im damaligen Theater stark unterrepräsentiert – sowohl im Zuschauerraum, als auch auf der Bühne. Zumal: Im Jahr der Eröffnung des Potsdamer Schauspielhauses existierten noch die beiden Spielstätten im Stadtschloss und im Neuen Palais. Umso bemerkenswerter, dass eine Woche nach der Eröffnung „Der Barbier von Sevilla" in einer Fassung von Giovanni Paisiello auf die Bühne kam. Auf komödiantische Weise wird darin der Adel auf die Schippe genommen und der Bürgerstand als der moralisch überlegene dargestellt.

Den Auftrag für den Bau des Theaters bekam Michael Philipp Bouman, der Sohn des vom „Soldatenkönig" ins Land geholten Jan Bouman. Es ist anzunehmen, dass Carl Gotthard Langhans, der zur gleichen Zeit am Marmorpalais im Neuen Garten arbeitete, an der Gestaltung des frühklassizistischen Baus beteiligt war. Der Zuschauerraum mit seinen drei Rängen über dem Parkett fasste 720 Besucher.

Zur Zeit Friedrich Wilhelms II. fand einmal in der Woche eine Vorstellung statt. Die Aufführungen aus Oper, Operette und Schauspiel bestimmte der König selbst. Die Schauspieler waren erste Garnitur. Sie kamen aus Berlin vom Schauspielhaus am Gendarmenmarkt. Die Intendanz hatte dort August Wilhelm Iffland inne und sorgte für eine Blütezeit deutscher Schauspiel-

Mit der „Schauspielkaserne" überlebte auch das von Gottfried Schadow geschaffene Bodenrelief mit der Tragödie (links) und der Komödie (rechts).

kunst. Am 17. Mai 1804 erlebte dort Friedrich Schiller eine Aufführung. Es ist möglich, dass er, wäre er nicht ein Jahr später gestorben, an das Berliner Schauspielhaus verpflichtet worden wäre. Auch wenn der Verwalter des Schauspielhauses (von einem Intendanten konnte ja keine Rede sein) namens Deesen 1822 zum ersten Ehrenbürger Potsdams ernannt wurde, hatte erst 1846 der dann amtierende König die Gnade, dem Potsdamer Theater ein eigenes Ensemble zu gönnen.

Der historische Ort dieser Inszenierungen wird heute durch einen Plattenbau an der Stelle markiert, an der die Straße am Kanal in einem Bogen in die Berliner Straße übergeht. Entlang der Straße vor dem Schauspielhaus verlief der Stadtkanal – daher die respektlose Bezeichnung „Kanaloper". Sie brannte 1945 vollständig aus und wurde 1966 abgerissen, als auch in unmittelbarer Nähe der Stadtkanal zugeschüttet wurde.

In der nahen Posthofstraße steht die „Schauspielerkaserne", in der die Berliner Schauspieler die Nacht nach der Vorstellung verbringen konnten und am nächsten Morgen noch ein Frühstück bekamen. Gebaut wurde sie 1797 kostengünstig aus den Steinen der kurz zuvor abgebrannten Nikolaikirche. In die Giebelfront wurde ein von Johann Gottfried Schadow geschaffenes Fries eingefügt, das den von Musen umtanzten Apollo darstellt und die Elemente des Theaters Tragik und Komik symbolisiert.

Das Schauspielhaus am Stadtkanal um 1900
© bpk

Uniformen, die sich sogar der gängigen Mode anlehnten, sichtbare Veränderungen bewirkt? Oder seine vorsorglichen Bemühungen, leichte Infanterieregimenter ausschließlich aus Landeskindern aufzustellen und stärker die Artillerie in die Truppe zu integrieren. Auch limitierte er den Spießrutenlauf auf maximal 20 Gassen. Den Offizieren gewährte er höhere Gehälter und verbot gleichzeitig das Schuldenmachen. Im Mai 1788 zog in das bisherige Domizil des Kronprinzen am Neuen Markt die Ingenieur-Akademie ein. Ausgebildet wurden hier Landvermesser, Wasserbaumeister, Bauhandwerker usw. Getragen wurde die Einrichtung aus dem Militäretat. Damit wurde die Tradition der militärischen Ausbildungseinrichtungen in Potsdam begründet, zu der gegenwärtig das Militärgeschichtliche Forschungsamt (MGFA) der Bundeswehr gehört.

Mit Sinn für die Künste

Die Bürgerschaft Potsdams bedachte der kunstsinnige Monarch mit einem Schauspielhaus. Was in anderen Städten ein glänzendes Ergebnis bürgerschaftlichen Willens war, blieb in Potsdam eine großzügige Geste des Königs. Immerhin hatten seine Vorgänger Theater nur im kleinen Kreis der Angehörigen des Hofes stattfinden lassen. Im Stadtschloss gab es damals eins, und ein weiteres im Neuen Palais ist heute noch eine der reizvollsten Spielstätten Potsdams. Nun ließ der König einen klassizistischen Bau mit wuchtigen Säulen errichten. Mancher erkannte sogar eine gewisse Ähnlichkeit zur königlichen Oper Unter den Linden in Berlin. „Kanaloper" nannten die Potsdamer den Bau, weil er nahe dem Stadtkanal stand.

Wenn die bleibenden Leistungen Friedrich Wilhelms II. aufgezählt werden sollen, darf die Chaussee zwischen Potsdam und Berlin nicht fehlen. Noch zur Zeit des „Alten Fritz" bestand zwischen beiden Städten eine umständliche Straßenverbindung aus mehr oder weniger befestigten Feldwegen. Ab 1788 aber entstand eine reine „Kunststraße" zwischen den beiden Residenzen als Pilotprojekt für die Modernisierung der Infrastruktur in Preußen. Zwar wurden auf einigen Abschnitten alte Trassenverläufe übernommen, insgesamt aber wurde eine neue, möglichst kurze Verbindung geschaffen, deren Verlauf über weite Strecken mit der heutigen B1 übereinstimmt. Die Straße erhielt ein steinernes

Der Neue Garten – von Weingärten zum Landschaftspark © SPSG|terra press

Fundament, über das Sand, Kies und Schotter gedeckt wurde. Auf dem so befestigten Weg kamen die Kutschen wesentlich schneller voran als zuvor. Der Unterhalt der Straße wurde durch Wegegelder finanziert. Die waren genau nach Tarifen geregelt. Alle königlichen und prinzlichen Wagen waren davon selbstverständlich befreit.

In den letzten Jahren des 18. Jahrhunderts konnte Potsdam seinen bedeutenden Anteil an der märkischen Industrie ausbauen. Tuchproduktion und Seidenindustrie florierten. Die Baumwolle erhielt eine immer wichtigere Bedeutung (was sich während der napoleonischen Besatzung als verhängnisvoll erweisen sollte). Daneben kamen Bleistifte, Fayencen, Metallknöpfe, Nähnadeln, Tapeten, Öfen und vieles andere aus Potsdam. Weithin bekannt war die Schocksche Tabakmanufaktur. Zeitweise lieferte eine Fabrik Peitschen und Stöcke bis nach Indien. Einen Rückgang verzeichneten allerdings die meisten der Fabrikationen, die mit der Kinderarbeit im Militärwaisenhaus verbunden waren. 1793 wurde in Potsdam ein Fabrikengericht innerhalb des Magistrats gebildet, das vor allem bei Streitigkeit zwischen Fabrikanten und Lieferanten zum Zuge kam.

Im Jahr 1792 erreichte der Widerhall der Französischen Revolution zum ersten Mal Potsdam. Der König begab sich an der Spitze der preußischen Truppen einer Koalitionsarmee auf den Weg in Richtung Paris. Nach dem berühmten Artillerieduell von Valmy, aus dem kein Sieger und kein Verlierer hervorging, entschloss sich der König angesichts der französischen Verteidigungsbereitschaft zum Abzug. 1795 schloss der König mit Frankreich den „Frieden von Basel", in dem Preußen die linksrheinischen Gebiete abtrat. Potsdamer Garderegimenter waren im Kampf gegen die Französische Revolution nicht beteiligt. Sie wurden erst im Frühjahr 1793 in Marsch gesetzt, um die Mainzer Republik, das erste bürgerlich-demokratische Staatswesen in Deutschland, zu bekämpfen. Nach dreimonatiger Belagerung nahmen sie die Stadt ein. Nun konnte sich Preußen militärisch in Richtung Osten wenden. Denn auch in Polen hatte die Revolution Fuß gefasst. Preußen und Russen erstickten die Erhebung und setzten gemeinsam mit Österreich die Zerstückelung Polens mit der zweiten und dritten Teilung fort.

Während in der Ferne die Kanonen donnerten, blühte in Potsdam die Musikszene. Friedrich Wilhelm II. besaß bereits als Kronprinz eine eigene Kapelle, die er nach

nöthig/ihnen aller Müglichkeit nach verholffen werden soll. Wo-

dem Regierungsantritt mit der königlichen Hofkapelle vereinigte. Ihr gehörten nun 70 Mitglieder an, und sie galt bald als eine der besten Klangkörper Europas. Für Kammerkonzerte gab es im Marmorpalais einen ovalen Konzertsaal, größere Aufführungen fanden im Saal der benachbarten Orangerie statt. Gelegentlich spielte der Königs selbst das Cello. Ihm wurde beachtliches Können bescheinigt. Im April und Mai 1789 weilte Wolfgang Amadeus Mozart für einige Wochen in Potsdam. Er war Gast des Waldhornisten Türrschmidt, der im Haus Bassin 10 wohnte. Dort erinnert heute eine Tafel an den Besuch. Mozart hoffte auf eine Anstellung bei Hofe, musste sich aber mit dem Auftrag für ein halbes Dutzend Streichquartette zufriedengeben. Der Oberintendant der Hofkapelle namens Jean-Pierre Duport, ein Virtuose auf dem Cello, bei dem der König als Kronprinz das Cellospiel erlernt hatte, soll kräftig intrigiert haben. So musste Mozart unverrichteter Dinge weiterziehen. 1796 trat auch der junge Ludwig van Beethoven vor dem preußischen König auf.

Ein Neuer Garten

Ein Besuch im Gartenreich von Wörlitz hatte bereits beim Kronprinzen die Liebe zu Parks und Gärten geweckt. Die landschaftlich angelegten Gärten mit ihren immer wieder überraschenden Staffagen – Grotten, Laubhäuser, künstliche Ruinen usw. – versetzten ihn in eine wohlig-sentimentale Stimmung. Unmittelbar nach der Thronbesteigung bemühte er sich, den Schlosspark in Charlottenburg und den Park Sanssouci nach seinem Geschmack umzugestalten. Auch wenn (zum Glück!) nicht allzuviel von den ursprünglichen Plänen umgesetzt wurde, ist doch in dieser Phase (1787–1790) im Park Sanssouci ein Bauwerk entstanden, das nahezu die gleiche Berühmtheit erlangt hat wie das Schloss selbst: die Holländermühle in der direkten Nachbarschaft. Oft wird sie mit dem berühmten Müller Grävenitz und seinem Streit mit dem „Alten Fritz" in Verbindung gebracht, aber die Geschichte ist nun einmal anders verlaufen: Der imposante Galerieholländer folgte einer kleineren, aber nicht weniger malerischen Bockwindmühle.

Die Schlossküche für das Marmorpalais war in einem scheinbar im See versinkenden Tempel untergebracht.

bei Wir gleichwol ihrer freyen Wahl anheim geben/auch sonsten

Viel wichtiger als Änderungen in den vorhandenen Parks war für Friedrich Wilhelm II., einen Park ganz nach der neuen Mode herrichten zu lassen. Er ließ Johann August Eyserbeck, den Schöpfer des Wörlitzer Gartenreiches, nach Potsdam kommen und den Neuen Garten im Stil eines englischen Landschaftsgartens anlegen. Schon Jahre zuvor hatte er am Heiligen See nördlich von Potsdam das Gelände eines Weinberges samt Winzerhaus aufgekauft, auf dem er auf einer in den See hinausreichenden Landzunge ein Sommerschloss errichten wollte. Durch weitere Ankäufe vergrößerte er bis 1793 das Gelände bis auf die heutige Größe. Von diesem Schloss aus konnte er den Blick auf eine vier Kilometer entfernte Insel werfen, die er in sein „Gartenreich" einbezog – die Pfaueninsel. Friedrich Wilhelm II. war damit der erste König, der seine Anlagen direkt mit der Havellandschaft in Verbindung brachte. Das war ein wichtiger Schritt in Richtung jener Kulturlandschaft, die heute UNESCO-Welterbe ist.

Als erster Bau im Neuen Garten wurde das Sommerschloss, später Marmorpalais genannt, in Angriff genommen. Der freistehende Bau mit quadratischem Grundriss sollte sich nach allen Seiten der Natur hin öffnen und in seinen Ausmaßen eher einem bürgerlichen Palais entsprechen. Die Pläne lieferte Gontard, der bereits beim Bau des Neuen Palais im Park Sanssouci eine entscheidende Rolle gespielt hatte. Mit dem Marmorpalais konnte er den in Richtung Klassizismus eingeschlagenen Weg noch konsequenter verfolgen. Auch hier findet sich der rote Backstein. Der aber wird durch Fassadenverkleidungen aus Marmor veredelt. Als die Lieferungen von schlesischem Marmor stockten, ließ der König die Knobelsdorffschen Marmorkolonnaden im Park Sanssouci abreißen und hier verarbeiten. Der Bau erhielt ein zentrales Treppenhaus, das durch eine Öffnung im Dach erleuchtet wurde. Ein tempelartiger Turmaufsatz schützte die Öffnung (siehe Foto S. 98).

Da das Palais für die königliche Hofhaltung wenig Platz bot, wurden Funktionsräume ausgelagert und in die Gartenlandschaft integriert. Die Schlossküche verbarg sich in einem scheinbar im See versinkenden griechischen Tempel, ein Konzertsaal wurde in die Orangerie eingebaut, eine Bibliothek im neugotischen Stil am Südende des Heiligen Sees errichtet. Selbst eine Meierei zur Belieferung mit frischen landwirtschaftlichen Erzeugnissen fehlte nicht (sie ist heute ein beliebtes Ausflugslokal). Die holländischen Traditionen des Hauses Hohenzollern wurden durch eine Häuserreihe (das „Holländische Etablissement") aufgenommen. Hinzu kamen Kleinarchitekturen, die vornehmlich der Erbauung der Hofgesellschaft dienten: ein maurischer Tempel (bereits im 19. Jahrhundert abgerissen), eine Einsiedelei, eine Grotte, ein als Pyramide verkleideter Eiskeller, ein Obelisk usw.

Zu den vielgerühmten Bauten in der unmittelbaren Umgebung des Neuen Gartens gehört das Palais Lichtenau. Es gilt als ein hervorragendes Beispiel des Frühklassizismus, an dem möglicherweise Carl Gotthard Langhans, der Erbauer des Brandenburger Tores in Berlin, beteiligt war. Errichtet wurde es 1796 für den Geheimkämmerer des Königs, Johann Friedrich Rietz, der mit der Gräfin Lichtenau verheiratet war. Daher leitet sich der spätere Name des Hauses ab: Palais Lichtenau. Inzwischen wird allerdings angezweifelt, ob die Vertraute des Königs dort tatsächlich jemals gelebt hat. Anzunehmen ist, dass ihr hoher Kunstverstand und ihr sicherer Geschmack zur hochgepriesenen Innenausstattung beigetragen haben. Das Haus befindet sich heute in Privathand.

Das im holländischen Stil gehaltene „Damenhaus"

Königliches Familienidyll auf dem Lande
Schloss Paretz

Friedrich Wilhelm III. ließ noch als Kronprinz von David Gilly ab 1796 das Dorf Paretz neu anlegen. Es entstand ein Angerdorf mit Amtshaus, mehreren Bauerngehöften und einem Wohnhaus, in dem der Dorflehrer wohnte. Es wurden eine Schmiede (heute Restaurant „Gotisches Haus") und ein Gasthaus gebaut. Gilly lieferte auch die Pläne für den Umbau der 1197 erstmals erwähnten Kirche. Er ließ aus dem einstigen Feldsteinbau eine neogotische Kirche mit Königsloge im Anbau entstehen. Königin Luise besuchte den Gottesdienst täglich, wenn sie in Paretz weilte. Den Eingang zum Dorf betonte der Architekt durch zwei Torhäuschen, in denen ein Schafstall und die Wohnung für den Schafhirten untergebracht waren. Auf der dem Dorf abgewandten Seite des Schlosses erstreckte sich der den Herrschaften vorbehaltene Park mit Kleinarchitekturen an markanten Stellen nach der Mode der Zeit. Einige Bäume sind die einzigen erhaltenen Zeugen von damals.

Die nach außen gerichtete Bescheidenheit des Schlosses hatte im Inneren ihre Grenzen. Es heißt, wenn die königliche Familie im Sommer in Paretz anreiste, wurde sie von vierzig Pferdefuhrwerken mit Kisten voller Kleider, Geschirr usw. begleitet. Für die Versorgung mit Lebensmitteln und für den Transport der Gäste fuhren täglich noch einmal bis zu zwanzig Kutschen vor. Die Ausstattung der Räume war im Stil zurückhaltend, im Handwerklichen aber außerordentlich gediegen. Die kunstvollen Tapeten zum Beispiel gehören heute wieder zu den Attraktionen des Hauses.

Der König und die Königin lebten in Paretz als „Gutsherr" und dessen „Gnädige Frau". Sie teilten sich in Paretz sogar das Schlafzimmer, in königlichen

Das Schloss in der landwirtschaftlichen Musteranlage

cien zu ihrem établissement zu erwählen welche sie in Ansehung

Schlössern ansonsten undenkbar. Sie unternahmen Ausflüge mit der Kutsche oder dem Boot, der König ging zur Jagd oder vergnügte sich bei Gesellschaftsspielen. Musiker aus den Regimentern der Umgebung spielten bei abendlichen Geselligkeiten. Abschluss der Sommerwochen in Paretz waren die Erntedankfeste, bei denen sich König und Königin unter die Dorfbewohner mischten. Der König nahm den Erntekranz entgegen, und es folgte ein Festumzug durch das Dorf. Zum Fest gehörte ein Jahrmarkt, auf dem Königin Luise kräftig einkaufte. Abends wurde der Tanz auf der Tenne von der Königin eröffnet.

Mit dem Einzug der napoleonischen Besatzungstruppen in Preußen endete die Idylle von Paretz. Nach der Befreiung Preußens von der Fremdherrschaft kam der König allein nach Paretz, Luise war 1810 gestorben. Es war für ihn ein Ort der Trauer und der Erinnerung geworden. Nach dem Tod des Königs 1840 wurde Paretz auf Beschluss der Kinder für Wohnzwecke nicht mehr genutzt. Das Schloss wurde zum Familienmuseum. Bis 1945 gab es keine Veränderungen. Dann genügten Vandalismus im Inneren und ein grauer Kratzputz außen, um das Schloss in eine bessere Baracke zu verwandeln, wie sie typisch war für ländliche Verwaltungsgebäude der frühen DDR. Gerettet werden konnten lediglich Reste der wertvollen Tapeten, die rund 50 Jahre später als Grundlage für die Restaurierung der Räume dienten. Von 1999 bis 2002 erfolgten umfassende Sanierung und Wiederherstellung des gesamten Schlosses nach historischem Vorbild. Seither befindet es sich in der Verwaltung der Stiftung Preußische Schlösser und Gärten Berlin-Brandenburg.

In der Paretzer Schlossremise hat eine der spektakulärsten Ausstellungen Platz gefunden, die die königlichen Schlösser von Potsdam zu bieten haben. Es ist eine Sammlung von Kutschen, Schlitten und Sänften des preußischen Königshauses. Gezeigt werden eine Kutsche und eine Sänfte Friedrichs des Großen, die Hochzeitskutsche von Friedrich Wilhelm und Luise und – ganz und gar nicht prunkvoll – zwei Steintransportwagen, mit denen einst die schweren Sandstein- und Marmorblöcke für die königlichen Schlösser transportiert wurden.

Die Paretzer Dorfkirche

Klassizismus ist angesagt
Baumeister um 1800

Carl Gotthard Langhans (1732–1808)

Das Brandenburger Tor in Berlin hat ihn unsterblich gemacht. Er lieferte die Entwürfe, als Karl Friedrich Schinkel erst acht Jahre alt war. In Potsdam war Langhans am Bau des Königlichen Schauspielhauses und des Palais Lichtenau beteiligt. Im Auftrag Friedrich Wilhelms II. nahm er im Neuen Garten Anteil am Bau der Schlossküche am Heiligen See, der Orangerie und der Gotischen Bibliothek. Ferner stammten Inneneinrichtungen im Marmorpalais von ihm.

Andreas Ludwig Krüger (1743–1822)

Noch unter Friedrich II. trat er 1777 als Zeichner und Bauleiter in das „Königliche Bau-Comptoir" in Potsdam ein. Unter Gontard und Unger entwickelte er sich zum Architekten und kopierte dabei deren Stil. Von Krüger stammen die Entwürfe für die Alte Wache in der Potsdamer Charlottenstraße (1795–1797). Weitere Arbeiten sind der Innenausbau des Marmorpalais im Neuen Garten sowie die Errichtung des Kutschstalls am Neuen Markt.

Michael Philipp Bouman (1747–1803)

Als Sohn des Jan Bouman, der seit 1732 im Auftrag zweier Könige in Berlin und Potsdam tätig war, ist ihm das Bauen in die Wiege gelegt worden. Seit 1778 war er Geheimer Oberbaurat und Baudirektor. Er gehörte 1799 zu den Gründern der Berliner Bauakademie. Er schuf das weiße Schloss auf der Pfaueninsel und war mit Langhans am Bau des Schauspielhauses und des Palais Lichtenau beteiligt. Er lieferte die Entwürfe für zwei Seitenflügel des Marmorpalais.

David (1748–1808) und Friedrich Gilly (1772–1800)

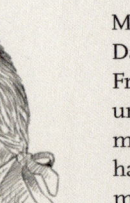

Mit dem Namen Gilly ist eine weitere Architekten-Dynastie verbunden. Der Vater David war einer der wichtigsten Reformer im preußischen Bauwesen nach der Französischen Revolution. Seine besondere Aufmerksamkeit galt Gutshäusern und ihren Anlagen. Kronprinz Friedrich Wilhelm (III.) beauftragte ihn 1796/97 mit der Umgestaltung der Dorfanlage von Paretz und mit dem Bau eines Gutshauses als Sommersitz. Mit dem dortigen Gotischen Haus und dem Umbau der mittelalterlichen Kirche schuf er erste Beispiele der Neogotik in Deutschland.

Sein Sohn Friedrich erlangte 1796 mit dem Entwurf eines niemals realisierten Denkmals für Friedrich den Großen auf der Spitze eines dorischen Tempels großes Aufsehen. Er galt als Genie in seinem Fach. 1798 wurde Karl Friedrich Schinkel im Alter von 17 Jahren sein Schüler. Er starb mit nur 28 Jahren.

Mit dem König indirekt verbunden ist auch das Schloss in Marquardt, inzwischen ein nordwestlicher Ortsteil von Potsdam. Hier lebte Hans Rudolf von Bischoffwerder, ein Berater und Günstling des Königs, die sich bereits aus Kronprinzenjahren kannten. Die Karriere dieses Mannes war atemberaubend: Er war Mitglied mehrerer Freimaurer-Logen und führte Friedrich Wilhelm in den Orden der Gold- und Rosenkreuzer ein, war Flügeladjutant des künftigen Monarchen und schaffte es zum Generaladjutanten nach dessen Thronbesteigung. In seinen „Wanderungen durch die Mark Brandenburg", Band „Havelland", beschreibt Theodor Fontane, wie der König in einer Grotte bei Schloss Marquardt, mit okkulten Erscheinungen konfrontiert, in Panik versetzt wurde. Es heißt, der König sei durch Spiritismus politisch beeinflusst worden. Neben Bischoffwerder spielte hierbei der allmächtige Minister Christoph von Wöllner eine verhängnisvolle, wissenschaftsfeindliche Rolle. Selbst Immanuel Kant war einer der Leidtragenden der damaligen Zensurmaßnahmen.

Die Pfaueninsel – vom Liebesnest zum Ziel von Familienausflügen © SPSG|terra press

Preußen war am Ende der Regierungszeit von Friedrich Wilhelm II. vor allem durch Annexion polnischer Gebiete um ein Drittel größer, zugleich aber am Rand des Bankrotts. Aus anfangs 51 Millionen Talern Staatsschatz hatte er nach elf Jahren 48 Millionen Taler Schulden gemacht. In Potsdam galten fast ein Drittel der Einwohner als arm, die Bettelei griff um sich. Um Abhilfe zu schaffen, wurde die städtische Ratsverfassung reformiert. Neu geordnet wurden allerdings nur Zuständigkeiten und bürokratische Abläufe. Allgemein erfreuten sich die Potsdamer Bürger in dieser Zeit keines guten Rufes. Der Stadthistoriker Julius Haeckel schrieb: „… während zu Friedrich Wilhelms I. Zeiten ein besonders großer Mensch ‚Potsdamer' genannt wurde, wendet man diese Bezeichnung zu Ende des Jahrhunderts wenig schmeichelhaft auf einen prahlerischen, rechthaberischen, vorlauten Menschen an."

Ein quälendes Ende

Aber auch mit seinem eigenen Körper hatte der König in den elf Jahren seiner Regentschaft Raubbau betrieben. Zur Gicht, der Erbkrankheit der Hohenzollern, kam die

Wassersucht. Das Ende war qualvoll. Das Marmorpalais konnte er längst nicht mehr verlassen. Nur die Gräfin Lichtenau pflegte ihn in seinen letzten Wochen aufopferungsvoll. Am 16. November 1797 starb er im Alter von 53 Jahren.

Ein König mit Familie

Auf Friedrich Wilhelm II. folgte Friedrich Wilhelm III. Er war Jahrgang 1770 und der erste gebürtige Potsdamer auf dem Hohenzollern-Thron. Er hatte als Kind noch auf dem Schoß seines Großonkels, König Friedrich II., gesessen. Dessen Geist spukte auch noch in den ersten Jahren seiner Regentschaft als preußischer König durch Potsdam. Während draußen im Land die letzten Invaliden des Siebenjährigen Krieges dahinsiechten, sonnten sich die Generale und Offiziere der Potsdamer Garderegimenter weiter im Glanz der Siege an der Seite ihres Friedrich des Großen. Weder unter dem verstorbenen König, noch unter dem jetzigen sahen sie einen Anlass, das Militärwesen zu reformieren. Strategie und Taktik waren immer noch auf eine Kriegführung ausgerichtet, die der vom „Soldatenkönig" überkommenen Schlachtordnung folgte. Allenfalls neue Uniformen wurden ausgegeben – fesch, aber unpraktisch.

Der neue König hatte nicht viel übrig für Potsdam. Zwar ließ er im Stadtschloss ein paar Räume für sich und seine Familie herrichten – er ließ sogar das Schlosstheater zu Räumen für seine immer größer werdende Kinderschar umbauen. Aber viel Zeit hat er dort nicht verbracht. Vielleicht empfand der König die Stadt so, wie sie sein Berater und Biograf, der spätere Bischof Friedrich Eylert, beschrieb: „Überall trat das Kasernenartige, dessen innere Armut die äußere reiche Fassade nicht verdecken konnte, entgegen …"

Wenn sich die „bessere Gesellschaft" Potsdams vergnügen wollte, verließ sie die eingemauerte Stadt und ging in die Umgebung. Da gab es Bertinis Lokal im Weinberg nahe dem Neuen Garten oder das Eschersche Kaffeehaus auf dem Gelände einer aufgegebenen Maulbeerplantage oder den Tornow mit seinen verschwiegenen Plätzen. Der König selbst fügte der Umgebung Potsdams ein weiteres Ausflugsziel hinzu: 1804 entstand am Brauhaus-

Eigens für Königin Luise im Stadtschloss eingerichtetes Schlafzimmer; später Attraktion bei Schlossführungen, aus „Potsdam, Deutsche Lande/Deutsche Kunst" 1935

berg ein neugotisches Belvedere, von dem aus sich das gesamte Panorama der Potsdamer Altstadt eröffnete. Ist von Friedrich Wilhelm III. die Rede, führt an seiner Gemahlin, der Königin Luise, kein Weg vorbei. Sie überstrahlt ihren eher farblosen Gemahl bis heute. Nach ihr ist einer der wichtigsten Plätze Potsdams benannt, der Luisenplatz. Dafür gab es einen sehr konkreten Anlass. Als 17-jährige Prinzessin aus dem Hause Mecklenburg-Strelitz wurde sie hier am 21. Dezember 1793 von der Potsdamer Bevölkerung freudig begrüßt. Sie verbrachte in Potsdam die letzte Nacht als Junggesellin. Am folgenden Tag wurde sie im Weißen Saal des Berliner Schlosses mit dem damaligen Kronprinzen Friedrich Wilhelm in einer Doppelhochzeit getraut. Das zweite Hochzeitspaar waren der jüngere Bruder den Kronprinzen, Friedrich Ludwig, und Luises jüngere Schwester Friederike. Um es gleich vorweg zu nehmen: Friedrich Wilhelm und Luise führten bis zum frühen Tod der Königin eine glückliche, bürgerliche Ehe, ohne royale Extravaganzen. In der Beliebtheit beim Volk stand Königin Luise weit vor ihrem Gatten. Der wortkarge und im buchstäblichen Sinne einsilbige Mann besaß nicht einen Bruchteil des Charismas, das seine Frau bald zur „Königin der Herzen" machte. Es war erst- und einmalig in der Hohenzollern-Dynastie, dass eine Frau derart in den Vordergrund trat.

Kurz nach ihrer Vermählung gestaltete der Bildhauer Johann Gottfried Schadow, der als der bedeutendste Bildhauer des deutschen Klassizismus gilt, ein Doppelstandbild der beiden Prinzessinnen Luise und Friederike. Sie werden als junge, anmutige Frauen in klassisch-griechischen Gewändern dargestellt. Ganz ohne majestätische Attribute, schwesterlich aneinander gelehnt. Auftraggeber war König Friedrich Wilhelm II., der Schwiegervater der beiden Prinzessinnen. Zunächst entstand die lebensgroße Figur in Gips, die anschließend in weißem Carrara-Marmor ausgearbeitet wurde.

Friedrich Wilhelm III., Ehemann der einen und Schwager der anderen Dargestellten, soll beim Anblick der Statue in der für ihn typischen Knappheit gesagt haben: „Mir fatal". Aufgestellt wurde sie dann in einem unbedeutenden Gästezimmer im Berliner Schloss. 90 Jahre stand sie dort und war fast schon vergessen. Bis nach dem Ende der Monarchie, aus dem Schloss war ein Schlossmuseum geworden, die Figurengruppe in einem Saal aufgestellt wurde, der nach Schadow benannt war. Der Zauber der beiden Prinzessinnen lockte viele Besucher ins Schloss. Das Kunstwerk überdauerte den Zweiten Weltkrieg im Kellergewölbe des Berliner Doms. Heute steht es im Eingangsbereich der Alten Nationalgalerie. Die Prinzessinnengruppe ist in vielen Kopien unterschiedlichster Größe und Qualität als Kunstgegenstand, Dekorationsobjekt und Souvenir weit verbreitet.

Typisch für das Königspaar war ihr Sommerdomizil, für das sie sich weit außerhalb von Potsdam, mitten im Havelland, das Dörfchen Paretz ausgesucht hatten. Der heutige Besucher fragt sich, ob der langgestreckte, flache Bau überhaupt den Namen Schloss verdient. Beim anschließenden Gang durch die Räume wird allerdings klar, dass hier an nichts gespart wurde. Der Bau schmiegt sich förmlich in die Landschaft und vermeidet jedes Aufsehen. Das Eingangsportal gewinnt erst durch zwei Pappeln – aufgestellt wie Wachsoldaten – etwas an Bedeutung. Der Bauherr dieses Schlosses hielt es offenbar nicht für nötig, durch Auffälligkeiten seinem Ego zu schmeicheln.

Die Naturverbundenheit, die im Park von Sanssouci noch durch eine Windmühle zum Ausdruck gebracht wurde, kam im Neuen Garten und auf der Pfaueninsel bereits durch Meiereien zur Geltung. In Paretz ging Friedrich Wilhelm III. noch einen Schritt weiter: Er ließ sich ein ganzes Dorf nach eigenem Gusto errichten. Den Auftrag dafür erhielt David Gilly. Der Architekt bekam die Worte mit auf den Weg: „Nur immer denken, dass Sie für einen armen Gutsherrn bauen." Der spätere König wollte ein Beispiel für sparsame, ländliche Zweckarchitektur geben. Zwischen 1797 und 1805 verbrachte die Familie erstmals die Sommerwochen in Paretz, in ihrem „Schloss Still-im-Land". Im November des gleichen Jahres wurde der Bauherr nach dem Tod seines Vaters preußischer König. Er beförderte Gilly zum Vizedirektor seines Oberhofbauamtes. Als Autor eines Handbuches der Landbaukunst blieb der auch in den nächsten Jahren beim Thema.

Die Weltpolitik mischt sich ein

Während die königliche Familie in der Idylle von Paretz das Landleben genoss, hat sich in der Weltpolitik so einiges geändert. Ein korsischer General namens Napoleon Bonaparte machte sich die Wirren der Französischen Revolution zunutze und sich zum Alleinherrscher der Franzosen. Am 2. Dezember 1804 tat er das, was Friedrich I. bereits 1701 tat: Er setzte sich selbst eine Krone aufs Haupt, in diesem Falle allerdings die Kaiserkrone. Napoleon ging daran, sich Europa zu unterwerfen. An vielen Stellen des Kontinents roch es nach Pulverdampf. Preußen glaubte, sich durch Neutralität aus den Auseinandersetzungen heraushalten zu können. Dennoch kam es am Sarg von Friedrich II. zum Treueschwur zwischen dem preußischen König und dem russischen Zaren.

Kurz darauf gelang Napoleon in der Dreikaiserschlacht von Austerlitz gegen Österreich und Russland einer seiner größten Siege. Seine Truppen missachteten in den folgenden Monaten mehrmals die preußische Neutralität. In völliger Verkennung der Kräftelage erklärte daraufhin Preußen am 8. Oktober 1806 Frankreich den Krieg. Sechs Tage später, am 14. Oktober, standen bei Jena und Auerstedt 103.000 Preußen und verbündete Sachsen 123.000 Franzosen gegenüber. Am Abend jenes Tages verzeichneten die Franzosen rund 15.000 Tote und Verwundete, die Preußen und Sachsen mehr als das Doppelte. Hinzu kam, dass die preußische Armee aufgerieben und in die Flucht geschlagen wurde. Sie hatte aufgehört zu existieren. Der preußische Staat geriet in eine Existenzkrise.

Bereits einen Monat vor der verhängnisvollen Doppelschlacht hatten die Potsdamer Garden ihre Quartiere verlassen und waren in Richtung Thüringen marschiert. Bei Auerstedt erlebten die meisten von ihnen die Niederlage des preußischen Heeres. Das Erste Bataillon Leibgarde und das Regiment Garde ergaben sich in Prenzlau dem Feind. Nur einem kleinen Häuflein von ihnen gelang die Flucht über die Oder. Besser traf es das Regiment Garde du Corps, das sich geordnet nach Graudenz jenseits der Oder zurückziehen konnte und sich dort dem König zur Verfügung stellte. Potsdam war – von ein paar Invaliden abgesehen – ohne militärische Sicherung. Den Potsdamern blieb nun nichts anderes übrig, als mit bangem Herzen auf die französischen Sieger zu warten.

Am 24. Oktober 1806 ritt Napoleon Bonaparte in Potsdam ein. An den zwei Tagen zuvor waren in der Stadt bereits Quartiermacher und Feldbäckerei zugange. Bemühungen des Magistrats, die Franzosen zum Biwa-

Ein beliebtes Ausflugsziel von Königin Luise und ihrer Familie war der Pfingstberg mit dem Pomonatempel, damals allerdings noch ohne das riesige Belvedere-Schloss. © SPSG|terra press

fryet seyn/und damit in keinerley Weise beleget werden. Dafer-

kieren vor den Toren der Stadt zu bewegen, waren fehlgeschlagen. 450 Kasernenstuben wurden für je vier Soldaten hergerichtet. Auch in Bürgerhäusern nahmen sie Quartier. Bis zu 6.000 französische Soldaten wurden in Potsdam untergebracht.

Der Kaiser der Franzosen blieb zwei Tage und nahm im Schloss Quartier. Er nächtigte in jenem Bette, in dem ein Jahr zuvor der russische Zar geschlafen hatte. Mit höchstem Interesse ließ er sich alles zeigen, was mit Friedrich dem Großen in Verbindung stand. Napoleon wies an, dass die Potsdamer Schlösser so zu bewachen seien, wie es bisher üblich war. Allerdings ließ er 42 Kisten mit Kunstgegenständen vollpacken und nach Paris bringen. Napoleon soll sich selbst Friedrichs Degen und den Schwarzer-Adler-Orden genommen haben. Zum Glück konnte nach dem Sieg über Napoleon das meiste gefunden und zurückgeführt werden. Bis auf die persönlichen Gegenstände des Preußenkönigs.

Am folgenden Tag ließ der Kaiser seine Truppen im Lustgarten aufmarschieren und nahm die Parade ab. Anschließend stattete er der Garnisonkirche einen Besuch ab. Am Sarg des Preußenkönigs sollen dann die Worte gefallen sein: „Wenn er noch leben würde, stünde ich jetzt nicht hier." Historisch verbürgt sind sie nicht. Plünderungen blieben zwar aus, nicht aber einzelne Übergriffe. Am Morgen des 26. Oktober erschienen Abgesandte aus Berlin vor dem Potsdamer Schloss und überreichten dem Kaiser die Stadtschlüssel in der Hoffnung, er würde gnädig mit der Hauptstadt verfahren. Dann ritt Napoleon in Richtung Berlin ab, um an der Spitze seines Heeres triumphal durch das Brandenburger Tor einzumarschieren.

Mit bangen Gefühlen sahen auch die Bewohner des Französischen Quartiers der Besatzungsmacht entgegen. Die meisten bemühten sich, als treudeutsch zu erscheinen, und manche deutschten ihre Namen ein. Die Besatzer hatten offenbar nicht mit den Nachkommen ihrer Landsleute gerechnet und staunten über die Leute, die ein altertümliches Französisch sprachen. Die von den siegreichen Franzosen gefangengenommenen Soldaten der Potsdamer Garden wurden am 4. November in die Stadt gebracht. Da alle Quartiere belegt waren, mussten sie unter freiem Himmel übernachten. Mit Hilfe ihrer Angehörigen gelang vielen die Flucht in Richtung Osten. Besonders hart traf es Potsdam, als es zum Hauptkavalleriedepot der französischen Besatzungstruppen bestimmt wurde. 12.000 Pferde kamen in die Stadt. Was sich auch immer eignete, wurde zu Pferdeställen umfunktioniert. So auch der Lange Stall, die Französische Kirche und die Heiliggeistkirche. Von der Nikolaikirche stand nach dem Brand nur noch das steinerne „Vorhemdchen", und einzig die Garnisonkirche blieb für Gottesdienste vorbehalten. Entlang der Stadtmauer wurden provisorische Ställe errichtet. Immer wieder neue Truppendurchmärsche und Nachtlager hielten Potsdam von nun an dauerhaft in Atem. Außerhalb der Stadt wurden Baracken für Lazarette und Magazine hochgezogen.

Die französische Besatzung

Das Sagen hatte für die nächsten zwei Jahre in Potsdam ein französischer Stadtkommandant. Von jenem General Francois Antoine Louis Bourcier, der zugleich General-Inspekteur aller Pferdedepots der Armee war, ist überliefert, dass er sich um Ausgleich zwischen den Besatzungstruppen und der einheimischen Bevölkerung bemühte. Über nennenswerte Auseinandersetzungen ist nichts bekannt. Selbst über geflohene preußische Kriegsgefangene sah er gnädig hinweg. Unmittelbar nach dem Einmarsch der Franzosen hatte sich ein Komitee aus 12 Bürgern gebildet, das als Unterhändler zwischen dem Stadtkommandanten und dem Magistrat fungierte. So konnte vereitelt werden, dass Potsdamer zu einer Art Nationalgarde herangezogen wurden. Nicht abgewendet werden konnte die Forderung an die männlichen Einwohner, gemeinsam mit den französischen Soldaten auf Wache zu gehen. Da dafür ein Wachgeld ausgezahlt wurde, ergab sich eine geringe Einnahmemöglichkeit für die Armen. Übrigens: Während der französischen Besatzung wurden in Potsdam die Hausnummern eingeführt.

Dass die Potsdamer auf die fremden Truppen trotzdem nicht gut zu sprechen waren, liegt auf der Hand, wenn man bedenkt, dass ihnen die Stadt Brot, Fleisch, Gemüse, Bier, aber auch Bettwäsche und Heizmaterial zur Verfügung stellen musste. Und das im besonders harten Winter von 1806 auf 1807, als sogar in den königlichen Gärten Holz geschlagen werden musste. Um all das Geforderte zu beschaffen, musste die Stadt mehrmals Kredite aufnehmen. Hinzu kamen Kontributionsforderungen in Form von Bargeld. Da die von England verhängte „Kontinentalsperre" die Belieferung der Potsdamer Fabriken z. B. mit Baumwollgarn unterbrach, kam auch das Wirtschaftsleben fast vollständig zum Erliegen. In Nowawes arbeiteten noch fünf Webstühle – von ursprünglich 450.

Die Stadt verarmte. 6.000 Potsdamer, darunter ein hoher Anteil Soldatenwitwen und deren Kinder, konnten sich nicht aus eigener Kraft ernähren. Das heißt, jeder Dritte war auf Unterstützung angewiesen. Der bereits erwähnte Eylert schrieb: „… kein Wunder, dass Potsdam bei solch anhaltenden, das Maß der Kräfte überschreitenden Angriffen bald ohnmächtig in sich selbst zusammensank…" In den Jahren der Besatzung verringerte sich die Einwohnerzahl von 18.000 auf rund 15.700.

Im Sommer 1807 verhandelten im ostpreußischen Tilsit der russische Zar Alexander I. und König Friedrich Wilhelm III. mit Napoleon. Selbst Königin Luise wurde vorgeschickt, um mit ihrem Charme den Franzosenkaiser milde zu stimmen. Vergebens. Preußen wurde ein Diktatfrieden aufgezwungen, der das Land auf die Hälfte des Territoriums und der Bevölkerung reduzierte. Die Territorien westlich der Elbe wurden dem eben erst geschaffenen Königreich Westphalen (König war Napoleons Bruder Jerome) zugeschlagen. Die preußische Exklave Cottbus kam an Sachsen. Aus den polnischen Territorien, die durch die zweite und dritte Teilung des Landes von Russland und Preußen okkupiert worden waren, bildete Napoleon das Herzogtum Warschau, das, wie unter August dem Starken, in Personalunion vom sächsischen König verwaltet wurde. Immerhin war es dem russischen Zaren zu verdanken, dass Preußen nicht vollkommen die staatliche Selbstständigkeit verlor.

In der Pariser Konvention von 1808 wurde die von Preußen zu zahlende Kriegskontribution auf 32 Millionen Preußische Reichstaler festgelegt. Zugleich sollte das preußische Heer auf noch nicht einmal ein Sechstel seiner Stärke vor 1806 reduziert werden. Dafür verpflichtete sich Frankreich, die eigenen Truppen aus Preußen – bis auf drei Oder-Festungen – abzuziehen. Napoleon benötigte schließlich starke Verbände in Spanien, wo eine nach Unabhängigkeit strebende Bevölkerung zum Aufstand übergegangen war. So endete im Dezember 1808 für Preußen die Besatzungszeit. Auch für das geschundene Potsdam begann ein neues Zeitalter.

Die Begegnung von Königin Luise mit Napoleon blieb lange Zeit ein Medienereignis und wurde nicht einmal vom Zirkus ausgespart. Plakat/Lithografie (Ende 19. Jh.) von Adolph Friedländer [1851–1904] © bpk|Hermann Buresch

Ohne Liebe zu dieser Stadt
Drei Dichter und Potsdam

Heinrich Heine (1797–1856), in Potsdam 1829

Ausgerechnet in Potsdam mietete sich der 32-jährige Heinrich Heine im April 1829 ein, um in Ruhe schreiben zu können. Direkt neben einem der 8-Ecken-Häuser an der damaligen Hohe Weg Straße (heute Friedrich-Ebert-Straße) mit Blick auf das Stadtschloss. Er hatte absolut nicht vor, die Garnisonstadt zu seinem literarischen Gegenstand zu machen. Wenn es so eine vergnügliche Lektüre geworden wäre wie die Beschreibung von Göttingen in seiner drei Jahre zuvor erschienenen „Harzreise", dann wäre wohl Potsdam ein bitter-satirisches literarisches Denkmal gesetzt worden. So aber arbeitete er an Reisebildern über Italien. Zwei Jahre nach seinem Potsdam-Aufenthalt sah sich Heine gezwungen, nach Frankreich zu emigrieren.

Theodor Storm (1817–1888), in Potsdam 1853–56

Aus politischen Gründen kam 1853 Theodor Storm mit seiner Familie nach Potsdam, denn in seiner Heimat Schleswig-Holstein waren die Verhältnisse noch verknöcherter als in Preußen. Aber wenigstens eine Lebensgrundlage hatte er hier als Gerichtsassessor. Freunde in Berlin sorgten dafür, dass er 1853 eine, wenn auch unbezahlte Anstellung am Kreisgericht in Potsdam erhielt. Seine finanziellen Schwierigkeiten veranlassten ihn, in Potsdam mehrfach die Wohnung zu wechseln. Er wohnte in der Brandenburger Straße, in der heutigen Dortustraße und in der Benkertstraße im Holländischen Viertel. Mit Blick auf den Bassinplatz fühlten sich er, seine Frau und die vier Kinder (die Tochter Constanze wurde in Potsdam geboren) noch am wohlsten. Storm hatte Kontakt zum Dichterclub „Tunnel über der Spree", dem auch Theodor Fontane angehörte. Dort fand er kaum Freunde, auch fand er kaum Muße zu literarischer Tätigkeit. So war er froh, 1856 das „große Militärkasino Potsdam" wieder verlassen zu können.

Heinrich von Kleist (1777–1811), in Potsdam 1792–99

An der ehemaligen Großen Stadtschule von 1739 erinnert eine Tafel daran, dass sich hier Heinrich von Kleist von 1798 bis 1799 auf das Studium an der Universität Frankfurt (Oder) vorbereitete. Vor dem Studium diente er – der Familientradition entsprechend – beim Militär. In der Folge musste er am Koalitionskrieg gegen das revolutionäre Frankreich und an der Belagerung der Mainzer Republik teilnehmen. 1799 quittierte er den als unerträglich empfundenen Militärdienst. Die Jahre in Potsdam bezeichnete er als „unwiederbringlich verlorene Zeit". Kleist machte sich als Dramatiker, Erzähler, Lyriker und Journalist einen Namen. Gut leben konnte er davon nicht. Am Kleinen Wannsee nahm er sich 1811 gemeinsam mit einer Freundin das Leben. Dort erinnert ein Gedenkstein an das tragische Ende eines der größten Literaten deutscher Zunge.

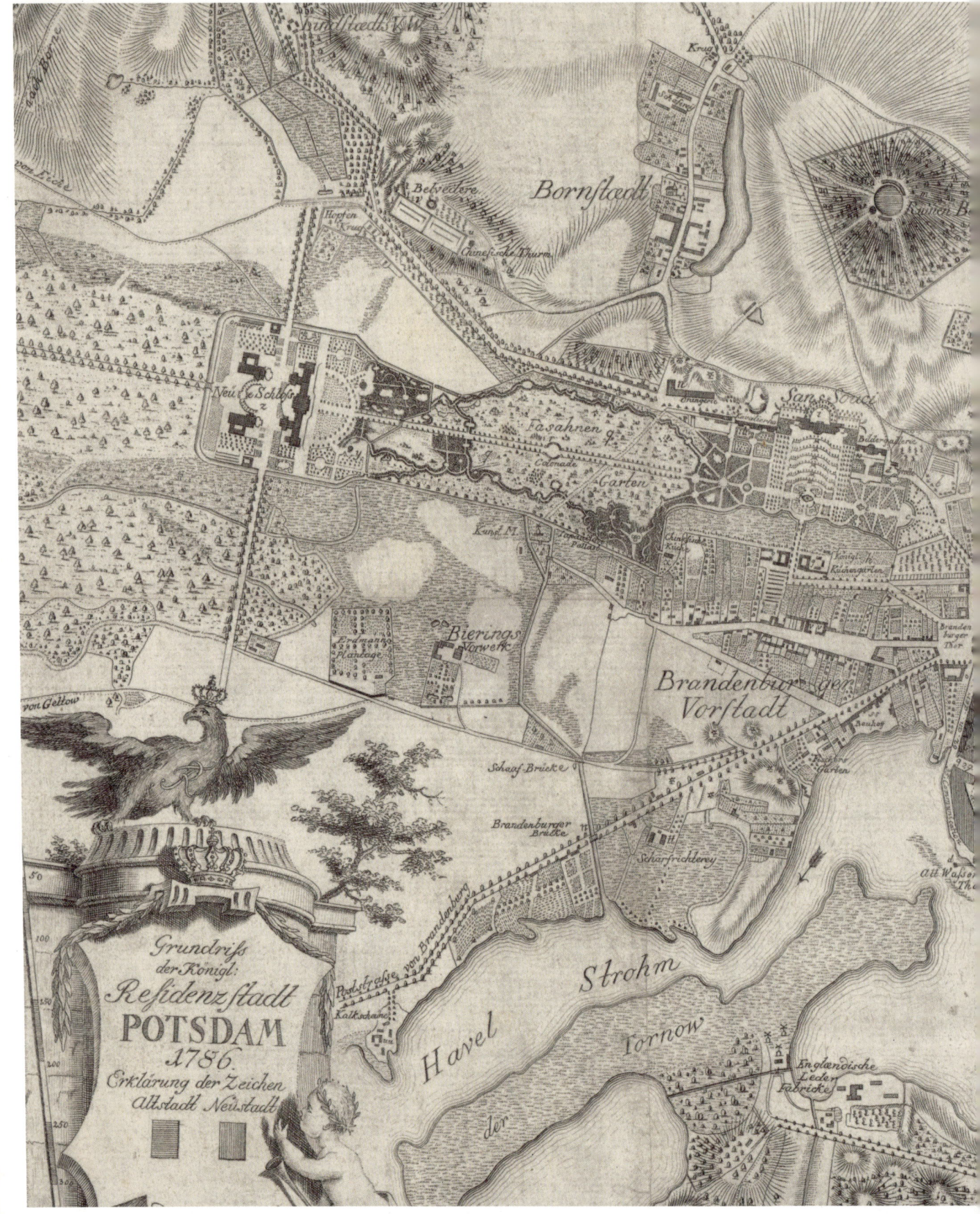

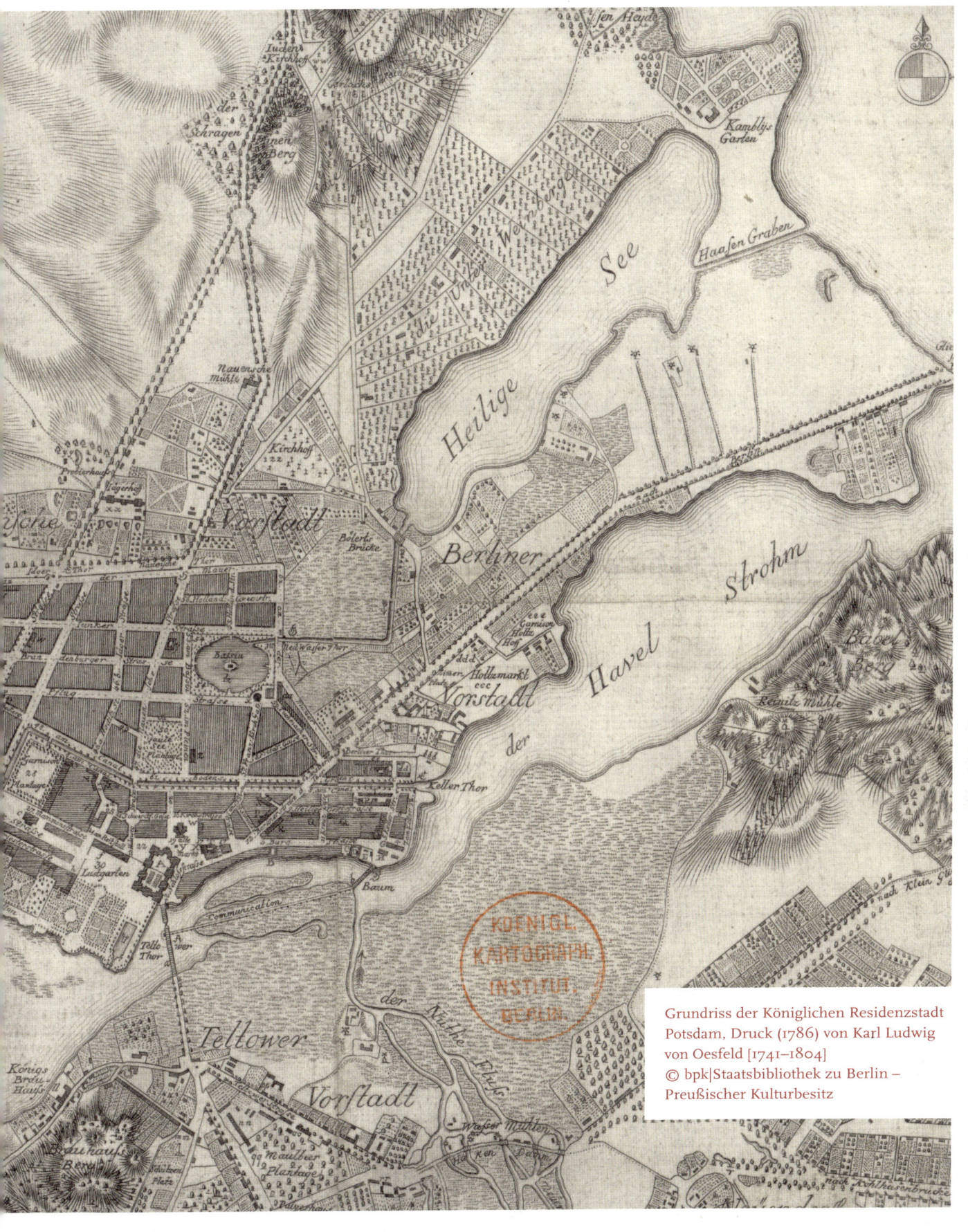

Grundriss der Königlichen Residenzstadt Potsdam, Druck (1786) von Karl Ludwig von Oesfeld [1741–1804]
© bpk|Staatsbibliothek zu Berlin – Preußischer Kulturbesitz

1809 – 1840

Das Volk drängt nach vorn

Dieses Kapitel beginnt im Frühjahr 1809. Allerdings nicht – wie die bisherigen Kapitel – mit der Inthronisation eines neuen Regenten, sondern damit, dass das Volk eine selbstständige Rolle im weiteren Geschehen übernimmt. Der aktuelle König befindet sich nach wie vor im fernen Ostpreußen, einer Art Exil im eigenen Land. Preußen ist nun ein Staat von Napoleons Gnaden mit eingeschränkter Souveränität. Da hält es der König für angezeigt, noch ein wenig abzuwarten.

Inzwischen spürten all jene im Land Aufwind, die schon vor der Niederlage von 1806 Preußen für reformbedürftig hielten. Die mit der französischen Besetzung ins Land gekommene fortschrittliche Gesetzgebung des „Code Napoléon" zeigte zusätzlich, wie dringend erforderlich eine Modernisierung des Staates war. Die Bewahrer der alten Verhältnisse hatten ausgespielt. Und der König ließ die Reformkräfte gewähren. Einer von ihnen war Heinrich Friedrich Karl Freiherr vom und zum Stein. Er formulierte im November 1808 eine neue Städteordnung, die „Ordnung für sämtlich Städte der Preußischen Monarchie ...". Anstelle der Beamten des Königs waren nun Stadtverordnete für die Geschicke der Gemeinwesen zuständig. Deren Beschlüsse waren für den Magistrat, der die täglichen Geschäfte zu erledigen hatte, bindend.

Potsdam war die erste Kommune in Preußen, in der die neue Städteordnung angewendet wurde. Am 12. und 13. März 1809 erfolgte die Wahl zur ersten Potsdamer Stadtverordnetenversammlung. Damit wurde die bisherige Königsstadt eine Bürgerstadt. Die damalige Wahl mit heutigen zu vergleichen, ist kaum möglich. Von den damals ca. 17.000 Einwohnern waren nur 947 stimmberechtigt. Denn das Wahlrecht bekam nur der, der das Bürgerrecht besaß und Bürgergeld bezahlen konnte. Frauen waren generell ausgeschlossen. Auch Soldaten und Juden war das Bürgerrecht weitgehend verschlossen. Gewählt wurden 60 Stadtverordnete und 24 Nachfolgekandidaten in 12 Wahlbezirken – 6 innerstädtische und 6 in den Vorstädten.

Das Schloss Charlottenhof gilt als besonders gelungenes Beispiel für die schöpferische Zusammenarbeit von Peter Joseph Lenné und Karl Friedrich Schinkel. © SPSG|tp

Der Bürgersinn erwacht

Am 20. März konstituierte sich im „Holländischen Haus" in der Lindenstraße die erste Stadtverordnetenversammlung. Die meisten der Abgeordneten waren Handwerksmeister, Kaufleute und Beamte. Als Vorsteher fungierte Karl Christian Horvath. Er war Buchhändler, unterhielt eine Leihbibliothek in Potsdam. Man nannte ihn den „Freiherren von Stein Potsdams". Der Bürgermeister Jakob Brunner war kurz zuvor noch vom König bestimmt worden. Seine Amtszeit lief bis 1821.

Die neue Städteordnung hatte für die Potsdamer Französische Kolonie gravierende Auswirkungen. Sie beseitigte alle bestehenden Privilegien. Keine eigene Verwaltung und Gerichtsbarkeit mehr, keine Steuerprivilegien, keine Vergünstigungen bei der Unternehmensgründung. Damit hörte die französische Stadt in der Stadt auf zu existieren. Erhalten blieben die französisch-reformierte Kirchgemeinde mit ihrer Schule und Armenfürsorge. Durch die preußische Kirchenunion von 1817, die Lutheraner und Reformierte in der vereinigten evangelischen Landeskirche zusammenschloss, wurde dann auch die Kirchgemeinde infrage gestellt. Doch behauptete man in Potsdam mit wenigen anderen französischen Gemeinden in Preußen das französisch-reformierte Bekenntnis.

Das Jahr 1809 brachte noch weitere Neuigkeiten. Die vom „Soldatenkönig" gebildete Kriegs- und Domänenkammer wurde aufgelöst und die neugebildete Kurmärkische Regierung in Potsdam angesiedelt. Die Residenz- und Soldatenstadt wurde spätestens jetzt Beamtenstadt. Auch in dieser neuen Rolle war Potsdam eine Stadt der

Welterbe auf der Liste der UNESCO
Schöpfer des Kunstwerks

Peter Joseph Lenné (1789–1866)

Wenn von der Potsdamer Kulturlandschaft als UNESCO-Welterbe die Rede ist, dann muss Peter Joseph Lenné an allererster Stelle als deren Schöpfer genannt werden. Oft als „Gartenkünstler" bezeichnet, war er doch vielmehr ein Landschaftsgestalter. Die Gebiete, die er im Blick hatte, konnten nicht groß genug sein. Als ihm 1817 – er war damals 28 Jahre alt – nacheinander drei freigewordene Stellen als Hofgärtner in Potsdam angeboten wurden, lehnte der dreimal ab. Die Betreuung einzelner Gartenreviere war nicht sein Ding. Erst als ihm Anfang 1818 eine Anstellung als Mitglied der Königlichen Gartendirektion angeboten wurde, sagte er zu. Lenné hatte eine wichtige Stufe auf der Karriereleiter übersprungen und war nun praktisch der Chef der Hofgärtner (siehe „Bornstedter Friedhof").

Lenné wurde im Jahr der Französischen Revolution in Bonn geboren. Sein Vater hatte dort das Amt des Hofgärtners inne und war für den Botanischen Garten zuständig. Kunstvoll gestaltete Parks und seltene Gehölze prägten den Jungen seit frühester Jugend. Die aktuellen Trends kamen damals aus England. „Zurück zur Natur!" war die Devise. Auf Studienreisen sammelte er Eindrücke von unterschiedlichen Landschaftsgärten. Als nach dem Wiener Kongress das Rheinland zu Preußen kam, machte er sich auf, um am dortigen Hof eine Anstellung zu finden. Es hatte sich herumgesprochen, dass nach den Jahren der napoleonischen Besetzung sich die königlichen Parks und Gärten der Hohenzollern in einem beklagenswerten Zustand befanden.

Dort gelang ihm ein rascher Einstieg und eine noch schnellere Karriere. Dabei spielte sicherlich sein zeichnerisches Talent eine große Rolle, denn seine Pläne waren so detailtreu und naturnah, dass sich jeder Betrachter schnell einen Eindruck von den Intentionen des Gestalters machen konnte. So errang Lenné bald das Vertrauen des in Sachen Architektur und Landschaftsgestaltung sehr ambitionierten Kronprinzen Friedrich Wilhelm (IV.), den „Romantiker auf dem Königsthron". Ein weiterer Glücksfall im Leben Lennés war die Zusammenarbeit mit Baumeister Karl Friedrich Schinkel. Gemeinsam schufen sie die gelungensten Ensembles in der Potsdamer Park- und Schlösserlandschaft.

Das war die Zeit, als Lenné an seinem Verschönerungsplan für die Insel Potsdam arbeitete, nach dem Gärten, Parks und Feldflur, der Wasserlauf der Havel und zum Teil auch künstlich angelegte Gewässer zu einem organischen Ganzen verschmelzen sollten. 1854 verlieh ihm der König den Titel „Generaldirektor der königlichen Gärten." Er war damit die höchste Instanz in Sachen Gärten und Landschaft in Preußen. 1863 wurde Peter Joseph Lenné Ehrenbürger von Potsdam. Er starb dort 1866.

Karl Friedrich Schinkel (1781–1841)

Fragen wir Theodor Fontane, dann war Schinkel der „Schöpfer unserer Baukunst". Gemeint war die preußische Baukunst in den Jahren nach den Befreiungskriegen. Schinkel hat dem neuen Selbstbewusstsein in Architektur und Städtebau Ausdruck verliehen. Seine wichtigsten Werke stehen folgerichtig in den Residenzstädten Berlin und Potsdam. Schinkel war zugleich preußischer Patriot, was sich in der Wiederbelebung der Gotik zeigt, aber auch ein glühender Europäer, wie seine Bauten im Stil der klassischen Antike bezeugen.

Karl Friedrich Schinkel wurde am 13. März 1781 in Neuruppin geboren. Sein Vater war Superintendent und starb kurz nach dem großen Stadtbrand 1787. Das Feuer hatte auch Schinkels Haus vernichtet, und so musste die Witwe mit ihren Kindern ins Predigerwitwenhaus ziehen. Es heißt, der Wiederaufbau Neuruppins habe den jungen Schinkel derart beeindruckt, dass er selbst Baumeister werden wollte. Dabei half ihm sein großes zeichnerisches Talent. Am liebsten malte er romantische Landschaften mit fantastischen Gebäuden. In Berlin studierte er bei den damals einflussreichsten Architekten an der praxisorientierten Bauakademie. Er reiste zwei Jahre lang durch Italien und Frankreich. Zurück in Berlin, musste er nach dem Zusammenbruch des preußischen Staates Jahre ohne Bauaufträge durchstehen. Während der französischen Besetzung malte er riesige Dioramen historischer Ereignisse.

Kaum hatten sich die Verhältnisse gebessert, konnte sich Schinkel auf die Unterstützung einflussreicher Förderer stützen. Er trat in Kontakt zu Graf Hermann von Pückler-Muskau, reiste nach Weimar zu Goethe, entwarf für die Humboldt-Brüder das Schloss Tegel und arbeitete für Staatskanzler Hardenberg in Klein-Glienicke sowie Quilitz (später Neuhardenberg). Bald übernahm er Aufträge des Königshauses: private Bauten wie Schloss Charlottenhof, Repräsentationsbauten wie das Alte Museum in Berlin, Kirchen wie die Nikolaikirche in Potsdam. Als „Geheimer Oberbaudirektor" und Leiter der Oberbaudeputation nahm Schinkel wesentlichen Einfluss auf alles Baugeschehen in Preußen.

Seine Aufgabe war es, alle staatlichen Bauvorhaben, die 500 Taler überstiegen, in ökonomischer, funktionaler und ästhetischer Hinsicht zu begutachten und zu überarbeiten. So setzte sich nach und nach ein „Schinkel-Stil" durch, der noch heute die Berliner Innenstadt prägt. Schinkel als Wegbereiter der Moderne. Zu seinen bleibenden Leistungen gehört auch die Einführung des Denkmalschutzes in Preußen. Karl Friedrich Schinkel starb am 9. Oktober 1841. Sein Ehrengrab befindet sich auf dem Dorotheenstädtischen Friedhof in Berlin.

Uniformen, denn preußische Beamte trugen eine Einheitskleidung, die den Militärs kaum nachstand. Ab 1817 war im ehemaligen Brockeschen Haus am Kanal die Königliche Oberrechnungskammer tätig. Sie diente der Kontrolle aller staatlichen Ausgaben. Wie gewissenhaft hier gearbeitet wurde, belegt die spätere Geschichte, wonach „für den Feldmarschall Moltke während des Feldzuges 1870/71 für Schnupftabak 1 Pfennig zu viel in Ansatz gebracht wurde".

Weihnachten 1809 füllte sich Potsdam wieder mit Militär. Auch auf diesem Gebiet brachten die preußischen Reformen tiefgreifende Veränderungen. Eine Art Wehrpflicht trat an die Stelle der alten Kantonverfassung und unterband die Anwerbung von Rekruten im Ausland. Die Soldaten waren nun Staatsbürger. Nach dem Willen der Reformer sollte auch die Übermacht des Adels im Offizierskorps zurückgedrängt und bürgerlichen Soldaten die Offizierslaufbahn eröffnet werden. Abgeschafft wurde die Kompaniewirtschaft. Die Kompaniechefs waren nicht länger Unternehmer, die sich auf Kosten ihrer Soldaten bereichern konnten.

Als äußeres Zeichen der neuen Verhältnisse wurden die letzten Zöpfe abgeschnitten und der gefürchtete Korporalstock verschwand. Dafür wurden nach und nach Rangabzeichen eingeführt. Bestehen blieb allerdings der Vorrang der Garde-Truppen vor dem übrigen Heer. Der Stadthistoriker Hans Kania beschrieb das Aussehen der neuen Garde so: „Die Uniformröcke mit Achselklappen waren blau, die frackartigen Schöße schnitten zwei Hände breit über den Kniekehlen ab. Zwei Reihen Knöpfe ermöglichten ein Überknöpfen des Rockes. Dazu traten Tschakos aus Filz ... In dieser äußeren Erscheinung, die ihnen russisch vorkommen musste, bestaunten die Potsdamer ihre neue Garde."

Im Dezember 1809 kehrte die königliche Familie nach Hause zurück. An ihrem Rathaus hatten die Potsdamer ein Transparent mit der Inschrift „Heil dem Heimkehrenden" angebracht. Königin Luise begann sofort, Kontakt zu den Reformern herzustellen, speziell zu Karl August

Die Orangerie im Neuen Garten. Eine Tafel erinnert daran, dass hier König Friedrich Wilhelm III. die Nachricht von der Kapitulation seines Generals in der Konvention von Tauroggen entgegennahm.
© SPSG|terra press

bens-Genossen/für sie/ihre Erben und Erbens-Erben eigenthüm-

von Hardenberg, der von 1810 bis 1822 preußischer Staatskanzler wurde. Die Königin sollte allerdings das Jahr 1810 nicht überleben. Am 19. Juli starb sie während eines Aufenthaltes in einem Schloss ihrer Eltern in der Nähe von Neustrelitz. Sie wurde nur 34 Jahre alt und hinterließ sieben Kinder. Von denen wurde eine Tochter russische Zarin, ein Sohn preußischer König und ein anderer deutscher Kaiser. Im Park Charlottenburg erhielt sie ein eigenes Mausoleum, in dem dreißig Jahre nach ihrem Tod auch ihr Mann beerdigt wurde.

In der Potsdamer Garnison herrschte von nun an ein neues Service-Reglement, nach dem die Wirte von Soldaten-Einquartierungen direkt vom Staat auskömmlich bezahlt wurden. Die Unterbringung von Soldaten war somit nicht länger eine finanzielle Belastung, sondern wurde zur Einnahmequelle. Wesentlich gelockert wurde der Wachdienst an der Potsdamer Stadtmauer. Da die neu zur Armee gekommenen Soldaten ihren Wehrdienst als patriotische Pflicht auffassten, kam die Fahnenflucht kaum noch vor. Ein Problem allerdings war der Alkohol, in dem die Angst vor der ungewissen Zukunft sehr häufig ertränkt wurde.

In den folgenden drei Jahren änderte sich an den trostlosen Verhältnissen in Potsdam wenig. Bereits während des Siebenjährigen Krieges mussten die Bürger ihre Geschicke in die eigene Hand nehmen und sehen, wie sie über die Runden kamen. Und wieder waren die Potsdamer aufgefordert, das Leben in ihrer Stadt selbst zu organisieren und zugleich noch die Schulden abzutragen. Bis in die 1840er Jahre drückte diese Last auf die Stadtverwaltung. Die Stadtverordneten hätten gern zusätzliche Steuern erhoben. Abgaben auf Malz, Bier, Holz und Torf, ferner eine Lustbarkeitssteuer sowie eine Haussteuer waren im Gespräch. Sie alle wurden jedoch von der Provinzialregierung abgelehnt. Genehmigt wurden eine Hunde- und eine Nachtigallensteuer. Gesuche der Magistratsmitglieder um Gehaltszulage wurden von den Stadtverordneten ebenfalls abgeschmettert.

Das Volk ergreift die Waffen

Im Frühjahr 1812 kam der Krieg zurück nach Preußen. Zunächst zogen endlose Militärkolonnen auf drei Heerstraßen ostwärts durch das Land. Potsdam wurde dabei zum Glück nicht berührt. Napoleon hatte seine gesamte Armee aufgeboten, um Russland zu erobern. Zur Grande Armée des Franzosenkaisers gehörten auch 120.000 Soldaten aus Bayern, Westphalen und Sachsen. König Friedrich Wilhelm III. musste sich mit Frankreich entgegen seinem Treueschwur auf einen antirussischen Bündnisvertrag einlassen und nun ein Hilfskorps von 20.000 Mann – die Hälfte der von Napoleon zugestandenen Streitkräfte – zur Verfügung stellen. Am 24. Juni 1812 fiel Napoleon mit fast einer halben Million Mann und mit 200.000 Pferden in Russland ein. Der Ausgang dieses Abenteuers ist bekannt: Napoleon fand ein niedergebranntes Moskau vor, und seine Truppen waren dem russischen Winter schutzlos ausgeliefert. Nur jeder Zehnte kehrte zurück. Napoleon selbst floh vom Kriegsschauplatz nach Paris. Später rechtfertigte er sich damit, dass die meisten Toten in Russland ja „nur Deutsche" gewesen seien, während er Franzosen geschont habe.

Der Zusammenbruch der napoleonischen Armee war in Preußen das Signal zum nationalen Befreiungskampf, der das Jahr 1813 bestimmen sollte. Am 2. Januar jenes Jahres erreichte Potsdam die Nachricht von der Kapitulation des preußischen Generals Ludwig Yorck von Wartenburg vor dem russischen General Hans Karl von Diebitsch in der Konvention von Tauroggen am 30. Dezember 1812. Vereinbart wurde ein Waffenstillstand, der in der Konsequenz den Austritt Preußens aus dem Bündnis mit Napoleon bedeutete.

An der Orangerie im Neuen Garten, wo der König die Nachricht aus Ostpreußen entgegennahm, erinnert heute eine Tafel an diesen historischen Moment. Der König allerdings war wütend über diese Eigenmächtigkeit seines Generals, schickte einen Abgesandten nach Paris, der sich bei Napoleon entschuldigen sollte, und ordnete Yorcks Absetzung an. Normalerweise stand darauf die Todesstrafe. Der in Potsdam geborene Yorck selbst schrieb an seinen König: „Jetzt oder nie ist der Moment, Freiheit, Unabhängigkeit und Größe wiederzuerlangen." In den Befreiungskriegen sollte Yorck an der Seite von Marschall Blücher manchen Feldzug führen; für seine militärischen Leistungen wurde er in den Grafenstand erhoben.

Dem König war klar, dass er sich patriotischen Erhebungen nicht in den Weg stellen konnte. Und er wollte es vermutlich auch nicht. Also schloss er Ende Februar den überfälligen Bündnisvertrag mit Russland. Bereits Anfang des Jahres 1813 hatte Friedrich Wilhelm III. die allgemeine Wehrpflicht ausgerufen. Immerhin war sie das zentrale Anliegen der Reformer auf militärischem Gebiet. Am 17. März 1813 kam die Bildung der Landwehr dazu. In ihr sollten alle Wehrfähigen des Landes eingegliedert werden, die nur eine minimale, wenig formal ausgerichtete und auf die Kampffähigkeit konzentrierte Ausbildung erhielten. Die Landwehr umfasste schließlich rund 120.000 Mann.

Schon am 23. Januar hatten die Potsdamer Garde-Regimenter die Stadt in Richtung Breslau verlassen. Dort befand sich inzwischen eine Art Hauptquartier des Königs. Zunächst verfügte er die Bildung von Freiwilligen-Einheiten, dann rief er alle Kriegstauglichen zu den Waffen. Am 16. März erklärte er Frankreich den Krieg, und einen Tag später erließ er seinen Aufruf „An mein Volk", in dem er zum Volkskrieg aufrief. Dergleichen hatte es in der preußischen Geschichte bisher nicht gegeben.

Für die Potsdamer Bürger, denen in den vergangenen einhundert Jahren strikter Gehorsam in Fleisch und Blut übergegangen war, war die neue Situation nicht einfach. Die einen reagierten mit ängstlicher Zurückhaltung, die anderen mit forschem Tatendrang. Eine der Mutigen war Eleonore Prochaska, Tochter eines Potsdamer Unteroffiziers und Zögling des Militärwaisenhauses. Sie verkaufte alle ihre Habseligkeiten, um sich „eine anständige Manneskleidung" (ihre eigenen Worte) und ein Gewehr zu kaufen. Dann schloss sie sich als „Jäger Renz" den legendären Schwarzen Jägern unter Adolf von Lützow („Lützows wilde, verwegene Jagd") an. Bei dem Versuch, einen verwundeten Kameraden zu retten, wurde sie schwer verletzt. Erst der herbeigeeilte Sanitäter erkannte, dass sie eine Frau war. Sie starb nach wenigen Tagen an ihrer Verletzung im Alter von 28 Jahren. Am Großen Militärwaisenhaus, Eingang Lindenstraße, erinnert eine Ehrentafel an das Heldenmädchen. Im Wohngebiet Kirchsteigfeld wurde eine Straße nach ihr benannt.

Sogar die Potsdamer Schützengilde, die in der Garnisonstadt bisher keine Rolle spielte, übernahm eine militärische Funktion. Als Bürgerwehr sicherte sie die Stadt nach dem Abzug der Garden. Und tatsächlich: Als ein versprengter Trupp von 1.500 Franzosen den Weg in Richtung Westen über Potsdam nehmen wollte, wurde er von der Schützengilde an der Glienicker Brücke gestoppt und zur Umkehr gezwungen. Am 3. März begrüßten die Potsdamer freudig die ersten russischen Kosaken in der Stadt und richteten ihnen Quartiere ein.

An den folgenden Tagen wurden alle wehrfähigen Männer vom 18. bis zum 45. Lebensjahr für die Landwehr erfasst. Es waren gut 3.000 Mann. Jetzt zeigte sich, dass sich einige Potsdamer das militärische Engagement der Bürgerschaft nicht zu eigen machen konnten. Für sie war Krieg traditionell eine Sache des stehenden Heeres. Soldatsein war für „gutbürgerliche" Potsdamer eine Zumutung. Die Obrigkeit musste in solchen Fällen mit Entzug des Gewerbescheins oder gar der Bürgerrechte drohen. Trotzdem: Potsdam sollte 398 Mann für die Landwehr stellen, schaffte aber nur 72 – gerade einmal 20 Prozent der geforderten Stärke. So musste durch das Los entschieden werden, wer einrückt. Dennoch wurde die Sollzahl nicht erreicht. Auch die Ausrüstung, die aus städtischen Mitteln finanziert werden sollte, blieb unvollständig. Es kam vor, dass als Waffen nur Äxte und Piken zur Verfügung standen.

Vielleicht war die „Zurückhaltung" der Landwehrangehörigen sogar berechtigt. Denn wie sich bei den ersten Begegnungen mit dem napoleonischen Heer zeigte, schonten die Heerführer die gut ausgebildeten Garden und schickten lieber die Landwehr ins blutige Gefecht. Bei den Versuchen Napoleons, Berlin erneut zu besetzen, sah es für Potsdam mehrfach so aus, als würden die Kämpfe auch im Stadtgebiet ausgetragen. Nun entdeckten die Potsdamer den Patriotismus. Sie bauten Schanzen am Brauhausberg und zogen die Aufstauung der Nuthe in Betracht, um Angriffe von Süden her abwehren zu können. Bis zu 1.000 Bürger waren täglich im Einsatz, um Schanzen und Befestigungen zu errichten. Die Arbeiter der Potsdamer Gewehrfabrik stellten fieberhaft Waffen für die Landwehr her.

Die Schlacht in Großbeeren am 23. August klärte die Lage. Die Franzosen wurden gestoppt, die Gefahr für Berlin abgewendet. Potsdam blieb von Kampfhandlungen verschont. Die Potsdamer Landwehr-Infanterie leistete ihren beachtlichen Beitrag zum Sieg über die napoleonischen Truppen (deren Soldaten zum größten Teil Sachsen waren). Die Bürger Potsdams sammelten 8.000 Taler, um die Sieger zu verpflegen und Verwundete zu versorgen. Potsdam fungierte bis lange nach der Leipziger Völkerschlacht vom 18. Oktober als Lazarett. Auf langen Wegen wurden Verwundete vom Schlachtfeld in die Stadt gebracht. Mit ihnen kam der Typhus und forderte Hunderte Tote, auch unter der Zivilbevölkerung. 1815 wurde auf dem Alten Friedhof von Potsdam ein Denkmal für die in den Potsdamer Lazaretten verstorbenen 2.000 Verwundeten aus den Befreiungskriegen eingeweiht.

Sowohl die Potsdamer Landwehr-Männer als auch die Garde-Truppen zogen in den folgenden Wochen kämpfend bis nach Paris. Nach dem Sieg kam die Landwehr ohne größeres Aufsehen in die Stadt zurück. Niemand würdigte öffentlich ihren Beitrag zum Sieg, den sie schlecht ausgebildet und noch schlechter ausgerüstet unter sehr schwierigen Umständen leisteten. Hingegen wurden die Garden mit Paraden und Feierlichkeiten empfangen. Sie und ihre Offiziere fühlten sich als Sieger des Krieges. Als Napoleon noch einmal für 100 Tage die Macht an sich riss, wurden auch Potsdamer Garde-Verbände in Richtung Paris in Marsch gesetzt. Bevor sie dort ankamen, war der Spuk allerdings vorbei.

Die Karten werden neu gemischt

Während die Potsdamer versuchen mussten, mit der schweren Last von 2,5 Millionen Talern an materiellen Verlusten zurechtzukommen, trafen sich Monarchen und Diplomaten der Siegermächte in Wien, um die Nachkriegsordnung neu zu bestimmen. Vor dem Hintergrund dieses geschichtlichen Ereignisses entstand 1931 in den Babelsberger Filmstudios der erste Musikfilm des deutschen Kinos. Lilian Harvey sang darin unter anderen: „Das gibt´s nur einmal, das kommt nie wieder…".

Preußen wurde in Wien durch Friedrich Wilhelm III. vertreten. Er repräsentierte einen Staat, der zwar gegen Napoleon gekämpft, aber insgesamt an Einfluss in Europa verloren hatte. So musste er sich entgegen den ursprünglichen Erwartungen damit zufriedengeben, dass sich Preußen nicht ganz Sachsen einverleiben konnte, sondern „nur" den nördlichen Teil, die Niederlausitz, heute der Süden Brandenburgs. Dafür erzielte es im Westen erhebliche Gebietszuwächse, im Osten kamen Posen und die Stadt Danzig hinzu. Dafür musste Preußen endgültig auf die schon 1807 unter Napoleon verlorenen Erwerbungen aus der dritten und zum Teil auch aus der zweiten polnischen Teilung verzichten.

So, wie die europäischen Ländergrenzen 1815 neu gezogen wurden, gab es auch innerhalb von Preußen zahlreiche Verschiebungen. Das Land wurde nun in zehn Provinzen aufgeteilt. Eine davon war die Provinz Brandenburg. Ihr Kern war die bisherige Kurmark, zu Brandenburg gehörten jetzt auch die Neumark (Gebiete östlich der Oder) und die Niederlausitz (davor zu Sachsen). Allerdings gehörte fortan die Altmark nicht mehr zu Brandenburg. Sie wurde der neu gebildeten preußischen Provinz Sachsen (heute große Teile von Sachsen-Anhalt) angeschlossen. Die Provinzhauptstadt Brandenburgs war bis 1827 und zwischen 1843 und 1918 Potsdam. Dadurch siedelten sich zahlreiche neue Behörden in der Stadt an, allen voran das Oberpräsidium und die Oberrechnungskammer. Beamte und Militärs gaben ihr nun gemeinsam das Gepräge.

Aber kaum jemand in Potsdam hatte die Mittel, die Stadt wieder zur alten Blüte zu führen. Viele – auch vorher wohlhabende Bürger – hatten ihre Existenzgrundlage verloren. Die barocke Pracht drohte zu zerfallen. In dieser Situation legte der König 1816 ein (wie wir es heute nennen würden:) Förderprogramm für die Stadtentwicklung auf, den Immediatbaufonds. Bürger mit einem Bauvorhaben, meist ging es um Instandsetzungsarbeiten, konnten sich an die Stadtverwaltung bzw. an den Polizeidirektor wenden, die die Gesuche an die Potsdamer Provinzialregierung weiterleiteten. Mit besonders großzügiger Förderung konnten all die Bauten rechnen, an denen Ludwig Persius als Architekt beteiligt war. Denn hier war sichergestellt, dass im königlichen Interesse gehandelt wurde.

Das Jahr 1816 brachte für das geschundene Potsdam einige Ereignisse mit sich, die Auswirkungen bis in unsere Tage haben. Am 14. September lief das erste in Deutschland gebaute Dampfschiff vom Stapel und wurde auf den Namen „Prinzessin Charlotte von Preußen" getauft. Gut einen Monat später absolvierte es die Jungfernfahrt auf der Havel. Bis 1821 betrieb es regelmäßig die Route zwischen Berlin und Potsdam. Das waren die Anfänge der Weissen Flotte. Das übernächste Dampfschiff, die „Friedrich Wilhelm III.", entstand dann bereits auf der Werft in Potsdam, dort, wo sich heute der Kulturstandort Schiffbauer(!)gasse befindet.

Ebenfalls im Jahr 1816 kam ein junger Gärtner aus Bonn nach Potsdam und erhielt eine Stelle als Gartengeselle. Peter Joseph Lenné war sein Name, geboren in einer Gärtnerfamilie in Bonn im Jahr der Französischen Revolution. Weil nach Jahren der Vernachlässigung in den königlichen Parks und Gärten ein gewaltiger Bedarf an Verschönerungsarbeiten bestand, erhielt der junge Mann gleich wichtige Aufgaben: die Neugestaltung des Neuen Gartens und die Umgestaltung des Parks Sanssouci. Auch wenn die ersten Pläne Lennés, die zum Beispiel eine völlige Umgestaltung des Parks Sanssouci in einen

Eine Siedlung als Denkmal
Kolonie Alexandrowka

Was ist eine Bronzestatue gegen eine bewohnte Siedlung als Denkmal der tiefen Freundschaft? Wie konnte man die Verehrung zum russischen Zaren besser ausdrücken, als durch russisch aussehende Häuser, bewohnt von echten Russen! Ausgerechnet Friedrich Wilhelm III., dem man wenige originelle Gedanken nachsagt (Friedrich Engels nannte ihn „einen der größten Holzköpfe" auf einem europäischen Thron), hatte die Idee, dem am 1. Dezember 1825 verstorbenen Zar Alexander I. ein solches außergewöhnliche Denkmal zu setzen. Zwischen dem preußischen König und dem russischen Zar hatte sich im Laufe der Befreiungskriege eine persönliche Freundschaft entwickelt, aus der sich ein verwandtschaftliches Verhältnis entwickelte: Charlotte, die Tochter des Königs, wurde 1817 mit dem jüngsten Bruder des Zaren verheiratet, der 1825 als Nikolaus I. auf den russischen Thron kam. Bereits Charlottes Mutter, die legendäre Königin Luise, war von Alexander I. in höchstem Maße betört und suchte dessen Nähe, wo es nur ging.

Die Anlage der Siedlung wurde Peter Joseph Lenné übertragen. Ob er bei seinem Entwurf an die Form eines Andreaskreuzes gedacht hat oder ob diese Form zufällig entstanden ist, bleibt ungeklärt. Entlang der zwei sich kreuzenden Straßen wurden zwölf Gehöfte mit Wohnhaus, Stall und Garten abgesteckt. Militärhandwerker aus der Potsdamer Garnison errichteten auf jedem Grundstück ein freistehendes Giebelhaus aus Fachwerk. Das wurde anschließend mit Holzbalken verblendet und durch Sägearbeiten verziert. So entstand der Eindruck, es seien echte Blockhäuser. Das Wohnhaus und die Nebengebäude wurden durch eine überdachte Toreinfahrt

Die Siedlung Alexandrowka ist in ihrer Gesamtheit der größte Obstgarten Potsdams.

miteinander verbunden. Der Eindruck eines Gehöfts war perfekt. Die Gärten der Siedlung ergeben eine attraktive Streuobst-Anlage, die zur Selbstversorgung reichlich bemessen ist. Eine solche komplette Mustersiedlung ist heute in Russland nirgendwo mehr zu finden.

Die damals noch lebenden zwölf russischen Sänger (es ist nicht klar, ob sie wirklich eine Gesangsausbildung hatten oder nur als einfache Soldaten mit einer kräftigen Stimme gesegnet waren) erhielten die Häuser samt komplettem Inventar zur Nutzung. Die Anwesen durften weder verkauft noch verpfändet, wohl aber an männliche Nachkommen weitergegeben werden. Trotz allem blieben sie im Besitz des Königs. So stehen an zwei der Häuser heute noch russisch klingende Namen. Hier leben Nachkommen jener Sänger.

Zur Siedlung Alexandrowka gehören ferner ein Aufseherhaus im Scheitelpunkt der Wege, die Alexander-Newski-Kirche und ein dazugehöriges Haus für den Kirchenvorsteher. In diesem Haus hatte sich der König in der oberen Etage eine Teestube einrichten lassen, von wo aus er gern den Gesängen seines Chores lauschte. Die Kirche – wenn auch scheinbar original russisch – ist ein Werk von Karl Friedrich Schinkel. Er mischte auf geschickte Weise den russischen Baustil mit dem preußischen Klassizismus. Ihre Innenausstattung folgt exakt dem russisch-orthodoxen Ritus und wird zunehmend wieder für Gottesdienste genutzt. Die liturgischen Gegenstände kamen ursprünglich aus St. Petersburg.

Die Alexander-Newski-Kirche oberhalb der russischen Siedlung Alexandrowka

Zur Einweihung kam Zar Nikolaus I. mit seiner Gemahlin Charlotte angereist. Als Geschenk brachte er wertvolle Gewänder für den Popen mit. Die neuen Bewohner sollen drei Tage lang mit ihren Kameraden des Leibbataillons gefeiert haben. In den 1990er Jahren wurde eins der Gehöfte das, was der König garantiert nicht wollte: ein Museum. Aber die Besucher, die sich hier ein Bild vom Leben in der russischen Siedlung machen können, freut es. Im Haus Nr. 1 der Siedlung gibt es original russische Küche: Pelmeni, Sirniki und Suppen wie Ucha, Bortschsch, Soljanka oder Schtschi. Dazu Tee aus dem Samowar und sogar Kwas wird hier ausgeschenkt.

englischen Landschaftsgarten vorsahen, nicht verwirklicht wurden, machte der junge Gärtner schnell Karriere. Ab 1854 trug er den Titel „Generaldirektor der königlichen Gärten".

Wer glaubt, die Schocktherapie der Befreiungskriege hätte tiefe Spuren im Potsdamer Militär hinterlassen, irrt. Kaum waren die Garden wieder in Potsdam eingezogen – die einen in „Naturalquartiere", die anderen in Kasernen – begann wieder der übliche Drill. Nicht mehr der Felddienst wurde geübt, sondern der stumpfe Wach- und Paradedienst. Das entsprach der Forderung des Königs nach einem „schönen Militär".

Und überall musste gespart werden. Die Besoldung der einst so stolzen Offiziere war karg, für Ausrüstung und Bewaffnung mussten sie selbst aufkommen, es gab kaum noch Beförderungen. Weil es an Pferden mangelte, wurden die Kavallerie-Einheiten reduziert. Da war es eine willkommene Entlastung, als Speiseanstalten für die Offiziere, die Casinos, eingerichtet wurden. Hier gab es für Ränge vom Leutnant aufwärts für wenig Geld ordentliche Mahlzeiten. Das eintönige Garnisonsleben machte sich immer wieder in Besäufnissen und Ausschweifungen Luft. Zynismus griff um sich.

Ende 1817 bereicherte das Garde-Jägerbataillon die Potsdamer Garnison. Sie kamen zunächst in Bürgerquartieren unter, belegten aber nach und nach Kasernen in der Nähe des Berliner Tores. Die Angehörigen dieser Truppe hatten zum größten Teil das Jagd- und Forstwesen erlernt. 1838 trat der spätere Reichskanzler Otto von Bismarck als Einjährig-Freiwilliger in das Bataillon ein. Das war der Beginn einer lebenslang engen Beziehung des späteren „Eisernen Kanzlers" zu Potsdam. Rekruten, die lange genug gedient hatten, konnten mit einer Anstellung im Forstdienst rechnen und sich bei ausreichender „Pflichttreue und tadelloser Aufführung" Hoffnung auf einen Posten des Oberförsters machen. Diese Aussichten machten aus den Garde-Jägern eine verschworene Truppe. In ihren grünen Uniformen waren sie so etwas wie die Elite unter den Garden. Nach dem Ersten Weltkrieg sollten sie den Kern der konterrevolutionären Freikorps stellen.

Zunächst musste die Nikolaikirche ohne die von Schinkel vorgesehene Kuppel auskommen. Aus „Potsdam im Bild der Geschichte" 1979

Potsdams Bedeutung als Pflanzschule des preußischen Heeres bekam noch einmal einen kräftigen Schub, als am 2. Mai 1820 das Stiftungsfest des Lehr-Infanterie-Bataillons stattfand. Das war allerdings keine Garde-Einheit, sondern eine aus Offizieren, Unteroffizieren und Mannschaften der preußischen Regimenter zusammengestellte Truppe. Ihre Aufgabe war es, eine möglichst hohe Gleichförmigkeit bei der Ausbildung und beim Exerzieren herbeizuführen. Aus diesem Grund wurden im April jeden Jahres Abgesandte der Regimenter nach Potsdam geschickt. Als Kaserne wurde für sie der östliche Teil der Communs hinter dem Neuen Palais hergerichtet.

Höhepunkte der Ausbildung waren die Herbstmanöver. Danach kehrten die meisten in ihre Heimatgarnisonen zurück. Zum Jahrestag der Stiftung des Bataillons entwickelte sich das traditionelle „Schrippenfest". Die Angehörigen des Bataillons saßen dabei an langen Tafeln und nahmen reichliche Mengen Festessen zu sich. Das bestand immer aus Rinderbraten, Kartoffeln, Backpflaumen sowie sauren Gurken, dazu ein Weißbrot („Schrippe"). Alles war so bemessen, dass genügend Essen für die Kadetten und das Militärwaisenhaus übrig blieb.

1824 wurde eine weitere Ausbildungsstätte ins Leben gerufen: die Potsdamer Unteroffiziersschule. Nach vier Jahren waren die dafür bestimmten Kasernen vor dem Jägertor fertiggstellt. Karl Friedrich Schinkel hatte die Entwürfe geliefert. Sie sahen luftige und wohnliche Räume für bis zu 60 künftige Unteroffiziere vor. Der erste Schulbau entwickelte sich in den folgenden Jahrzehnten zu einem umfangreichen Gebäudekomplex. Dass sowohl das Lehr-Infanterie-Bataillon als auch die Unteroffiziere außerhalb der alten Stadtmauern untergebracht wurden, ist ein deutliches Zeichen für den neuen Charakter der Potsdamer Garnison. Nach der Einführung der Wehrpflicht musste ihr Zusammenhalt nicht mehr durch Mauern und Wachsoldaten garantiert werden. Die Stadtmauer hatte ihre ursprüngliche Bedeutung verloren. Bis zum vollständigen Abriss sollten jedoch noch einige Jahre vergehen.

Mitten in all den militärischen Ausbildungsstätten wirkte Wilhelm von Türck auf zivilem Gebiet. 1818 veranlasste er den obligatorischen Schwimmunterricht. 1820 rief er das Zivilwaisenhaus ins Leben. Nicht weit von dem Ort, an dem die von ihm gegründete Schwimmanstalt (lange Zeit nur für Männer!) bestand, verläuft heute die Türkstraße.

Auch im letzten Jahrzehnt seiner Regentschaft gab der ansonsten äußerst sparsame König Friedrich Wilhelm III. neue Kasernenbauten in Auftrag. Sie alle lagen außerhalb des alten Stadtgebietes und waren deutlich größer als die flachen und langgestreckten Kasernen aus der Zeit des „Soldatenkönigs". Da entstand zum einen 1834 bis 1836 eine Wohnkaserne am Luisenplatz für eine Eskadron des 1. Garde-Ulanen-Regiments. Später zog dort die kaiserliche Leibgendarmerie ein. Die Kaserne wurde Anfang der 1990er Jahre restauriert und wird jetzt als Filiale der Mittelbrandenburgischen Sparkasse genutzt.

Zum anderen entstand vor dem Berliner Tor eine großflächige Anlage für das Regiment der Leib-Garde-Husaren. Zunächst waren es nur die Pferdeställe, ab 1842 stand auch für die Mannschaften ein imposantes Gebäude zur Verfügung. Für die bauliche Gestaltung hatte Baumeister Schinkel kurz vor seinem Tod noch Ideen eingebracht. In dem kraftvoll gegliederten Gebäude ist jetzt eine Dienststelle der Bundeswehr untergebracht. Große Teile der Anlage, darunter Ausstellungsräume, Theater, Konzertbühne gehören heute zum Kulturstandort Schiffbauergasse.

Russland als Freund

Eine militärische Anlage ganz besonderer Art ist die russische Kolonie Alexandrowka nördlich der Potsdamer Innenstadt. Sie wurde für eine Gruppe von russischen Soldaten gebaut, die von den unter napoleonischem Befehl stehenden preußischen Truppen in Ostpreußen als Kriegsgefangene gemacht wurden. Von einigen hundert Gefangenen kamen mit dem Einverständnis des Zaren 62 nach Potsdam und wurden als „Russischer Sänger-Chor" in das 1. Garde-Regiment zu Fuß eingegliedert. Nach zehn Jahren waren noch zwölf von ihnen am Leben. Jedem von ihnen ließ der König innerhalb einer geschlossenen Siedlung ein Blockhaus im russischen Stil errichten.

Bereits bevor Charlotte, die Tochter des Königs, zur Zarin gekrönt wurde, hatte ihr der Vater ein Blockhaus auf der Anhöhe gegenüber der Pfaueninsel errichten lassen. Das kleine Gehöft wurde nach Charlottes Ehemann „Nikolskoe" (ausgesprochen: Nikolskoje) benannt. 1836 wurde direkt nebenan die Kirche St. Peter und Paul eingeweiht. Auch sie ist täuschend echt im russischen Stil gehalten. Im Inneren ist sie allerdings eine evangelische Kirche.

Die Pfaueninsel war das Gegenstück zur Dorfanlage von Paretz. Dort das pralle Familienleben im direkten Kontakt zu seinen Untertanen, hier die Abgeschiedenheit einer Insel, bevölkert allenfalls von exotischen Tieren. Auf der Pfaueninsel tat sich nach 1820 einiges, als der König wieder zu Geld gekommen war. 1821 stand eine damals berühmte Rosensammlung zum Verkauf. Der König erwarb sie für 5.000 Taler. Ein paar Jahre später kaufte der König eine Palmensammlung und ließ für sie ein Haus auf der Insel errichten. 1822 ließ er exotische Tiere in Brasilien beschaffen und in den folgenden Jahren ein Winterhaus für fremde Vögel errichten, ferner ein Lamahaus, einen Büffel- und einen Kängurustall sowie einen Biberbau. 1842 hatten sich dort 479 Tiere angesammelt, die den Grundstock für den Berliner Zoologischen Garten am Landwehrkanal bildeten.

Auch für architektonisch Ausgefallenes fand der König Platz auf der Pfaueninsel: Als in Danzig ein Haus mit spätgotischer Fassade abgerissen wurde, kaufte er das Baudenkmal und ließ es mit einem bereits vorhandenen Kavalierhaus vereinen. Aus dem Park Charlottenburg ließ er einen älteren Portikus für das Mausoleum für Königin Luise herüberbringen. Der Tempel in Berlin hatte inzwischen eine repräsentativere Eingangshalle erhalten. Nun gab es auch auf der Pfaueninsel einen Gedenkort für Luise.

Die Kulturlandschaft gewinnt Konturen

Bei der Schiffsfahrt vom Berliner Wannsee aus nach Potsdam ist die Pfaueninsel die erste Begegnung mit dem UNESCO-Welterbe der Potsdamer Kulturlandschaft. Peter Joseph Lenné schuf auf diesem Eiland mitten in der Havel einen reizvollen Landschaftsgarten, der sich im Jahresverlauf immer wieder auf andere Weise zeigt. Verschlungene Wege, weite Sichtachsen, außergewöhnliche Gehölze und die Begegnung mit lebenden Exemplaren der namensgebenden Pfaue machen den Besuch auf der Insel zu etwas Besonderem. Für einen Rundgang um die Insel sollte man eineinhalb Stunden einplanen. Der Weg führt an Wiesenflächen vorbei, auf denen Wasserbüffel grasen. Bei genauem Hinschauen entdeckt man auch den Kunckelstein. Er erinnert an einen Alchimisten zur Zeit des Großen Kurfürsten, der auf der Insel, als sie noch „Kaninchenwerder" hieß, mit chemischen Experimenten Angst und Schrecken in der Gegend verbreitete.

Die Römischen Bäder am „Maschinenteich" im Park Charlottenhof
© SPSG|terra press

benöthiget/unentgeltlich anschaffen lassen/ und ihnen eine

Während sich die Garnison- und Beamtenstadt Potsdam nach den Befreiungskriegen kräftig entwickelte, konnte die Industriestadt nicht zu alter Bedeutung zurückfinden. Die immer schneller in Gang kommende industrielle Revolution brachte den allmählichen Niedergang des Handwerks- und Manufakturwesens, auch wenn in Potsdam noch immer viele mittlere und kleine Betriebe tätig waren. Einige Beispiele: Gegenüber 139 Brauereien im Jahr 1800 waren 30 Jahre später nur noch 21 in Betrieb. 1836 wurden 22 Hotels und Gasthöfe sowie immerhin 120 als Fabriken, Mühlen und Magazine dienende Gebäude gezählt. Die Fabriken der Zukunft benötigten aber große Flächen, vor allem ein großes Reservoir an Arbeitskräften. All das hatten – nicht weit entfernt – Spandau und Berlin zu bieten. So blieb Potsdam vorerst von großen Industrieanlagen verschont. Der Weg war frei zu einem „preußischen Arkadien".

Nun wird es Zeit, die drei älteren Söhne von König Wilhelm III. ins Spiel zu bringen. Es sind dies der 1795 geborene Friedrich Wilhelm, der als IV. seines Namens seinem Vater auf dem Hohenzollernthron nachfolgte; der 1797 geborene Wilhelm, später als Wilhelm I. preußischer König und deutscher Kaiser; und der 1801 geborene Carl, der es zum Chef der preußischen Artillerie brachte und in dieser Funktion gezogene Geschützrohre einführte. Diese drei Söhne bedachte König Friedrich Wilhelm III., ein liebevoller Familienmensch, wie wir bereits am Beispiel der Tochter Charlotte erlebt haben, mit Landgütern, wo sie sich eine eigene kleine Hofhaltung organisieren konnten. Und alle drei beauftragten Peter Joseph Lenné und Karl Friedrich Schinkel mit der landschaftlichen und architektonischen Gestaltung der Refugien.

So wurden der Potsdamer Park- und Schlösserlandschaft in relativ kurzer Zeit drei weitere Ensembles hinzugefügt, die heute zum UNESCO-Welterbe „Potsdamer Kulturlandschaft" gehören. Die ersten beiden Anlagen entstanden auf angekauftem Terrain, auf dem bereits Gebäude standen. König Friedrich Wilhelm III., für den Sparsamkeit ein hohes Gebot war, verfügte, dass bei den von den Prinzen geplanten Bauten die vorhandene Substanz weitgehend einbezogen werden musste. Erneut zeigte sich das Genie von Karl Friedrich Schinkel, der trotz dieser Vorgabe eigenständige architektonische Kunstwerke schuf.

Den Anfang machte der jüngste der drei Brüder, Prinz Carl. Er konnte 1824 von einem Erben des Staatskanzlers Hardenberg ein Anwesen jenseits der Glienicker Brücke

Sechs-Jährige Immunität von allen Auflagen/Einquartierungen

abkaufen. Direkt an der Havel gelegen, bot es völlig neue landschaftliche Perspektiven. Zwar spielte Wasser in den bisherigen königlichen Parks stets eine wesentliche Rolle, direkt am Fluss lag allerdings bisher keiner. Zwei Jahre zuvor, im Jahr 1822, hatten Carl und sein Bruder Wilhelm gemeinsam mit dem Vater eine Reise entlang des Rheins bis nach Italien unternommen. Von dieser Reise brachte Carl Anregungen für die Anlage eines mediterranen Parks mit. Die helle, offene Landschaft am Ende des Jungfernsees sprach dafür.

Fast zur gleichen Zeit machten sich Lenné und Schinkel daran, für den Kronprinzen das Gehöft Charlottenhof, südlich des Parks Sanssouci gelegen, ebenfalls zu einer reizvollen mediterranen Landschaft zu gestalten. Kern der Parkanlage ist ein künstlich angelegter Teich, der „Maschinenteich", der sein Wasser durch einen kleinen Kanal aus der Havel bekam. Umgeben von Laubengängen, Brunnen, kleinen Anhöhen und verschlungenen Wegen stellte Schinkel ein kleines Schloss in den streng klassizistischen Formen einer römischen Villa (siehe Foto S. 120). Zur Anlage gehört das „Römische Bäder" genannte Hofgärtnerhaus.

Nach eigenen Plänen belebte der Kronprinz in Charlottenhof den Geist der Antike. Als dieses Schlösschen gebaut wurde, hatte Friedrich Wilhelm Italien noch nicht mit eigenen Augen sehen können. Beim Nachempfinden der Baukunst im Land seiner Sehnsucht musste er sich voll und ganz auf Schinkel verlassen. Zwischen dem an Kunst und Architektur hochgradig interessierten Kronprinzen und Baumeister Schinkel entwickelte sich ein ähnliches Verhältnis wie zwischen König Friedrich II. und Knobelsdorff. Mit Charlottenhof haben Schinkel und Lenné ein Gesamtkunstwerk aus Architektur und Landschaft geschaffen, das als Herzstück des Traums von Italien, des „preußischen Arkadien", gilt.

Prinz Wilhelm, der zweite Sohn des Königs, durfte seit 1833 ein Gelände auf der Babelsberger Anhöhe über der Havel sein Eigen nennen. Von ein paar alten Mühlen abgesehen, gab es hier keine Bebauung. Dieses Anwesen unterscheidet sich sehr stark von den anderen Parks um Potsdam. Die Landschaft ist hügelig, stark bewaldet und fällt nach Norden zur Havel hin ab. Ideale Voraussetzungen für eine wild-romantische Parkgestaltung, nicht italienisch, sondern mittelalterlich deutsch. Bei der Planung der Anlage spielte ebenfalls die Reise von 1822 eine wichtige Rolle. Allerdings ließ sich Wilhelm nicht von Italien beeindrucken, sondern von der Landschaft und den alten Burgen am Rhein.

Wiederum übernahm Schinkel die Aufgabe, ein Landhaus zu errichten, diesmal allerdings im gotischen Stil. Ein Vorgängerbau war nicht zu beachten – es gab ihn nicht. Mittelalterlich-trutzig waren auch die anderen Parkarchitekturen. Weder Lenné noch Schinkel konnten hier allerdings die Intentionen des Bauherren bzw. seiner Frau treffen und beide wurden ersetzt. Im Fall Lenné war es dessen Konkurrent Hermann Fürst Pückler-Muskau. Bei Schloss Babelsberg waren es Absolventen seiner Bauakademie; Schinkel selbst hat es nie in sein Werkverzeichnis aufgenommen.

1833, die Arbeiten am Park Babelsberg hatten soeben begonnen, legte Peter Joseph Lenné König Friedrich Wilhelm III. seinen „Verschönerungsplan der Umgebung von Potsdam" vor. Lenné sah die vielen einzelnen Parks nicht mehr als isolierte Anwesen, sondern als Teil einer paradiesischen Landschaft – eben des „preußischen Arkadien". Unter diesem Gesichtspunkt gestaltete er auch öffentliche Plätze und Straßenzüge in Potsdam, Feldflure an den Rändern, und er arbeitete daran, die Parks der Könige und Prinzen zu einem Gesamtkunstwerk zusammenzufügen. Ausgeklügelte Sichtbeziehungen, die alles verbanden, spielten dabei eine wichtige Rolle. Dieser Plan mündete in die Potsdamer Kulturlandschaft, wie sie ab 1991 schrittweise auf die UNESCO-Liste des Weltkulturerbes gesetzt wurde.

Bei aller Sparsamkeit gönnte Friedrich Wilhelm III. seinen Potsdamern manch nützliches Gebäude. Da wäre zunächst das Zivilkasino zu nennen, das 1824 im Beisein des Königs eingeweiht wurde. Baumeister war Karl Friedrich Schinkel. Es diente der „Kasinogesellschaft" als Versammlungshaus mit Tanzsaal und Gesellschaftsräumen. Hier traf sich Potsdams „bessere Gesellschaft", zu der längst nicht nur adelige Offiziere, sondern auch Kaufleute und Beamte gehörten. Das Haus, eigentlich ein Palais, wurde in der Bombennacht von 1945 völlig zerstört. Der König beteiligte sich auch am Bau eines Schützenhauses für die Schützengilde und eines Predigerwitwenhauses.

Ein besonderes Kapitel in der Potsdamer Stadtgeschichte war der Wiederaufbau der Nikolaikirche am Alten Markt. Nicht nur die Kirchgemeinde hatte ein Interesse am Wie-

Begräbnisort der Potsdamer Hofgärtner
Der Bornstedter Friedhof

Fontane, der in seinen „Wanderungen durch die Mark Brandenburg" Potsdam nicht der Erwähnung wert befand, widmete hingegen Bornstedt ein ganzes Kapitel. Er schreibt: „... was in Sanssouci stirbt, das wird in Bornstedt begraben – in den meisten Fällen königliche Diener aller Grade, näher- und fernerstehende, solche, deren Dienst sie entweder direkt an Sanssouci band, oder solche, denen eine besondere Auszeichnung es gestattete, ein zurückliegendes Leben voll Tätigkeit an dieser Stätte voll Ruhe beschließen zu dürfen. So finden wir denn auf dem Bornstedter Kirchhofe Generale und Offiziere, Kammerherren und Kammerdiener, Geheime Räte und Geheime Kämmerer, Hofärzte und Hofbaumeister, vor allem – Hofgärtner in Bataillonen." Fontane spielt auf die Hofgärtner-Dynastie Sello an, die sich hier einen eigenen Familienfriedhof angelegt hat. Einen Friedhof im Friedhof, ein kleines Gitter bildet die Trennung.

Auf diesem Erbbegräbnisplatz finden sich die Gräber von 13 Familienmitgliedern der Sellos. Hier die bekanntesten von ihnen: Johann Samuel Sello bewirtschaftete den Küchengarten von Sanssouci, den bereits der „Soldatenkönig" anlegen ließ. Sein Sohn Carl Sello folgte ihm als Königlicher Hofgärtner im Küchengarten. Sein zweiter Sohn, Ludwig Sello, war u.a. zuständig für die Terrassen unterhalb des Schlosses Sanssouci. Dessen Sohn Hermann Sello gestaltete die Terrassen unterhalb des Schlosses Sanssouci neu und legte das „Paradiesgärtl" und das „Italienische Kulturstück" im Park Charlottenhof an, die Römischen Bäder waren seine Dienstwohnung. Dessen jüngerer Bruder Emil Sello, der bei Peter Joseph Lenné in die Lehre gegangen ist, war u.a. für die Bereiche um das Neue Palais zuständig und gestaltete den Bornstedter Friedhof.

Zwei Töchter aus der Familie Sello heirateten in die Hofgärtner-Familie Nietner ein, und eine der Töchter war mit dem Hofarchitekten Ludwig Persius verheiratet. So kommt es, dass auch die Namen Nietner und Persius auf dem Sello-Familiengrab vertreten sind. Die Verbindungen zu Peter Joseph Lenné, dessen Grab sich ebenfalls auf dem Sello-Friedhof befindet, sind zwar nicht verwandtschaftlicher Natur, aber auch so sehr eng.

Erbbegräbnis der Familie Sello

deraufbau, sondern auch die königliche Familie. Schließlich klaffte in unmittelbarer Nachbarschaft des Schlosses rund 30 Jahre lang ein Loch, das es zu füllen galt. Doch zuvor entschied der König als Inhaber der Territorialgewalt über das evangelische Kirchenwesen (Summ episcotat) in einer wichtigen Sache: Er verkündete am 27. September 1817 in der Potsdamer Garnisonkirche die Vereinigung der lutherischen und reformierten Gemeinden zur „Union". Hartnäckiger Widerstand, vor allem in den neuen sächsischen Landesteilen, führte zur Inhaftierung von Pfarrern, zur Enteignung von Grundbesitz und zur Entstehung der altlutherischen Kirche.

1826 schließlich verfügte der König den Bau einer neuen Kirche am alten Ort. Dann ging es zunächst darum zu klären, ob ein Gebetshaus nach damals üblichem Muster gebaut wurde, mit Kirchenschiff und Turm. Oder ob Potsdam mit der neuen Kirche eine neue bauliche Dominante erhielt, die der Rolle der Stadt Rechnung tragen sollte. Der an architektonischen Fragen stark interessierte Kronprinz Friedrich Wilhelm legte Ideenskizzen vor, die einen Zentralbau mit hoher Kuppel zeigten. Auf dieser Grundlage erarbeitete Schinkel Entwürfe, die einen quadratischen Grundriss zeigten und einen Innenraum in der Form eines griechischen Kreuzes. Die Bauarbeiten begannen 1830, 35 Jahre nach dem Brand. Bauleiter war der Schinkel-Schüler Ludwig Persius. Die vom König bewilligten Mittel reichten jedoch nur für eine Basilika mit Flachdach, klassizistisch und vorerst ohne Kuppel. Am 17. September 1837 wurde die halbfertige Kirche feierlich eingeweiht.

Die Orgel in der neuen Nikolaikirche war ein Werk des Potsdamer Orgelbauers Gottlieb Heise. Er hatte seine Werkstatt 1820 in der Charlottenstraße gegründet und sich schnell einen guten Ruf erworben. Die 1820er und 1830er Jahre waren eine Zeit, in der der Kirchenbau in Preußen blühte und mit ihm der Orgelbau. Heises Instrumente stehen ferner in der Lehniner Klosterkirche St. Marien und in der Klosterkirche St. Trinitatis in Neuruppin. Aus seiner Werkstatt ging 1894 der Alexander Schuke Orgelbau hervor. Bis in die heutige Zeit gehört diese Firma zu den renommiertesten Orgelbauern in Deutschland.

Es dauerte 13 Jahre, bis die Nikolaikirche ihre Kuppel hatte.

Einwohner nichts als die bloße Consumptions-Accise wärender

Moderne Technik erobert Potsdam

Nicht weit von der Nikolaikirche entfernt, am Ufer der Alten Fahrt, erhob sich ein Schornstein. Hier arbeitete seit 1833 Potsdams erste Dampfmaschine. Sie brachte eine Leistung von 10 PS und gehörte zur Jacobschen Zuckersiederei, der größten Zuckerraffinerie in der Provinz Brandenburg. Ludwig Jacobs gehörte zu den Investoren der Berlin-Potsdam-Magdeburger Eisenbahngesellschaft. Er ließ sich am Jungfernsee, in der Bertinistraße, eine Villa im italienischen Stil errichten. Entworfen wurde sie von Ludwig Persius. Mit ihrem 37 Meter hohen florentinischen Turm war sie die erste Turmvilla in Potsdam, der noch zahlreiche, wenn auch bescheidenere, folgen sollten.

Schauen wir uns noch einmal im Potsdam in der zweiten Hälfte der 1830er Jahre um. Die Innenstadt war noch immer von einer Stadtmauer umgeben und ihre Tore wurden nachts geschlossen. Die Einquartierung von Soldaten in Bürgerhäusern hatte deutlich abgenommen. Zugenommen hatte die Zahl der Verwaltungs-, Justiz- und Militärbehörden. Es waren inzwischen ihrer 17. Das Gelände der Eisenbahn in der Teltower Vorstadt jenseits der Havel war eingemeindet worden. Über den Fluss führte seit 1825 eine neue Brücke auf acht gusseisernen Bögen. Als Verkehrsmittel dominierten Kutschen und von Pferden gezogene Personenwagen. Zwischen Berlin und Potsdam gab es dreimal täglich einen Postwagen. Briefe und Pakete beförderte neben der Post auch die „Botenfrau Kolchhorst", die sich zweimal wöchentlich auf den Weg machte. Regelmäßige Kutschen-Verbindungen gab es auch nach Magdeburg und Leipzig.

Am Brauhausberg arbeitete seit 1836 die von Carl Heinrich Berghaus gegründete „Geographische Kunstschule". Sie sollte wesentlich zur Entwicklung der geografischen und kartografischen Wissenschaften beitragen. Berghaus schuf das Grundlagenmaterial für all die Atlanten, die heute für das Erkennen der Welt so unentbehrlich sind. Sein „Physikalischer Atlas" war der erste thematische Erdatlas überhaupt. Alexander von Humboldt hatte dafür wichtige Impulse gegeben. Hier entstand der „Neueste Plan von der Königlichen Residenzstadt Potsdam" im Maßstab 1:6.000. Berghaus war auch Mitglied des Potsdamer Kunstvereins. Die 1834 gegründete Organisation vereinigte die verschiedensten künstlerischen Interessen. Sie organisierte Ausstellungen und erwarb Kunstwerke. Sie war es auch, die die Umgestaltung des Palais Barberini zu einem Gesellschaftshaus anregte.

Hinter dem Brauhausberg geht es in der Landschaft noch einmal ein Stück höher. Es folgt der Telegrafenberg südlich von Potsdam. Heute ist er ein mit dem Namen Albert Einstein verbundener Wissenschaftsstandort. Seinen Namen hat der Berg von einer sonderbaren Installation, die 1832 auf seiner Kuppe aufgestellt wurde: der Teil einer optischen Telegrafenleitung. Die Idee des optischen Telegrafen bestand darin, dass auf einem weithin sichtbaren Turm ein Mast mit beweglichen Signalarmen montiert wurde. Genau festgelegten Stellungen der Arme waren Buchstaben oder ganze Begriffe zugeordnet. Die Signalmaste waren nacheinander in Sichtweite (in der Regel 10 bis 15 Kilometer) angeordnet und ergaben so eine beliebig lange Strecke. Der optische Telegraf in Potsdam war die Nr. 4 von 61 Stationen einer Telegrafenlinie zwischen Berlin und Koblenz. In 12 Minuten schaffte es eine Nachricht vom Rhein an die Spree. Im Hellen und bei schönem Wetter. Doch bereits fünf Jahre später existierte in England eine sichere, von Witterungen unabhängige elektrische Telegrafiestrecke. 1852 war dann auch Schluss mit der optischen Telegrafie in Preußen.

Wir beenden dieses Kapitel mit einem epochalen Ereignis: der Fahrt der ersten preußischen Eisenbahn von Berlin nach Potsdam. Das war am 29. Oktober 1838. Drei Jahre nach der legendären Fahrt von Nürnberg nach Fürth. Ein Teilstück der Strecke zwischen Potsdam und Zehlendorf war bereits einen Monat zuvor in Betrieb gegangen. Da konnten sich alle Interessierten davon überzeugen, dass die Fahrt mit der Eisenbahn keine Schäden an Leib und Seele nach sich zieht. Die Bahnstrecke war 26.360 Meter lang und eingleisig. Sie hatte Ausweichstellen in Steglitz und Zehlendorf. Alle sechs Lokomotiven kamen von Robert Stephenson aus Newcastle, ebenso Personenwagen jeder Klasse als Muster, die dann in Berlin nachgebaut werden durften.

Angesichts des großen Andrangs wurden für die Jungfernfahrt über 300 Billets ausgegeben. 40 Minuten dauerte die Fahrt. Die beiden Lokomotiven „Adler" und „Pegasus" mussten 16 Wagen ziehen. Während der alte König meinte: „Kann mir keine große Seligkeit davon versprechen, ein paar Stunden früher von Berlin in Potsdam zu sein", ließ der Kronprinz verlauten: „Die-

solcher Sechs-Jährigen Freyheit davon abzutragen haben sollen.

sen Karren, der durch die Welt rollt, hält kein Menschenarm auf." Mit der Eisenbahn bekam Potsdam seinen ersten Bahnhof. Der befand sich genau dort, wo heute der Hauptbahnhof steht. Dazu erhielt die Stadt mit der ersten deutschen Lokomotiv-Werkstatt wieder so etwas wie Industrie. Diese Werkstatt sollte sich zu einem ansehnlichen Ausbesserungswerk entwickeln.

Die Eröffnung der Eisenbahnstrecke war der Startschuss für die Potsdamer Droschkenunternehmer, die permanente Verbindung zwischen Bahnhof und Innenstadt herzustellen. Sie fuhren nach festen Tarifen. Fünf Silbergroschen kostete die Fahrt für zwei Personen für die ersten zwanzig Minuten. Kinder bis zwölf Jahre fuhren kostenlos, und sofern eine Herrschaft mit Diener kam, hatte der – wenn die Herrschaft für ihn bezahlte – neben dem Kutscher Platz zu nehmen. Seit 1850 fuhr ein von Pferden gezogener „Omnibus" für acht bis zehn Personen zwischen dem Potsdamer Bahnhof und Charlottenhof. Eine zweite Linie wurde im gleichen Jahr zur Glienicker Brücke eingerichtet.

Genau ein Jahr nach der Eröffnung der Eisenbahnstrecke Berlin–Potsdam fand die erste große Truppenverlegung per Bahn in Preußen statt, als die Berliner Infanterieeinheiten nach Beendigung des Herbstmanövers auf dem Schienenweg in die heimatlichen Kasernen befördert wurden. Die Garnisonstädte Berlin und Potsdam kamen sich auf diese Weise erheblich näher. Aber auch der König, der sich anfangs sehr skeptisch über das neue Verkehrsmittel geäußert hatte, benutzte nun für seine Fahrten nach Potsdam die Eisenbahn. In einem Testament bedachte er die Bahn sogar mit einer Million Taler.

Am 7. Juni 1840 starb der König Friedrich Wilhelm III. nach langanhaltender Fiebererkrankung. Beigesetzt wurde er an der Seite seiner ersten Ehefrau im Mausoleum im Park Charlottenburg. Wie für Königin Luise schuf der Bildhauer Christian Daniel Rauch (1777–1857) auch für den König ein Marmorbildnis auf seinem Sarkophag. Im Mausoleum wurden noch weitere Mitglieder des Königshauses beigesetzt.

Ein gesellschaftliches Ereignis erster Klasse: die Eröffnung der Eisenbahnstrecke Berlin – Potsdam im Jahr 1838. © bpk|Dietmar Katz

In denjenigen Städten und andern Orten/woselbst sich einige

Selbstlos für Potsdam
Drei für ihre Stadt

August Friedrich Eisenhart (1773–1846)

Es gab sie doch, die guten Kapitalisten. Der Potsdamer August Friedrich Eisenhart war so einer. Die Eisenhartstraße zwischen Neuem Garten und Stadthaus erinnert an ihn. Während der französischen Fremdherrschaft machte er ein Vermögen, als er zu Schleuderpreisen erworbene preußische Staatspapiere nach 1815 zu ihrem Nominalpreis verkaufte. Dieses Geld gab er zu großen Teilen für wohltätige Zwecke aus. Er stiftete es z. B. für unverschuldet verarmte Bürger und unterstützte eine Stiftung, die Kindern aus armen Familien Freistellen an Gymnasien verschaffte. Bereits 1809 trat Eisenhart als Stadtverordneter und unbesoldeter Stadtrat in den Dienst seiner Heimatstadt. 1828 ernannte ihn der Magistrat ehrenhalber zum Stadtältesten.

Carl Christian Horvath (1752–1837)

Mit 14 Jahren begann er in seiner Geburtsstadt Wittenberg eine Buchhändlerlehre, machte sich 1778 in Potsdam selbstständig und gründete die Horvathsche Buch-, Kunst- und Musikaliensammlung mit Leihbibliothek, die sich erfolgreich entwickelte. Seinem Ansehen als Geschäftsmann ist es zu verdanken, dass er während der französischen Besatzung die Kriegskontributionskasse verwaltete. 1809 wurde er zum ersten Stadtverordnetenvorsteher Potsdams gewählt. Man nannte ihn damals „den Freiherrn von Stein Potsdams".

Karl Christian Wilhelm von Türk (1774–1846)

Als der „Pestalozzi Potsdams" ging von Türk in die Geschichte ein, auch eine Straße wurde nach ihm benannt. Als Regierungs- und Schulrat der Königlich-Preußischen Regierung reorganisierte er das gesamte Schulwesen. Unter anderem bemühte er sich, die Bezahlung der Dorfschulmeister zu verbessern. Damit setzte er die Bestrebungen des Landschulreformers Friedrich Eberhard von Rochow fort und verband sie mit den fortschrittlichen Ideen des Schweizer Pädagogen Johann Heinrich Pestalozzi. Von Türk scharte in Potsdam begabte Lehrer um sich und begründete ein Lehrerseminar. Potsdam wurde zu einem Zentrum der Lehrerbildung in Preußen. Türk beließ es nicht bei Reformen. Wo Not herrschte, half er. Im strengen Winter 1832 gaben er und seine Helfer 49.000 Essenportionen aus. In Potsdam gründete er das „Civil-Waisenhaus" und das „Türk'sche Waisenhaus" in Klein Glienicke. 1818 rief er eine Schwimmanstalt an der Havel ins Leben. Potsdam verlieh ihm die Ehrenbürgerwürde.

Denkmal für August Eisenhart gegenüber dem Stadthaus

Sie dachten weit über die Stadt hinaus
Kluge Köpfe in Potsdam

Alexander von Humboldt (1769–1859) in Potsdam seit 1827

Die Straße, die an der Südseite des Landtagsgebäudes auf den Alten Markt zuläuft, heißt Humboldtstraße. Damit wird an den Aufenthalt eines der bedeutendsten Wissenschaftler in Potsdam erinnert, an Alexander von Humboldt. Der Mann, der auf mehreren Expeditionen fast ganz Amerika bereist und anschließend rund zwanzig Jahre lang vor allem in Paris die Fülle seiner Entdeckungen aufbereitet hatte, bekleidete seit 1827 nur noch eine Aufgabe: die königlichen Familien von Friedrich Wilhelm III. und dessen Nachfolger nach dem Abendessen zu unterhalten. Humboldt, der über seine Reisen ein 30-bändiges Werk schrieb, der in den USA persönlicher Gast von Präsident Thomas Jefferson war und in enger Verbindung zu Simon Bolivar stand, der als weltweit bekanntesten Preuße galt, fand sich nun in die höfische Routine einer wenig geistvollen Hofgesellschaft eingebunden. Er wurde zum „Wirklichen Geheimen Rat" ernannt und war fortan mit „Exzellenz" anzureden.

Die Lage besserte sich, als Humboldt als Gast des Kronprinzen die Sommermonate im Schloss Charlottenhof zubringen konnte. Ihm standen Räume in den Neuen Kammern neben dem Schloss Sanssouci und in den Römischen Bädern zur Verfügung. Unterhaltsam war Humboldt für jeden, der zuhören konnte. Goethe schrieb nach einer Begegnung mit ihm: „Man könnte in 8 Tagen nicht aus Büchern herauslesen, was er in einer Stunde vorträgt." Vielleicht als Erholung von den höfischen Abenden hielt Humboldt in der Berliner Singakademie öffentliche, kostenlos zugängliche Vorträge. Hunderte Zuhörer strömten zu diesen Ereignissen. Experten zählen zu den Wissenschaftsbereichen, zu denen Humboldt Wesentliches beigetragen hat, Altertumswissenschaft, Botanik, Geologie, Geschichtswissenschaft, Mathematik, Philologie, Astronomie und Zoologie. Dadurch wirkte er stark auf die nachfolgende Wissenschaftlergeneration, zu der unter anderen Charles Darwin gehörte. Seine Kollegen benannten 900 Pflanzen, Tiere, Berge, Flüsse und Gletscher nach Alexander von Humboldt.

Seit 1834 arbeitete Humboldt an seinem Hauptwerk, das er „Kosmos" nannte. Mit eigenen Worten charakterisierte er dieses Werk so: „Ich habe den tollen Einfall, die ganze materielle Welt, alles, was wir heute von den Erscheinungen der Himmelsräume und des Erdenlebens, ... alles in einem Werke darzustellen, und in einem Werke, das zugleich in lebendiger Sprache anregt und das Gemüt ergötzt." 1849 wurde Humboldt Ehrenbürger der Stadt Potsdam.

Heinrich Berghaus (1797–1884)

Einer, der die Welt genau kannte, ohne sie bereist zu haben, war der Geodät und Kartograf Heinrich Berghaus. Er gründete 1839 am Brauhausberg, wo heute die Schwimmhalle steht, eine „Geographische Kunstschule". Da war er längst ein geachteter Kartograf, der die Kartenherstellung von der Idee bis zum Vertrieb beherrschte. Sein Hauptwerk, der „Physikalische Atlas", der erste thematische Erdatlas, beeinflusste sogar die Arbeit Alexander von Humboldts. 1845 gab er einen Plan der „Königlichen Residenzstadt Potsdam" im Maßstab 1:6.000 heraus, es folgte ein dreibändiges „Landbuch der Mark Brandenburg". Er starb dennoch verarmt und vergessen in Stettin.

Hermann von Helmholtz (1821–1894)

Er galt als einer der letzten Universalgelehrten, schuf wichtige wissenschaftliche Beiträge auf den Gebieten Optik, Akustik, Elektro-, Thermo- und Hydrodynamik und wurde „Reichskanzler der Physik" genannt. Sein Vater war Direktor der Großen Stadtschule, als er 1821 in Potsdam auf die Welt kam. Sein Medizinstudium schloss einen achtjährigen Militärdienst in Potsdam ein. Alexander von Humboldt setzte sich für seine vorzeitige Entlassung ein und eröffnete ihm die Wissenschaftskarriere. Helmholtz fand die Fotorezeptoren im Auge, die das Erkennen von Farben möglich machen, lieferte Beiträge zur Resonanztheorie des Hörens, er präzisierte den Satz von der Erhaltung der Energie und gilt als der Begründer der wissenschaftlichen Meteorologie. 1891 wurde Helmholtz Ehrenbürger Potsdams. Nach ihm ist in Potsdam ein Gymnasium benannt.

Ernst Haeckel (1834–1919)

Im Jahr 1834, als Alexander von Humboldt begann, an seinem Opus Magnus, dem „Kosmos", zu arbeiten, wurde in Potsdam, in einem Haus am Kanal, Ernst Haeckel geboren. Nach einem Medizin-Studium wandte er sich verstärkt der Biologie zu. Seit 1865 war er Professor für Zoologie an der Jenaer Universität. Vor allem interessierte ihn das Wechselspiel von Organismen mit ihrer Umwelt. Der daraus resultierenden Wissenschaft gab Haeckel den Namen „Ökologie". Haeckel vertrat als Atheist vehement Darwins Entwicklungstheorie in Deutschland.

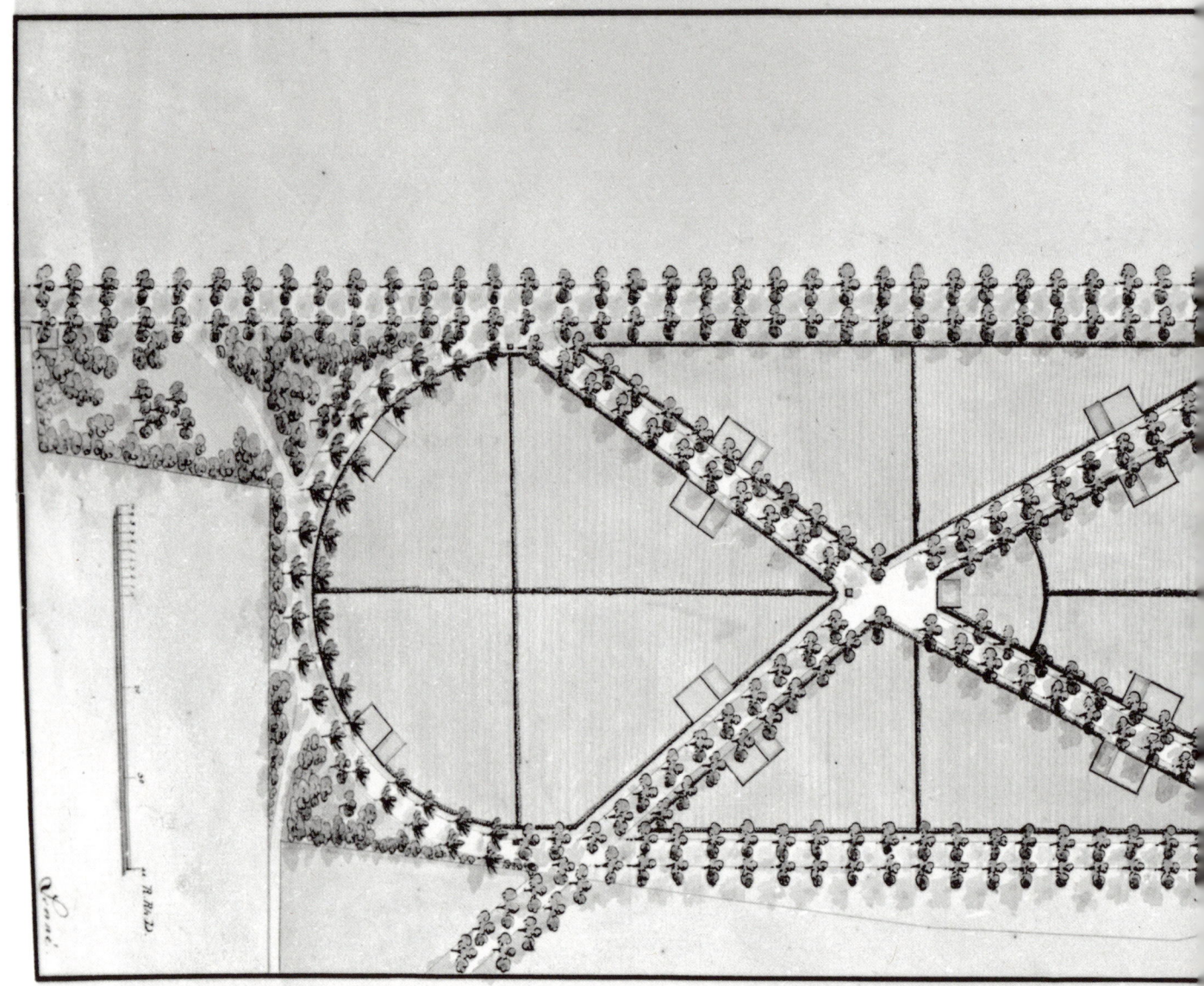

„Die Russische Kolonie am Pfingstberg bey Potsdam"
Bleistift, Feder, Tusche, aquarelliert (1826)
von Peter Joseph Lenné
© bpk|Kupferstichkabinett, SMB|Jörg P. Anders

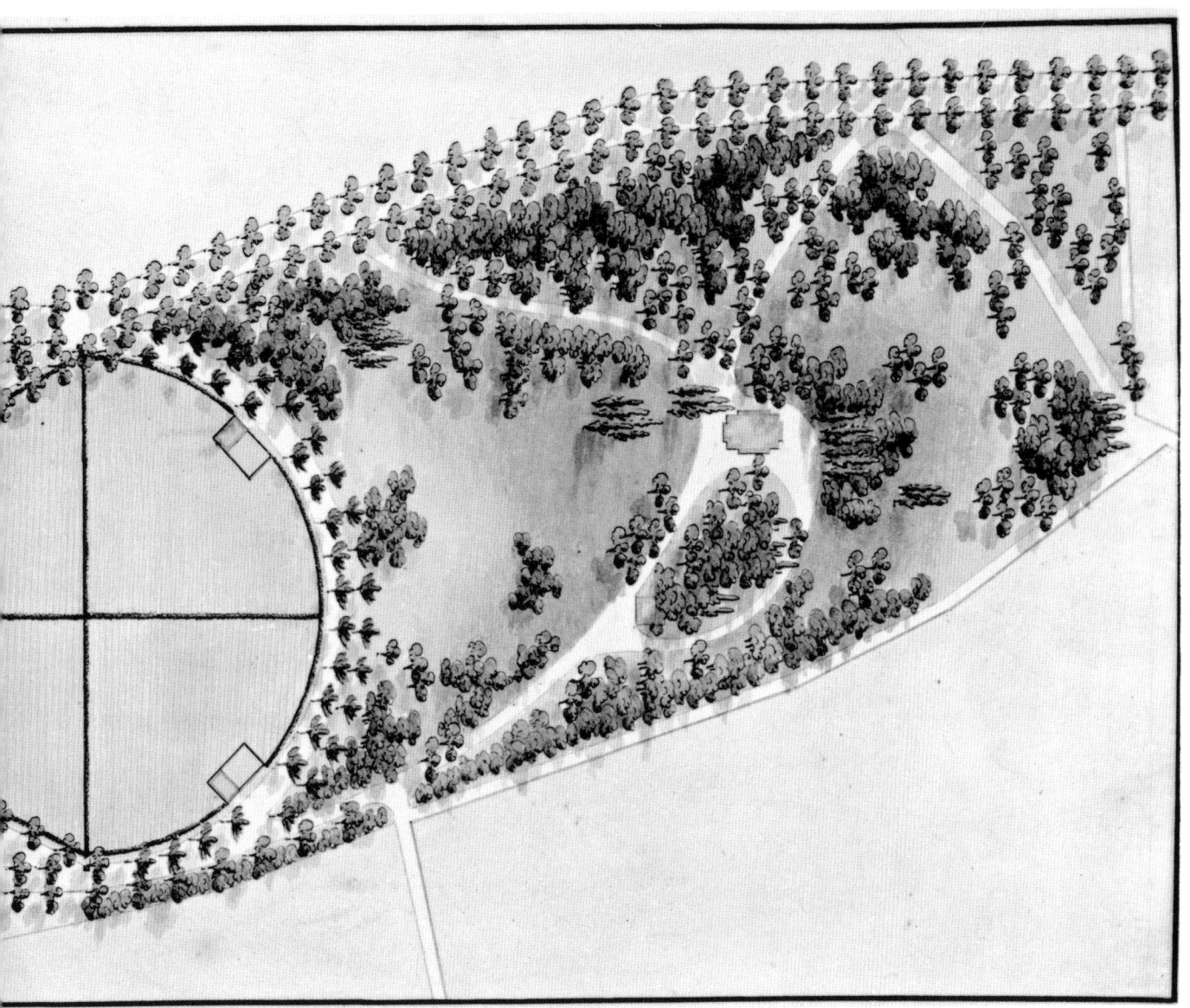

1840 – 1871

Brüder von Gottes Gnaden

Nach dem bedächtigen, nüchtern-rationalen, in jeder Beziehung konservativen Friedrich Wilhelm III. kam der gefühlselige, schwärmerisch-gläubige, aber mindestens ebenso konservative Friedrich Wilhelm IV. auf den Hohenzollernthron. Der „Romantiker auf dem Königsthron" wird er häufig genannt. Während anderswo in Europa längst konstitutionelle Monarchien existierten, verweigerten die preußischen Könige ihrem Volk noch immer eine halbwegs moderne Verfassung. Dennoch sah es zunächst so aus, als würde der neue König einen liberaleren Kurs in der Innenpolitik steuern als sein Vater. Er erließ eine Amnestie für politische Gefangene und berief bekannte Liberale und Patrioten wie Ernst Moritz Arndt und die Gebrüder Grimm als Professoren an preußische Universitäten. Auch Alexander von Humboldt, der in Potsdam an den ersten beiden Bänden seines Hauptwerkes „Kosmos" arbeitete, konnte aufatmen, weil Beleidigungen und Verdächtigungen der vor Neid platzenden Hofschranzen nun aufhörten. Der neue König war den Erzählungen über ferne Länder aufgeschlossen.

Bald aber sollte sich zeigen, dass in dem neuen König ein weit rückwärtsgewandter Geist steckte. Während der 100 Jahre vor ihm regierende Friedrich II. seine Königskrone nur als einen „Hut, in den es hineinregnet" empfand und der es einem biologischen Zufall verdankte, den Beruf des „ersten Dieners" seines Staates ausüben zu müssen, glaubte Friedrich Wilhelm IV. fest an eine besondere Gnade Gottes, die ihm den Königsthron übereignet hat. Als nach der niedergeschlagenen Revolution von 1848/49 die Frage stand, ob er sich von einem gewählten Parlament zum Kaiser eines konstitutionell regierten Deutschland ausrufen lassen würde, war die Antwort ein klares „Nein". Niemals würde er vom Volk die „Schandkrone" annehmen. Dennoch liebte er die Harmonie, wollte von seinem Volk geliebt werden.

Das Schloss Babelsberg, dessen Fassade sich nach jahrelanger Sanierung wie vor 150 Jahren zeigt.
© SPSG|terra press

Der verhinderte Architekt

Während der König in politischen Dingen ein hohes Maß an Beratungsresistenz zeigte, erwies er sich in Fragen der Kunst, Architektur und Gartengestaltung als durchaus teamfähig. Zumindest, soweit man es von einem Monarchen erwarten konnte, dessen Wort immer das letzte ist. Friedrich Wilhelm fühlte sich von seiner Jugend an zum Künstler berufen. Seine Zeichnungen bewiesen ein erstaunliches Talent. Er liebte es zu entwerfen, zu planen, zu bauen – er ließ sich auch mit dem Zollstock auf den Baustellen sehen. Er wäre lieber Architekt als König geworden. Am Ende seines Lebens hinterließ er mehrere tausend Skizzen und Zeichnungen. Einige von ihnen wurden realisiert. Zum Beispiel Schloss Charlottenhof, die Potsdamer Nikolaikirche und das Orangerieschloss im Park Sanssouci. Andere blieben Traumschlösser, weil letztlich die Mittel für die Umsetzung fehlten.

Für Potsdam war die Ära von Friedrich Wilhelm IV. stadtbildprägend. Er hat die italienische Leichtigkeit hereingebracht. Ein Musterbeispiel war die neue Fasanerie im Süden des Parks Sanssouci. Mit seinem ziemlich sicheren Kunstgeschmack hat der König dafür gesorgt, dass in den Hügeln an den Stadträndern Villenviertel für die hohen Offiziere und Beamten nach toskanischen Vorbildern entstanden. So in der Nauener Vorstadt und in der Berliner Vorstadt, aber auch verstreut als Solitäre. Als Architekt zeichneten in den allermeisten Fällen Ludwig Persius und nach dessen Tod im Jahr 1845 August Stüler verantwortlich. Später dann Ludwig Ferdinand Hesse und Ferdinand von Arnim. Typisch für Persius sind die Villa Schöningen, das erste Haus an der Glienicker Brücke auf der Potsdamer Seite, oder die Meierei im Neuen Garten. Auch rund um den Park Sanssouci finden wir diese Art von italienischen Villen: die Villa Illaire am Grünen Gitter, das Herrenhaus des Krongutes Bornstedt, das Winzerhaus am Beginn der Hauptallee. Es war sein ganz persönliches Faible für Italien, das die gutbetuchten Potsdamer zur Nachahmung anregte. Der Hofarchitekt

Ludwig Persius hatte für diese Villen ein Standardschema entworfen: Hauptbau, Anbau, Turm, Pergola auf einem großzügigen, parkartigen Grundstück. Wer sich trotz Vermögens diesen Aufwand nicht leisten konnte, bekam großzügige Unterstützung aus der königlichen Schatulle. „Allerhöchstes Gnadengeschenk" nannte sich das. Die Höhe des Zuschusses richtete sich nach der Wirkung der Villa in der Landschaft. Friedrich Mielke setzte in seiner „Potsdamer Baukunst" diese Zuschüsse in Beziehung zur Arbeitslosigkeit im Potsdam der 1840er Jahre: „Besonders schlecht waren die Weber in Nowawes gestellt. Dort standen über dreihundert Webstühle still, zwei Drittel der rund vierhundert Weberfamilien hatten kein Einkommen ... Mit dem größten der erwähnten Zuschüsse von 4.900 Talern hätten alle vierhundert Weberfamilien zusammen mehr als zehn Wochen auskommen können."

Als Friedrich Wilhelm IV. die Regentschaft übernahm, war er bereits 45 Jahre alt und 17 Jahre lang mit Elisabeth Ludovika von Bayern verheiratet. Wie bei seinen Eltern war auch das eine Liebesheirat. Beide mussten lange darum kämpfen, heiraten zu dürfen. Die Ehe eines Protestanten mit einer Katholikin war zu jener Zeit beinahe unmöglich. Wie schwer musste es erst gewesen sein, als hier konfessionelle und dynastische Erwägungen zusammentrafen? Erst als die Braut versprach, den Weg zum Protestantismus zu suchen, war die Hochzeit möglich. Sie hat ihr Versprechen zeitlebens gehalten und sich schließlich in einer evangelischen Kirche beisetzen lassen.

Seit der Thronbesteigung Friedrich Wilhelms IV. stand fest, dass der Zweitgeborene des Vaters, Prinz Wilhelm, der Thronerbe seines Bruders sein wird. Nach einer schweren Fehlgeburt der Kronprinzessin Elisabeth war klar, dass Friedrich Wilhelm und sie keinen Beitrag zum Fortbestand der Dynastie mehr leisten konnten. Daher wurde der nachfolgende Bruder Wilhelm als nächstfolgender Thronerbe zum Kronprinzen bestimmt.

Die Verehrung, die Friedrich Wilhelm seiner Gemahlin gegenüber empfand, hat er mehrfach auch nach außen gezeigt. In der Gartenanlage vor Schloss Charlottenhof steht eine hoch aufragende Säule, die eine Porträtbüste von Elisabeth trägt. Der von Lenné neu gestaltete Marly-

1840 von Schinkel entworfene Glienicker Brücke © Potsdam Museum

garten neben der Friedenskirche enthält ebenfalls mehrere Erinnerungsstücke an die bayerische Heimat der Königin. Sehr deutlich wird das in der blau-weißen Glassäule, die „Das Mädchen mit dem Papagei" trägt. Ein Lieblingsplatz der Königin im Marlygarten soll der Florahügel gewesen sein. Von hier aus hatte sie einen Ausblick auf ein von Lenné angelegtes Alpinum – einen Steingarten mit Alpenflora, der sie an die Landschaft ihrer Heimat erinnerte.

Auf eine sehr spezielle Weise hat der König die Verbundenheit mit der Heimat seiner Gemahlin zum Ausdruck gebracht: Er ließ Holzhäuser im bayerischen Stil in die märkische Landschaft bauen. Eins steht im Wildpark, am westlichen Ende von Potsdam, und dient heute als Nobel-Hotel. Ein anderes steht an der Havel gegenüber der Sacrower Heilandskirche und ist als „Wirtshaus Moorlake" ein beliebtes Ausflugsziel. Ein weiteres bayerisches Haus steht im Wald der Schorfheide. Als „Schloss Hubertusstock" machte es als Gästehaus der DDR-Führung speziell im deutsch-deutschen Dialog von sich reden.

SCHLOSS SANSSOUCI WIRD REAKTIVIERT

Doch zurück zum Jahr 1840. Gleich nach der Inthronisierung ließ er Schloss Sanssouci für sich als Wohnschloss herrichten. Zu diesem Zweck wurden beide Flügelbauten erweitert und aufgestockt. Der eine Flügel beherbergt die heute wieder museal zugängliche Hofküche, der andere wurde als „Damenflügel" für Wohnzwecke eingerichtet. Bei diesen Erweiterungsbauten wurde streng darauf geachtet, dass der Gesamteindruck des friderizianischen Rokoko erhalten blieb. Man muss schon Experte sein, um zu erkennen, dass nach einhundert Jahren jenseits aller Moden das Alte wiederaufleben konnte. Auf keinen Fall wollte Friedrich Wilhelm den Geist des Ortes zerstören.

Der neue König hatte große Pläne, Friedrich II. zu huldigen. Der gläubige Protestant wollte dem eingefleischten Atheisten ein für die Ewigkeit bestimmtes Denkmal in Form einer Triumphstraße setzen, die sich auf dem Höhenzug hinter Schloss Sanssouci hinziehen sollte. Nach Jahren der Schmach und des wirtschaftlichen Ruins sollte mit „Friedrich dem Großen" ein weithin sichtbares Zeichen für Preußens Glanz und Gloria gesetzt werden. Die Entwurfsskizzen aus königlicher Hand waren dafür bereits vorhanden. Höhepunkt dieser Triumphstraße sollte ein gewaltiges Reiterstandbild werden. Nur zwei Bauwerke dieser Triumphstraße wurden allerdings verwirklicht: das Triumphtor am Weinberg nahe dem Eingang zur Hauptallee und das Orangerieschloss westlich des Schlosses Sanssouci.

Außerdem wollte Friedrich Wilhelm eine alte Idee umsetzen, die bereits Friedrich II. im Kopf hatte: ein riesiges Schloss auf der anderen Havelseite als Gegenstück zu Schloss Sanssouci. Auf der Halbinsel Tornow hätte das eine wunderbare Kulisse ergeben. Offenbar war aber Friedrich II. der Gedanke gekommen, dass damit die Privatheit des Weinbergschlosses gestört worden wäre. So ließ er sein Riesenschloss, seine „fanfonade", an das Ende der Hauptallee durch den Park Sanssouci bauen: das Neue Palais. Friedrich Wilhelm IV. nannte sein Traumschloss „Belriguardo" und hatte bereits Skizzen parat. Die Verwirklichung scheiterte wie so häufig an mangelnder Finanzkraft.

Einen Traum erfüllte sich der König allerdings, und gewiss hätte das auch Friedrich II. gefallen: Er ließ die Fontänen im Park Sanssouci zum Sprudeln bringen. Dafür ließ er 1842 bei den Borsig-Werken in Berlin eine Zweizylinder-Dampfmaschine bauen, die Wasser aus der Havel in eine 1,8 Kilometer lange Druckleitung pumpte. Sie verbrauchte dafür täglich vier Tonnen Steinkohle. Der erzeugte Druck reichte aus, um das Wasser der großen Fontäne unterhalb von Schloss Sanssouci auf eine Höhe von 38 Meter zu schießen und dazu die vielen kleineren Fontänen im Park zu betreiben. Wenn das der „Alte Fritz" gesehen hätte! Bei dieser Gelegenheit wurden auch auf der obersten Terrasse neben Schloss Sanssouci gusseiserne Brunnen aufgestellt. Es ist allerdings fraglich, ob auch das dem „Alten Fritz" gefallen hätte. Die Brunnen sind längst wieder abgebaut.

Spektakulär beim Betrieb der Wasserspiele war nicht nur die Kraft der damals stärksten Dampfmaschine Deutschlands, sondern auch ihre Verkleidung. Ludwig Persius baute – nach genauen Anweisungen des Königs – eine Moschee und ein Minarett „nach türkischer Art", wie es Friedrich Wilhelm formulierte. Das Bauwerk samt der darin enthaltenen ursprünglichen Technik kann heute noch im Rahmen von Sonderveranstaltungen besichtigt werden.

1843 ging in Potsdam eine weitere Dampfmaschine in Betrieb. Sie arbeitete in der Dampfmühle in der Brandenburger Vorstadt und schaffte bei der Verarbeitung des Getreides mehrere Mahlgänge gleichzeitig. Damit wurden viele der fast 40 Potsdamer Mühlen überflüssig. Die vorhandenen Wasser- und Windmühlen in der Potsda-

Ein Kugelfang lädt zur Andacht ein
Die Schießmauer in der Friedenskirche

Wer die Friedenskirche am östlichen Rand des Parks Sanssouci besucht, hat sicher Erhabeneres im Blick als jenes kurze Stück rohe Ziegelmauer, der mittelalterliche Reliefs aufgesetzt wurden. Das alte Mauerwerk und die kleinen Kunstwerke bilden einen starken und reizvollen Kontrast, der durch eine effektvolle Beleuchtung noch verstärkt wird. Der Mauerrest stammt aus der Zeit des „Soldatenkönigs" und begrenzte den Küchengarten des Potsdamer Schlosses. Draußen, vor den Toren der Stadt, hatte sich der Monarch einen Garten samt Meierei mit acht Kühen anlegen lassen, in dem die Zutaten für die von ihm geliebten deftigen Suppen reiften. Es war aber auch ein Ort der Vergnügungen. Er ließ sich hier eine kleine Laube bauen, eine Kegelbahn anlegen und – der Gipfel aller Vergnügungen – Schießplätze einrichten. Die Begrenzungsmauer des Gartens diente als ein solcher Schießplatz.

In den einer mittelalterlichen Klosteranlage nachempfundenen Kreuzgang der Friedenskirche wurde ein Stück der Einfassungsmauer des einstigen königlichen Küchengartens integriert und mit Kunstwerken geschmückt. Auf diese Mauer hielt der „Soldatenkönig" Schießübungen ab. 1728 war August der Starke zu einem Preisschießen geladen.
© SPSG|terra press

In den Sommermonaten zog der König fast täglich mit kleinem Staat vom Stadtschloss die rund zwei Kilometer hinaus. Seine Gemahlin, die die meiste Zeit des Jahres in ihrem eigenen Schloss Monbijou in Berlin zubrachte, musste mit, die Kinder mussten mit, und ein Teil des Hofstaates durfte mit. Von Hofhaltung hatte das alles jedoch sehr wenig. Sparsam ging es zu – die Prinzessinnen und Prinzen blieben regelrecht hungrig. Wenn es regnete, versank alles im Morast, wenn die Sonne schien, gab es kaum ein schattiges Plätzchen. Durchaus zynisch nannte der König diesen Garten „mein Marly"

als sarkastische Anspielung auf den kunstvollen Garten des Sonnenkönigs in Versailles. Erst seit 1728 besaß der Garten ein kleines Lusthaus.

Es ist von älteren Kindern des „Soldatenkönigs", der Prinzessin Wilhelmine und dem Kronprinzen Friedrich, überliefert, wie sehr sie diesen Ort hassten. Die Biografen Friedrichs II. halten an dieser Stelle allerdings einen Lichtblick bereit. Es sind die Augenblicke, da sich der junge Kronprinz von der saufenden und grölenden Menge entfernte und in die Landschaft blickte – hinüber zu jenem Hügel mit den Eichenbäumen, der wie die Befreiung vor väterlicher Unterdrückung erschien und ihn immer wieder faszinierte. Die Eichen fielen 1729 dem immensen Holzbedarf bei der Stadterweiterung Potsdams zum Opfer. Aber gut 25 Jahre später wurde an dem kahlen Hügel ein Weinberg angelegt, auf dessen Gipfel noch heute ein ganz privates Schlösschen steht, „ohne Sorge" – „Sans souci". Was viel später zum Weltkulturerbe gezählt wurde, hatte in einem profanen Küchengarten seinen Anfang genommen.

Als der traditionsbewusste Preußenkönig Friedrich Wildhelm IV. die Friedenskirche plante, ließ er Kunstwerke religiösen Inhalts aus Italien (manche echt, manche als Gipsabguss) an einem Teil der Schießmauer anbringen. So entstand ein eigenständiges Kunstwerk, das heutige Betrachter häufig als sehr modern ansehen.

Wir denn auch diejenigen marerialien deren gedachte Leute zu

mer Umgebung stellten nach und nach den Betrieb ein. Prominentestes Opfer des damaligen Mühlensterbens war die Historische Mühle von Sanssouci. Die ursprüngliche kleine Bockwindmühle aus der Zeit Friedrichs II. bot samt dem Müller Grävenitz Stoff für viele Legenden. Die meisten dieser Legenden gingen davon aus, dass sich der König vom Geklapper der Mühle gestört fühlte, und der Müller ihren Abriss verhinderte. Historiker fanden heraus, dass es genau umgekehrt war: Für den König gehörte die Mühle zur Staffage des Weinbergs, und der Müller fühlte sich vom Schloss bedrängt, denn die immer höheren Anpflanzungen raubten ihm den Wind. Auch durch eine großzügige Entschädigung durch den König ließ er sich nicht beruhigen. Nach dem Tod des „Alten Fritz" wurde diese Mühle durch einen viel größeren Galerieholländer ersetzt.

Auch diese imposante Windmühle im Park Sanssouci wäre vielleicht längst verschwunden, wenn sie nicht vom Gartenkünstler Lenné in seinen Verschönerungsplan für Potsdam als besondere Landmarke einbezogen worden wäre. In den letzten Kriegstagen 1945 brannte sie aus und stand jahrzehntelang nur noch als Stumpf auf dem Hügel hinter dem Schloss. Mühlenfreunde in ganz Deutschland trugen dazu bei, dass sie in den 1990er Jahren wieder originalgetreu aufgebaut werden konnte. Sie erhielt ein funktionierendes Mahlwerk und fungiert heute als produzierendes Denkmal. Ausstellungstafeln in der Mühle erzählen von der Verwandlung von Getreide in Mehl und vom harten Leben der Müller in alten Zeiten.

Romantik, wohin das Auge schaut

Apropos Mühle in der Landschaft. Am östlichen Ende des Kulturstandortes Schiffbauergasse, unmittelbar neben dem Hans Otto Theater, steht ein Mühlenstumpf, in dem sich ein italienisches Restaurant rustikal eingerichtet hat. Sie gehörte zur „Knochenhauer'schen Zichorien-Fabrique", in der die getrockneten Wurzeln des Chicorée zermahlen wurden. Sie wurden zu Ersatzkaffee verarbeitet, auf Französisch „mocca faux" – oder in der Berliner Mundart: „Muckefuck". Bald gaben sich die Preußen mit diesem Ersatz nicht mehr zufrieden und die Mühle wurde nutzlos. Ihre herausragende Lage in der Potsdamer Havellandschaft rettete ihr Leben. Friedrich Wilhelm IV. ließ den Mühlenturm mit einem romantischen Zinnenkranz abschließen. Der „normannische Stil" mit seinen Türmen und Zinnen eroberte Potsdam. Typisches Beispiel ist das Sanssouci-Tor zum Wildpark. Obwohl es eigentlich nur die Funktion eines Forsthauses hatte, wurde es mit Torpfeilern ausgestattet, auf denen jeweils eine Hirschfigur thronte. Entworfen wurden sie von Christian Daniel Rauch, Schöpfer des Reiterstandbildes von Friedrich II. Unter den Linden in Berlin. So zeigt sich, dass der Wildpark für Friedrich Wilhelm IV. mehr als ein eingezäuntes Jagdrevier war. Bis zu 450 Stück Rot- und 30 Stück Damwild lebten hier. Sogar weiße Edelhirsche liefen den Majestäten – zwischen 1871 und 1918 waren es alle drei Kaiser – vor die Flinte. Der Wildpark war Teil der Lennéschen Kulturlandschaft und setzte den Park Sanssouci in westlicher Richtung fort. Im Wilpark stehen zwei weitere, von Ludwig Persius geschaffene Forsthäuser, die im italienischen Stil gehalten sind. Für seine eigenen privaten Zwecke ließ der König mitten im Wald ein Holzhaus im bayerischen Stil errichten.

Normannisch ist auch der Turm auf dem Ruinenberg, jener Kulisse hinter Schloss Sanssouci. Nachdem Friedrich Wilhelm IV. sich im Schloss seines Vorfahren Friedrich II. eingerichtet hatte, erteilte er Lenné den Auftrag, auch den Ruinenberg ansehnlich zu gestalten. Dazu gehörte, die weitgehende Ruinenarchitekturen rund um das Wasserbecken auf dem Hügel instand zu setzen. Ludwig Persius fügte den Versatzstücken aus der Antike einen viereckigen, 23 Meter hohen Wachtturm hinzu. Im obersten der vier Stockwerke ließ er sich eine Teestube einrichten. In den letzten Tagen des Zweiten Weltkriegs erlitt der Turm schwere Schäden und wurde zur Bundesgartenschau restauriert. Er ist im Rahmen von Sonderveranstaltungen geöffnet.

Der „Romantiker auf dem Thron" nutzte selbst militärische Bauvorhaben, um sie in die Verschönerung der Havellandschaft einzubeziehen. Von seinem Architekten Persius ließ er am Fuß des Brauhausbergs ein altes Kornmagazin so umgestalten, dass es, mit Turm und Zinnen versehen, einer englischen Burg ähnlich sah. Auch die Gebäude des Proviantamtes und der Garnisonbäckerei im Westen Potsdams wurden im Tudorstil errichtet. Die meisten dieser Gebäude blieben erhalten und sind inzwischen Eigentumswohnungen im Luxus-Segment, dienen als Hotel oder Verwaltungsgebäude.

Im Sommer 1845 begann als Verlängerung der Bahnstrecke Berlin–Potsdam der Bau der Eisenbahntrasse von Potsdam nach Magdeburg. Es war Ludwig Jacobs, der Besitzer der Zuckersiederei, der sich als einflussreicher

Stadtverordneter für den Weiterbau der Eisenbahnlinie stark machte. Er hatte gute Gründe: Aus der Magdeburger Börde kam der größte Teil der bei ihm verarbeiteten Zuckerrüben. Im Jahr darauf wurden die Eisen-Drehbrücken über die Planitz-Inseln und den Kiewitt gebaut. Bereits am 10. September 1846 lief der durchgehende Zugverkehr auf der Berlin–Potsdam–Magdeburger Bahn zweigleisig. Im Mai 1856 ereignete sich bei Potsdam ein Eisenbahnunglück: Weil die Planitz-Brücke nicht vollständig geschlossen war, stürzte die Lokomotive „Jupiter" in die Havel.

Der im Streckenverlauf in Richtung Magdeburg angelegte Bahnhof Wildpark (heute Potsdam Park Sanssouci) erhielt eine Einsteigehalle für den königlichen Hof mit kurzem Weg zum Neuen Palais. Das heute noch vorhandene Fachwerk-Bahnhofsgebäude aus dem Jahre 1869 ist ein seltenes Stück Bahnhofsarchitektur und das einzig erhaltene Potsdamer Bahnhofsgebäude aus der frühen Zeit der preußischen Eisenbahnen. Es besitzt noch das historische Empfangszimmer, das „Exzellenzenzimmer", mit einer massiven Holzkassettendecke. Allerdings steht es noch immer leer und ist dem Vandalismus ausgesetzt.

Es grenzt an ein Wunder, dass der auf die Verschönerung der Potsdamer Landschaft bedachte Friedrich Wilhelm IV. einer Eisenbahntrasse zustimmte, die den Lustgarten des Stadtschlosses von der Havel trennte und die Havelbucht mit einem Damm und mehreren Brücken durchteilte. Auch der Stadtkanal musste überbrückt werden. Es gibt für dieses „Wunder" nur eine Erklä-

Als würde sie jeden Moment in See stechen, steht die Sacrower Heilandskirche am Havelufer.

rung: Der König betrachtete die Eisenbahn von ihrer romantischen Seite und sah sie als ein belebendes Element in der Landschaft. Den Begriff „Eisenbahnromantik" gibt es noch heute.

Alles andere als romantisch ging es in den 1840er Jahren in Nowawes zu. Die Gründung des Deutschen Zollvereins 1834 hatte die Weber einer industriellen Konkurrenz ausgesetzt, der sie nicht im Geringsten gewachsen waren. Ein Webstuhl nach dem anderen musste stillgelegt werden. Die ehemalige Weberkolonie wurde für lange Zeit zu einem Armenhaus. Hilfe kam lediglich von wohltätig gesinnten Potsdamer Bürgern. Vom Staat war nichts zu erwarten.

Mitte der 1840er Jahre änderte sich das Bild der Potsdamer Militärangehörigen. Im Heer wurden neue Uniformen eingeführt. Der Trend ging in Richtung praktisch und etwas bequemer. Der riesige Tschako wurde durch die Pickelhaube ersetzt. Das preußische Militär erhielt das Aussehen, mit dem es noch heute in aller Welt karikiert wird.

GOTTESHÄUSER ALLER ORTEN

Friedrich Wilhelm IV. hatte wesentlichen Anteil am heutigen Aussehen der Potsdamer Nikolaikirche. Er favorisierte von Anfang an einen Kuppelbau und hatte schon als Kronprinz alles getan, um in der ersten Bauphase, als sein sparsamer Vater noch das Sagen hatte, diese Option für die Zukunft offenzuhalten. Aber nicht nur die mittlere der drei zentralen Kirchen Potsdams interessierten den Monarchen. So hatte er die Vorstellung, die Heiliggeistkirche in eine Kathedrale am Wasser zu verwandeln. Die Garnisonkirche erhielt in den Skizzen des Königs einen zweiten Turm oder wurde zu einem riesigen Kirchenkomplex mit fünfschiffiger Basilika ausgebaut. Sie hätte die Fläche des „Langen Stalls" eingenommen.

Aus diesen Plänen wurde zum Glück nichts. Dennoch schaffte es der König in den achtzehn Jahren seiner Regierung, die Aufträge für den Neu- oder Umbau von fast 300 Kirchen erteilt zu haben. Allein in der Umgebung Potsdams gehören dazu u. a. die Gotteshäuser in Caputh, Werder (Havel), Sacrow, Bornstedt, Neuendorf (heute Babelsberg). Des Königs größtes Kirchenprojekt –

Ein Meisterwerk Peter Joseph Lennés: der Rosengarten im Park Charlottenhof. © SPSG|terra press

und zugleich eine seiner größten Leistungen – war der Weiterbau des katholischen Kölner Doms nach rund 300 Jahren der Bauruhe (in dieser Zeit besaß er nur einen Turm). Ein Zeichen dafür, dass der Protestant weit über Konfessionsgrenzen hinausdachte.

Das Jahr 1843: Der alte König war drei Jahre zuvor und Schinkel war zwei Jahre zuvor gestorben, da erteilte Friedrich Wilhelm IV. den Auftrag, die Nikolaikirche nach Schinkels ursprünglichem Entwurf weiterzubauen. Schinkels Schüler Persius übernahm die architektonische Betreuung. Da sich bereits in der ersten Bauphase Risse im Gemäuer zeigten, die auf einen unsicheren Untergrund hindeuteten, musste die gesamte Statik überprüft werden. Persius verpasste den Gewölben eine sechsfache Verankerung und ließ vier Ecktürme anbauen. Für das Innengewölbe ließ er besonders leichte Ziegel kommen und Sandsteinquader aufbohren, um sie leichter zu machen. Für die Rippenkonstruktion der äußeren Kuppel lieferte die Eisengießerei Borsig die gusseisernen Teile, die – wie bei modernen Brücken – auf Rollen gelagert wurden. Am 24. Mai 1850 wurde die Nikolaikirche ein zweites Mal eingeweiht. Diesmal mit einer Kuppel von 24 Metern Durchmesser und einer Höhe von 13 Metern. Insgesamt erreicht das Kirchengebäude eine Höhe von 77 Metern. Sie gilt, auch wenn der Baumeister die Vollendung nicht erlebt hat, als ein Hauptwerk Schinkels.

Die riesige Kuppel wölbt sich wie ein Himmelszelt als Sinnbild für die Unendlichkeit über der Gemeinde. Von hoch oben, aus den Fensternischen schauen die aus dem Alten Testament bekannten Urväter des Christentums herab: Abraham, Noah, Johannes der Täufer. Darunter die Bilder von den vier Evangelisten Markus, Johannes, Matthäus und Lukas. Um den Altar sind die zwölf Apostel mit den Insignien ihres Märtyrertodes gruppiert. Auch an Engeln fehlt es nicht in der Kuppel. Einen besonders eindrucksvollen Blick in diese Welt der Heiligen haben die Besucher, die sich für einen Aufstieg auf die Aussichtsplattform unterhalb der Kuppel entschieden haben. Sie befinden sich von einer Empore aus in Augenhöhe mit ihnen. Auf der Aussichtsplattform angekommen, bietet sich aus 42 Meter Höhe ein beeindruckender Rundum-Blick über Potsdam.

Ein weiteres Meisterstück unter den Kirchenbauten Friedrich Wilhelms IV. ist die Friedenskirche am südöstlichen Ende des Parks Sanssouci. Es war typisch für den königlichen Baukünstler, dass er im Umkreis von Schloss Sanssouci ein Gotteshaus aufstellen wollte, auch wenn es dafür zunächst keine Kirchengemeinde gab. Die musste er sich durch Umgruppierung vorhandener Gemeinden zunächst einmal schaffen. Dazu gehörte, der Garnisonkirche den Status der Hofkirche zu nehmen und ihn der Friedenskirche zu verleihen. Die Grundsteinlegung fand am 14. April 1845 statt, genau 100 Jahre nach dem entsprechenden Ereignis für Schloss Sanssouci. Für den König war das allerdings keine Zahlenspielerei. Er wollte „eine Kirche, welche zu einem Palast-Bezirk gehört, der den Namen Sans Souci, ‚ohne Sorge' trägt, dem ewigen Friedensfürsten weihen und so das weltlich Negative: ‚ohne Sorge', dem geistlich Positiven: ‚Frieden' entgegen- oder vielmehr gegenüberstellen." Die Potsdamer hatten eine einfachere Deutung: Hier streckt Gott dem Alten Fritz, dem Atheisten, den Mittelfinger entgegen.

König Friedrich Wilhelm IV. und sein Architekt Ludwig Persius haben für diesen Kirchenbau ausgiebig nach Vorbildern in Italien gesucht. Die Friedenskirche sollte an die Frühzeit des Christentums erinnern, als es noch keine Aufspaltung in verschiedene Konfessionen gab. Die Kirche ist dem Mittelpunkt einer oberitalienischen Klosteranlage nachempfunden, mit Kreuzgang, Atrium und Nebengebäuden. Der dreischiffigen Basilika wurde ein siebengeschossiger, 42 Meter hoher Campanile beigestellt. Der König scheute weder Kosten noch Mühen, um ein Original-Mosaik aus der ersten Hälfte des 13. Jahrhunderts aus der Kirche St. Cipriano auf Murano (Insel nahe Venedig) vor dem Verfall zu retten und nach Potsdam transportieren zu lassen. Es ziert nun die Apsis der Friedenskirche. Der Fußboden des Kirchenraumes wird von einem ineinander verschlungenen Endlosband als Symbol für die Ewigkeit verziert.

Ihre besondere Wirkung bezieht die Kirche aus ihrer Spiegelung im Wasser. Peter Joseph Lenné hat dafür ein kleines vorhandenes Gewässer zum viel größeren „Friedensteich" erweitert. Um die Kirche herum hat er zwölf monumentale Platanen gruppiert – als Symbol für die Apostel. Für die Kirchengemeinde wurde in der Nähe des Grünen Gitters eine niedrig gehaltene Nebenpforte errichtet. Durch sie gelangt man in „ehrfurchtsvoll gebückter Haltung" auf das Gelände der Friedenskirche.

Während der Bau der Kirche voranschritt, wurde auf der westlichen Seite ein Gartenstück angelegt, das heute zu den Meisterwerken von Peter Joseph Lenné gehört: der

Marlygarten. Der Küchengarten des „Soldatenkönigs" wurde in einen farbenprächtigen Landschaftsgarten verwandelt. Eine Komposition aus Baum- und Gehölzgruppen sowie Blumenbeeten, mit geschwungenen Wegen und sanften Erhebungen. Obwohl die Anlage von der alten Mauer des Küchengartens umschlossen blieb, gelang es Lenné, Sichtachsen zu schaffen. Mehrere Statuen betonen den intimen Charakter des Gartens.

Die Weihe des Gotteshaus fand am 24. September 1848 statt. Bis alle Nebengebäude fertig waren, dauerte es bis 1854. Baumeister Persius war inzwischen gestorben, und dessen Schüler Friedrich August Stüler vollendete den Bau. Die Friedenskirche ist der Begräbnisort für Friedrich Wilhelm IV. und seine Gattin. Der 1861 verstorbene König wurde nach der Fertigstellung der Gruft im Jahr 1864 hier beigesetzt. Sein Herz allerdings ruht im Mausoleum des Schlosses Charlottenburg bei seiner Mutter, der Königin Luise. 1873 folgte seine Gemahlin Elisabeth in die Gruft.

Die grosse Verunsicherung

Das Jahr 1848 begann für die preußische Monarchie unter düsteren Vorzeichen. In Paris wurde der „Bürgerkönig" Louis-Philippe I., der „von Gottes Gnaden und dem Willen des Volkes" herrschte, gestürzt. Keine guten Aussichten für einen König, der den Willen des Volkes vollkommen ignorierte, zumal die vergangenen Jahre schlechte Ernten brachten und 1847 als ein Hungerjahr in die Geschichte einging. Friedrich Wilhelm IV. fürchtete zu Recht das Schlimmste. Dann wurde auch noch in Wien der allmächtige Staatskanzler Metternich davongejagt. In letzter Minute unterzeichnete der König ein Gesetz zum Versammlungsrecht und zur Pressefreiheit, damit verbunden die Aufhebung der Zensur. Außerdem berief er den Vereinigten Landtag ein, um eine Verfassung zu diskutieren. Da war es bereits zu spät.

Am 18. und 19. März errichteten die Berliner in Sichtweite des Schlosses Barrikaden. Im Schusshagel des herbeigerufenen Militärs starben an diesen beiden Tagen 187 Berliner. In weinerlichem Ton wandte der König sich daraufhin an seine „lieben Berliner". Vor dem anschließenden Volkszorn musste der König kapitulieren und er zog den Hut, als die Getöteten vor dem Schloss aufgebahrt wurden. Zwei Tage später ritt der König durch Berlin mit einem schwarz-rot-goldenen Band (dem Zeichen für ein geeintes Deutschland) um den Arm. Derweil hielten sich in Potsdam die Garde-Truppen in Bereitschaft und warteten auf den Marschbefehl in Richtung Berlin. Ihr Oberkommandierender, Prinz Wilhelm von Preußen, wegen seiner rigorosen Haltung gegenüber den Aufständischen der „Kartätschenprinz" genannt, hatte sich bei Nacht und Nebel unter falschem Namen in Richtung England abgesetzt.

Doch auch in Potsdam gärte es. Am 19. März gründete sich der „Politische Verein", ein Mitte-Links-Bündnis im Vorfeld der Parteienbildung zur Deutschen Nationalversammlung. Sie konstituierte sich am 18. Mai in der Frankfurter Paulskirche. Entschiedener Sprecher des Vereins war der 1826 in Potsdam geborene Johann Ludwig Maximilian (Max) Dortu. Der Verein setzte sich u. a. gegen die Rückkehr des „Kartätschenprinzen" ein. Angesichts der revolutionären Stimmung unter einigen Potsdamern beschlossen Stadtverordnete und Magistrat die Bildung einer bewaffneten Bürgerwehr. Die etwa 1.000 Mann starke, mit Gewehren bewaffnete Truppe wurde zur „Beruhigung" von Demonstrationen eingesetzt. Der spektakulärste Vorfall war die Meuterei der Grenadiere und Füsiliere des 1. Garderegiments zu Fuß, die auf dem Mopke, ihrem Exerzierplatz, das Banner der Republik entrollten. Dazu riefen sie: „Wir lassen uns nicht mehr malträtieren wie Hunde." Anlass war ein Extra-Sold, der den in Berlin zur Niederschlagung der Revolution eingesetzten Truppen gezahlt werden sollte und der als „Blutgeld" abgewiesen wurde. Herbeigeeilte Angehörige der Garde du Corps schlugen den „Aufstand" nieder.

Die Rechte sammelte sich inzwischen im „Patriotischen Verein". Sie bereitete dem aus der „Emigration" zurückgekehrten Prinz Wilhelm einen jubelnden Empfang. Auf Schloss Sanssouci berieten die Männer um König Friedrich Wilhelm IV. die nächsten Schritte. Potsdam steht als Ort unter der Urkunde für die Verfassung Preußens vom 5. Dezember 1848, die Preußen in eine konstitutionelle Monarchie umwandelte. Außer der Versammlungs- und Pressefreiheit hat sie allerdings kaum etwas gebracht. Zumal: Nicht einmal eine verfassunggebende Versammlung konnte sie für sich verbuchen. Die wurde als Gnadenakt vom König oktroyiert. Der konnte sie auch jederzeit außer Kraft setzen. Das Militär stand als Staat im Staate sowieso außerhalb der Verfassung. Das im Mai 1849 eingeführte Dreiklassenwahlrecht, das sich am Steueraufkommen der Wähler orientierte, sollte der Monarchie eine konservative Mehrheit im Parlament sichern.

Eine Welturaufführung im Neuen Palais
Theater im Schloss

Als der „Romantiker auf dem Königsthron" Friedrich Wilhelm IV. das Zepter übernommen hatte, richtete er Schloss Sanssouci wieder zu Wohnzwecken her und zugleich bemühte er sich, dem Theater im Neuen Palais neues Leben einzuhauchen. Zunächst lud er den literarischen „König der Romantik", Ludwig Tieck, an seinen Hof ein. Der hatte, als er 1841 in Berlin ankam, den Höhepunkt seines Schaffens überschritten. Schon 17 Jahre war es her, als eine 30-bändige Werkausgabe mit Novellen, Märchen, Gedichten und Übersetzungen erschien. Überdauert haben aus seinem Werk allenfalls die Nachdichtungen. Dazu gehören der „Don Quichote" und die gesamten Werke von William Shakespeare. Letzere gemeinsam mit August Wilhelm Schlegel. Die schlegel-tiecksche Shakespeare-Übersetzung gilt noch heute als Standard-Werk.

Tieck erhielt vom König eine Apanage, einschließlich Wohnung für den Winter in Berlin und einem Haus für den Sommer in Potsdam. Die „Villa Tieck" errichtete der Hofarchitekt Ludwig Persius in unmittelbarer Nachbarschaft zum Park Sanssouci. Als Gegenleistung erwartete der König, dass Tieck Inszenierungen griechisch-antiker Stücke für das Hoftheater im Neuen Palais einrichtete. Nachdem er „Orestes" und „Antigone" auf die Bühne gebracht hatte, macht sich Tieck an die Märchen-Komödie „Ein Sommernachtstraum" von Shakespeare.

Auf Wunsch Tiecks sollte jener „Sommernachtstraum" mit einer Schauspielmusik ausgestattet werden. Dazu wurde der als Komponist bereits berühmte Felix Mendelssohn-Bartholdy nach Potsdam eingeladen. Im Alter von 18 Jahren hatte er sich schon einmal am „Sommernachtstraum" versucht und eine Ouvertüre für das Stück geschrieben. Nun hatte der preußische König hochfliegende Pläne mit ihm und machte ihn 1842 zum Preußischen Generalmusikdirektor. Doch noch im gleichen Jahr verließ der Komponist das Land, allerdings nicht ohne die von Tieck erbetene Musik zu hinterlassen. Am 14. Oktober 1843, dem Vorabend von Königs Geburtstag, hatte der „Sommernachtstraum" mit Mendelssohn Bartholdys „Hochzeitsmarsch", dem „Elfenreigen" und anderen Musikstücken im Neuen Palais seine Uraufführung. Es war ein rauschender Erfolg. Die anschließenden Vorstellungen für die gut betuchte Bürgerschaft waren stets ausverkauft.

Im Schlosstheater im Neuen Palais erklang erstmals der „Hochzeitsmarsch" von Mendelssohn-Bartholdy. © SPSG|Murza

Im Mai und Juni 1849 kam es im Süden Deutschlands zu Aufständen, um die Revolution von 1848 zu verteidigen. Es sollte nicht zugelassen werden, dass andere deutsche Staaten nach preußischem Vorbild die Demokratie ersticken. Zu diesen Kämpfen war auch der Potsdamer Max Dortu angereist. Ebenso Prinz Wilhelm, der eine Interventionstruppe anführte, um alle revolutionären Bestrebungen blutig zu ersticken. Dortu wurde von den Preußen gefangengenommen und im Alter von 23 Jahren standrechtlich erschossen. Eine Straße in der Potsdamer Innenstadt ist heute nach ihm benannt. Prinz Wilhelm kehrte als Held zurück. Sein königlicher Bruder widmete dieser „Episode" im Leben des Prinzen Reliefbilder im Triumphtor in der Nähe des Parks Sanssouci und er steuerte Kunstwerke aus dem süddeutschen Einsatzgebiet des Prinzen für die Ausgestaltung des Parks Babelsberg bei. Das „Bildstöckl" zum Beispiel.

Trotzig weitergebaut

Als für Friedrich Wilhelm IV. klar war, dass er mit ein paar Zugeständnissen den Volkszorn zunächst beruhigt hatte und dass das Militär fest zu ihm stand, erwachte in ihm wieder die nie völlig abgeebbte Bauleidenschaft. Während der stürmischen Monate 1848 und 1849 gingen die Bauarbeiten am Orangerieschloss und an der Friedenskirche weiter. Ebenso wurde unmittelbar neben dem Stadtschloss umgebaut. Das Palais Barberini am Alten Markt, als Wohnhaus mit üppiger Schaufassade unter Friedrich II. errichtet, wurde nun zu einem wahren Palast umgebaut. Das Gebäude hinter der imposanten Fassade wurde vergrößert und durch zwei Seitenflügel zur Havel ergänzt. So entstanden Wohnraum, vor allem aber zwei reichlich ausgestattete Säle im Mittelbau. Sie sollten auf „ewige Zeiten" kulturellen Vereinen zur Verfügung stehen. Dazu gehörten die Lieder-Tafel, diverse Gesangsvereine und der Potsdamer Kunstverein. Der König unterstützte das Vorhaben großzügig. So blieb das Palais Barberini eins der wenigen Beispiele, bei denen Friedrich Wilhelm IV. nicht eigene Interessen in den Vordergrund stellte, sondern die der Potsdamer Einwohnerschaft.

Der König konnte sich bei allen Erfahrungen des Jahres 1848 nicht dazu durchringen, auf für die Allgemeinheit nutzlose Bauwerke zu verzichten. Nach wie vor gab er viel Geld aus, um landschaftliche Effekte zu erzielen. Aber jetzt, nach der Niederschlagung der Revolution, kam noch das Bestreben hinzu, kräftig aufzutrumpfen. Er wollte nun mit Hilfe von Bauwerken zeigen, wer der Herr im Hause ist. Deutlicher Ausdruck dessen sind das Orangerieschloss im Park Sanssouci (errichtet 1851–1860) und das Belvedere auf dem Pfingstberg (erster Bauabschnitt 1847–1852, zweiter Bauabschnitt 1860–1862).

Das Orangerieschloss, nur wenige Gehminuten vom Schloss Sanssouci entfernt, wurde nach dem Neuen Palais das zweitgrößte Bauwerk im Park Sanssouci. Friedrich Mielke nennt es in seinem Buch „Potsdamer Baukunst" einen „Trotzbau". Der König hielt an seinem Traum vom „Preußischen Arkadien" fest. Allerdings waren jetzt nicht mehr die grazilen antiken Villen das Vorbild, sondern pompöse Bauten der italienischen Renaissance. Für die Orangerie hatte er sich die römische Villa Medici aus dem 16. Jahrhundert mit ihrer eindrucksvollen Doppelturmanlage zum Vorbild genommen. Auch ohne die anderen Bauwerke der geplanten, aber nicht verwirklichten Triumphstraße musste das Orangerieschloss wie ein riesiger Fremdkörper im Park Sanssouci erscheinen. Als Aussichtspunkt über die zentralen Teile der Anlage und hinüber zum Krongut Bornstedt ist es jedoch ein willkommenes Geschenk des „Romantikers auf dem Königsthron".

Von vornherein waren beim Orangerieschloss die Säle zum Überwintern der subtropischen Pflanzen nur ein Nebenzweck, der dazu diente, dem Bau seine gewaltigen Dimensionen zu verleihen. Entscheidend ist der Mittelteil – und das ist ein wuchtiges Gästeschloss für seine Schwester, die russische Zarin und ihre Familie. Mittelpunkt dieses Schlossbereichs ist der Raffaelsaal. Er ist eingerichtet wie eine Pariser Galerie und zeigt 50 Kopien von Gemälden des italienischen Renaissance-Meisters Raffael. Sie stammen zum Teil aus der Sammlung Friedrich Wilhelms III., die durch weitere Ankäufe, Aufträge und Geschenke durch seinen Sohn erweitert wurde. Die nach dem Dresdner Original kopierte Sixtinische Madonna war das erste Bild der Sammlung, das Friedrich Wilhelm III. 1804 zum Geburtstag geschenkt bekam. Weitere Nachbildungen gab er während seines Paris-Aufenthaltes 1814 in Auftrag, nachdem er das Musée Napoleon im Louvre besichtigt hatte, wo Kunstwerke aus den von den Franzosen besetzten Ländern zusammengetragen worden waren. Vor der Rückgabe der geraubten Kunstwerke an die rechtmäßigen Besitzer ließ der preußische König von in Paris lebenden deutschen Künstlern Kopien für seine Privatsammlung anfertigen.

Das Standbild Friedrich Wilhelms IV. vor dem Orangerieschloss wurde zwölf Jahre nach dessen Tod aufgestellt. Entworfen wurde es von Gustav Blaeser, einem Schüler von Christian Daniel Rauch. Es zeigt den König in einer alles anderen als heldenhaften Pose. Er erscheint als Spaziergänger im Park – nur eben auf einem Denkmalssockel. Übrigens: Dass das Reiterstandbild Friedrich Wilhelm IV. vor der Berliner Nationalgalerie den König ohne jegliche militärische Insignien zeigt, rettete dem Denkmal während der DDR-Zeit womöglich das Überleben am angestammten Ort.

Der Musenfreund Friedrich Wilhelm IV. zeigte seine Verehrung für die Künste auch in der Freundschaft zu Louis Schneider, einem gefeierten Berliner Schauspieler, der als bekennender Royalist nach 1848 sein Publikum weitgehend verloren hat. So siedelte er sich in Potsdam an und wurde in der Nachfolge von Alexander von Humboldt königlicher Vorleser. Die Reiseschilderungen des Vorgängers ersetzte er durch launige Anekdoten, häufig im Berliner Dialekt vorgetragen. Der wurde so salonfähig. Schneider machte sich als Begründer des „Vereins für die Geschichte Potsdams" verdient. Seit 1865 durfte er sich Geheimer Hofrat nennen und wurde zum bevorzugten Reisebegleiter des Königs.

Von vielen Besuchern des Parks Sanssouci übersehen, erstreckt sich entlang der Maulbeerallee ein Kleinod in der Parklandschaft: das Paradiesgärtl. Lenné erhielt den Auftrag, auf einer alten, romantisch verwachsenen Maulbeeranlage in der Nähe

Standbild von König Friedrich Wilhelm IV. als ziviler Spaziergänger in Sanssouci, © SPSG|terra press

des Orangerieschlosses einen Nutzgarten im Stil der italienischen Renaissance anzulegen. Wie der „Soldatenkönig" sein Marly, so wünschte sich der „Romantiker auf dem Thron" auch einen Küchengarten, in dem allerdings vorwiegend südliche Früchte angebaut werden sollten. So wurden Wein, Mais, Kürbis, Artischocken und anderes Gemüse angebaut. Der Name ist einem kleinen Garten bei Wien entlehnt. In die Anlage hinein baute Ludwig Persius ein Atrium nach antikem Vorbild. Das Paradiesgärtl wurde nach 1950 zum Kern der Freiluftanlage des Potsdamer Botanischen Gartens. Er bleibt jederzeit frei zugänglich.

Auf der Suche nach weithin sichtbaren Plätzen für seine Bauten nach italienischen Vorbildern entging Friedrich Wilhelm IV. natürlich nicht der 76 Meter hohe Pfingstberg im Norden von Potsdam. Zu seinen Füßen liegen die Kolonie Alexandrowka und der Jüdische Friedhof. Auf seiner Höhe ließ 1801 der königliche Geheimrat Karl Ludwig Oesfeld einen Pavillon nach dem Vorbild eines kleinen griechischen Tempels als Aussichtspunkt mit Teestube errichten, den Pomonatempel. Er ist der griechischen Göttin der Baumfrüchte gewidmet. Der Architekt war ganze 19 Jahre alt und hieß Karl Friedrich Schinkel. Es war sein erster selbstständiger Bau. Das Tempelchen war schon einmal fast völlig eingestürzt. Es konnte aber gerettet werden und erfreut die Besucher, die den Aufstieg zum Pfingstberg geschafft haben.

Beherrscht wird die Kuppe vom Pfingstbergschloss. Es ist ein riesiger Bau, fast frei von jeder Zweckbestimmung. Er sollte nach den Plänen des Königs dereinst als Wasserreservoir dienen und Ausgangspunkt einer gewaltigen Kaskade von Wasserspielen sein, die sich den gesamten Hang hinab bis zum Neuen Garten ziehen sollte. Vorbild war das Casino der Villa Caprarola (ein Ort ca. 60 km nördlich von Rom) mit seinen Freitreppen, Rampen und Terrassen. In diesem Fall fand Friedrich Mielke die Bezeichnung „Souvenir-Architektur". Gebaut wurde am Pfingstbergschloss 1847 bis 1852 und dann noch einmal 1860 bis 1862. In dieser letzten Bauphase war der König jedoch bereits schwer erkrankt. Es ging nur noch darum, die Hofseite des Baus abzuschließen. Kaskaden und Fontänen hat es hier nie gegeben.

Die Villa Schöningen an der Glienicker Brücke

So erhebt sich heute die gewaltige Kulisse mit Raum für die Fotos ganzer Hochzeitsgesellschaften. Im Inneren wurde ein Kabinett als Hochzeitszimmer ausgestaltet. Die Aussicht von den Türmen sind den Aufstieg über gusseiserne Wendeltreppen wert. Bis zum Berliner Fernsehturm geht der Blick bei guter Sicht. Auch das Pfingstbergschloss war nach 1945 dem Verfall preisgegeben, denn es lag unzugänglich in einem von der Sowjetarmee genutzten militärischen Sperrbereich. Sponsoren haben Anfang der 1990er Jahre die Restaurierung möglich gemacht.

Auch wenn ein realitätsferner Monarch Potsdam zu einem Spielplatz machte, ging das Leben in der Stadt weiter. 1849 wurde Potsdam Sitz eines Kreisgerichtes und eines Großen Schwurgerichtes. Ein Jahr danach wurden in der Stadt die ersten Briefkästen angebracht und es wurde eine Pferde-Omnibuslinie eingerichtet. 1850 war auch das Jahr, als die erste Ausgabe der „Potsdamer Tageszeitung" (heute nennt sich der Lokalteil der „Märkischen Allgemeinen Zeitung" so) im Verlag Heyn's Erben erschien. Das damals für die Potsdamer Bürger vielleicht wichtigste Ereignis war die Inbetriebnahme der Gasanstalt an der Schiffbauergasse. Von nun an war es möglich, die Straßen mit Gaslaternen zu beleuchten. Bis dahin brachten Pechfackeln Licht ins Potsdamer Dunkel. Das nach heutigen Maßstäben matte Licht der Glühstrümpfe in den Gaslaternen brachte dennoch eine neue Lebensqualität in die nächtliche Stadt. Die letzten Überbleibsel der Gasanstalt verschwanden erst mit der Umgestaltung der Schiffbauergasse zum Kulturstandort. Die Form des Gasbehälters findet sich in der Architektur des modernen Hans Otto Theaters wieder.

Das Jahr 1853 brachte für Potsdam eine neue Städteordnung. Dabei wurden die Rechte der Stadtverordnetenversammlung beschnitten, die des Magistrats hingegen ausgeweitet. Die Wahlberechtigten wurden neu definiert. War bisher der Hausbesitz die ausschlaggebende Größe als Wahlbürger, wurde nun die gezahlte Einkommenssteuer die entscheidende Größe. Die Wähler wurden in drei Steuerklassen eingeteilt, wobei jede Klasse die gleiche Anzahl von Abgeordneten ins Stadtparlament schicken konnte. Allerdings waren der dritten Klasse (mit dem geringsten Steueraufkommen) ungefähr fünfmal so viele Bürger zugeordnet wie den beiden ersten Klassen (sehr hohe bzw. hohe Steuern) zusammengenommen. Wahlberechtigt waren auch weiterhin nur männliche Bürger, sofern sie einen eigenen Hausstand besaßen und über 24 Jahre alt waren. Diese neue Ordnung trug der Tatsache Rechnung, dass es in Potsdam durchaus begüterte Bürger gab, die allerdings keinen Grundbesitz hatten.

1860 hat der Fremdenverkehr, wie es damals hieß, nach Potsdam deutlich zugenommen. Zwischen morgens um 4 Uhr und abends 10.30 Uhr fuhren 12 Züge zwischen Berlin und Potsdam auf drei verschiedenen Strecken: der Stammbahn (sie existiert nicht mehr), der Wannseebahn (entspricht der heutigen S-Bahn-Linie S1) und der Stadtbahn durch den Grunewald (heutige S7). Im Sommer fuhren Extra-Züge. Bei Abwesenheit des Hofes war es möglich, die Königsschlösser auch innen zu besuchen. In diesen Fällen hatte man sich an den jeweiligen Kastellan zu wenden, der sich anfangs mit einem Trinkgeld begnügte, später aber feste Eintrittspreise forderte. Einlass in die Garnisonkirche ermöglichte der in der nahen Kietzstraße wohnende Küster.

Mitte der 1850er Jahre zeigte der König Schwächeerscheinungen. 1856 befürchteten die Ärzte einen Schlaganfall. Im darauffolgenden Jahr trat er ein: Gedächtnisschwund und Sprachstörungen waren die Folge. Im Herbst ein erneuter Anfall. Weitere sollten folgen. In lichten Momenten unterschrieb er die Erlasse, der seinen Bruder 1857 zum Stellvertreter und 1858 zum Regenten machten. In den Jahren der Regentschaft machte sich Wilhelm als General des Gardekorps die Armee zum Widersacher aller liberalen Bestrebungen im Lande. Es galt: Das Offizierskorps hatte fest und geschlossen zur Monarchie zu stehen. Die Beschäftigung mit Politik galt als unmoralisch.

Ende der 1850er Jahre lebten in Potsdam rund 300 adlige Familien; bei den aktiven Offizieren waren neun Zehntel adliger Herkunft. Dieses Verhältnis änderte sich nicht, als 1860 das 3. Garde-Ulanen-Regiment in Potsdam stationiert wurde. Bis 1868 wurden die zinnenbewehrten Ulanen-Kasernen entlang der Jägerallee mit ihren umfangreichen Stallanlagen fertiggestellt.

Mit „Blut und Eisen"

Am 2. Januar 1861 starb Friedrich Wilhelm IV. auf Schloss Sanssouci. Das als Alterssitz gedachte, um 1860 gebaute Schloss Lindstedt konnte er nicht mehr nutzen. Der Nachfolger Wilhelm I. verkündete eine „neue Ära": „In Deutschland muss Preußen moralische Eroberungen machen ...", verkündete er vor seinen Ministern. Mit Wil-

Hauptsache: italienisch
Baumeister der Könige

Ludwig Persius (1803–1845)

Nach dem Tod von Karl Friedrich Schinkel ernannte König Friedrich Wilhelm IV. Schinkels engsten Mitarbeiter zu seinem Hofarchitekten. Gemeinsam hatten der Meister und sein Schüler noch Schloss Glienicke im Auftrag des Prinzen Carl umgebaut. 1842 wurde Ludwig Persius königlicher Baurat und Mitglied der preußischen Oberbaudirektion. Persius verstand es, die Intentionen des Königs in stilvolle Bauwerke umzusetzen. Er gilt als der Schöpfer der für Potsdam typischen Turmvillen nach italienischem Vorbild. Seine eigene, im Zweiten Weltkrieg zerstörte Villa baute er allerdings ohne Turm. Der wurde erst nach seinem frühen Tod infolge einer Typhus-Erkrankung angebaut. Ein Auszug aus den Potsdamer Persius-Bauten zeigt sein umfangreiches Schaffen: Umbau der Seitenflügel des Schlosses Sanssouci, er lieferte erste Entwürfe für die Friedenskirche, bereitete das Aufsetzen der von Schinkel geplanten Kuppel auf die Nikolaikirche vor, errichtete das Dampfmaschinenhaus an der Havelbucht im maurischen Stil, anschließend die Heilandskirche in Sacrow, plante die Umbauten mehrerer Villen (z. B. Villa Tieck, Villa Illaire, Villa Jacobs), war an der Erweiterung des Schlosses Babelsberg beteiligt, lieferte den Entwurf für den Normannischen Turm auf dem Ruinenberg und kurz vor seinem Tod lieferte er die Baupläne für die Erweiterung des Palais Barberini am Alten Markt.

Friedrich August Stüler (1800–1865)

Während Persius vor allem die Nachfolge Schinkels bei der Gestaltung des „Preußischen Arkadien" antrat, wirkte der Schinkel-Schüler Stüler zunächst vor allem in Berlin. Dort war er für die Kuppel auf dem Berliner Schloss und den Bau des Neuen Museums zuständig. Nach dem Tod von Persius übernahm Stüler für die folgenden fünf Jahre die Oberbauleitung beim Aufsetzen der Kuppel auf die Potsdamer Nikolaikirche. Mit dem Namen Stüler sind Bauwerke wie das Belvedere auf dem Pfingstberg, das Orangerieschloss sowie die Friedenskirche im Park Sanssouci verbunden. Er lieferte auch die Pläne für weitere vom König initiierte Kirchenbauten im Havelland und im restlichen Brandenburg, zum Beispiel in Bornstedt, Caputh, Kyritz, Brodowin, Reitwein, Fehrbellin, Werder (Havel), Stolpe (Wannsee), Peitz.

Ludwig Ferdinand Hesse (1795–1876)

Auch Hesse zählt zu den Schinkel-Schülern, die an der Ausgestaltung der Potsdamer Kulturlandschaft wesentlichen Anteil hatten. 1844 holte König Friedrich Wilhelm IV. Hesse nach Potsdam, wo er bis 1863 am Hofbauamt tätig war. Nach dem Tod Friedrich August Stülers wurde er 1865 dessen Nachfolger als Direktor der Berliner Schlossbaukommission und erhielt am 6. Mai die Ernennung zum Geheimen Oberhofbaurat. Die Stadt Potsdam ehrte ihn 1927 in der Nauener Vorstadt mit der Hessestraße. Maßgeblichen Anteil hatte er am Umbau der Meierei im Neuen Garten und am Ausbau der Seitenflügel am Marmorpalais. Er war zuständig für den Bau des Bayrischen Hauses im Wildpark, des Winzerhauses auf dem Mühlenberg, Schloss Linstedt und den Umbau der Zichorienmühle an der Schiffbauergasse. Er entwarf ferner eine Reihe von Brunnen und schuf die Marmorkaskaden im Paradiesgärtl.

Johann Heinrich Strack (1805–1880)

Strack arbeitete als Schinkel-Schüler vor allem im Auftrag von König/Kaiser Wilhelm I. Der verlieh ihm den Ehrentitel „Architekt des Kaisers". Zahlreiche Architekturen im Park Babelsberg tragen die Handschrift von Strack. So die Erweiterung des Schlosses nach dem Tod von Persius, der Bau des Matrosenhauses am Havelufer, des Flatowturms und die Wiedererrichtung der Berliner Gerichtslaube. Zu seinen Aufgaben gehörten auch Entwürfe von Innenausstattung und Möbeln für das Schloss Babelsberg.

Ferdinand von Arnim (1814–1866)

Er arbeitete ab 1840 als Bauleiter unter Ludwig Persius und brachte es 1845 zum Baumeister in der Schlossbaukommission. Außerdem wirkte er als Architekt des Prinzen Carl von Preußen. Er gehörte zum Architektenstab beim Bau der Friedenskirche und errichtete den Normannischen Turm auf dem Ruinenberg nach Plänen von Ludwig Persius. Eigenständige Bauwerke von Arnims sind die Villa Haacke gegenüber dem Jägertor, die spätklassizistische Villa Arnim, Weinbergstraße 20, und die Schweizerhäuser in Klein-Glienicke.

helm I. endete für Potsdam die Zeit, als sich Monarchen in der Stadt und in der umgebenden Landschaft selbst verwirklichten. Der 64-jährige Monarch war durch und durch ein preußischer Militär ohne jegliche künstlerischen Anwandlungen.

Allenfalls seine Gemahlin Augusta aus dem Hause Sachsen-Weimar-Eisenach brachte ihren persönlichen Geschmack ein. Sie war stolz darauf, dass der Dichterfürst Goethe mit ihr als kleines Mädchen gespielt hatte. Mit dem entsprechenden Selbstbewusstsein traktierte sie Schinkel und vor allem Lenné, für den der Park Babelsberg ein entscheidender Bestandteil des Verschönerungsplans für die Insel Potsdam aus dem Jahr 1833 war. Vom Park aus bot sich – und bietet sich noch heute – eine einzigartige Fülle an Sichtachsen in die Potsdamer Landschaft und auf die Stadtsilhouette. Die beste Rundumsicht zeigt der 1856 fertiggestellte Flatowturm im Osten des Parks. In den 1840er Jahren wurde am Schloss Babelsberg weitergebaut. Es entstand der Westflügel mit einem hallenartigen Speiseraum und Zimmern für die Kinder. Ein wuchtiger Turm bildet den Abschluss des Schlosses, das aus der Ferne wie eine Aneinanderreihung verschiedener Bauwerke aussieht (siehe Foto S. 144).

Ob es widrige Umstände, wie vor allem Jahre der Trockenheit, waren oder das Misstrauen der Königin gegenüber einem bürgerlichen Beamten – im Jahr 1842 wurde der „Grüne Fürst", Hermann von Pückler-Muskau, eingeladen, sich weiterhin um den Park zu kümmern. Auch wenn er gerade mit der Gestaltung seines Parks in Branitz bei Cottbus alle Hände voll zu tun hatte, nahm er das Angebot gern an. Im Nachhinein wird allgemein anerkannt, dass die neue gärtnerische Handschrift diesem in seiner Topografie bereits außergewöhnlichen Park gutgetan hat. Fürst von Pückler-Muskau hat sich damit würdig in die Reihe der Gestalter der Potsdamer Kulturlandschaft eingereiht.

Der Tätigkeit Pücklers kam zugute, dass Prinz Wilhelm 1840 mit der Thronbesteigung seines älteren Bruders zum direkten Thronerben aufstieg, womit deutlich höhere Bezüge verbunden waren. Im Park Babelsberg musste nun nicht mehr jeder Taler mehrfach umgedreht werden. So war es möglich, dass nach dem Park Sanssouci nun auch der Park Babelsberg mit Wasserspielen versehen wurde. Der Architekt des Königs Ludwig Persius entwarf ein Pumphaus im normannischen Stil am Ufer der Havel. Von hier wurde Wasser in ein Bassin

Blick von der Terrasse des Schlosses Babelsberg zur Glienicker Brücke © SPSG|terra press

zahlet werden soll/ Jedoch mit der Bedingung/daß sie diejenige

über dem Schloss gepumpt, von wo es über Leitungen zu Brunnen, Fontänen und künstlichen Wasserfällen geleitet wurde. Hauptattraktion war die große Fontäne, die aus der Havel, wenige Meter vom Ufer entfernt, auf über 40 Meter aufsteigt. Die Wasserspiele wurden in den vergangenen Jahren restauriert und sind eine Attraktion des Parks Babelsberg. Das sich vom Wasser aus als idyllisches Traumschloss präsentierende „Kleine Schloss" diente nach Umbau durch Ludwig Persius als Wohnsitz für das neue Kronprinzenpaar. Später war es ein kaiserliches Gästehaus.

Ganz in der Nähe vom Park Babelsberg, in der Siedlung Klein-Glienicke, entstand zwischen 1863 und 1867 im Auftrag des Prinzen Carl ein Ensemble pittoresker Wohnhäuser nach schweizerischem Vorbild. Der Prinz, der sich mehr als 30 Jahre zuvor mit Schloss und Park Glienicke ein offenes, lichtes Stück Italien an der Havel anlegen ließ, schuf sich nun in einer Waldlandschaft am Fuß des Böttcherberges und entlang eines Baches namens Bäke ein alpenländisches Idyll. Der Architekt Ferdinand von Arnim ging ihm dabei zur Hand. Auf seinen Reisen in den Süden war Prinz Carl immer wieder durch die Schweiz gekommen und hatte sich von den kunstvoll gezimmerten Holzhäusern beeindrucken lassen. Zehn solcher Häuser ließ er gegenüber dem Park Babelsberg errichten und stellte sie Bediensteten zur Verfügung. Die meisten dieser Häuser fielen der Grenzziehung nach dem 13. August 1961 zum Opfer, die verbliebenen stehen unter Denkmalschutz.

Bis zum Tod Wilhelms blieb das Schloss Babelsberg der bevorzugte Sommerwohnsitz des Monarchen. Eine Haltestelle an der Bahnstrecke Berlin–Potsdam sicherte ihm den kurzen Weg zum Schloss. Am 24. September 1862 stieg hier ein Mann aus, der eine lange Bahnfahrt von Paris aus hinter sich hatte: Otto von Bismarck, Spross einer altmärkischen Adelsfamilie. Er war gekommen, um den König aus einer schwierigen Situation zu retten. Das preußische Abgeordnetenhaus verweigerte der weiteren Finanzierung der großangelegten Heeresreform seine Zustimmung. Es ging dem König bereits seit Jahren darum, das preußische Heer größer und schlagkräftiger zu machen. Aus diesem Grund war 1856 für das gesamte Heer eine dreijährige Dienstzeit eingeführt worden (seit 1833 waren es zwei Jahre Dienstzeit). Jährlich wurden über 20.000 Rekruten mehr einberufen als bisher. Die noch bestehenden Landwehr-Einheiten wurden in das reguläre Heer überführt. Daraus ergaben sich allein in der Infanterie 117 neue Bataillone. Außerdem: Die Infan-

Pläze/welche ihnen auf obberührte conditiones werden angewie-

terie wurde auf die neuen Zündnadelgewehre umgerüstet, und die Artillerie erhielt gezogene Gußstahlgeschütze. Das alles kostete Geld, das die Abgeordneten verwehren wollten. Mehr noch: Die Heeresreform wurde für ungesetzlich erklärt.

Als Bismarck in Babelsberg ankam, stand der König kurz davor abzudanken. Er wollte nicht mehr. Der 47 Jahre alte Besucher, dem der Ruf als durchsetzungsstarker Konservativer vorauseilte, kam als preußischer Gesandter aus Paris und reiste als neuer preußischer Ministerpräsident weiter nach Berlin. Auf einer Brücke im Park Babelsberg, die heute Bismarck-Brücke heißt, soll das entscheidende Gespräch zwischen den beiden Männern stattgefunden haben. Niemand hat zugehört, keiner hat protokolliert. Aber zweifellos hat Bismarck dem König deutlich gemacht, dass er bereit war, „die Drecksarbeit" zu leisten. Tatsächlich beendete Bismarck am nächsten Tag im Namen des Königs die parlamentarische Session und regierte bis 1866 – vier Jahr lang – ohne gesetzlich abgesegnetes Budget. Und er führte die Heeresreform weiter. Historiker werteten das später als kaum verhüllten Staatsstreich. Bismarck hatte gezeigt, dass er bereit war, die nationalstaatliche Einigung Deutschlands unter preußischer Führung mit „Blut und Eisen" zu erkämpfen. 1865 erhielt Bismarck den Grafentitel und 1871 die erbliche Fürstenwürde, ab 1890 durfte er sich Herzog nennen.

In den folgenden Jahren betrieb Bismarck konsequent eine Politik, die Preußen zur führenden Macht in Deutschland und in Europa werden ließ. Zunächst ging es 1864 gegen das kleine Dänemark. Das Schicksal der Herzogtümer Schleswig, Holstein und Lauenburg sollte ausgefochten werden. Bei der siegreichen Eroberung der Düppeler Schanzen waren die Potsdamer Garde-Husaren dabei. 1866 provozierte Bismarck einen militärischen Konflikt mit dem Erzrivalen Österreich. Bei Königgrätz in Böhmen kam es zur Schlacht. Alle Potsdamer Formationen waren dort beteiligt. Und sie kamen als bejubelte Sieger nach Hause.

Erneut kam es zu Veränderungen bei den Potsdamer Garde-Regimentern. Vor allem ging es darum, die Mobilmachungszeiten zu verkürzen, um schnell einsatzfähig zu sein. Sichtbares Zeichen war der Neubau von Kasernen bzw. der Umbau von Gebäuden. Ein Beispiel hierfür ist das Schicksal der traditionsreichen Potsdamer Gewehrfabrik. Bereits 1853 stellte sie den Betrieb ein und verlegte die Anlagen nach Spandau. Die freigewordenen Gebäude wurden Anfang der 1860er Jahre in Kasernen umgewandelt. Das 1. Garderegiment zu Fuß zog hier 1864 ein. Weil die Kasernen nicht allein aus Soldatenunterkünften bestanden, sondern auch aus Ställen, Lagerhäusern, Exerzierplätzen usw., waren es meist großflächige Gebäudekomplexe. Die Zeit der Bürgerquartiere ging ihrem Ende entgegen. Da die Soldaten seit 1867 einen höheren Sold erhielten, waren sie bei den Potsdamer Kaufleuten als Kundschaft gut angesehen. Sie konnten sich bei Tanzvergnügungen sehen lassen.

Typisch für die Garnisonstadt Potsdam war die exzessive Traditionspflege in den Regimentern. Die Erinnerung an Preußens Gloria wurde unter Wilhelm I. nach Kräften gefördert. Als 1866 die Garnisonkirche nach einer längeren gründlichen Renovierung wieder zugänglich war, fanden sich an den Wänden auf königlichen Befehl hin die im Feldzug von 1866 erbeuteten Fahnen und Standarten. Sie sollten hier „für ewige Zeiten als ein Denkmal des Ruhmes Meines siegreichen Heeres" aufbewahrt werden. Zum 60-jährigen Militärdienstjubiläum Wilhelms I. erhielten die neuen Formationen des preußischen Heeres im Lustgarten neben dem Stadtschloss ihre Fahnenweihe. Beliebt waren auch die Schießfeste im Katharinenholz.

Von einem Bauwerk, das unter Wilhelm I. entstanden ist und heute noch zur Silhouette Potsdams gehört, ist hier zu berichten. Es ist die katholische Kirche St. Peter und Paul am Bassinplatz. Sie entstand 1867 bis 1870. Dem Bau mussten umfangreiche Entwässerungs- und Aufschüttungsarbeiten vorausgehen, da die Gegend um das Bassin nach wie vor morastig war. Der Neubau war notwendig geworden, da die Zahl der Katholiken vor allem unter den Angehörigen der Garnison und der Beamtenschaft ständig wuchs. Es war Wilhelm I. persönlich, der den Standort für die Kirche auswählte: Der 63 Meter hohe Glockenturm steht exakt am Beginn der Brandenburger Straße, genau gegenüber dem Brandenburger Tor.

Die Kirche ist nach dem Geschmack der Zeit in einem Stilmix gehalten: ein bisschen italienisch, ein bisschen byzantinisch, ein bisschen klassizistisch. Der Innenraum überrascht mit seiner großen Helligkeit und der farbenfrohen Ausgestaltung. Aus den beiden Vorgängerkirchen auf dem Gelände der alten Gewehrfabrik wurden zwei Gemälde von Antoine Pesne und ein vom „Soldatenkönig" gespendetes „Ewiges Licht" übernommen.

sen werde/mit der Zeit zu bebauen ihnen angelegen seyn lassen.

1840 – 1871

Im Jahr 1867 erhielt Wilhelms einziger Sohn, Kronprinz Friedrich Wilhelm, das Krongut Bornstedt, wenige Schritte hinter dem Orangerieschloss gelegen, als Wohnsitz zugewiesen. Hier lebten er und seine Gemahlin Victoria, Tochter der englischen Königin Victoria, als märkische Gutsbesitzer. Er zeichnete für die Feldarbeiten verantwortlich, sie kümmerte sich um den Obst- und Gemüsegarten. Die Kinder des Kronprinzenpaares, darunter auch der spätere Kaiser Wilhelm II., verbrachten hier große Teile ihrer Kindheit. Ihr Onkel Friedrich Wilhelm IV. hatte es 1841 für die Krone erworben und nach einem Brand 1846 im italienischen Stil als königliches Mustergut völlig neu herrichten lassen. Um einen großzügig bemessenen Hof gruppieren sich das Herrenhaus (heute Standesamt), das Brauhaus (Restaurant) und diverse Scheunen. Lenné bezog das Gut in seinen Verschönerungsplan mit ein. Es gehört daher mit zum UNESCO-Welterbe.

Im September 1870 hatte es Bismarck mit List und Fälschung wieder einmal geschafft, einen Krieg vom Zaun zu brechen. Diesmal ging es gegen Frankreich, das Land, das sich einer deutschen Einigung am vehementesten entgegenstellte. Formal war es ein Krieg des Norddeutschen Bundes, an dem sich außerdem Bayern, Württemberg und Baden beteiligten. Nach kurzer Mobilmachung machten sich alle Potsdamer Formationen auf den Weg zur Front. Die größten Strecken wurden mit der Bahn zurückgelegt. In Frankreich gab es keine schnelle Kriegsentscheidung. Gekämpft wurde bei Metz, Sedan und vor Paris. Die Franzosen verfügten über Schnellfeuergewehre, für die die Preußen keine Gegentaktik besaßen. Die Verluste waren unerwartet hoch. Das 1. Garde-Regiment verlor an einem einzigen Tag ein Drittel seiner Feldstärke.

Demgegenüber war die preußische Artillerie dank moderner Geschütze der Firma Krupp mit doppelter Reichweite eindeutig im Vorteil. Schließlich war das kriegsentscheidend. Die französischen Truppen konnten eingekreist und vernichtet werden. Kaiser Napoleon III. wurde gefangen genommen. Im besetzten Versailles wurde am 18. Januar 1871 das Deutsche Kaiserreich proklamiert, aus dem preußischen König Wilhelm I. wurde der deutsche Kaiser Wilhelm I. Er gelobte, „allzeit Mehrer des Deutschen Reichs zu sein, nicht an kriegerischen Eroberungen interessiert, sondern an den Gütern und Gaben des Friedens auf dem Gebiet nationaler Wohlfahrt, Freiheit und Gesittung".

Der Altarraum der katholischen Kirche St. Peter und Paul mit dem vom „Soldatenkönig" gestifteten „Ewigen Licht".

Plan der Residenzstadt Potsdam aus: „Illustrierter Führer durch Potsdam", 8. Aufl., Potsdam 1910; mit den seit 1907 bestehenden Linienverläufen der elektrischen Straßenbahn

1871 – 1914

Und nun: Kaiserresidenz

Und auf einmal war Potsdam eine Kaiserresidenz. Nicht DIE Residenz, das war Berlin mehr denn je. Aber Potsdam blieb im Spiel. Denn immerhin wohnte Wilhelm I. in einem richtigen, von seiner Gemahlin maßgeschneiderten Schloss. Zum Vergleich: In Berlin zog der Kaiser ein eher bürgerliches Leben vor. Er hatte sich 200 Meter vom Schloss entfernt eine Wohnung im Alten Palais Unter den Linden eingerichtet, in direkter Nachbarschaft zum Reiterstandbild Friedrichs II. Wenn er aus dem Fenster schaute, hatte er es vor Augen. In diese Wohnung trugen einmal in der Woche Diener seine Badewanne aus dem Residenzschloss. Nein, großspurig war der frischgebackene deutsche Kaiser nicht.

Ohne Pomp ging es dennoch nicht ab, als der Kaiser am 13. Juni 1871 an der Spitze des 1. Garde-Regiments zu Fuß durch das Brandenburger Tor in Potsdam einritt. Die Kirchen der Stadt schienen sich mit ihrem Geläut überbieten zu wollen. Die Brandenburger Straße war mit Hilfe unzähliger Flaggen und Girlanden in eine via triumphalis verwandelt worden. Die Potsdamer standen am Straßenrand, die Frauen winkten, die Männer schwenkten ihre Hüte und die Kinder hüpften aufgeregt auf und ab. Am Lustgarten gab es eine Parade. Bei aller Begeisterung: Nicht wenige Mütter und Bräute hatten Grund zur Trauer. In den folgenden Jahrzehnten sollte fast jedes Garde-Regiment sein eigenes Kriegerdenkmal erhalten.

Aus Anlass seiner Krönung bekam der Kaiser von der Stadt Berlin die in Einzelteile zerlegte mittelalterliche Gerichtslaube geschenkt, für die er im Park Babelsberg einen passenden Ort zur Wiederaufstellung fand. Dass er Berlin und Potsdam als Residenzen nutzen wollte, signalisierte der Kaiser auch dadurch, dass er an der damaligen Bahnstrecke den Haltepunkt „Neuendorf" im schweizerischen Stil anlegen ließ. Von hier war es durch die „Kaiserstraße" mit der Kutsche nicht weit zum Park Babelsberg.

Das Riesenfernrohr im Großen Refraktor

Der Deutsch-Französische Krieg endete mit einem Annexionsfrieden. Deutschland verleibte sich die vorwiegend deutschsprachigen französischen Gebiete Elsass und Lothringen ein und machte sie zum „Reichsland Elsass-Lothringen". Das unterstand direkt dem Kaiser. Außerdem musste Frankreich Reparationen in Höhe von fünf Milliarden Franc leisten. Dieser Geldsegen ermöglichte, im Deutschen Reich die Entwicklung der Infrastruktur (Eisenbahn, Post, Schulen, Kasernen usw.) voranzutreiben. Der damit verbundene Wirtschaftsboom gab den mit der Industrialisierung verbundenen „Gründerjahren" noch einmal einen gewaltigen Schub. Der führte allerdings bereits zwei Jahre später in eine Wirtschaftkrise mit lang anhaltender Stagnation. Die politische Führung in Deutschland lag jetzt noch mehr als vor dem Krieg in den Händen von Bismarck, dem diktatorisch regierenden Reichskanzler. Gern wird Wilhelm I. mit dem Satz zitiert: „Es ist nicht leicht, unter Bismarck Kaiser zu sein."

Treffpunkt des Preussischen Adels

Potsdam war bei näherem Hinsehen – gemessen an den Zeiten des „Soldatenkönigs" oder des „Alten Fritz" – jetzt nur noch eine Residenz zweiter Klasse. Wenn die Monarchen Ende des 19. und Anfang des 20. Jahrhunderts im Sommer für ein paar Wochen nach Potsdam kamen, dann blieben sie am Stadtrand, Wilhelm I. im Schloss Babelsberg und Wilhelm II. im Neuen Palais am Ende des Parks Sanssouci. Die Stadt war zu dieser Zeit geprägt von den Beamten der Provinzialregierung und einiger Reichsverwaltungen sowie von den Offizieren der Garderegimenter, Pensionären und Kaufleuten. Die Soldaten verbrachten die meiste Zeit in den Kasernen. Potsdam besaß praktisch keine Industrie und somit kaum Arbeiter. Dafür war der Anteil adeliger Bewohner besonders hoch. Entsprechend war das geistige Klima: Höchste Tugenden waren Gehorsam, Tüchtigkeit und Gottvertrauen.

Aus dem Leben der Potsdamer Arbeiter
Moloche um 1900

In nahezu allen Berufsgruppen hatte sich die Arbeitszeit auf 10 bis 11 Stunden eingepegelt und entsprach damit der durchschnittlichen Arbeitszeit im Deutschen Reich. Nach 1900 wurde in einigen Branchen für Arbeiter ein bezahlter einwöchiger Jahresurlaub eingeführt, für den jedoch bis zum Ersten Weltkrieg kein Rechtsanspruch bestand. Die Potsdamer Eisenbahnwerkstätten gewährten z.B. ihren Arbeitern nach fünfjähriger Zugehörigkeit drei Tage im Jahr, nach 10 Jahren 6 Tage, d.h. eine Arbeitswoche. Um die Lebenshaltungskosten aufzubringen, waren in vielen Arbeiterfamilien Gelegenheitsarbeit der Frau, Nebenbeschäftigung für den Mann, Kinderarbeit, Untervermietung oder zumindest Gemüseanbau oder Kleintierhaltung im eigenen Garten an der Tagesordnung.

Typisch für das Freizeitverhalten Potsdamer Arbeiterfamilien waren Wochenendausflüge in die zugänglichen Parkanlagen und die nähere Umgebung. Um 1900 gab es in Potsdam ca. 200 Gaststätten. Hier spielte sich das am Ende des 19. Jahrhunderts stark zunehmende Vereinsleben ab. Dazu gehörten die Arbeitergesangsvereine „Schneeglöckchen" und „Solidarität", die sich 1911 zum „Freien Männerchor" Potsdams zusammenschlossen, der Gesangverein „Gutenberg", der selbstständig blieb, sowie der Potsdamer Arbeitertheater-Verein. Bei einer Vielzahl von Anlässen, neben den offiziellen Feiertagen besonders die Maifeiern und Stiftungsfeste der Arbeiterorganisationen, gestalteten diese künstlerischen Vereine Veranstaltungen und leisteten somit einen wichtigen Beitrag, eine sinnvolle Freizeitbeschäftigung zu ermöglichen. Großer Beliebtheit erfreute sich der Potsdamer Arbeiter-Turnverein „Frisch auf", der 1912 in Bornim sogar einen eigenen Sportplatz besaß. Weiter entstanden in Potsdam 1902 ein Ortsverein des Arbeiter-Radfahrer-Bundes „Solidarität", 1907/08 der Arbeiter-Schachverein und 1912 der Arbeiter-Schwimmverein.

Pause um 1900 am Berliner Humboldthafen © bpk|Kunstbibliothek, SMB, Photothek Willy Römer

Bemerkenswert ist das Ausmaß an privater Unterstützung durch vermögende Potsdamer für ärmere Bevölkerungsschichten der Stadt. Nach dem Verzeichnis der Stiftungen von 1897 wurden von den städtischen Behörden in Potsdam für die verschiedensten Zwecke Spendengelder in Höhe von insgesamt rund 4 Mio Mark verwaltet. Auffällig ist, dass die 76 Stiftungen vor allem von Beamten, Angestellten der Stadt, Rentiers und besonders von Frauen stammten. Nur 6 Spenden (7,9 %) stiftete das preußische Königshaus, der Anteil an den gezahlten Beträgen betrug sogar nur 4,87 % Prozent. Nicht die Hohenzollern, sondern das Potsdamer Bürgertum war es vor allem, das für eine karitative Grundsicherung sorgte. Philanthropismus und liberales Fürsorgedenken, ein Hang zur Wohltätigkeit gehörten zu den charakteristischen Merkmalen des Potsdamer Bürgertums. (Angaben aus einem wissenschaftlichen Artikel von Tilo Köhn, Universität Potsdam)

Theodor Fontane, der übrigens in seinen fünf Bänden „Wanderungen durch die Mark Brandenburg" nichts über die Innenstadt von Potsdam geschrieben hat, äußerte sich an anderer Stelle sehr abschätzig über „den" Potsdamer: „Sein Wesen, sage ich, besteht in einer unheilvollen Verquickung oder auch Nichtverquickung von Absolutismus, Militarismus und Spießbürgertum. Ein Zug von Unfreiheit, von Gemachtem und Geschraubtem, namentlich auch von künstlich Hinaufgeschraubtem, geht durch das Ganze und bedrückt jede Seele, die mehr das Bedürfnis hat, frei aufzuatmen." Kurz: Fontane entdeckte in Potsdam einen duckmäuserischen Untertanengeist, und der missfiel ihm.

Nach drei gewonnenen Kriegen sahen sich die Spitzen des Militärs als DIE staatstragende Kraft in Deutschland. Aus ihrer in der Verfassung abgesicherten Rolle als Staat im Staat leiteten sie eine Verachtung des Bürgerlichen ab, der seltsamerweise kein Widerstand entgegengesetzt wurde. Obwohl Deutschland in der Wissenschaft – in der Medizin, der Pharmazie, der Elektrotechnik, der Chemie, der Optik usw. – mehr und mehr eine führende Stellung in der Welt einnahm, war jeder Offizier in der gesellschaftlichen Anerkennung dem Universitätsprofessor himmelweit überlegen. Mit der Frage: „Haben Sie überhaupt gedient?" konnte jeder Leutnant eine wissenschaftliche Koryphäe mundtot machen. Die Folge: Aus seiner Visitenkarte hatte mancher Professor den „Leutnant d.R." (der Reserve) an erster Stelle stehen. Die ursprünglich progressiven Burschenschaften

Der Hochbehälter von 1876 wurde vom Wasserwerk 1 an der Bertinistraße aus befüllt.

in den Universitätsstädten (wozu Potsdam allerdings nicht gehörte) verwandelten sich nach und nach in Vereinigungen zur Imitation militärischer Gebräuche, wobei der Begriff „Ehre" und seine Verteidigung besondere Rollen spielten.

Die Abschottung des Adels gegenüber dem Bürgertum war in den Potsdamer Garderegimentern besonders ausgeprägt. Nicht nur „Bürgerliche" wurden von den Offiziersrängen ferngehalten, sondern auch Angehörige des niederen Adels. In den Potsdamer Offizierscasinos trafen sich die von Schlieffen, von Puttkammer, von Waldersee, von Finckenstein, von Kleist – Namen, die bereits im Umkreis des „Alten Fritz" anzutreffen waren. Im Casino des 1. Infanterie-Garde-Regiments zu Fuß geruhte der Kronprinz und später der Kaiser Wilhelm II. häufig persönlich das Frühstück einzunehmen. Die Garde-Husaren erhielten entlang der heutigen Berliner Straße ein besonders prächtiges Offizierscasino. Berühmt wurde es durch seine Gemäldesammlung historischer Husarengeneräle. Das Privileg, in der Garde zu dienen, ließen sich die Familien des preußischen Hochadels nicht nehmen. Die Folge war jener Typus des preußischen Leutnant, der in aller Welt belächelt wurde: überheblich, pedantisch, schikanös und dabei geistig nicht sehr helle.

Zu lautem Gelächter, das bis in unsere Tage anhält, führte eine Aktion des vorbestraften und in den Mühlen der preußischen Bürokratie zerriebenen Schusters Wilhelm Voigt am denkwürdigen 16. Oktober 1906. Als „Köpenickiade" ist sie allseits bekannt geworden – durch Bücher, Filme und ein vielgespieltes Theaterstück.

Der preußische Gardeoffizier, wie ihn die Welt belächelte aus: Das deutsche Militär in der Karikatur, Stuttgart o.J.

Auch diese Militärposse hat einiges mit Potsdam zu tun. Denn im dortigen Holländischen Viertel, in der Mittelstraße 3, hatte jener Trödler sein Geschäft, in der Voigt sich zum Hauptmann des 1. Garde-Regiments zu Fuß ausstaffierte, um „auf allerhöchsten Befehl" die Stadtkasse von Köpenick (damals noch selbstständige Stadt außerhalb von Berlin) zu beschlagnahmen. Der „Hauptmann von Köpenick" quittierte die Beute von 3.557,45 Mark mit dem Namen seines letzten Gefängnisdirektors, von Malzahn, und fügte „H.i.1.G.R." (Hauptmann im 1. Garde-Regiment) hinzu. Somit hatte alles seine Ordnung. Bis Voigt elf Tage später verhaftet wurde. Ein früherer Zellengenosse hatte ihn verpfiffen.

Postkarten, Bildgeschichten, Anekdoten aller Art trugen, wie man heute sagt „zielgruppengerecht", dazu bei, das Soldatenleben zu verklären. Der Militär-Kitsch trieb skurrile Blüten. Man fand es niedlich, wenn dreijährige Knaben in Uniform – besonders beliebt waren Matrosenanzüge – mit geschultertem Holzgewehr durch die gute Stube marschierten. Die Mädchen spielten am liebsten mit Soldatenpuppen.

Im Gegensatz zur Propaganda war gerade in den Kavallerie-Kasernen das Leben für die einfachen Rekruten nicht leicht. Da hier vornehmlich junge Männer mit Erfahrungen im Umgang mit Pferden eingezogen wurden, stammten die unteren Dienstgrade meistens vom Land. Um 4 Uhr früh wurde zum Wecken geblasen und anschließend die Pferde versorgt. Bei den anderen Truppen begann der Tag um 6.30 Uhr. Am Vormittag fand die militärische Ausbildung statt, am Nachmittag war Reinigen, Putzen, Flicken angesagt. Aber auch geturnt wurde, und im Sommer ging es in die Schwimmanstalt. Es gab drei ausgiebige Mahlzeiten mit reichlich Fleisch. Die Leibwäsche wurde einmal in der Woche gewechselt, die Bettwäsche jeden Monat. Hygiene war ein wichtiges Gebot in den Kasernen, um die Kampfkraft der Truppe zu erhalten.

Nicht mehr nur Monarchen gaben seit der Mitte des 19. Jahrhunderts vor, was und wie gebaut wurde. Die Aufzählung der in den 1870er Jahren errichteten Bauten zeigt, dass Potsdam eine Bürgerstadt geworden war, in der es darum ging, die gehobenen Ansprüche seiner Bewohner hinsichtlich der Lebensqualität zu berücksichtigen.

Ein Herz für die Armenier
Dem Genozid auf der Spur

Johannes Lepsius (1858–1926)

Das Schicksal der Armenier während des Ersten Weltkrieges erregt noch heute die Gemüter. War ihre Vertreibung während der osmanischen Herrschaft Völkermord oder nicht? Die Antwort auf diese Frage ist politisch hochaktuell und hat Auswirkungen auf das Verhältnis zur heutigen Türkei. Der Mann, der Potsdam zu einem Ort dieser Auseinandersetzungen gemacht hat, heißt Johannes Lepsius. Er bewohnte von 1907 bis 1925 eine Villa am Südhang des Pfingstberges. Dort bewirtschaftete ab 1772 ein Kammerdiener Friedrichs II. einen Weinberg. Fast einhundert Jahre später kaufte ein Berliner Bankier das Haus und ließ es im Stil einer italienischen Villa umgestalten. Kurz danach kam es in den Besitz der Hohenzollern. So ist zu verstehen, dass die Villa heute zum Bestand der Stiftung Preußische Schlösser und Gärten gehört. Zwischendurch war die Villa ein Teil des sowjetischen Militärstädtchens Nr. 7 und befand sich nach dem Abzug der Besatzer 1994 in einem trostlosen Zustand. Der Förderverein „Lepsiushaus Potsdam" konnte das Haus mit Mitteln aus verschiedenen Fördertöpfen vor dem Verfall bewahren. Das Gebäude ist jetzt denkmalgerecht saniert und beherbergt das Johannes-Lepsius-Archiv und einen Gedenkraum.

Johannes Lepsius war Sohn des Begründers der Ägyptologie in Deutschland. Bereits als junger Mann knüpfte er bei Aufenthalten im Orient Kontakte zu Armeniern, die als Christen Pogromen ausgesetzt waren. In deutschen Zeitungen wies er auf Verbrechen hin, wozu 1895 der Feuertod tausender Armenier in der Kathedrale von Urfa gehörte. Die Schriften von Lepsius wurden in die wichtigen Sprachen Europas übersetzt und erzeugten allgemeine Entrüstung. Während des Ersten Weltkrieges erreichte die Verfolgung der Armenier eine neue Stufe. Sie wurden von überallher in die Wüsten Mesopotamiens getrieben, wo sie durch Hunger, Durst und Erschöpfung umkamen. Lepsius dokumentierte diesen Völkermord in seinem „Bericht über die Lage des armenischen Volkes in der Türkei" aus dem Jahr 1916, der umgehend von der deutschen Zensur verboten wurde. Die politischen Parteien in Deutschland ignorierten Lepsius' Anklagen. Er musste wegen drohender strafrechtlicher Verfolgung seine Aktivitäten im benachbarten Ausland fortsetzen. Eines der wichtigsten Werke von Lepsius ist seine 1919 veröffentlichte Publikation „Deutschland und Armenien 1914–1918: Sammlung diplomatischer Aktenstücke", auch bekannt als Lepsiusdokumente, die später zum wichtigsten Schriftstück zum Völkermord an den Armeniern werden sollten.

Heute veranstaltet das Lepsiushaus das „Lepsius-Forum" in Form von Vorträgen, Seminaren und Konferenzen über neuere Forschungsergebnisse „über die armenische Frage in der Türkei seit dem 19. Jahrhundert". Nach wie vor bemüht sich die Botschaft der Türkei, das Gedenken an Johannes Lepsius zu verhindern.

1873 – die Anlage der Villenkolonie Neubabelsberg wurde behördlich bestätigt; in Nowawes entstand das Oberlinhaus zur Betreuung von schwerstbehinderten Menschen; Übergabe des „Königin Elisabethhauses" zur Kleinkinderfürsorge;

1875 – Errichtung des ersten Wasserwerkes;

1878 – Einweihung des Viktoria-Gymnasiums – die Schüler der Großen Stadtschule zogen in das neue Haus (heute Helmholtz-Gymnasium); Errichtung einer Zentralturnhalle für die Schuljugend in der Kurfürstenstraße.

1878 – verließen die Soldaten des 2. Grenadier-Bataillons des 1. Garde-Regiments zu Fuß die Bürgerquartiere im Holländischen Viertel und rückten in ihre Kaserne am Kiez ein. Damit endete nach 165 Jahren in Potsdam die „Naturaleinquartierung".

Die Wissenschaft entdeckt Potsdam

Während des Deutsch-Französischen Krieges, im Jahr 1870, siedelte sich in Potsdam ein Mechaniker und Optiker namens Edmund Hartnack an. Gemeinsam mit dem polnischen Astronomen Adam Prazmowski hatte er Mikroskope entwickelt, mit denen 1869 eine 3.500-fache Vergrößerung möglich war. Für die Wissenschaft waren sie damals das maximal Mögliche. Optische Großbetriebe wie Zeiss und Leitz erreichten diese Qualität erst Jahrzehnte später. Dann aber verdrängten sie Unternehmen wie das von Edmund Hartnack.

1874 begann für Potsdam das Zeitalter als Wissenschaftsstadt, das bis heute andauert. In jenem Jahr wurde (damals noch in Berlin) das Astrophysikalische Institut gegründet, das die Spektralanalyse zur Erforschung des Weltalls nutzen sollte. Mit Hilfe der Zerlegung des Lichtes in seine farbigen Bestandteile war es seit 1859 möglich, die physikalische Beschaffenheit von Gasen und Dämpfen zu bestimmen. Nun sollte auf fotografischen Platten der Strahlung von Gestirnen nachgegangen werden. Die dafür erforderlichen hochsensiblen Geräte konnten nicht in der Großstadt mit ihren vielen Störfaktoren wie Rauch, Erschütterungen und nächtliche Beleuchtung aufgestellt werden. Die Wahl fiel daher auf das verkehrsgünstig gelegene Potsdam. Als es darum ging, hier wiederum einen Ort zu finden, der nicht in unmittelbarer Nähe zu großen Ansiedlungen, von Industrieanlagen und Verkehrswegen liegt und dennoch gut zu erreichen ist, fiel die Wahl auf den Telegrafenberg. Die Anlagen für den optischen Telegrafen waren inzwischen abgebaut, Platz war genügend vorhanden.

Drei Jahre dauerten die Arbeiten zur Erschließung des Geländes und zum Bau der ersten Observatorien. Während der Bauarbeiten wurden erste Versuche von der Berliner Sternwarte aus unternommen. Für Beobachtungen der Sonne wurde anfangs der Monopteros des Großen Militärwaisenhauses zu Potsdam genutzt. 1876 bis 1879 entstand das Hauptgebäude des Astrophysikalischen Observatoriums (AOP, heute: „Michelson-Haus") mit drei Beobachtungstürmen mit drehbaren Kuppeln über dem Südflügel. Diese erlaubten Fernrohre von maximal 30 Zentimeter Öffnung. Das Astrophysikalische Observatorium war das erste astronomische Institut der Welt, das den Begriff „Astrophysik" im Institutsnamen und im Arbeitsprogramm führte.

Während auf dem Telegrafenberg die Fernrohre für die Erkundung des Himmels installiert wurden, geschah nördlich von Potsdam ebenfalls Großes. Hier wurde der Sacrow-Paretzer Kanal ausgehoben. Mit seiner Fertigstellung 1876 lag Potsdam tatsächlich auf einer Insel. Wer nun in die Stadt wollte, musste stets über eine Brücke fahren. Der Kanal verkürzte den Wasserweg von Berlin zur Elbe um 13,5 Kilometer. Viel wichtiger aber war, dass er die damals schwierigen Brückendurchfahrten in Potsdam und Werder (Havel) vermied und den Schiffen die Fahrt über den tückischen Schwielowsee ersparte. Der Kanal erwies sich bald als so wichtig, dass er bereits 1889 verbreitert und vertieft wurde. Vorteil für Potsdam: Die von Dampfmaschinen angetriebenen Lastschiffe verpesteten nicht die Luft in der Stadt der Parks und Gärten.

Die Eisenbahn hatte gezeigt, dass man viel Kraft sparen kann, wenn Eisen auf Eisen rollt. Da war es nur eine Frage der Zeit, bis Schienen nicht nur zwischen Städten verlegt wurden, sondern auch innerhalb von Städten. Der Antrieb mit Dampfkraft hätte die innerstädtische Bahn allerdings zu einem schwerfälligen Ungetüm gemacht. Also blieb vorerst nur der Antrieb mit Pferdekraft. Ein oder zwei Pferde wurden den Schienenwagen vorgespannt – und ab ging es. In Berlin fuhr die erste Pferdebahn vom Brandenburger Tor nach Charlottenburg im Jahr 1865. Fünfzehn Jahre mussten vergehen, bis sich auch Potsdam dieses Verkehrsmittel leistete. In dieser

Zeit hatten inzwischen Städte wie Bagdad, Kalkutta, Alexandria, Kapstadt, Havanna und Sydney ihre Pferdebahn. Eine private Gesellschaft betrieb ab 15. Mai 1880 in Potsdam drei Linien. Alle starteten in der Nähe des Schlosses an der Langen Brücke. Die damalige Brücke war noch nicht mit Schienen ausgestattet. Somit mussten die Fahrgäste der Eisenbahn zunächst über die Brücke laufen, um dann in die Pferdebahn einzusteigen.

Noch mehr Kasernen

Die 1880er Jahre brachten weitere Militäranlagen für Potsdam. Dabei hatte die Garnisonwaschanstalt an der Schiffbauergasse noch fast zivilen Charakter. Heute ist das Gebäude ein beliebter Treffpunkt der musikbegeisterten Jugend. 1881 bis 1889 wurde die Kadettenanstalt entlang der Saarmunder Straße (heute Heinrich-Mann-Allee) in der Teltower Vorstadt durch Neubauten erweitert. Schließlich lebten hier 330 Kadetten und Ausbildungspersonal. Anfang der 1990er Jahre zog hier die Kanzlei der brandenburgischen Landesregierung ein. Während die Kadetten in der Teltower Vorstadt im exklusiven Kreis auf eine höhere Militärlaufbahn vorbereitet wurden, fand im Großen Militärwaisenhaus eine Ausbildung von Schülern zu Berufssoldaten der unteren Dienstränge statt. Der Unterricht reichte von Religion über Geografie bis Fechten und Schießen.

Im Jahr 1884 folgte der Bau einer zweiten Kaserne für das 1. Garde-Regiment zu Fuß auf dem früheren Gelände der Gewehrfabrik. Heute ist hier

Statue von Kaiser Wilhelm I. am ehemaligen Amtsgericht in der Hegelallee; darüber eine Büste von Friedrich Wilhelm I.

ein brandenburgisches Ministerium untergebracht. In Sichtweite dieser Kaserne bekam Potsdam 1885 ein Denkmal für den „Soldatenkönig" Friedrich Wilhelm I. Es stand am Rand des Exerzierplatzes am Stadtschloss und war ein Standbild, das von 12 in die Erde gesteckten Kanonen umgrenzt war. Das Denkmal wurde 1950 eingeschmolzen. 1885 begannen die Bauarbeiten für die Kasernen des 1. Garde-Ulanen-Regiments, die „Ruinenbergkasernen".

Die Rolle Potsdams als hervorragender Ort der Hohenzollernverehrung zeigte sich noch einmal deutlich beim Neubau eines Gerichtsgebäudes in der Hegelallee (damals Mauerstraße) zwischen Nauener Tor und Jägertor. Als Land- und später Amtsgericht wurden hier die weniger spektakulären Streitfälle unter Bürgern behandelt. Dennoch entstand das Bauwerk unter lebhafter Teilnahme des Kronprinzen Friedrich und dessen Ehefrau Victoria. So erhielt die Fassade als besonderen Schmuck die überlebensgroßen Statuen von König Friedrich II. und des (zur Zeit des Baus noch lebenden) Kaisers Wilhelm I. In einem breiten Fries zwischen dem ersten und zweiten Stockwerk sind die Büsten der 14 weiteren Kürfürsten von Brandenburg und der Könige aus dem Hause Hohenzollern dargestellt. Als das Haus einem Bürokomplex der DDR-Staatssicherheit zugeschlagen wurde, hat man die Statuen abmontiert. Zwei Arztfamilien bewahrten sie allerdings vor der Zerstörung. Und so konnten sie nach der Wende in ihre Mauernischen zurückkehren. 1910 wurde gleich hinter diesem Gebäude das Potsdamer Amtsgericht errichtet und architektonisch mit dem Landgericht verbunden.

Auch wenn das Auto eben erst erfunden war, herrschte auf der Langen Brücke zwischen der Potsdamer Innenstadt und der Teltower Vorstadt bzw. Babelsberg ein so reger Verkehr, dass an eine Brücke über die Havel als Ersatz für die 1825 eingeweihte Überquerung gedacht werden musste. Sie sollte sich von den Vorgängerinnen deutlich unterscheiden. Zum einen sollte sie hoch genug über dem Fluss verlaufen, um den Schiffen die Durchfahrt ohne einen sich öffnenden und schließenden Durchlass zu erlauben. Zweitens sollte sie von vornherein Schienen für die Straßenbahn aufnehmen. Und drittens sollte sie ein repräsentatives Entree für Potsdam darstellen. Während der Verkehr auf der alten Brücke weiter rollte, wurde zwischen 1886 und 1888 unmittelbar nördlich davon die neue in doppelter Breite gebaut. Die damals modernste Technik kam zum Einsatz. Bis zu zehn Dampfmaschinen waren in Betrieb, darunter fünf Dampframmen. Auf Wunsch des damaligen Regierungspräsidenten wurden vor allem Potsdamer Firmen an dem Bau beschäftigt. Im Juli 1888 konnte die Brücke dem Verkehr übergeben werden. Sie überquerte zweimal die Havel und passierte zwischen den Havelarmen Alte und Neue Fahrt die Freundschaftsinsel.

Die geplanten großen Eröffnungsfeierlichkeiten blieben jedoch aus. Stattdessen war Trauer angesagt. Das Jahr 1888 ging als das „Dreikaiserjahr" in die Geschichte ein. Am 9. März jenes Jahres verstarb Kaiser Wilhelm I. Bereits am 15. Juni folgte ihm Kaiser Friedrich III. Bereits schwer krank, übernahm er den Thron und erlag nach 99 Tagen am 15. Juni seinem Leiden. Er war, wie es damals hieß, der „Frühlingskaiser". Die Jubelfeier zur Brückeneröffnung musste entfallen. „Trauerflor lag auf Germanias Schild", war in einer zeitgenössischen Schrift zu lesen.

Im Sommer 1895 erhielt die Brücke ihren speziellen Schmuck: Sandsteinskulpturen von Angehörigen der Potsdamer Regimenter. Da standen von Fahnen und Trophäen umrankte Soldatengruppen: Artillerist und Dragoner aus kurfürstlicher Zeit, Riesengardist und Ziethen-Husar aus friderizianischer Zeit, Garde du Corps und Landwehrmann aus den Befreiungskriegen und zeitgenössischer Ulane und Matrose. Die offizielle Eröffnung der Brücke fand endlich am 11. April 1901 in Anwesenheit von Kaiser Wilhelm II. statt, als in der Mitte der Brücke ein von der Provinz Brandenburg gestiftetes Reiterstandbild für Wilhelm I. eingeweiht wurde.

DAS DREIKAISERJAHR

Zurück ins Jahr 1888. Die 99 Tage, die Friedrich III. als Kaiser noch verblieben, verlebte er weitgehend im Schloss Charlottenburg. Erst zwei Wochen vor dem Tod kam er, der als die Hoffnung der Liberalen galt, nach Potsdam. Geboren wurde er 1831 im Neuen Palais und sollte dort auch mit 57 Jahren sterben. Der Kaiser litt schwer an Kehlkopfkrebs und konnte bei der Inthronisation bereits nicht mehr sprechen. Während der 99 Tage seiner Regentschaft wurde das Neue Palais „Schloss Friedrichskron" genannt. Es begannen damals erste Modernisierungen, die unter dem Nachfolger weiter betrieben wurden. Das Schloss bekam elektrisches Licht, eine Dampfheizung wurde installiert, Toiletten und Badezimmer wurden eingebaut. 1903 kam noch ein Aufzug im Nordtreppenhaus hinzu.

Ein caritatives Werk bis heute
Die Hoffbauer-Stiftung

Clara Hoffbauer (1830–1909)

Wenn Friedrich der Große von seinem Schloss Sanssouci aus auf die Havellandschaft schaute, sah er auf der anderen Seite des Wassers die Halbinsel Tornow. Er selbst erteilte dem „Hofjuden" Elias Daniel Itzig die Erlaubnis, an der schmalsten Stelle einen Kanal zu graben, um mit seinen Holzkähnen schneller den Stadtkanal zu erreichen. So wurde aus der Halbinsel die Insel Tornow, und der Kanal heißt heute noch „Judengraben". Ein beachtlicher Teil der Insel wird von den Gebäuden der Hoffbauer-Stiftung eingenommen. Auch wenn die Insel seit 1901 nach Hermann Hoffbauer Herrmannswerder benannt ist, war die Gründerin der Stiftung seine Frau: Clara Hoffbauer. Er war ein außerordentlich erfolgreicher Teppichfabrikant in Berlin, der es rasch zu einem ansehnlichen Vermögen brachte.

Mitte der 1860er Jahre kamen sie nach Potsdam und erwarben zahlreiche Grundstücke. 1870 kaufte das Ehepaar die Potsdamer Villa „Havelhaus" in der heutigen Hoffbauerstraße. Die Villa wurde ein Ort der Begegnung unter anderem mit dem Schriftsteller Theodor Fontane und dem Arzt Ernst von Bergmann. Zu den Erwerbungen gehörte nach dem Tod des Ehemanns im Jahr 1884 auch das Gut Tornow, das durch eine 1,2 Kilometer lange Mauer eingegrenzt wurde. 1894 kam das gotische Eingangstor mit dem Wärterhäuschen hinzu, das heute noch die Einfahrt zum Stiftungsgelände markiert.

Seit 1891 wurde auf der Insel gebaut, 1901 erfolgte die offiziellen Gründung der „Hoffbauer-Stiftung". Ihr überschrieb Clara Hoffbauer das gesamte Barvermögen und ihren Grundbesitz. Sie wollte vorrangig eine anspruchsvolle, evangelisch geprägte Bildungsstätte für junge Frauen schaffen. Mit dem danach errichteten Krankenhaus prägte sie Hermannswerder als herausragenden Ort praktizierter sozialer Verantwortung und Nächstenliebe.

Sie errichtete ein Krankenhaus, ein Altenpflegeheim, das Evangelische Gymnasium Hermannswerder und ein Freizeit- und Wohnheim für körperlich behinderte Erwachsene. Die Hoffbauer-Stiftung wurde 1902 eine eigenständige Kirchengemeinde. Auf dem Gelände befanden sich schließlich 20 Gebäude, unter anderem eine Schule, sechs Waisenhäuser und ein Kranken- und Isolierhaus. Seit 1911 gehört eine Kirche nach gotischem Vorbild dazu und bis 1951 auch ein eigener Friedhof. Am 28. Februar 1909 verstarb Clara Hoffbauer.

In der Eigendarstellung der Stiftung heißt es: „Die Hoffbauer-Stiftung ist nach wie vor dem Gründergedanken verpflichtet. Sie konzentriert sich auf die Unterstützung evangelischer Bildungseinrichtungen, wobei die Einrichtungen der gemeinnützigen Hoffbauer GmbH im Mittelpunkt stehen."

Nach dem Tod des Kaisers Friedrich III. spielte sich rund um das Neue Palais ein wahrer Familien-Krimi ab. Der Sohn des Verstorbenen, der als Wilhelm II. den Hohenzollernthron nun einnehmen sollte, ließ das Schloss von bewaffneten Militärs umstellen. Dort wohnte nach wie vor seine Mutter, Tochter der legendären englischen Königin Victoria. Ihr galt diese militärische Aktion. Ihr Sohn selbst hatte den Verdacht geäußert, dass die Mutter Dokumente aus dem Haus schmuggeln wollte, um sie nach London zu bringen. Das wäre Hoch- und Landesverrat. Wilhelm II. hasste seine von Liberalität und Toleranz geprägte Mutter. Ihr gab er die Schuld an einem körperlichen Gebrechen, das während der komplizierten Geburt eingetreten war. In den Kinderjahren des Thronfolgers hatte sie mit brutalen Mitteln versucht, den Makel zu beseitigen. Das Ergebnis war ein schwieriger, unausgeglichener Charakter des künftigen Kaisers.

Die Militäraktion rund um das Neue Palais brachte keine belastenden Dokumente zutage. Der Witwe wurde als künftiger Wohnsitz das Krongut Bornstedt zugewiesen. Bald verließ sie jedoch Potsdam, um sich in Kronberg im Taunus niederzulassen. Bevor sie dort 1901 starb, gelang es ihr, die Korrespondenz mit ihrer Mutter nach London zu schmuggeln. Als sich die Szene von 1888 am Neuen Palais nun im Taunus wiederholte und bewaffnete Militärs erneut nach versteckten Dokumenten suchten, waren sie bereits außer Landes. Sie kamen nach dem Ersten Weltkrieg, bearbeitet und ins Deutsche übersetzt, auch in deutsche Buchläden.

Die persönlichen Verhältnisse in der Kaiser-Familie sollten allerdings keine Auswirkungen auf eine harmonische Zurschaustellung der Monarchie haben. Unmittelbar nach dem Tod von Kaiser Friedrich III. begannen neben der Friedenskirche die Bauarbeiten an einem Mausoleum für den Verstorbenen. Auch die 1901 verstorbene Kaiser-Witwe wurde hier bestattet. Die Sarkophage des Kaiserpaares schuf Bildhauer Reinhold Begas. Auf den Stufen zum Altar wurde 1991 der schlichte Innensarg des „Soldatenkönigs" Friedrich Wilhelm I. aufgestellt. Die Pläne für den Bau des Mausoleums lieferte Julius Carl Raschdorff, Baumeister des Berliner Doms. Der auf die Frühzeit des Christentums verweisenden

Blick zum Brauhausberg mit der 1902 fertiggestellten Kriegsschule, im Vordergrund die Lange Brücke, aus „Album von Potsdam", 1907

nigreichen/Landen und Republiquen beleget zu werden pflegen/

Wo Zeppelins Träume platzten
Der Luftschiffhafen

Immer wieder schlugen Flugversuche fehl, und der Graf musste erleben, was es heißt, mit dem Schaden auch den Spott zu haben. Kaiser Wilhelm II. soll ihn als den „Dümmsten aller Süddeutschen" bezeichnet haben. Aber Zeppelin ließ sich nicht beirren. Seine Deutsche Luftschiffahrts-AG transportierte bis zum Beginn des Ersten Weltkrieges 35.000 Menschen unfallfrei. Vielleicht wollte es Zeppelin dem spöttischen Kaiser heimzahlen, als er 1910 nur zwei Kilometer von dessen Residenz, dem Neuen Palais, die größte Luftschiffhalle Deutschlands errichten ließ. Sie war 175 m lang und 35 m hoch, groß genug, um ein 140 m langes Luftschiff zur Wartung aufzunehmen. 1913 war ein Verkehrsnetz zwischen Potsdam, Düsseldorf, Frankfurt am Main, Hamburg und Leipzig entstanden. Auch Kopenhagen und Stockholm gehörten zu den Zielen.

Potsdam sollte das Drehkreuz eines europäischen Linienverkehrs mit Luftschiffen werden. 1913 wurde eigens eine Straßenbahnlinie zum Luftschiffhafen verlängert. Aber der Erste Weltkrieg machte alle Pläne zunichte. In den Anlagen am Havelufer wurden nun Luftschiffe für den Kriegseinsatz gebaut. Und so kam es, dass nach dem Versailler Abkommen auch die Luftschiffswerft abgerissen werden musste. Der Einsatz der riesigen Flugkörper hatte sich im Krieg ohnehin als Fehlschlag erwiesen. Es war die Stunde der kleinen, wendigen Flugzeuge gekommen. Die Stadt kaufte das Luftschiffgelände zurück und errichtete dort einen beispielgebenden Land- und Wassersportplatz. Überdauert und nunmehr unter Denkmalschutz gestellt, haben das Eingangstor, das frühere Verwaltungsgebäude, in dem sich die Näherei für die Hüllen befand, und ein Teil der Werkstätten mit den historischen Sheddächern. Sie sind in die Architektur des Kongresshotels integriert.

Wie einst die Luftschiffe stehen heute die Gebäude des Kongresshotels in der Havel-Landschaft.

gänzlich befreyt/auch durchgehends auf gleiche Art und Weise

Architektur der Friedenskirche wurde eine wuchtige Kapelle zur Seite gestellt, die ihre Vorbilder in der italienischen Hochrenaissance sucht, als das Christentum durch machtgierige Päpste diskreditiert war. Ein Stilbruch?

Ein Herz fürs Militär

Der neue Kaiser liebte den militärischen Pomp. In den Jahren seiner Regentschaft nahm die Zahl der Aufmärsche und Paraden stetig zu. Anlässe dazu boten vor allem die Jahrestage gewonnener Schlachten. So der Großgörschen-Tag am 2. Mai, der Tag von Königgrätz am 3. Juli, der Sedan-Tag am 2. September, aber auch an Kaisers Geburtstag am 27. Januar wurden Paraden abgehalten. Dazu kamen die Ausmärsche zu den Manövern, dann wieder die Rückkehr, die Regimentsfeste, Vereidigungen usw.

Hierfür wurden die Parade-Uniformen immer prächtiger. Da jedes Regiment seine eigenen Uniformen besaß, ergab sich ein ausgesprochen buntes Bild. Und zwischen den Regimentern gab es einen regelrechten Wettstreit, welches das „fescheste" war. Ganz weit vorn in der Gunst lagen die Garde-Jäger und natürlich das Garde du Corps. Wenn deren Reiter ihren in der Sonne glänzenden Brustpanzer über ihrer weißen Uniform anlegten und auf ihrem Helm den Pickel gegen den Adler eintauschten, war allenthalben das „Aah" und „Ooh" zu hören. Der Paradenmarsch selbst wurde immer mehr zur artistischen Übung, wenn die Soldaten ihre Beine aus dem Hüftgelenk auf Bauchhöhe hochwarfen.

Obwohl Friedrich II. die Marotte seines Vaters für hochgewachsene Soldaten beendet hatte, erlebte sie in der Kaiserzeit fröhliche Auferstehung. So kam zum Garde du Corps nur, wer mindestens 1,90 Meter groß war. Das deutsche Heer sollte nicht nur das schlagkräftigste, sondern auch das schönste weltweit sein. Die Leibwache der Kaiserin trug im Schlossdienst sogar noch die friderizianische Gala-Uniform im Rokoko-Stil. Die Fußgarde des 1. Garde-Regiments marschierte mit ihren typischen Grenadiermützen auf. Für sie war die Tradition das Allerwichtigste. Die Uniform dieses Regiments war auch die der preußischen Könige seit 1806, denn sie waren stets die Regimentschefs. Die preußischen Kronprinzen traten an ihrem 10. Geburtstag als Leutnant in das Regiment ein und erhielten dort ihre militärische Ausbildung.

Was mit dem „Soldatenkönig" begann, galt auch noch während der Kaiserzeit: Das 1. Garde-Regiment zu Fuß hatte in Friedenszeiten die Funktion einer Lehr- und Versuchstruppe. Hier wurden neue Ausrüstungen und Waffen erprobt und neue Vorschriften versuchsweise angewendet. Das Potsdamer Lehr-Infanterie Bataillon war insofern dem 1. Garde-Regiment zu Fuß angegliedert. Als Operetten-Truppe hatte sich der Kaiser sein Heer allerdings nicht gedacht. Er schwor seine Truppen darauf ein, den inneren und äußeren Feind zu bekämpfen. Bei einer Vereidigung im Jahr 1892 in Potsdam rief er: „Bei den jetzigen sozialistischen Umtrieben kann es vorkommen, dass ich euch befehle, eure eigenen Verwandten, Brüder, ja Eltern niederzuschießen..."

Am vierten Adventssonntag des Jahres 1898 nahm die Leibkompanie des 1. Garde-Regiments zu Fuß (genannt „semper talis" = „stets gleich") mit allen Standarten und Fahnen vor der Garnisonkirche Aufstellung. Anlass war die Wiedereröffnung nach mehr als einjährigen Umbauten. Die Anordnung der Sitzreihen wurde verändert, um die Sicht auf die Kanzel zu verbessern, der Innenraum erhielt ein neobarockes Gepräge, Altarraum und Brüstungen wurden golden verziert, und vor allem bildete der militärische Schmuck das dominierende Element des Kirchenraums. Die als Trophäen erbeuteten Fahnen hingen nun mitten in den Raum hinein im freien Faltenwurf herab. 150 Fahnen verwandelten die Garnisonkirche in eine militärische Siegeshalle.

So waren es nicht nur die Parks und Schlösser, die die Besucher vor allem aus Berlin anzogen, sondern auch der kaiserliche Pomp und die feschen Uniformträger in den Straßen von Potsdam. Meist kamen die Neugierigen mit der Bahn, manchmal mit dem Dampfschiff. Zwischen Berlin und Potsdam wurde um 1880 durch den Grunewald (heute vergleichbar mit S-Bahn-Linie S7) eine neue Verbindung gebaut. Potsdam war (und ist) für Berlin das, was Versailles für Paris war (und ist). Es wurde zur Touristenstadt. 1893 gründeten Potsdamer Unternehmer den Verkehrsverein, der in den folgenden Jahren regelmäßig Reiseführer herausgab. Die Anzahl der Sehenswürdigkeiten war inzwischen derart angewachsen, dass ein solcher Reiseführer empfahl: „Die wunderbaren Eindrücke, welche Potsdam mit seinen Kunst- und Naturschönheiten hervorruft, werden dann erst zu dauernden, wenn man sie mit behaglicher Ruhe genießt. Es

Verherrlichung des Soldatenlebens im Bilderbuch „Das Potsdamer Soldatenjahr", o. J.

bietet kaum eine andere Stadt so mannigfaltige Abwechslung von Kunst, historischen Sehenswürdigkeiten und landschaftlichen Schönheiten wie Potsdam."

Unmittelbar nach seiner Inthronisation erließ Wilhelm II. ein neues Exerzierreglement. In Potsdamer Offizierskreisen wirbelte das viel Staub auf, denn hier standen sich Bewahrer und Erneuerer gegenüber. Es waren vor allem die Teilnehmer an den Einigungskriegen, die angesichts der gewonnenen Schlachten keine Notwendigkeit für Änderungen sahen. Dennoch: In den folgenden Jahren wurden die Regimenter mit neuen Karabinern und Revolvern ausgerüstet. Die Uniformen wurden vereinfacht. Da es nun darauf ankam, das Zusammenspiel immer größerer Truppenverbände zu üben, wurden die Potsdamer Exerzierplätze zu klein. Selbst das Bornstedter Feld genügte mit seinen 233 Hektar nicht mehr den Anforderungen. Ab 1894 zogen die Potsdamer Regimenter zu den großen Übungen in die Döberitzer Heide. Hier standen sogar zwei Scheindörfer für Zielübungen zur Verfügung.

Auch der Ausbau der Garnison ging weiter. Zwischen 1891 und 1893 entstand an der heutigen Berliner Straße – gegenüber der Garde-Husaren-Kaserne – ein riesiger Gebäudekomplex für das Regiment Garde du Corps. Er bot großzügige Reit- und Exerzierplätze sowie die damals modernsten Ställe für die Pferde mit Kühl- und Krankenställen und Entwässerung. Im Norden der Stadt entstanden große Kasernenkomplexe für das neu aufgestellte 2. Regiment der Garde-Feldartillerie. Die Gebäude waren im neugotischen Stil aus Backstein gemauert und galten als beispielgebend für das gesamte Reich. Bald hatten nicht nur Kasernen dieses einheitliche Aussehen, sondern auch Schulen, Krankenhäuser und andere öffentliche Bauten im kaiserlichen Deutschland. Am 1. Oktober 1894 erhielt Potsdam am nördlichen Stadtrand ein neues Garnisonlazarett, das aus 15 massiven Einzelgebäuden bestand.

Eine Medaille am Campanile der Heilandskirche erinnert an die erste Funkübertragung in Deutschland.

Ab 1892 erhielt Potsdam eine weitere „exotische" Facette. Ein bereits seit 1850 bestehender Liegeplatz für die königliche Fregatte „Royal Louise" wurde zu einer richtigen Matrosenstation ausgebaut. Das Besondere an ihr: Sie wurde im nordischen Stil errichtet. Wilhelm II. hatte auf seinen Nordlandreisen die filigrane Holzarchitektur kennengelernt und sie auf die Schiffshalle, das Mannschaftsgebäude und das Haus für den Königlichen Schiffsführer übertragen lassen. Die Matrosenstation erhielt den Namen „Kongsnaes" (zu Deutsch: Landzunge namens König). 1961 gerieten die Anlagen in den Verlauf des Mauerstreifens und wurden fast vollständig zerstört. Derzeit läuft ihr Wiederaufbau.

Die Matrosenstation und die über das Wasser der Havel hinweg 1,6 Kilometer entfernte Heilandskirche sind historische Orte auf dem Gebiet der Funktechnik. Adolf Slaby, ein Pionier der Radiotechnik, sendete zwischen beiden Punkten das erste drahtlose Funktelegramm in Deutschland. Auf dem Turm der Heilandskirche hatte er die Antenne angebracht und an einem auf 26 Meter verlängerten Fahnenmast der Matrosenstation den Empfangsdraht.

1899 begann der Bau eines Gebäudes, das noch heute bei der Ankunft am Potsdamer Bahnhof kaum zu übersehen ist: die Kriegsschule. Hier wurden Offiziersanwärter aller Waffengattungen herangebildet, um nach 35 Wochen dauernden Kursen das Offiziersexamen abzulegen. Zuvor hatten sie eine sechsmonatige Dienstzeit bei der Truppe zu absolvieren. In Potsdam bestand seit 1859 eine Kriegsschule, die mit der zahlenmäßigen Verstärkung des Heeres bald aus allen Nähten platzte. Wilhelm II. ordnete daher einen Neubau an, der zugleich als Lehr- und Wohnstätte dienen konnte. Als Ort entschied man sich für die Kuppe des Brauhausberges, direkt gegenüber dem Stadtschloss. Damit war klar, dass ein Gebäude entsteht, das in der Stadt Potsdam einen neuen Akzent setzen würde.

Franz Schwechten, der Erbauer des Anhalter Bahnhofs und der Kaiser-Wilhelm-Gedächtniskirche in Berlin, wurde mit dem Entwurf beauftragt. Der damaligen Mode in der Architektur entsprechend war der Bau ein Mix aus verschiedenen Stil- und Zeitepochen. Zur Stadtseite hin zeigte er sich im englischen Cottage-Stil, überragt von einem Burgturm in altdeutschem Fachwerk, auf der Rückseite verriet er Vorbilder aus der norddeutschen Festungsarchitektur der Renaissancezeit. Am 2. August 1902 wurde die Kriegsschule feierlich eingeweiht. Auch wenn im Äußeren auf Vorlagen der Vergangenheit zurückgegriffen wurde, war das Gebäude im Inneren modern (besaß eine Zentralheizung) und großzügig. Sogar eine Reitbahn gehörte dazu. Bis in die Gegenwart hinein sollte das Gebäude noch manche neue Nutzung und äußere Veränderung erleben. (siehe Foto S. 178)

Potsdam wächst nach aussen

Auch im zivilen Potsdam geschah so einiges an der Schwelle zum neuen Jahrhundert. Die Gemeinde Nowawes leistete sich 1899 ein neues Rathaus im Stil der märkischen Backsteingotik. Zur gleichen Zeit begann die Lokomotivfabrik der Orenstein & Koppel AG die Produktion in Neuendorf (später Babelsberg). 425 Beschäftigte fanden hier Arbeit. Der Betrieb blieb bis Anfang der 1990er Jahre der größte Industriebetrieb Potsdams, der als „Lokomotivbau Karl Marx Babelsberg" zunächst Dampfloks und bis 1976 Dieselloks baute.

Im Jahr 1900 waren fast die letzten Reste der Stadtmauer abgetragen. Neu errichtet wurde die Potsdamer Hauptpost am Wilhelmplatz (Platz der Einheit). Jetzt wurde wuchtig gebaut, Neobarock war angesagt. Die Kuppel auf dem Bau hatte eine verblüffende Ähnlichkeit mit dem Berliner Reichstag. 1902 bis 1905 wurde nördlich vom Nauener Tor am Gebäude für das Präsidium des Regierungsbezirks Potsdam gearbeitet. Seine Formen sind so typisch für die damalige Art zu bauen, dass vom „Wilhelminischen Barock" gesprochen wird. Der Gebäudekomplex umfasst vier großzügig bemessene Innenhöfe und präsentiert im Inneren eine gediegene Ausstattung. Heute haben hier der Potsdamer Oberbürgermeister und große Teile der Stadtverwaltung ihren Sitz. Im Sitzungssaal tagt die Stadtverordnetenversammlung. 1904 bis 1908 entstand an der Waisenstraße (Dortustraße) ein neues Gebäude für den Rechnungshof des Reiches. Auch das in der Form eines riesigen neobarocken ‚Stadtpalais'. Es ist im Inneren längst nicht so prachtvoll wie die imposante Fassade erwarten lässt. Das Gebäude ist nach wie vor ein Verwaltungsbau.

Kurz vor Weihnachten des Jahres 1900 wurde der erste Spatenstich für eine südliche Umfahrung Berlins auf dem Wasser gesetzt. Sechs Jahre später war der knapp 38 Kilometer lange Teltowkanal zwischen der Glienicker Lake vor dem Park Babelsberg und Köpenick fertig. Die Schiffe in Richtung Sacrow-Paretzer Kanal mussten zwangsläufig die Glienicker Brücke passieren. Das war Anfang des 20. Jahrhunderts noch die von Schinkel entworfene Steinbrücke mit elf Durchlässen und einem Zugmechanismus in der Mitte. Sie galt zu Recht als ein Schmuckstück in der Havellandschaft, die Potsdam mit dem Ort Glienicke im Kreis Teltow verband. Zur Berliner Stadtgrenze war es von dort noch weit. Mit der Eröffnung des Teltowkanals entsprach sie nicht mehr den Anforderungen. Selbst für den Verkehr auf der Brücke, bei dem damals Autos kaum eine Rolle spielten, stellte die alte Brücke ein Nadelöhr dar. Als die Planungen für eine neue Brücke begannen, meldeten sich Denkmalschützer und protestierten für den Erhalt der bisherigen Brücke.

1906 wurde dennoch mit dem Neubau der Glienicker Brücke begonnen, diesmal nicht aus Stein, sondern aus Stahl. Zunächst wurden vier Strompfeiler errichtet und mit Granit verkleidet. Darauf wurde die Metallkonstruktion gesetzt. Die Einzelteile kamen auf dem Wasserweg aus Duisburg. Vor Ort wurden sie zu einer stählernen Hängebrücke montiert. Demgegenüber wirkten die an den Brückenenden aufgestellten Kentauren (Mischwesen halb Mensch, halb Pferd) aus Sandstein wie aus der Zeit gefallen. Noch anachronistischer waren die Kolonnaden auf Potsdamer Seite nach dem Vorbild der Knobelsdorffschen Kolonnaden am Stadtschloss. Aber so war die Wilhelminische Zeit: modern, wenn es um Technik ging, altmodisch in Fragen des Geschmacks. Die Brücke war nun breit genug, um auch Straßenbahnschienen aufzunehmen. In Betrieb genommen wurden sie nie. Bis heute endet die Strecke in die Berliner Vorstadt wenige Meter vor der Glienicker Brücke. Der bei der Eröffnung verliehene Name „Kaiser-Wilhelm-Brücke" hat sich nie eingebürgert, ebenso wenig der nach 1945 verliehene Name „Brücke der Einheit". Sie blieb immer die „Glienicker Brücke". Und sie ist ein Schmuckstück in der Havellandschaft.

1907 wurden nach mehreren erfolglosen Versuchen die Gemeinden Neuendorf und Nowawes nach einstimmigen Beschlüssen der jeweiligen Gemeindevertretungen vereinigt. Die neue Gemeinde hieß Nowawes. Von vielen Neuendorfer Bürgern wurde dieser Name als „tschechisch" abgelehnt. Aber er war nun einmal der grö-

Die Erde und das All im Blick
Der Telegrafenberg

Die Potsdamer „Urania" hat ihre Räume im Holländischen Viertel. Dort verfügt sie über ein eigenes kleines Planetarium, in dem sich die Besucher in ferne Welten verführen lassen können. Der Verein zur populären Wissenschaftsvermittlung hat sich einen prominenten Namen gegeben: Wilhelm Foerster, der berühmte Berliner Astronom. Als Leiter der Berliner Sternwarte verfasste er 1871 eine Denkschrift an den späteren „99-Tage-Kaiser", in der er den Anstoß zur Gründung des Astrophysikalischen Observatoriums in Potsdam gab. Entstehen sollte die allerdings nicht in Berlin, sondern an einem gut erreichbaren Ort, an dem sie gegen Erschütterungen, Erwärmungen und andere störende Umwelteinflüsse weitgehend isoliert war: der Telegrafenberg in Potsdam.

Im Sommer 1874 begannen die Arbeiten am Kuppelgebäude. Ein Sternenfries, der sich um das gesamte Gebäude zieht, weist – abgesehen von den unübersehbaren Kuppeln – auf seine Bestimmung hin. Die Vereinigung von Chemie und Physik machte es nun möglich, aus dem Licht von Himmelskörpern Aussagen über deren Eigenschaften zu treffen. Zwischen 1879 und 1882 entstand auf dem Telegrafenberg ein Katalog mit über 4.000 Sternen, der sie in Spektralklassen unterteilte. In die Wissenschaftsgeschichte ging der Bau paradoxerweise nicht durch seine Sternenbeobachtungen ein, sondern durch ein Experiment des amerikanischen Physikers Albert Michelson. Während eines Studienaufenthaltes in Deutschland gelang ihm 1881 im Keller des Observatoriums der Nachweis, dass die Lichtgeschwindigkeit stets konstant ist. Michelson erhielt dafür als erster Amerikaner den Nobelpreis für Physik, und Einstein erklärte in seiner Relativitätstheorie dieses Phänomen theoretisch. 1889 gelang an gleicher Stelle die weltweit erste Fernaufzeichnung eines Erdbebens.

Das 1879 fertiggestellte Hauptgebäude des Astrophysikalischen Observatoriums, heute „Michelson-Haus" genannt

Der historische Ort

Die Entwicklung der Himmelsbeobachtung hatte Ende des 19. Jahrhunderts ein Tempo erreicht, das bald neue Geräte auf dem Telegrafenberg notwendig machte. Anderswo gab es in den 1880er Jahren bereits Fernrohre mit einem Meter Öffnung. Also wurde ein neues, viel größeres Observatorium gebaut mit dem damals leistungsfähigsten Linsenfernrohr weltweit: dem Großen Refraktor. Das dort installierte Teleskop bestand aus zwei fest verbundenen Fernrohren – dem größeren für fotografische Aufnahmen und dem kleinen für visuelle Beobachtungen. Eine technische Meisterleistung war die 200 Tonnen schwere, drehbare Kuppel von 21 Metern Durchmesser. Das Instrument wurde am 26. August 1899 in Anwesenheit des Kaisers Wilhelm II. in Betrieb genommen. Das Potsdamer Institut hatte wieder zur Weltspitze aufgeschlossen. 1904 wurde hier die interstellare Materie entdeckt. Der von 1909 bis 1916 hier tätige Astrophysiker Karl Schwarzschild sagte erstmals die Existenz Schwarzer Löcher vorher. (siehe Foto S. 168)

1892 wurde das Geodätische Institut, heute das „Helmert-Haus" genannt, eingeweiht. Hier widmen sich die Wissenschaftler der Erforschung der Erdoberfläche. Das Haus ruht auf zwei verschiedenen Fundamenten – eins für die Messräume, ein zweites für Verwaltung und Werkstätten. Zwischen den Messräumen sind Luftkammern angelegt, die für eine konstante Temperatur sorgen. Der hier um 1900 gemessene Wert für die Erdanziehungskraft, der „Potsdamer Schwerewert", galt bis 1971 als internationaler Referenzwert. Die „Potsdamer Kartoffel" ist die viel belächelte grafische Darstellung der Schwerkraftverhältnisse auf der Erde.

Ein auf dem Telegrafenberg errichteter Metallturm war der Nullpunkt des damaligen preußischen Netzes zur Vermessung der Erdoberfläche. In den Jahren 1890 bis 1893 entstand das Königlich Meteorologische Observatorium, auf dessen Messfeld neben dem Haus seit 1883 ununterbrochen stündliche Wettermessungen stattfinden. Noch nicht einmal während der Bombardierung Potsdams 1945 wurden sie ausgesetzt. Die Wetterwarte Potsdam ist eine von zwölf Referenzstationen des Deutschen Wetterdienstes (DWD).

Ein 1888 errichtetes Gebäude, bei dem vollständig auf eisenhaltige Baustoffe verzichtet wurde, dient der Erforschung des Erdmagnetismus. Potsdamer Institute standen auch am Beginn der deutschen Polarforschung. Sie berieten die Antarktis-Expedition von Robert F. Scott und die Nordostgrönland-Expedition von Alfred Wegener. Unmittelbar nach dem Ersten Weltkrieg erhielten die wissenschaftlichen Einrichtungen auf dem Telegrafenberg ein neues Wahrzeichen: den Einsteinturm. (siehe S. 203)

Der Einsteinturm repräsentiert moderne Wissenschaft und zukunftsweisende Architektur.

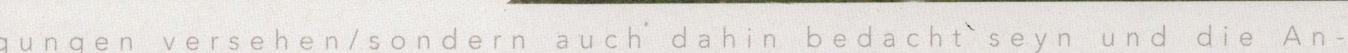

ßere Teil. Nowawes war und blieb der „rote" Stachel im „schwarzen" Potsdam. Um 1875 gab es dort immerhin dreißig eingeschriebene Sozialdemokraten. Nachdem 1878 die Sozialistengesetze griffen, verlagerten sie ihre Parteiarbeit in „Clubs", zum Beispiel den „Pfeifenraucher-Club".

Die Elektrische hält Einzug

Der Sedanstag 1907 brachte eine Errungenschaft, die die Mobilität der Potsdamer grundlegend veränderte. Die elektrische Straßenbahn trat an jenem 2. September ins Leben der Stadt. Der Weg dahin war schwierig genug. Zunächst baute die Stadt ein eigenes Elektrizitätswerk an der Zeppelinstraße, das 1902 in Betrieb ging, 1904 übernahm die Stadt die Straßenbahngesellschaft in eigene Regie, dann erfolgten die schwierigen Abstimmungen mit den wissenschaftlichen Einrichtungen auf dem Telegrafenberg, die (zu Recht) befürchteten, dass die Leitungen der Straßenbahn die Messungen zum Erdmagnetismus verfälschen. Schließlich brauchte es die Zustimmung des kaiserlichen Hofes für die Streckenführung direkt am Schloss vorbei. Probleme bereiteten weniger die Schienen, als vielmehr die Oberleitungen, die deutlich sichtbaren Einfluss auf das Stadtbild haben. Besonders heikel war die Aufstellung von Fahrleitungsmasten auf der mit steinernen Soldaten geschmückten Langen Brücke. Zeitweise war sogar der Bau einer zweiten Havelbrücke im Gespräch. Schließlich überzeugte die antiquierte Pferdebahn die Skeptiker, die gequälten Pferde durch Elektromotore zu ersetzen. Im März 1906 erteilte der kaiserliche Hof die Zustimmung.

Nun konnte und musste alles sehr schnell gehen. Die Gleise durch die viel zu schmale Brandenburger Straße wurden abmontiert und zwischen Wilhelmplatz sowie Luisenplatz durch die Charlottenstraße neue verlegt. Zwischen Alter Markt und Wilhelmplatz wurde eine neue Brücke über den Stadtkanal gebaut. Ansonsten blieb das Potsdamer Liniennetz aus der Zeit der Pferdebahn erhalten. Allerdings wurde es bereits ein Jahr später um eine Linie vom Potsdamer Bahnhof in die Nachbargemeinde Nowawes erweitert. Neu gebaut wurde

Jungfernfahrt der ersten Elektrischen mit Oberbürgermeister Voßberg am Drehschalter © Potsdam Museum

stalt machen/daß ihnen auch mit Gelde und anderen

auch ein neuer Straßenbahn-Betriebshof in der Holzmarktstraße mit einer Wagenhalle für alle damals vorhandenen Fahrzeuge.

Völlig neu mussten natürlich die elektrischen Triebwagen sein. Als Erstausstattung kaufte die Stadt 12 Triebwagen bei der Firma Siemens, die die elektrische Ausrüstung lieferte und die Firma Lindner in Ammendorf mit der Lieferung der fertigen Wagen beauftragte. Sie kamen im Mai 1907 nach Potsdam. Bis zum Sedanstag blieb ausreichend Zeit für Versuchsfahrten. Potsdamer Straßenbahn-Enthusiasten haben vor einigen Jahren einen solchen historischen Wagen wiederhergestellt und zum Fahren gebracht. Er ist heute das Schmuckstück bei Pararaden historischer Fahrzeuge und fährt im Sommer monatlich einmal für die Allgemeinheit.

Fahrzeuge ganz anderer Art wurden 1909 im Bornstedter Feld gesichtet. Es waren Flugzeuge, die von mutigen Männern in die Luft bugsiert wurden. Rund einen Monat hat sich Orville Wright in Potsdam aufgehalten, um das von ihm und seinem Bruder entwickelte erste Flugzeug, das sich mit Motorkraft in die Lüfte erhob, vorzuführen. Der Kaiser selbst habe nebst Gattin an einer solchen Vorführung teilgenommen, heißt es. Ein Kapitänleutnant namens Paul Engelhardt war dabei der erste deutsche Motorflieger. Am 26. Oktober 1909 blieb er über eine Stunde in der Luft. Als ein Jahr später ein Flieger-Kommando entstand, wurde es allerdings nicht in Potsdam stationiert, sondern in der Döberitzer Heide. Riesige Luftfahrzeuge wurden ab 1911 im Westen Potsdams gesichtet: Nach dem Willen des Erfinders des starren Luftschiffes (im Gegensatz zum Ballon), Ferdinand von Zeppelin, sollte Potsdam ein Drehkreuz eines Luftverkehrs mit dieser modernen Errungenschaft der Luftfahrt werden.

Um die Jahrhundertwende entstanden in Potsdam Gebäudekomplexe, die von Weitem wie Kasernen aussehen, aber doch eine andere Bestimmung hatten: Stiftsgebäude. In der Nachbarschaft des Neuen Gartens siedelte sich 1902 das Kaiserin-Augusta-Stift an. Es war ein großes Internat für Mädchen meist aus adligen Familien. Es besaß ein eigenes Krankenhaus und eine Kapelle. Der Kaiserin Augusta (Gemahlin von Wilhelm I.) stand im Stift ein eigenes Zimmer zur Verfügung. Das Internat bildete mit seinen strengen Regeln die Vorlage für den Roman und die zwei Verfilmungen von „Mädchen in Uniform". Nachdem das Gebäude zu DDR-Zeit vom sowjetischen Militärgeheimdienst genutzt wurde, ist es jetzt zu einem Wohnhaus für gehobene Ansprüche umgebaut worden. Ebenfalls Anfang des neuen Jahrhunderts entstanden auf der Halbinsel Hermannswerder die Gebäude der Hoffbauer-Stiftung.

Neues vom Babelsberg

Als die Herren Gustav Louis Ende und Friedrich Wilhelm Böckmann die „Societät Neubabelsberg" gründeten und der Gemeinde Neuendorf 60 Hektar Waldland abkauften, versprachen sie sich wohl einen schnelleren Zuspruch gutbetuchter Berliner für ihre künftige Villenkolonie. Sie sollte sich entlang des Griebnitzsees bis hin zum Park Babelsberg erstrecken. Schließlich hatte es seit 1863 mit der Landhauskolonie Alsen am Wannsee geklappt. Ab 1874 gab es dann auch den Bahnhof Neubabelsberg, der dem Kaiser den Weg von der Bahn zu seinem Sommerschloss deutlich abkürzte und zugleich die künftige Villenkolonie erschließen half. Auch ein Wasserwerk für die Kolonie wurde im gleichen Jahr in Betrieb genommen.

Doch bis 1882 hatten sich gerade einmal zehn Interessenten eingefunden. Erst nach der Jahrhundertwende sprach sich die neue Kolonie unter wohlhabenden Berlinern herum. Nun allerdings nicht mehr als Sommerdomizil, sondern als repräsentatives Wohnquartier. Bankiers und Fabrikanten ließen hier hochherrschaftliche Villen bauen. Die Architekten waren teils bekannte Größen aus Berlin wie Alfred Grenander, Hermann Muthesius, oder ein junges Talent wie Mies van der Rohe.

In unmittelbarer Nachbarschaft zur Villenkolonie Neubabelsberg wurde 1913 eine neue Sternwarte fertiggestellt. Während das Astrophysikalische Institut auf dem Telegrafenberg eine Neugründung auf der Basis neuer physikalischer Erkundungsmethoden war, wurden auf dem Babelsberg neue Gebäude für die seit 1711 bestehende Berliner Königliche Sternwarte errichtet. Die Vorgängereinrichtungen standen erst Unter den Linden und ab 1830 – von Schinkel entworfen – in der Nähe des Halleschen Tores. Aber die Stadt kam den Fernrohren immer näher und machte wissenschaftliche Beobachtungen kaum noch möglich. Das Gelände unweit des Babelsberger Schlosses wurde von Kaiser Wilhelm II. für die astronomische Forschung zur Verfügung gestellt.

Unter den drei Kuppeln der Sternwarte verbergen sich Spiegelteleskope für die Erkundung des Weltalls. 1915 wurde ein 65-cm-Refraktor aufgestellt, 1924 kam ein 122-cm-Spiegelteleskop hinzu. Das war Weltspitze. Hier wurde mit der lichtelektrischen Photometrie (Messverfahren im Wellenbereich des sichtbaren Lichts) die erste objektive Methode zur Helligkeitsbestimmung von Sternen entwickelt. Heute ist die Babelsberger Sternwarte mit dem Astrophysikalischen Institut zum Leibnitz-Institut für Astrophysik Potsdam (AIP) zusammengeschlossen. Neben der Erforschung des Universums gehört auch die Entwicklung von neuer Forschungstechnologie – z.B. für die Ausrüstung von Satelliten – zum Tätigkeitsfeld des AIP.

Der Bedarf an wissenschaftlichen Präzisionsinstrumenten für die Observatorien auf dem Telegrafenberg sollte einem weiteren Unternehmen auf die Beine helfen: der Potsdamer feinmechanischen Werkstatt Otto Töpfer & Sohn, die in der Folge der wissenschaftlichen Leistungen zu Weltruf gelangte. Sie erhielt Auszeichnungen auf den Weltausstellungen Paris 1900, St. Louis 1904 und Mailand 1906. Nach dem Ersten Weltkrieg ging sie in den Askania-Werken (lieferte u.a. Bordinstrumente für die Luftfahrt) auf.

Zwischen der Villenkolonie Neubabelsberg und Nowawes siedelte sich eine Filmgesellschaft namens Deutsche Bioscope an. Sie errichtete im Winter 1911/12 ein Glashaus, das als Naturlicht-Atelier zur Herstellung von Stummfilmen genutzt werden konnte. Am 12. Februar 1912 fiel die erste Klappe für den Film „Der Totentanz" mit Asta Nielsen. Auch der 1913 gedrehte Film „Der Student von Prag" ging in die Filmgeschichte ein. Er gilt als der erste Autorenfilm, mit dem die Loslösung des Films vom Theater gelang. Es war anspruchsvolle Kost, die anfangs aus den – wie sie später hießen – Babelsberger Studios kam.

Von 1911 bis 1914 wurde die durch Nowawes und Potsdam-West führende Eisenbahntrasse teilweise höher gelegt. Vorbild war die Berliner Stadtbahn, wo der Straßen- und der Eisenbahnverkehr durch einen Damm bzw. einen Viadukt getrennt wurden und sich nicht mehr gegenseitig behinderten. Damit hat sich das Stadtbild in Nowawes und auch in der Brandenburger Vorstadt

„Wilhelminischen Barock" nannte man diese Protzarchitektur. Heute Sitz der Potsdamer Stadtverwaltung, soll der Bau in den nächsten Jahren gründlich saniert werden.

wesentlich verändert. So konnte zwischen den heutigen S-Bahn-Stationen Griebnitzsee und Babelsberg jener Bretterzaun rechts und links der Schienen verschwinden, der verhinderte, dass Menschen oder Tiere auf die Gleise liefen. Im Zuge der Höherlegung entstand der Bahnhof Potsdam-Charlottenhof, zeitweise Potsdam-West genannt. Er steht als Jugendstilbau unter Denkmalschutz.

Potsdam wählt

Während der Kaiserzeit war es in Potsdam üblich, konservativ zu wählen. Die Konservative und die Nationalliberale Partei stellten die absolute Mehrheit im Stadtparlament. Aus diesen Parteien kamen die Abgeordneten für den Reichstag. Das änderte sich auch nach der Aufhebung des Sozialistengesetzes im Jahr 1890 nicht. 1897 stellte ein sozialdemokratischer Wahlverein erstmals Kandidaten für die Kommunalwahlen auf. Drei erreichten die Stichwahl, unterlagen aber im nächsten Wahlgang. Ein Grund lag sicherlich auch darin, dass es damals keine geheimen Wahlen gab. Laut Städteordnung von 1853 hatte jeder Wähler dem Wahlvorstand zu erklären, wem er seine Stimme zu geben gedenkt. Wer hätte sich im durch und durch monarchistischen Potsdam gewagt, gegen den Stachel zu löcken? Es drohten Entlassung, Boykott, gesellschaftliche Ächtung.

Bis zum Ende der Monarchie gelangte kein gewählter Sozialdemokrat ins Potsdamer Rathaus. 1911 bestand die Stadtverordnetenversammlung aus 12 Hoflieferanten, 12 Kaufleuten, 10 Beamten, 8 Rentnern, 5 Handwerksmeistern, 4 Rechtsanwälten und einem Arzt. Anders war es dagegen bei den Reichstagswahlen. Die waren geheim. Und so konnte es passieren, dass 1912 der Sozialdemokrat Karl Liebknecht den „Kaiserwahlkreis", der von Potsdam bis Spandau reichte, als Direktkandidat gegen den bisherigen Potsdamer Oberbürgermeister, den konservativen Kurt Voßberg, gewinnen konnte. Und das, obwohl der Wahlkampf mit geradezu modernen, das heißt schmutzigen Mitteln geführt wurde. So hieß es, dass der Kaiser nie wieder Potsdamer Boden beträte, wenn Liebknecht gewinne. Auch wurde behauptet, Potsdam höre dann auf, Garnisonstadt zu sein, was massenhaft zivile Arbeitsplätze gekostet hätte. Weniger die Potsdamer Bürger, sondern vielmehr die Arbeiter in den Spandauer Großbetrieben dürften allerdings bei diesem Wahlerfolg den Ausschlag gegeben haben. Übrigens: In der Gemeindevertretung von Nowawes waren bereits seit 1897 zwei Sozialdemokraten vertreten.

Kaiser Wilhelm II. hatte sich zu Recht den Spitznamen „Reisekaiser" erworben. Obwohl er offiziell fast neun Monate des Jahres im Neuen Palais von Potsdam verbrachte, ward er dort wenig gesehen. Im Sommer fuhr er regelmäßig auf seiner 122 Meter langen Yacht „Hohenzollern" (12 Offiziere und 342 Mann Besatzung, 8 Kanonen). In den 20 Jahren Dienstzeit des Schiffes verbrachte der Kaiser auf ihr zusammengerechnet 4,5 Jahre. Im Herbst zog es ihn zur Jagd in die Schorfheide und in andere Jagdreviere. Dazwischen jede Menge Denkmalenthüllungen und immer wieder Einweihungen von der Kirche bis zur Sternwarte. Nicht zu vergessen die Auslandsreisen. London und Wien standen an erster Stelle. Berühmt aber wurden die „Palästina-Fahrt" 1898 und die Mittelmeerfahrt 1905.

Und immer musste der Kaiser abfahrbereit und zugleich erreichbar sein. So entstanden südlich des Parks Sanssouci das Reichsposthauptamt Nr. 1 und ein paar Schritte entfernt ein neuer „Kaiserbahnhof". Die Bahnhofshalle befand sich an der höher gelegten Trasse unweit des heutigen Haltepunktes „Potsdam Park Sanssouci" und das Empfangsgebäude auf Straßenniveau. Das Gebäude entstand 1909 – wie es heißt – im englischen Cottage-Stil. Tatsächlich hat es mehr Ähnlichkeit mit einer mittelalterlichen Trutzburg als mit einem Landhaus. Nach aufwändiger Sanierung nutzt die Deutsche Bahn den Komplex heute als Akademie für Führungskräfte. Die Potsdamer Eisenbahnwerkstätten, Potsdams größtes Unternehmen, wurden im Lauf der Jahre ständig erweitert und spezialisierten sich auf den Bau und die Reparatur von D-Zug-Wagen, speziell auf Salonwagen. Der Sonderzug des Kaisers war hier an Ruhetagen abgestellt und wurde gewartet.

Der Aufschwung der Gründerjahre hat in Potsdams Stadtbild Spuren hinterlassen. Es wurde aufgestockt, vergrößert und der neuen Mode angepasst. Oftmals brachen Ladenbesitzer die Fassaden historischer Gebäude auf, um großflächige Schaufenster einbauen zu lassen. Die wachsende Kaufkraft veranlasste sie zur Ausdehnung ihrer Verkaufsflächen und zu immer aufdringlicherer Reklame. Was Friedrich Wilhelm I. und Friedrich II. hinterließen, wurde so dem Kommerz geopfert. 1905 entstand als Fremdkörper zwischen den Giebelhäusern der Brandenburger Straße ein großes Kaufhaus, das unter dem Namen „Lindemann" bekannt wurde, und heute als Karstadt-Filiale firmiert.

Die letzten Jahre des Friedens

1913 feierte der Kaiser sein 25-jähriges Thronjubiläum. Im Park Sanssouci schenkte er sich eine riesige Terrassenanlage, die Jubiläumsterrassen. Sie reichen vom Orangerieschloss bis in die friderizianischen Bereiche des Parks Sanssouci. Die neobarocke doppelläufige Treppenanlage wird von der Maulbeerallee durchquert. Am Ende der Terrasse erwartet die Besucher eine Brunnennische mit fünf wasserspeienden Wolfsköpfen aus Bronze. Dann folgt eine Rasenfläche in Form eines Hippodroms. Zwei gern fotografierte Skulpturen sind hier zu sehen: der 1901 aufgestellte „Bogenschütze" von Ernst Moritz Geyger und die 1865 aufgestellte verkleinerte Kopie des Berliner Reiterstandbildes von König Friedrich dem Großen.

Als der Kaiser sein Thronjubiläum feierte, war er 54 Jahre alt. Er war in dem Alter, in dem der „Soldatenkönig" starb. Kein Grund für Wilhelm II., ans Aufhören zu denken. Wohl aber die Nachfolge zu ordnen. Zwischen 1882 und 1890 hatte ihm seine Gemahlin Auguste Viktoria nacheinander sechs Söhne geschenkt. Erst das siebente und damit letzte Kind war ein Mädchen. Wilhelm hieß der Älteste und war der Kronprinz. Geboren wurde er im Marmorpalais im Neuen Garten. Als er 1905 eine mecklenburgische Prinzessin mit russischem Blut namens Cecilie heiratete, wurde es Zeit, nach einer Unterkunft zu suchen, die eines kaiserlichen Kronprinzen würdig war. Zunächst wurde ihm Schloss Babelsberg angeboten. Das lehnte er als unwohnlich ab. Also wurde ein neues Domizil geplant. Im Neuen Garten fand man unweit des Jungfernsees einen geeigneten Ort und in Paul Schultze-Naumburg einen geeigneten Baumeister, der die Verbindung von Architektur und Landschaft zu seiner Lebensaufgabe gemacht hatte.

1913 begannen die Arbeiten, sie liefen weiter, als 1916 in der Schlacht an der Somme 1,2 Millionen junge Männer fielen, und wurden 1917 beendet, als die USA in den Krieg eintraten und in Russland die Revolution vor der Tür stand. In Potsdam fragte man sich, warum zu den 13 funktionsfähigen Schlössern noch ein weiteres hinzukommen musste. Ein Jahr nach Fertigstellung brach die

Schloss Cecilienhof: Erst Wohnsitz des Thronfolgers, dann Ort der Potsdamer Konferenz, © terra press/SPSG

Ackerbau werden ernehren wollen/sol ein gewiß Stück Landes

Monarchie in Deutschland zusammen, der Kaiser floh nach Holland. Sein Sohn durfte 1923 nach Potsdam zurückkehren und erhielt in dem inzwischen vom Staat enteigneten Schloss ein Wohnrecht auf Lebenszeit. Am Ende des Zweiten Weltkrieges floh der Ex-Kronprinz mit seiner Familie vor der herannahenden Roten Armee. Nach der Flucht aus Potsdam gingen Wilhelm und Cecilie getrennte Wege.

Wie alle Schlösser in der Potsdamer Landschaft ist Cecilienhof ein in Stein geformter Traum. Und auch er handelt von einem Leben mit der Natur. Das Schloss fügt sich ideal in die Landschaft des Neuen Gartens ein. Seine reich gegliederte Fachwerkfassade öffnet sich auf verschiedene Weise zum Park: über Blumengärten, Wiesen und Terrassen. Im Stil eines englischen Landhauses erbaut, weiß es seine tatsächliche Größe geschickt zu verbergen. 175 Räume gruppieren sich um fünf Innenhöfe. Die Ausstattung war luxuriös und – als erstes Schloss in Potsdam – für einen ganzjährigen Aufenthalt bestimmt. Cecilienhof überrascht mit immer neuen Details. Dazu gehören die 55 Schornsteine, von denen keiner dem anderen gleicht.

Das Schloss Cecilienhof enthielt eine sechsundzwanzig Meter lange und zwölf Meter hohe Halle, zwei Speisesäle, einen Musiksalon, ein Frühstückszimmer, sechs Privaträume für den Kronprinzen, acht Privaträume für die Kronprinzessin, ein gemeinsames Schlafzimmer, dreizehn Räume für deren Nachkommen, dreizehn Gästezimmer, neunundzwanzig Personalzimmer, fünfundfünfzig Wirtschaftsräume, zweiundvierzig Keller- und Bodenräume. Das ist groß genug, um heute gleichzeitig als Nobel-Hotel, Dauerausstellung über das Potsdamer Abkommen und Museum für die kronprinzlichen Privatgemächer zu dienen. Die in den früheren Wohn- und Schlafzimmern des Kronprinzenpaares ausgestellten Fotos zeigen einen selbstbewussten jungen Mann und eine bildhübsche junge Frau.

Ein Jahr nach Baubeginn begann der Erste Weltkrieg. Zwar hatten die Großmächte die Welt weitgehend unter sich aufgeteilt, doch sollte ein Kräftemessen die Weltordnung neu ausrichten. Das kraftstrotzende Deutsche Reich strebte nach größerer politischer Einflussnahme auf das Weltgeschehen. Durch die Vergrößerung des Heeres, den Aufbau der Flotte, die Beschaffung moderner Waffen (im Lauf des Krieges werden das Auto und das Flugzeug ihre Feuertaufe erleben) und die Militarisierung der gesamten Gesellschaft hatten sich das Deutsche Reich und sein Kaiser intensiv auf diesen Krieg vorbereitet. Nun war es eine Abfolge politischer Fehlentscheidungen, Provokationen und Dummheiten, die die Spirale in Richtung Waffengang unumkehrbar machte. In diesem Strudel war auch Kaiser Wilhelm II. gefangen. Er stand mit seinen beiden Cousins, dem russischen Zaren und dem englischen König, in engem Briefkontakt. Am 28. Juli versprach er seinem „lieben Nikki" (Zar Nicolaus II.) alles zu tun, damit es nicht zum Krieg mit Russland kommt. Am 31. Juli unterzeichnete er im Neuen Palais die Proklamation des Kriegszustandes. Am 1. August erklärte Deutschland Russland den Krieg. Am 2. August marschierten deutsche Truppen in Luxemburg ein. Einen Tag später folgte die Kriegserklärung an Frankreich. Wiederum einen Tag später befand sich Deutschland auch mit Großbritannien im Krieg ...

Der Anfang vom Ende: die Erklärung des Kriegszustandes, aus „Potsdamer Schlösser" 1984

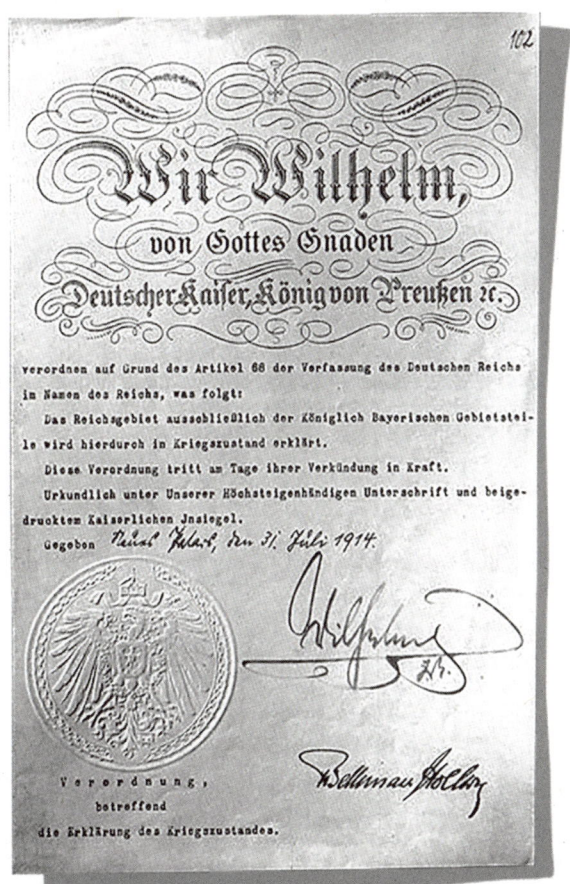

Architekten der Jahrhundertwende
Unterwegs in die Moderne

Paul Emanuel Spieker (1826–1896)

Der in Rheinland-Pfalz geborene Spieker gehörte zu den Architekten, die sich in der Schinkel-Tradition sahen. Er lernte u.a. bei Friedrich August Stüler. In Potsdam entwarf er die ersten wissenschaftlichen Gebäude im heutigen Wissenschaftspark „Albert Einstein" auf dem Telegrafenberg. Zwischen 1876 und 1899 entstanden unter seiner Leitung Klinkergebäude im klassizistischen Stil, die in den dortigen Landschaftsgarten integriert wurden: das Hauptgebäude des Astrophysikalischen Observatoriums (heute Michelson-Haus), das Hauptgebäude des Geodätischen Institutes (heute Helmert-Haus), das Meteorologische Observatorium (heute Süring-Haus), der Große Refraktor.

Franz Heinrich Schwechten (1841–1924)

Der in Köln geborene Architekt war einer der wichtigsten Vertreter des Historismus. Er war Mitglied der Preußischen Kunstakademie und arbeitete ebenfalls eng u.a. mit Stüler zusammen. Er schuf in Berlin die Kaiser-Wilhelm-Gedächtnis-Kirche. In Potsdam baute er die Kaiserliche Kriegsakademie auf dem Brauhausberg.

Paul Schultze-Naumburg (1869–1949)

Er plante und baute im Stil der Heimatschutzarchitektur. Ihr Ziel war die Weiterentwicklung des Historismus mit traditionellen Bauformen. In der Zeit des Nationalsozialismus spielte sie im Wohnbau eine wichtige Rolle. In Potsdam war er mit der Planung und Bauleitung des Schlosses Cecilienhof beauftragt. Backstein und Fachwerkelemente dominieren die Außenfassaden. Keiner der markanten Schornsteine im Tudorstil gleicht dem anderen.

Erich Mendelsohn (1887–1953)

Der in seiner äußeren Form unverwechselbare Einsteinturm auf dem Telegrafenberg machte Mendelsohn zu einem der berühmtesten Architekten des 20. Jahrhunderts. Dabei war es der Zufall, der den Architekten mit den führenden Astrophysikern ihrer Zeit in Verbindung brachte: Seine Frau und Erwin Freundlich, der energisch auf den Bau eines Sonnenobservatoriums zum Nachweis der Einsteinschen Relativitätstheorie drängte, spielten gemeinsam Cello. So trafen sich wissenschaftlicher Forscherdrang und kreative Baukunst. Die Realisierung war allerdings erst nach Ende des Ersten Weltkrieges möglich.

In der Villenkolonie Neubabelsberg wirkten Anfang des 20. Jahrhunderts Architekten am Beginn ihrer Karriere:

Ludwig Mies van der Rohe (1886–1869)

Auf einer Anhöhe oberhalb des Griebnitzsees steht heute noch das Erstlingswerk eines der bedeutendsten Architekten der Moderne: das Haus Riehl aus dem Jahr 1907. Die Gartengestaltung lag in den Händen des ebenfalls zu Berühmtheit gelangten Karl Foerster. Weitere Bauten von Mies van der Rohe in Babelsberg waren die Villa Urbig aus dem Jahr 1917 für einen Mitinhaber der Deutschen Bank. Während der Konferenz von Potsdam wurde es von den britischen Delegationsleitern Churchill und Attlee bewohnt. Mitte der 1920er Jahre entwarf Mies van der Rohe auch die Villa Mosler für einen Bankier.

Alfred Frederik Elias Grenander (1863–1931)

Der schwedische Architekt machte sich als der Gestalter zahlreicher U-Bahn-Stationen in Berlin einen Namen. In Babelsberg erbaute er 1910/1911 die Villa Herpich. Im Sommer 1945 nahm hier der sowjetische Regierungschef Josef W. Stalin Quartier. Nachdem die Verbrechen Stalins offenkundig wurden, verlor die Villa 1955 den Status als „Nationale Gedenkstätte". Heute erinnert noch eine Gedenktafel am Haus an den einstigen Bewohner.

Hermann Muthesius (1861–1927)

Er war anfangs ein einflussreicher Theoretiker der modernen Architektur und des Produktdesigns und Mitbegründer des Deutschen Werkbunds. Später stemmte er sich gegen neu entstandene Baustile wie Bauhaus und Neue Sachlichkeit. Das Landhaus Gugenheim in der Villensiedlung Neubabelsberg errichtete er 1921/22. Als Jude musste Hans Gugenheim 1936 seine Villa verlassen, und die Schauspielerin Brigitte Horney kaufte das Anwesen.

Touristischer Plan mit Wegführung durch die klassischen Parks, vorbei an Stadtschloss und Garnisonkirche, um 1925

1914 – 1945

Soldatenstadt 2.0

Am Nachmittag des 31. Juli 1914 strömten tausende Potsdamer zum Alten Markt. Die Blicke richteten sich auf den Fuß des Obelisk. Dort stand August Graf zu Eulenburg, der Platzmajor. Neben ihm ein Trommler, der mit ein paar Trommelwirbeln zur Ruhe gemahnte. Dann verkündete der Hauptmann den von Seiner Majestät erlassenen Kriegszustand. Nun aber passierte das, was aus der Sicht der Nachwelt völlig unverständlich erscheint: Nicht Erschrecken und Besorgnis machten sich in der Menge breit, sondern eine heute unvorstellbare Begeisterung, getragen von ehrlichem Patriotismus und fanatischem Chauvinismus. Die Kriegsgegner, die es auch gab, wurden in dieser Hochstimmung kaum wahrgenommen. Dabei war Potsdam alles andere als ein Sonderfall – überall warfen die Männer ihre Hüte in die Luft. Aber vielleicht hat die traditionell enge Verbindung von Bevölkerung und Militär hier besondere Früchte getragen. Später verklärten die Nazis diese Verbindung: Es habe, so in einer Propagandaschrift, „wohl in ganz Deutschland keine Stadt gegeben, in der diese Gefühle in den Schicksalstagen des Jahres 1914 einen derart geballten Ausdruck gefunden haben, wie Potsdam."

Mit Jubel aufs Schlachtfeld

In Potsdam begann am 2. August 1914 die Mobilmachung. Innerhalb weniger Stunden änderte sich das Bild in der Stadt radikal. Trugen gestern noch die Garde-Soldaten ihre bunten Uniformen zur Schau, waren sie nun alle in Feldgrau gekleidet. Der gut geölte militärische Mechanismus kam in Gang und arbeitete bald auf Hochtouren. Zunächst kam bei den höheren Offizieren das große Stühlerücken. Viele Betagte unter den Regimentschefs waren für den Kriegsdienst nicht mehr tauglich, Jüngere rückten nach. Die Umstellung des Heeres auf Kriegsmodus beendete Karrieren und machte den Weg für Jüngere frei. Die mit reinen Wachfunktionen in Potsdam betrauten Truppen, die Schloss-Garde-Kompanie des Kaisers und die Leib-Gendarmerie der Kaiserin, wurden radikal reduziert.

Für die Garde-Regimenter dauerte es etwas länger, bis die vorgeschriebene Kampfstärke erreicht war, denn die Reservisten wohnten in allen Teilen Deutschlands. Mit Köfferchen in der Hand und einer Blume am Revers kamen sie aus allen Richtungen am Bahnhof an. Noch einmal traten die Militärkapellen an, um die Eintreffenden im Gleichschritt zu ihren Kasernen zu begleiten. Als erstes verließ das Lehr-Infanterie-Bataillon Potsdam in Richtung Front. Dann folgte das komplette Regiment Garde du Corps. Sie marschierten zum Bahnhof Wildpark, um dort einen Sonderzug in Richtung Westen zu besteigen. Und wieder war die Musik dabei: „Muss i' denn zum Städtele hinaus", tönte jetzt die Kapelle des 1. Garde-Regiments zu Fuß. Da gab es nicht nur freudige Gesichter, manch nachdenkliches war dabei.

Viele der zu Hause gebliebenen jungen Männer konnten es nicht erwarten, auch endlich in den Krieg zu ziehen. Es gab einen regelrechten Ansturm von Kriegsfreiwilligen. Nach kurzen Lehrgängen wurden sie als Kanonenfutter an die Front, meist ging es nach Flandern, entlassen. In den Schulen wurden Klassen für das Notabitur zusammengestellt. In dieser Atmosphäre blühte auch in Potsdam die Spionagehysterie. Man war auf Suche nach Männern, die irgendwie französisch aussahen, und schleppte sie zur Polizeiwache. Zeitweise wurde die Glienicker Brücke abgeriegelt, um nach Autos zu fahnden, die vermeintlich Massen an Bargeld von Frankreich nach Russland brachten. Ergebnislos. Auch die Suche nach einem französischen Flieger im Neuen Garten blieb erfolglos.

Dann setzte in Potsdam der Alltag des Krieges ein. Die Potsdamer Kasernen, die Kriegsschule und andere militärische Einrichtungen wurden in den folgenden Jahren zur Durchgangsstation für tausende junge Männer in Richtung Front. Schon im Oktober 1914 kamen die ersten Gefallenen-Meldungen. Obwohl es in Potsdam

Mit der zwischen 1935 und 1938 erbauten Siedlung „Friedrichsstadt" in Potsdam-West wollte sich der damalige Oberbürgermeister namens Friedrichs ein Denkmal setzen.

große Lazarett-Gebäude gab, reichten sie bald nicht mehr aus. So wurden Bauwerke wie das Orangerieschloss im Park Sanssouci zu riesigen Krankenhäusern umfunktioniert. Eine Postkarte von 1915 zeigt Kaiserin Auguste Viktoria in steifer Haltung beim Besuch in der Halle, die eigentlich für die Aufbewahrung von Pflanzen in der kalten Jahreszeit gedacht war.

Der Potsdamer Luftschiffhafen, als Drehkreuz einer europäischen Luftfahrt gedacht, war rasch auf Militärtechnik umgestellt. Am Rande der Pirschheide wurde unmittelbar nach Ausbruch des Krieges eine Werft für den militärischen Luftschiffbau errichtet. Im November 1914 verließ das erste dort gebaute Luftfahrzeug die Werft, das zweite folgte im Januar 1915. Sie sollten zum Bombenabwurf und für Aufklärungszwecke eingesetzt werden. Die rasche Entwicklung der Flugzeuge machte diese vergleichsweise unbeweglichen Ungetüme am Himmel zur Zielscheibe und somit für den Fronteinsatz unbrauchbar. 1917 wurde die Produktion der militärischen Zeppeline eingestellt.

Auch wenn der Krieg weit im Hinterland keine sichtbaren Zerstörungen anrichtete, schlich er sich immer deutlicher ins Leben der Bürger ein. Die größeren Betriebe stellten auf Kriegsproduktion um. Bei Orenstein & Koppel wurden jetzt Feldbahnen und Geschosse hergestellt, in den Textilunternehmen wurden im Akkord graue Felduniformen genäht. Immer mehr übernahmen die Frauen Arbeiten, die bisher von Männern verrichtet wurden. Selbst die Zwangsverpflichtung aller Männer im Alter von 17 bis 60 Jahren zum Dienst in der Rüstungsindustrie half nicht viel. Die Nachrichten von der Front wurden immer ernüchternder. Während sich der Frontverlauf kaum bewegte, stiegen die Gefallenenzahlen steil nach oben.

Die Potsdamer teilten das Schicksal mit den Bewohnern aller deutschen Städte: Im März 1915 wurde die Brotkarte eingeführt, Ersatzstoffe lösten ursprünglich importierte Rohstoffe ab. Bald stand noch nicht einmal die Menge Lebensmittel zur Verfügung, die laut Lebensmittelkarte jedem Einzelnen zugedacht war. Es herrschte vielfach blanker Hunger. Der Winter 1916/17 ging als der „Kohlrübenwinter" in die Geschichte ein. Viele bezahlten mit

Kriegsbegeisterung auf dem Weg an die Westfront
© bpk / Franz Tellgmann

ihrer Gesundheit, die Tuberkulose breitete sich aus. Im April 1917, als die Lebensmittelrationen noch einmal gekürzt werden sollten, machte sich der Unmut der Bevölkerung in Streikaktionen Luft. Auch in Nowawes wurden die größeren Unternehmen bestreikt. Aber noch gelang es der Obrigkeit, den Protest im Patriotismus versiegen zu lassen.

Der Erste Weltkrieg kam spätestens 1916 in die deutschen Kinos, als ausländische Filme verboten wurden. Im Jahr darauf wurde im Kriegsministerium (!) das Bild- und Filmamt (BUFA) gegründet. Geistiger Vater war General Ludendorff, als Mitglied der Obersten Heeresleitung ein politisch höchst einflussreicher Mann, einer der Urväter der NS-Bewegung. 1917 war das Jahr, in dem in den deutschen Kinos erstmals Preußenkönig Friedrich II. über die Leinwand flimmerte. Aus dem BUFA wurde in jenem Jahr die Universal-Film AG (UfA) mit Produktionsstätten in Berlin-Tempelhof (Oberlandstraße) und Neubabelsberg, heute Potsdam-Babelsberg. 1921 wurde sie privatisiert. Neben reiner Propaganda wurde der kommerzielle Gewinn eine immer wichtigere Größe für die Filmindustrie. Das Sagen hatte die Deutsche Bank.

Ein Ende mit Schrecken

Als Ende 1918 Bilanz gezogen wurde, stellte die Potsdamer Bürgerschaft fest, dass rund 1.700 Männer aus ihren Reihen gefallen waren. Die Gefallenen der in Potsdam stationierten Regimenter tauchten in den Statistiken anderer Städte und Dörfer in ganz Deutschland auf. Insgesamt hatte Deutschland rund zwei Millionen getötete junge Männer zu beklagen.

Das Volk war kriegsmüde, und innerhalb der Armee sank die Bereitschaft, sich weiter in sinnlosen Schlachten verheizen zu lassen. In Kiel meuterten die Matrosen, als sie zu einer weiteren Seeschlacht gegen die Royal Navy auslaufen sollten. In kürzester Zeit entwickelte sich daraus eine revolutionäre Situation, die das gesamte Reich erfasste. Am 9. November 1918 wurde vom Berliner Schloss aus die Republik ausgerufen. Die Monarchie war am Ende. In dieser ausweglosen Lage dankte der Kaiser am gleichen Tag ab. Genau genommen: Er wurde abgedankt. Es war Reichskanzler Max von Baden, der ohne Rücksprache mit dem Kaiser dessen Thronverzicht verkündete und Friedrich Ebert, den Führer der stärksten Reichstagspartei, der SPD, zum neuen Reichskanzler ausrief. Selbst die Hoffnung Wilhelms II., zumindest als preußischer König weiterzumachen, erwies sich als haltloser Traum. Mit ihm traten auch alle anderen Bundesfürsten ab.

In einer am 28. November unterzeichneten Abdankungsurkunde entband der Kaiser die Angehörigen des Heeres und die Beamten von ihrem Treueid und forderte sie auf, die neue Macht bei der Aufrechterhaltung der öffentlichen Ordnung zu unterstützen. Am 1. Dezember erklärte auch der Kronprinz Wilhelm den Thronverzicht. Er sicherte damit sich und seiner Familie unter anderem das Bleiberecht im Schloss Cecilienhof. Der Kaiser floh verkleidet und unter falschem Namen ins Exil in die Niederlande. Nach einer kurzen Episode in Amerongen konnte er das Schlösschen Doorn in der Provinz Utrecht beziehen und den gewohnten gehobenen Lebensstil bis zu seinem Tod 1941 fortsetzen. Seine Gemahlin folgte ihm ins Exil mit dem „Nötigsten" im Gepäck. Das beanspruchte angeblich 50 Eisenbahnwaggons.

Derweil brodelte es in Deutschland. Bald standen sich revolutionäre Arbeiter- und Soldatenräte und Bewahrer der alten Ordnung bewaffnet gegenüber. Barrikaden wurden errichtet, es fielen Schüsse. Deutschland befand sich in einem bürgerkriegsähnlichen Zustand. Auch in Potsdam riss ein Arbeiter- und Soldatenrat aus Vertretern von SPD und USPD die Macht an sich. Auf dem Dach des Rathauses wurde die rote Flagge gehisst. Diese Macht hielt allerdings nicht lange. Dafür sorgten vor allem die Anfang Dezember nach Potsdam heimgekehrten Soldaten des 1. Garde-Regiments zu Fuß, bzw. was von der Truppe noch übrig war. Aber die schwankende Haltung des Arbeiter- und Soldatenrates unter Wilhelm Staab trug ihren Teil dazu bei, dem Aufflackern der Revolution in Potsdam schnell ein Ende zu setzen. Bald hatten Stadtverordnete und Magistrat wieder das Heft in der Hand. Die hatten die volle Rückendeckung aus den Kasernen.

Während im Volk die Legende verbreitet wurde, das deutsche Heer sei „im Felde ungeschlagen" in die Heimat zurückgekehrt, füllten sich in Potsdam langsam wieder die Kasernen. Die einen kamen, um sich mit allen Formalitäten demobilisieren zu lassen und in ein ziviles Leben zurückzukehren, die anderen, um die militärische Laufbahn in einem künftigen Reichsheer fortzusetzen, und wieder andere schlossen sich zu Freikorps zusammen, um sich in die aktuellen politischen Auseinander-

Otto Gebühr war
Friedrich der Große

Es war ein wahrer Segen für die neugegründete UfA, als mit Friedrich dem Großen ein Stoff gefunden wurde, der beides vereinte: vaterländischen Geist und Unterhaltung für die Massen. Zunächst noch stumm, später mit schnarrender Stimme. Stets charchierte der Friedrich auf der Leinwand zwischen Unterhaltung, Aufklärung und Propaganda. Je schlimmer die Zeiten, desto markiger die Propaganda. Der erste Paukenschlag war 1922/23 der Vierteiler „Fridericus Rex". Er bebilderte die gängigen Biografien. Von den Schikanen des Vaters gegenüber dem jungen Kronprinzen bis zum Sieg bei Leuthen im Siebenjährigen Krieg.

Großer Auftritt für den Schauspieler Otto Gebühr. Der Erfolg verlangte nach mehr. Am 3. Januar 1928 hatte „Der Alte Fritz" Premiere, wiederum mit Otto Gebühr in der Titelrolle. Der Zweiteiler beginnt kurz vor Ende des Siebenjährigen Krieges und endet mit dem Tod des Königs. Was gezeigt wird, ist der Wiederaufbau Preußens nach einem schweren Krieg auch mittels unpopulärer Maßnahmen. Als die deutschen Untertanen trotz Hungers und Obdachlosigkeit ihrem Monarchen stets vertrauten.

Dann kam der erste Fridericus-Rex-Tonfilm – „Das Flötenkonzert von Sanssouci". Otto Gebühr zieht als Friedrich II. – nachdem ihm die Nachricht vom Komplott seiner Feinde während eines Flötenkonzertes auf den Notenständer gelegt wurde – in den Krieg. Hinter einer Lustspielhandlung verbarg sich eine knallharte politische Mission: Es lebe die Führernatur! Und es ging weiter: 1932 „Die Tänzerin von Sanssouci", 1933 „Der Choral von Leuthen", 1936 „Fridericus" und „Heiteres und Ernstes um den Großen König", schließlich 1942 „Der große König". Vorgeführt wurde ein Führer, der widrigen Umständen trotzt und dank seines starken Willens über alle Feinde triumphiert.

Aus: „Wie Friedrich zum Film kam" von Georg C. Klaren, Aus dem Nachwort zu Georg C. Klaren, Potsdamer Novelle, Berlin 2010

Während die ersten Fridericus-Filme noch längere Lebensphasen des Königs beschrieben, blieben die späteren bei einzelnen Episoden hängen – und die wiederum stets während des Siebenjährigen Krieges. Friedrich der Große war nur noch Projektionsfläche für den neuen Heldenkult. Die Zuschauer erlebten den Krieg aus der Feldherren-Perspektive. Sie sahen einen König – in der Schlacht unerbittlich und knallhart, dann aber auch rührselig menschelnd. Die Filmvorführungen entwickelten sich häufig zu vaterländischen Demonstrationen: Kam Friedrich der Große ins Bild, donnerte der Applaus. Von Goebbels stammt der Satz: „Friedrich der Große war der erste Nationalsozialist." („Der Angriff" 5. 3. 1942).

Otto Gebühr stellte den Preußenkönig nicht einfach dar, er WAR Friedrich II. Er WAR der geliebte König, dessen Lebensdaten und Schlachten jedes Schulkind auswendig kannte. Otto Gebühr wurde 1877 in Kettwig an der Ruhr geboren. In Berlin ließ er sich in Abendkursen zum Schauspieler ausbilden.

Er zog freiwillig in den Ersten Weltkrieg und brachte es bis zum Leutnant. Noch während des Krieges bekam er seine erste Filmrolle. Max Reinhardt holte ihn in das Ensemble des Deutschen Theaters. Gebühr war im Schauspielerolymp. 1920 spielte er in „Die Tänzerin Barberina" zum ersten Mal den Preußenkönig Friedrich II.

Er bekam diese Rolle, weil er ganz und gar dem Bild entsprach, das Adolph Menzel von Friedrich II. hinterlassen hatte. Auf großformatigen Gemälden, aber auch auf hunderten von Zeichnungen, stellte Menzel Friedrich II. ohne Pathos und in privaten Situationen dar. Der König zum Anfassen. Im Film wurden Menzels Gemälde detailgetreu nachgestellt. Die Tafelrunde von Sanssouci zum Beispiel oder das Flötenkonzert. Der Film vervollständigte die in den Köpfen längst vorhandenen Bilder. Friedrich der Große sah nun wie Otto Gebühr aus.

Bis 1942 sollte Otto Gebühr in 16 Filmen den Preußenkönig verkörpern. Beim ersten Film war er 43, beim letzten 65 Jahre alt. Mehr und mehr legten die Rollen an Pathos zu. Energischer Blick und stechende Augen, große Gesten gehörten immer mehr zur Grundausstattung der Friedrich-Rollen. Gerade nach der Stummfilmzeit, als der Ton eine größere schauspielerische Differenzierung ermöglichte, musste Otto Gebühr immer dicker auftragen. Schließlich ging es nur noch um platte Propagandabilder. Friedrich der Große – Otto Gebühr – Adolf Hitler. 1938 wurde er von Goebbels zum Staatsschauspieler ernannt und 1944 auf die „Gottbegnadeten-Liste" der unverzichtbaren Künstler gesetzt. Seine Berühmtheit stand der eines Heinz Rühmann oder Hans Albers nicht nach. „Die Deutschen lieben ihren Alten Fritz über Gebühr", hieß es damals.

Nach dem Zweiten Weltkrieg wurde er nur noch in kleinen Rollen besetzt. Den Fridericus Rex spielte er nie wieder. Er starb 1954 in Wiesbaden.

In dem vierteiligen Stummfilm „Fridericus Rex" von 1922/23 verkörperte Otto Gebühr den Kronprinzen, den König als Flötenspieler und als Alten Fritz. Fotos aus: Das Fridericus Rex Buch von Walter Molo

setzungen einzumischen. Genauer gesagt: die Arbeiter- und Soldatenräte mit Waffengewalt zu beseitigen. Oder zumindest ihre politischen Führer wie Rosa Luxemburg und Karl Liebknecht.

Während in Weimar die Nationalversammlung tagte, formierten sich in Potsdam das „Freikorps Potsdam" und das „Freikorps Hülsen". Beide wurden im Januar 1919 nach Berlin beordert, um dort den Spartakusaufstand niederzuschlagen. Das „Freikorps Potsdam" belagerte mit 560 Mann das Verlagshaus des sozialdemokratischen „Vorwärts". Fünf Parlamentäre, die die Übergabe des Hauses aushandeln sollten, wurden gefoltert und ermordet. Nach dem Sturm des Gebäudes wurden über 300 Mitarbeiter der Zeitung als Gefangene genommen. Der Chef dieses Freikorps, Franz von Stehpani, brachte es später als NSDAP-Politiker zum Mitglied des Reichstages.

Vom Kriegsende bis zum Mai 1919 tagte die „Pariser Friedenskonferenz". Das Ergebnis der Verhandlungen war der Vertrag von Versailles, der für Deutschland die Kriegsniederlage erst richtig deutlich machte. Von vielen wurde er als demütigend empfunden, denn er enthielt unter anderem die Abtretung von Elsaß-Lothringen an Frankreich, Westpreußen (ohne Danzig) und die Provinz Posen an Polen, die Unabhängigkeit des Baltikums sowie die Unterstellung aller deutschen Kolonien unter den Völkerbund. Deutschland wurde noch eine Berufsarmee von 100.000 Mann gestattet, einschließlich maximal 4.000 Offizieren. Verboten waren schwere Waffen, jegliche Luftstreitkräfte, der Bau von Festungen usw. Die großen Flüsse wurden zu internationalen Schifffahrtswegen erklärt. Hinzu kamen Reparationen in gewaltiger Höhe.

Auf Potsdam hatte dieses Vertragswerk unmittelbare Auswirkungen. Zum Beispiel der Luftschiffhafen, im Süden der Stadt. Er musste seine Aktivitäten einstellen. Das Gelände ging an die Stadt, und bald gab es Pläne, dort eine große Sportanlage anzulegen. Die konnten allerdings erst ab 1924 umgesetzt werden. Sie wurde zur Ehrenanlage für die gefallenen Potsdamer deklariert. Zur Einweihungsfeier am 15. Mai 1925 kamen auch Angehörige der Reichswehr und der Kriegerverbände.

Infolge der verhängten Verkleinerung der Reichswehr auf 100.000 Mann verringerte sich die Zahl der Soldaten in den Potsdamer Kasernen. Nun waren es Berufssoldaten, die sich für zwölf Jahre zum Wehrdienst verpflichten mussten. Ihnen stand in den Kasernen viel Platz zur Verfügung. Die Zeit der großen Schlafsäle war vorüber. Das Soldatsein hatte in den unruhigen Zeiten nach dem Krieg seine Vorteile. So kam es, dass sich bis zu zehnmal mehr Rekruten meldeten, als aufgenommen werden konnten. Nur die Besten wurden genommen. Sie wurden in der Tradition der Potsdamer Garde-Regimenter erzogen, auch wenn sich die Namen der Regimenter inzwischen geändert hatten. So trat das 9. Infanterie-Regiment als Kaderschmiede für ein künftiges Massenheer in die Fußstap-

Gleisbauarbeiten am Südende des damaligen Wilhelmplatzes in den 1920er Jahren. Im Hintergrund neben dem Postgebäude die Potsdamer Synagoge, aus „Potsdam" 1986

sich ereignender Irrungen und Streitigkeiten betrifft/da sind wir

fen des 1. Garde-Regiments zu Fuß. Waren doch beide in der gleichen Kaserne gegenüber der Garnisonkirche stationiert. Damals kursierte der Spruch: „Der Kaiser ging und die Generale blieben."

Das zeigte sich bereits im März 1920, als Weltkriegsgeneräle mit Unterstützung von Wolfgang Kapp, einem Mitbegründer der rechtsradikalen „Deutschen Vaterlandspartei", einen Putsch gegen die Republik versuchten. In Potsdam trafen die Putschisten auf große Sympathie. Die schwarz-rot-goldenen Flaggen der Republik wurden auf öffentlichen Gebäuden gegen die schwarz-weiß-roten der Kaiserzeit ausgetauscht. Am 15. März erließ der Kommandant der Potsdamer Garnison einen Befehl, in dem er alle vollziehende Gewalt in der Stadt auf sich übertrug. Militärs der Garnison besetzten Brücken und andere strategische Plätze der Stadt. Es regte sich aber auch Widerstand. In Nowawes traten die Arbeiter aller 109 Betriebe in den Streik. Ein Aktionsausschuss übernahm hier zeitweise die Gewalt. Als am 16. März auf dem Alten Markt gegen die Putschisten demonstriert wurde, ließ der Stadtkommandant das Feuer eröffnen. Vier Demonstranten wurden erschossen und ein Dutzend verwundet. Nach fünf Tagen war der Kapp-Putsch vorüber.

Sensationell: der Einsteinturm

Während allenthalben Aufruhr herrschte, passierte nur wenige Gehminuten vom Potsdamer Bahnhof entfernt etwas, das außergewöhnlich wie aus einer anderen Welt erscheinen musste. Auf dem Telegrafenberg, ein paar Schritte vom Großen Refraktor entfernt, wurde 1919 der Bau eines Turms für ein Sonnenobservatorium begonnen. Er ist als „Einstein-Turm" sowohl in die Wissenschafts- als auch in die Architekturgeschichte eingegangen. Obwohl der Bau des Turms 1922 beendet war, vergingen mit dem Einbau der Geräte noch einmal zwei Jahre. Der preußische Staat und eine „Einstein-Spende" der deutschen Industrie machten den Bau in Zeiten größter Not möglich.

Außergewöhnlich war der Forschungsgegenstand. Es ging darum, die in den Jahren 1911 bis 1915 von Albert Einstein entwickelte Allgemeine Relativitätstheorie experimentell zu überprüfen. Sollte Einstein recht haben, dann müsste sich im Gravitationsfeld der Sonne eine geringfügige Rotverschiebung der Spektrallinien ergeben. Dazu waren Präzisionsgeräte nötig, die es bisher nicht gab. Benötigt wurde ein vertikales Teleskop, das auf einem eigenen Fundament, unabhängig vom sonstigen Bau, ruht. Im unteren Teil des Turms wurde das eingefangene Licht durch einen Spiegel in einen Lichtkanal und weiter in den Spektografenraum geleitet, wo es analysiert werden konnte. Mit Beginn der Forschungen zeigte sich allerdings, dass Turbulenzen auf der Sonnenoberfläche die Suche nach der Rotverschiebung unmöglich machten. Erst als diese Turbulenzen analysiert waren, konnte Einsteins Theorie bestätigt werden. Das war in den 1950er Jahren in den USA. Bis heute werden im Einstein-Turm Sonnenforschungen betrieben, im Mittelpunkt steht derzeit das Magnetfeld unseres Zentralgestirns (Foto S. 185).

Außergewöhnlich war auch die Form des Baus. Der Turm gilt als herausragendes Beispiel expressionistischer Architektur. Die vom Architekten Erich Mendelsohn vorgesehenen fließenden Formen sollten mit der gerade entwickelten Stahlbetonbauweise erreicht werden. Da aber für die Anwendung dieser modernen Technologie kaum Erfahrungen bestanden, wurde der Turm schließlich doch gemauert und mit einer dicken Putzschicht überzogen. Er blieb daher ein bauliches Sorgenkind. Etwa alle 10 Jahre sind Sanierungsarbeiten nötig.

Der alte Geist lebt weiter

Auch wenn es vielen schwerfiel: Die Potsdamer mussten sich daran gewöhnen, nicht mehr in einer Monarchie zu leben. Keine Könige mehr, keine Kaiser, kein Hof. Der Titel Hoflieferant hatte sich ebenso erledigt wie der des Oberhofpostmeisters oder der des Kammerdieners. Die schnittigen Leutnants des Garde du Corps waren jetzt Eintänzer in Berlin und lebten von Trinkgeldern, die gefürchteten Spieße der Kasernen taugten nur noch als Türsteher vor Berliner Bars. Man konnte sich nichts mehr leisten. 1924 zählte Potsdam rund 66.000 Einwohner. Davon waren rund 4.000 Beamte, 3.500 Reichswehrangehörige und 2.500 Pensionäre. Es war eine Zeit, als viele ihre Habseligkeiten zum Pfandleiher oder Altwarenhändler brachten. Angesichts der galoppierenden Inflation beschloss die Stadtverordnetenversammlung am 11. März 1921 die Ausgabe von Notgeld im Wert von einer Million Reichsmark.

Und Schuld an allem gab man der Republik. Also zum Teufel mit ihr! 1924 wählten sich die Potsdamer ein Stadtparlament, in dem die national-konservativen, republikfeindlichen Kräfte überwogen. Bürgermeister Voßberg, der seit 1906 regierte, musste abtreten. Die Stadtregierung nannte sich „Magistrat der Residenzstadt Potsdam". Schwarz-weiß-rote Beflaggung an Gebäuden war weiterhin Potsdamer Normalität. Traditionstreffen und Vaterländische Tage machten Potsdam wieder zum Anziehungspunkt. Der Militarismus war so schnell nicht totzukriegen. Sehr deutlich zeigte Potsdam noch einmal seine Gesinnung am 19. April 1921. An jenem Frühlingstag kam der Sarg der am 11. April verstorbenen Kaiserin Auguste Viktoria aus Holland am alten Kaiserbahnhof an. Tausende säumten den Zug des Sarges am Neuen Palais vorbei zum Antikentempel, der Begräbnisstätte der Hohenzollern bis in die 1940er Jahre hinein war.

1919 zog in das Gebäude der Kriegsschule auf dem Brauhausberg das Reichsarchiv ein. Hier wurde das gesamte Urkundenmaterial des Heeres ab 1867, der Reichsbehörden des Deutschen Bundes und des Wetzlarer Reichskammergerichts sowie der Frankfurter Nationalversammlung konzentriert. Es wurde somit zum zentralen Archiv des Deutschen Reiches. Damit zog es die Deutungshoheit für den vergangenen Krieg an sich. In diesem Sinne wurden auf dem Brauhausberg zahlreiche frühere Heeresoffiziere beschäftigt. Sie arbeiteten daran, die „Dolchstoß-Legende" zu zementieren. Im Marstall des Stadtschlosses wurde ein Potsdamer Garnisonmuseum eingerichtet, das ab 19. Mai 1923 der Öffentlichkeit zugänglich war. Die dort abgestellten Pferde waren zuvor versteigert worden.

Wenn schon die Monarchen im wahren Leben abgetreten waren, so lebten sie im Film weiter. Und produziert wurde direkt in der Nachbarschaft. Die Potsdamer Schriftstellerin Dorothee Goebeler beschrieb das 1925 so: „Es wird viel gefilmt in Potsdam. Unsere Kinoleute wissen, was sie an der Havelstadt haben. Sie gibt Hintergrund für alle möglichen, ja man möchte fast sagen, auch noch für die unmöglichen Gelegenheiten. Sie ist aufgebaut, als hätten ihre Schöpfer so etwas wie den Film vorausgeahnt und dem Regisseur der Kinodramen in die Hand arbeiten wollen, besonders beim Regisseur des Weltkrieges, dem das Ausland verschlossen war. In Potsdam gibt es ‚Ausland' aller Arten. Russland, Holland, Italien, altes Frankreich, Geschichte, Märchen und Wirklichkeit laufen hier zusammen."

Mit Filzlatschen schützt sich Sanssouci vor den Besuchern.
© bpk|Friedrich Seidenstücker

woselbst verschiedene Französische Familien verhanden/diesel-

Die 1920er Jahre standen – wie auch in anderen deutschen Städten – im Zeichen des öffentlich geförderten Wohnungsbaus durch Wohnungsbaugenossenschaften. Möglich wurde das durch die ab 1924 erhobene Hauszinssteuer. Die hatten alle Immobilienbesitzer zu bezahlen, die vor 1918 Wohneigentum erworben hatten. Die Hyperinflation von 1923 hatte sie durch den Wertverlust der Hypotheken praktisch über Nacht entschuldet, während das Grundeigentum an Wert nicht verloren hatte. Der so erzielte Gewinn war nun zu versteuern, und diese Steuern flossen in die Förderung von Wohnungsbau – anfangs zumindest. Gebaut wurden Siedlungen meist aus Reihenhäusern mit kleinem Garten zur Selbstversorgung entlang meist unregelmäßig verlaufender Straße an den Stadträndern. Vorbilder waren die bereits vor dem Ersten Weltkrieg entstandenen Gartenstädte (Hellerau, Krupp-Siedlung Essen) als völliger Gegenentwurf zu den Mietskasernen der großen Städte.

1923 begann in der Teltower Vorstadt der Bau der Siedlung „Eigenheim". 1924 wurde ein Beamtensiedlungsverein gegründet, der für Staatsangestellte am Rand des Bornstedter Feldes die „Siedlung Vaterland" errichten ließ. An der Zeppelinstraße entstand die Siedlung „Stadtheide". Ab 1925 kamen noch die Siedlungen „Sonnenland", „Im Bogen" und die „Stadtrandsiedlung" an der Drewitzer Straße hinzu. Nach ihrer Sanierung Anfang der 1990er Jahre beweisen diese farbenfrohen Siedlungen nach wie vor ihre Attraktivität.

Wohin mit dem Adel?

Von den 50 Eisenbahnwaggons, die die Kaiserin angeblich für ihre Reise ins Exil randvoll mit Reichtümern packen ließ, war bereits die Rede. Gemessen am unvorstellbaren Reichtum der Kaiserfamilie waren sie aber nur ein kleiner Bruchteil. Im Zuge der Novemberrevolution 1918 wurde das gesamte Vermögen der 22 regierenden Fürstenhäuser beschlagnahmt. Das heißt: Die hohen Herrschaften kamen an ihren Besitz nicht mehr heran, formal gehörte er ihnen aber noch. Der Wert dieses Gutes wurde auf insgesamt 2,6 Milliarden Goldmark geschätzt. Es folgte eine lange Reihe gerichtlicher Auseinandersetzungen, in denen die Fürsten (der Kaiser eingerechnet) wieder die Verfügungsgewalt über ihren Besitz einforderten und dazu noch fürstliche Abfindungen für entgangenen Gewinn. Und Gerichte gaben ihnen hier und da recht.

Zwei grundsätzliche Meinungen standen sich gegenüber: Die Fürsten selbst, der Klerus und konservative Politiker sahen den fürstlichen Reichtum als Privatvermögen an. Ihn vorzuenthalten sei Diebstahl. Ein großer Teil des Volkes, Sozialdemokraten, Kommunisten und Persönlichkeiten wie Albert Einstein, Kurt Tucholsky und Käthe Kollwitz waren hingegen der Meinung, die Herrscher hätten die Reichtümer mit Mitteln des Volkes erworben, und somit wären sie Staatsbesitz. Die Volksseele kochte hoch, wenn die Fürsten Entschädigung verlangten, während die kleinen Leute durch Krieg und Inflation alles verloren.

Nachdem bereits sieben Jahre lang über das Problem verhandelt worden war, strebten die linken Parteien einen Volksentscheid an, mit dem die entschädigungslose Enteignung der Fürsten vorangetrieben werden sollte. Am 20. Juni 1926 stimmten allerdings nur 36,4 Prozent der Wahlbeteiligten dafür. Reichspräsident Hindenburg hatte dafür gesorgt, dass nicht die Mehrheit der abgegebenen Stimmen reichte, sondern dass die Mehrheit aller Wahlbeteiligten erforderlich war – wer nicht zur Wahl ging, unterstützte also die Fürsten. Der Volksentscheid war demnach gescheitert.

Nun einigten sich die jeweiligen Landesregierungen und „ihre" Fürstenhäuser zügig auf Kompromisse. Im Oktober 1926 erzielten Preußen und das Haus Hohenzollern einen Ausgleich. Danach übernahm der Staat 75 Schlösser mit Parks und Gärten. Auch die Kroninsignien (Zepter, Reichsapfel, Reichssiegel, Reichsfahne und Reichshelm) gingen in den Besitz des Staates über, während die Kronjuwelen dem Königshaus verblieben. Ihm verblieben auch deutschlandweit 39 Gebäude und Grundstücke, darunter in Potsdam das Krongut Bornstedt, ferner die von Hohenzollern bewohnten Villen Ingenheim, Liegnitz und Alexander (zuvor Villa Jacobs). Dem Kronprinzen Wilhelm und seiner Gemahlin Cecilie sowie den Kindern und Enkelkindern wurde das Schloss Cecilienhof als Wohnsitz auf Lebenszeit belassen. Außerdem erhielten die Hohenzollern 15 Millionen Reichsmark als Entschädigung. Es war also immer noch lukrativ, aus dem Hause Hohenzollern zu stammen.

Potsdam erfindet sich neu

Nach der Einigung nahm am 1. April 1927 die Verwaltung der Staatlichen Schlösser und Gärten in Berlin und Brandenburg ihre Arbeit auf. Sie war eine von zehn auf Landesebene tätigen Schlösserverwaltungen. Die zentra-

Zwei Treffpunkte – zwei Welten
Restaurants mit Tradition

Café Rabien

Mit etwas Fantasie kann man sie noch in der Ecke sitzen sehen: mal der untersetzte, kraftvolle Carl von Ossietzky mit Zigarre, mal der zigarettenrauchende, elegante Kurt Tucholsky. Sie haben hier die Druckfahnen für ihr Blatt „Die Weltbühne" durchgesehen, die ein Bote aus der nahen Druckerei Stein gebracht hat, und mit Korrekturen zurückgeschickt, bevor die Druckmaschinen in Gang gesetzt wurden. Das Café Heider hieß damals „Rabien". Hier, am Platz vor dem Nauener Tor, wurden seit 1878 Kaffee und Torte angeboten. Doch erst als der junge Konditormeister Ernst Rabien 1901 den Laden übernahm, machte er daraus ein Kaffeehaus nach Wiener Vorbild: Café Rabien. Seine Torten verschafften ihm sogar die Aufnahme in die kleine Schar der Potsdamer Hoflieferanten. Doch in den 1920er Jahren war das Geld rar für feines Gebäck. Das im Zuge der zweiten Stadterweiterung 1731 erbaute Haus sollte 1933 zwangsversteigert werden. Am Brandenburger Tor hatte Rabien mehr Glück. Hier kamen viele vorbei, die auf den Park Sanssouci zusteuerten, um sich noch einmal zu stärken. Und das neue „Rabien" wurde der Treffpunkt für die Stars der UfA. Heinz Rühmann, Lilian Harvey und auch Charlie Chaplin sollen hier gesehen worden sein.

Das Café Heider führt seit 1960 die Kaffeehaus-Tradition fort. Sein Reiz besteht darin, dass sich Potsdamer ebenso gern treffen wie die Touristen. Fotos vom alten Potsdam erinnern an die „gute alte Zeit". Mit dem Slogan „Das Wohnzimmer der Stadt" verspricht es gediegene Gemütlichkeit. Allerdings die „Szene", die aufmüpfige Reden gegen die jeweilige Macht führt, ist längst weitergezogen.

Das legendäre „Rabien" ist heute Café Heider am Nauener Tor.

Sportrestaurant Hiemke

Wenn Nowawes die „rote" Siedlung neben Potsdam war, dann war das „Sportrestaurant Hiemke" in der Karl-Gruhl-Straße 55 dort der „rote" Treffpunkt. Von Weitem unterscheidet sich die Gaststätte in nichts von den Weberkaten der Umgebung. Wenn man allerdings davor steht, drängt sich der Gedanke an eine urgemütliche Kiezkneipe auf. Und man wird nicht enttäuscht: in der Ecke ein Kachelofen, die Möbel wie bei Großmuttern, dazu passende Fotos in Schwarz-Weiß an der Wand. Der Ton ist herzlich, man wird als Freund empfangen. Das Essen ist deftig und von erlesener Güte.

Seit mindestens 1896 besteht die Gaststätte und befand sich seither durchgehend im Familienbesitz. Hierher kamen die Fuß- und Handballer vom nahe gelegenen Sportplatz (heute Karl-Liebknecht-Stadion), aber auch politisch Aktive steckten in einem Hinterzimmer die Köpfe zusammen. Eine Steintafel am Haus erinnert daran, dass bei Hiemkes am 3. Januar 1919 der Nowaweser Ortsverband der Kommunistischen Partei Deutschlands (KPD) und im Jahr 1924 der Ortsverband des Roten Frontkämpferbundes (RFB Nowawes) gegründet wurde. Zwei Jahre später vereinigten sich hier die Ortsverbände der Unabhänigen Sozialdemokratischen Partei Deutschlands (USPD) mit der KPD.

Aber an erster Stelle stand immer der Sport. Mit dem Aufstieg des Fußballvereins „Rotation Babelsberg" in die DDR-Oberliga wurde aus der Restauration und Kegelbahn das „Sportrestaurant Hiemke", seither ist es die gute Stube für Spieler und Fans. Zu den Stars dieser Zeit gehörte Johannes Schöne, der 1951 Torschützenkönig der Oberliga wurde – ein Rekord, der bis zum Ende der DDR hielt. In der Saison 1953/54 erreichte die Mannschaft den 5. Rang. 1958 mussten die Babelsberger die Oberliga auf Nimmerwiedersehen verlassen. Wer den aktiven Sport mag, kann im „Sportrestaurant Hiemke" Billard oder Dart spielen oder auch einfach nach einem Skatblatt fragen.

Am 29. November 1989 wurde es noch einmal politisch im „Hiemke". An diesem Tag gründete sich der Ortsverein der SPD in Babelsberg. Wer heute den Ex-Ministerpräsidenten von Brandenburg Matthias Platzeck nach einer Restaurantempfehlung in Babelsberg fragt, bekommt garantiert den Tipp, ins „Hiemke" zu gehen.

Im „Sportrestaurant Hiemke" ist vieles noch beim Alten.

Kurz vor der Glienicker Brücke steht eine der letzten in Deutschland erhaltenen Tankstellen aus den 1930er Jahren. Sie wurde im Zuge des Ausbaus der Reichsstraße 1938 erbaut. Heute ist sie das Restaurant „Garage du Pont".

le Aufgabe dieser Verwaltungen war die Erhaltung der Schlösser, um sie vorwiegend als Museen der Öffentlichkeit zugänglich zu machen. Im Potsdamer Stadtschloss wurden Anstrengungen unternommen, um vom wachsenden Besucherstrom in Richtung Sanssouci zu partizipieren. Die Konzentration auf die Prunksäle und die Wohnung Friedrichs II. wurde gelockert, indem die frühere Wohnung von Königin Luise möglichst originalgetreu wiederhergestellt und in das Besichtigungsprogramm mit aufgenommen wurde. Dennoch wurden kulturhistorisch weniger bedeutsame Räume des Schlosses auch weiterhin von der Stadtverwaltung genutzt. Zum Beispiel befand sich an der Stelle des früheren Schlosstheaters nun der Sitzungssaal des Magistrats.

Potsdam musste sich neu erfinden, um Einnahmequellen jenseits des Hoflieferantentums zu erschließen. Und es gelang: Auch ohne Könige und Kaiser zogen die Besucher in Scharen nach Potsdam. In den Jahren der Inflation kamen vor allem ausländische Gäste in die Schlösserlandschaft. Sie profitierten vom rasanten Wertverfall der Reichsmark und traten in einer Art und Weise auf, die die Potsdamer ratlos machte. Was ihnen heilig war, wurde zum Spaßobjekt. Doch nach und nach kamen auch wieder die Einheimischen. Die Einführung der Rentenmark stabilisierte die Währung, die Rationierung von Mehl, Brot und anderen Lebensmitteln konnte aufgehoben werden, die Lebensmittelkarten verschwanden.

Potsdam bezeichnete sich noch immer als Residenzstadt und wurde von den meisten Deutschen als solche wahrgenommen. Potsdam wurde eines der beliebtesten Reiseziele im Reich. Wenn man schon den Monarchen nicht begegnen konnte (konnte man das überhaupt, als sie noch lebten?), so gab es doch ausreichend Gedächtnisorte, Särge und Denkmäler. Viele kamen mit den Vorortbahnen zum Ausflug ins Grüne aus Berlin, immer mehr aber auch von weiter her mit der Bahn oder dem Bus. Das Reisen in der Gruppe kam in den 1920er Jahren immer mehr in Mode. Der Touristentreck zog vom Bahnhof über die Lange Brücke, ließ meist das Stadtschloss rechts liegen, steuerte dann auf die Garnisonkirche zu, weiter zum Luisenplatz und durch das Grüne Gitter in den Park Sanssouci. Dann der Höhepunkt: das Gruppenfoto auf den Stufen vor Schloss Sanssouci.

Eine wichtige Rolle für die Organisation des Fremdenverkehrs spielte der Verkehrsverein Potsdam, der seit 1914 ein Auskunftsbüro im Palais Barberini unterhielt und 1935 in repräsentative Räume im Stadtschloss umzog. Zwischen 1926 und 1934 gab er die „Potsdamer Fremden-Zeitung" heraus, die kostenlos in Verkehrsämtern, auf Linienschiffen und in großen Hotels in ganz Europa ausgelegt wurde. Jetzt waren Fremdenführer mit Fremdsprachenkenntnissen gefragt.

Dass Potsdam damals jährlich über sechs Millionen Besucher zählen konnte, verdankte die Stadt auch den kaisertreuen Krieger- und Traditionsverbänden. In Potsdam veranstalteten viele von ihnen ihre Jahrestreffen. Allein am 4. September 1932 waren 25.000 Mitglieder des Bundes der Frontsoldaten „Stahlhelm" in der Stadt. Potsdam war eine Hochburg der monarchistischen Gesinnung. Am 19. Februar 1927 fand im Lustgarten wieder die erste Militärparade nach dem Ende des Krieges statt.

1926 kam die erste Lieferung der zweiten Generation von Straßenbahnwagen nach Potsdam. Sie wurden wiederum von der Ammendorfer Waggonfabrik Gottfried Lindner geliefert. Im Gegensatz zu ihren Vorgängern besaß sie eine geschlossene Plattform. Die Fahrgasträume boten jeweils 34 Sitzplätze. Die Auslieferung der neuen Wagen zog sich bis 1938 hin. Die Wagen, die den Zweiten Weltkrieg überstanden, waren teilweise noch bis in die 1960er Jahre im Einsatz.

Kultur macht sich breit

Nach dem Ersten Weltkrieg entwickelte sich in Potsdam rasch ein neues kulturelles Leben. 1919 kam der Verleger Gustav Kiepenheuer nach Potsdam und entwickelte hier sein linksbürgerliches Programm. Er scharte Autoren wie André Gide, Bert Brecht, George Bernard Shaw, Lion Feuchtwanger, Arnold Zweig und Anna Seghers um sich. Arnold Zweigs „Streit um den Sergeanten Grischa" war das erfolgreichste Buch in der Potsdamer Zeit. Seit 1921 veranstaltete der Potsdamer Kunstverein die Ausstellungen „Potsdamer Kunstsommer". Zunächst in der Orangerie, ab 1927 in Räumen des Marstalls. Sie gaben Künstlern wie Heinrich Basedow, Carl Kayser-Eichberg und Egon von Kameke eine Tribüne für ihre Werke. In der 1925 gegründeten Künstlervereinigung „Gilde" kamen Vertreter unterschiedlicher Genres zusammen – so der Pianist Wilhelm Kempf und sogar der „Gartenpoet" Karl Foerster.

Im Dezember 1926 wurde in den Babelsberger Ateliers die bis dahin größte Filmhalle Europas fertiggestellt. Sie war 125 Meter lang, 56 Meter breit und 14 Meter hoch. Sie ist heute noch der Mittelpunkt der Filmstadt und trägt inzwischen den Namen Marlene-Dietrich-Halle. Hier entstanden monumentale Projekte wie das Kinospektakel „Metropolis" (1927) von Fritz Lang. Dort wurde mit vielen Filmtricks experimentiert, und es wirkten 36.000 Komparsen mit. 1929 entstand das Tonfilmatelier namens „Tonkreuz". Es bestand aus vier zu einem Kreuz verbundenen Ateliers, in dessen Mitte sich die Tonfilmtechnik konzentrierte. Noch im gleichen Jahr wurde hier der erste deutsche komplett vertonte Spielfilm „Melodie des Herzens" produziert. Es folgten Filme wie „Der blaue Engel" (1930), „Berlin – Alexanderplatz" (1931) oder die Filmversion von Brechts „Dreigroschenoper" (1931). Fritz Lang drehte hier 1931 sein Meisterwerk „M". 1932 existierten bereits 3800 Tonfilmkinos in Deutschland.

1928 begann die „Große Elektrisierung" der Stadt-, Ring- und Vorortbahn mit der Strecke Potsdam–Erkner. Zu diesem Zeitpunkt nahm die S-Bahn auch die Züge der Bauart „Stadtbahn" in Betrieb, die in rotgelber Farbgebung gestaltet waren. Dieser Fahrzeugtyp sollte das Bild der S-Bahn Jahrzehnte lang prägen.

Nicht weit von den Filmateliers entfernt, gründete 1925 die britische Gramophone Company die deutsche Electrola GmbH und errichtete ein Presswerk für Schallplatten, aus dem nach dem Zweiten Weltkrieg die größte Produktionsstätte für Schallplatten (Amiga, Eterna usw.) der DDR vervorging. Doch auch dieses Unternehmen musste während der Weltwirtschaftskrise den Betrieb einstellen. Die Folgen des größten bisher dagewesenen Börsenkrachs in den USA am 24. Oktober 1929, dem Schwarzen Donnerstag, waren gerade im industriell geprägten Nowawes verheerend. Im Januar 1931 waren dort 16.000 Arbeitslose registriert. Doch nach wie vor war Nowawes das „rote" Gegenstück zum „schwarzen" Potsdam: Bei den Kommunalwahlen im November 1929 kamen dort SPD und KPD zusammen auf 46,7 Prozent der Stimmen. Den Siegeszug der NSDAP Anfang der 1930er Jahre konnte das allerdings nicht verhindern.

Der Tag von Potsdam

Das Jahr 1933 begann mit mehreren Paukenschlägen. Am 30. Januar ernannte Reichspräsident Paul von Hindenburg Adolf Hitler zum Reichskanzler. Am Abend zogen SA-Verbände mit Fackeln durch das Brandenburger Tor in Berlin und feierten die „Machtergreifung". Am 27. Februar brannte der Reichstag, der von den Nazis bis zu deren Ende nicht wiederhergestellt wurde. Am 5. März fanden die achten Reichstagswahlen während der Weimarer Republik statt. Es sollten die letzten werden, zu der mehr als eine Partei zugelassen war. Bei den Wahlen legte zwar die NSDAP zu, erlangte aber nicht die absolute Mehrheit. Die parlamentarische Mehrheit kam durch eine Koalition mit der „Kampffront Schwarz-Weiß-Rot" zustande. Laut Verfassung musste das gewählte Parlament innerhalb von vier Wochen zusammentreten. Das sollte am 21. März 1933 stattfinden.

Da der ausgebrannte Reichstag für die konstituierende Versammlung nicht infrage kam, fiel die Wahl des Ersatzortes auf die Garnisonkirche in Potsdam. Der Militärtempel als Gegenstück zum Weimarer Nationaltheater, wo die erste republikanische Verfassung Deutschlands beschlossen wurde. Eine perfide Wahl. In der Garnisonkirche sollte nach konfessionell getrennten Gottesdiensten in der katholischen Kirche St. Peter und Paul bzw. in der Nikolaikirche der Festakt stattfinden, von dem sich der Emporkömmling Hitler die „höhere Weihe" aus der Geschichte versprach. Anschließend wollte man im Langen Stall – einem Profangebäude also – die erste Sitzung des neugewählten Parlaments abhalten. Potsdam habe sich mit der Hakenkreuz-Fahne „zu schmücken" und mit Begeisterung den neuen „Führer" zu empfangen. So war der Plan von Joseph Goebbels, als dessen erste große Inszenierung der „Tag von Potsdam" gedacht war.

Dann lief allerdings einiges schief. Die Potsdamer hatten kräftig geflaggt, kaum aber mit der Hakenkreuzflagge, sondern vorwiegend mit der schwarz-weiß-roten Kaiser-Flagge. Fatalerweise galt dann auch der Jubel der Massen dem 86-jährigen Generalfeldmarschall Hindenburg und nicht dem 44-jährigen Gefreiten Hitler. Goebbels hatte dafür gesorgt, dass der Rundfunk das Geschehen übertrug. Doch selbst der Reporter war vom Hindenburg-Fieber angesteckt und konnte nicht mehr an sich halten, als der Reichspräsident die Garnisonkirche betrat. Nächste Panne: Weil der Lange Stall in der Kürze der Zeit nicht angemessen hergerichtet werden konnte, musste man nach dem Festakt zurück nach Berlin fahren, um noch am gleichen Nachmittag in der dem Reichstag gegenüberliegenden Kroll-Oper (seit zwei Jahren hatte dort kein Spielbetrieb mehr stattgefunden) noch einmal zusammenzukommen.

Die Reichstagsabgeordneten wurden mit Sonderbussen herangekarrt, die Nazis unter ihnen erschienen in brauner Uniform. Als Ehrengäste hatten unter anderen vor der Garnisonkirche Aufstellung genommen: der kaiserliche Kronprinz, der greise Generalfeldmarschall von Mackensen, beide mit dem Husaren-Tschako auf dem Kopf, daneben der ehemalige Chef der Reichswehr, Hans von Seeckt, er stellte sich mit Stahlhelm auf, und Admiral Erich Raeder, Leiter des Oberkommandos der Marine.

Hindenburg war in der grauen Uniform des Generalfeldmarschalls, behängt mit allen hohen Orden, gekommen und ging nach Betreten der Garnisonkirche auf die leere kaiserliche Loge zu, um den mitgebrachten Marschallstab an seinen virtuell anwesenden einstigen Herren zum Gruß zu erheben. Es folgten Reden des Reichspräsidenten und des Reichskanzlers vor den 2.000 Anwesenden – Mitgliedern des Reichstages, Regierungsmitgliedern, Diplomaten und Ehrengästen. Dann begaben sich Hindenburg und Hitler in die Gruft hinter dem Altar, um am Sarg Friedrichs II. schweigend zu verharren. Nach nicht einmal einer Stunde verließen die Reichstagsabgeordneten und die Ehrengäste die Kirche.

Ehrengäste zur Parlamentseröffnung: der kaiserliche Kronprinz in Husaren-Uniform (ganz links) und „Kriegshelden" des Ersten Weltkrieges, aus „Die Woche", Sonderausgabe April 1933

Von einer Tribüne, die unmittelbar nebenan vor dem „Langen Stall" aufgebaut war, nahmen sie eine Parade ab. Nun tauchten auch die Geistlichen der Garnisonkirche und Mitglieder des Oberkirchenrates im Ornat auf, die der weltlichen Veranstaltung in der Kirche ferngeblieben waren. Zunächst kam eine Eliteeinheit der Reichswehr im Paradeschritt. Es folgten Einheiten der SA, des „Stahlhelm" und verschiedener Kriegervereine. Hindenburg winkte ihnen huldvoll mit dem Marschallstab zu. Dann war der „Tag von Potsdam" vorbei.

Was von diesem Tag blieb, war ein Foto, das den in Zivil gekleideten Hitler in devoter Haltung beim Händeschütteln mit dem Uniformträger Hindenburg zeigt. Dieses Foto gibt zu denken, denn der wirkliche symbolische Handschlag zwischen dem Nationalsozialismus und dem alten Preußen hatte während des Festaktes stattgefunden – und da wurde nicht fotografiert. Hitler und Hindenburg geben sich auf diesem Foto außerhalb der Kirche vermutlich bei der Begrüßung die Hand. Seltsam, dass dieses inzwischen weltweit bekannte Foto in der damaligen Berichterstattung über den „Tag von Potsdam" nicht vorkam. Als die im national-konservativen Scherl-Verlag erschienene Illustrierte „Die Woche" ein paar Tage später mit einer millionenfach gedruckten Sonderausgabe erschien, war dieses Foto nicht vertreten.

Könnte es sein, dass die Symbolkraft der tiefen Verbeugung Hitlers vor Hindenburg erst viel später entdeckt wurde? In der Nazi-Propaganda hieß es jedenfalls unter Verdrehung der Wirklichkeit, dass Hitler „in der Garnisonkirche ... im Beisein (!) des verewigten Reichspräsidenten von Hindenburg den Reichstag" eröffnete. Von nun an bezeichnete sich Potsdam gern als „Die Geburtsstätte des Dritten Reiches".

Nazis an der Macht

Die Gleichschaltung des politischen Lebens in Deutschland machte um Potsdam keinen Bogen. Sofort nach dem Reichstagsbrand wurden 24 Funktionäre der KPD verhaftet und in die Konzentrationslager Sachsenhausen, Sonnenburg und ins Zuchthaus Brandenburg eingeliefert. Den Sozialdemokraten und den Gewerkschaftern wurde jede politische Betätigung verboten. Mit Unterstützung der konservativen Parteien konnten die Nazis im Parlament am 23. März die Ermächtigungsgesetze durchbringen, die die Verfassung der Weimarer Republik außer Kraft setzen. Entlassen wurde auch, wer nicht konsequent genug die neuen Terrormethoden mittrug. Das traf in Potsdam den bisherigen Polizeipräsidenten, ein preußischer Beamter der alten Schule. An seine Stelle trat ein SA-Schläger aus Berlin. Das Polizeipräsidium wurde nun von Mitgliedern der NSDAP dominiert, die SA zur Hilfspolizei gemacht.

Der faschistische Terror tobte sich in jede Richtung aus. Am 1. April 1933 hatte die SA auch in Potsdam Großeinsatz, als es galt, den vom fränkischen NSDAP-Gauleiter Julius Streicher angezettelten Boykott jüdischer Geschäfte, Ärzte und Rechtsanwälte „abzusichern". Angesichts des harschen Echos aus dem Ausland, das bis zu Boykottandrohungen für deutsche Waren reichte, wurde die Belagerung jüdischer Geschäfte bald wieder aufgegeben.

Am 8. Juni 1933 wurde in Nowawes der angehende Architekt Walter Klausch – Meisterschüler des Meisterateliers für Baukunst an der Berliner Akademie der Künste – von der Gestapo wegen angeblicher kommunistischer Umtriebe verhaftet und ins KZ Oranienburg eingeliefert. Acht Tage später wurde er dort ermordet. Nach ihm ist heute eine Straße in Babelsberg benannt. Die Villenkolonie Neubabelsberg war der Schauplatz eines Polit-Krimis, bei dem Kurt von Schleicher, der Vorgänger Hitlers als Reichskanzler, und dessen Ehefrau am 30. Juni 1934 von SS-Leuten erschossen wurden. Schleicher hatte sich kritisch über die Politik der Nazis geäußert und war im Rahmen der Säuberungsaktionen nach dem „Röhm-Putsch" aus dem Weg geräumt worden. Die Umstände der Tat wurden unter Beteiligung Görings vertuscht und die Morde selbst durch das „Gesetz über Maßnahmen der Staatsnotwehr" nachträglich legalisiert.

Eine Maßnahme mit dramatischen Auswirkungen war das am 7. April 1933 erlassene „Gesetz zur Wiederherstellung des Berufsbeamtentums", das einerseits auf die Gleichschaltung des öffentlichen Dienstes in Deutschland zielte, andererseits rassenpolitische Wirkung entfaltete. Hinsichtlich der beruflichen Möglichkeiten von Juden ging es weit über den öffentlichen Dienst hinaus. In den Babelsberger Filmstudios zeigte sich das bereits Ende April. Die Verträge mit jüdischen Regisseuren und Schauspielern wurden gelöst oder sie erhielten keine Engagements mehr. Daraufhin entließ die Ufa mit sofortiger Wirkung einige ihrer prominentesten Künstler, darunter Produzent Erich Pommer und Regisseur Erik Charell, die gemeinsam für „Der Kongreß tanzt" verantwortlich zeichneten.

Karl Foersters Vermächtnis
Die Freundschaftsinsel

Wenn sich heute eine scheinbar machtlose Gruppe von Menschen einer Macht entgegenstemmt, die sich selbst für unbesiegbar hält, heißt es: „Sie setzen ein Zeichen." Eine Gruppe von Gärtnern und Gartengestaltern setzte am Vorabend des Zweiten Weltkrieges ein solches Zeichen. Sie verwandelten die Freundschaftsinsel mitten in der Garnisonstadt Potsdam in ein blühendes Paradies. Der Bornimer Staudengärtner Karl Foerster legte mit Gleichgesinnten einen Schaugarten für winterharte Stauden an.

Seit 1918 betrieb er am Rand von Potsdam eine Gärtnerei, in der er sich sehr erfolgreich der Staudenzucht widmete. „Foersterstauden" waren bereits in den 1920er Jahren ein Begriff für Schönheit und Vitalität. Es war sein Talent, aus tausenden Sämlingen die herauszufinden, die neue Züchtungsergebnisse versprachen. Sein Lebenswerk umfasste schließlich über 500 Neuzüchtungen. Für ihn, den Sohn des berühmten Berliner Astronomen Wilhelm Foerster, sollten die Blüten der Stauden einen Kosmos ergeben. Der Senkgarten neben seinem Wohnhaus in Bornim ist nach wie vor ein hervorragendes Beispiel dieser Philosophie. Aber gerade Pflanzungen im öffentlichen Raum lagen ihm am Herzen. Deshalb auch sein Bestreben, die Freundschaftsinsel zu nutzen, um die Potsdamer und ihre Gäste auf die Schönheit der Stauden aufmerksam zu machen.

Wer keinen Garten hatte, um selbst eine Foerster-Staude zu pflanzen, hatte zumindest eins seiner Bücher im Regal. Er veröffentlichte Monographien in Riesenauflagen. Als „Gartenpoet" machte sich Karl Foerster auch als Buchautor einen Namen. Sein bekanntestes Buch trägt den Titel „Es wird durchge-

Die Wiese am Zugang zur Freundschaftsinsel erinnert an die Zeit, als Blüten hier noch rar waren; wenige Schritte weiter umgeben Foersters Stauden die Besucher.

blüht". Es ist am allerwenigsten eine Anleitung für Hobbygärtner, sondern vielmehr eine Sammlung von Gedanken, die helfen sollen, die Natur zu allen Jahreszeiten intensiver wahrzunehmen. Foerster wollte nicht nur den Boden, sondern auch die menschliche Seele „begärtnern".

Foersters erster Schaugarten auf der Freundschaftsinsel wurde ein Opfer des Krieges. In den 1950er Jahren machte er sich noch einmal an die Arbeit. Diesmal kam eine Wasserachse mit Fontänen, Pflanzbecken sowie Sumpf- und Uferzonen hinzu. Wieder wurde die Havelinsel zu einem Anziehungspunkt für Gartenfreunde. Die Stadt Potsdam dankte ihm, indem sie Karl Foerster zum Ehrenbürger ernannte. Auf der Freundschaftsinsel wurde zu seinem 100. Geburtstag eine Plastik eingeweiht, die die Inschrift trägt: „Wer Träume verwirklichen will, muss wacher sein und tiefer träumen als andere."

Obwohl sie 1977 als Flächendenkmal ausgewiesen wurde, verlor die Insel im Laufe der folgenden Jahre ihren gärtnerischen Charakter und wurde mehr und mehr zur Vergnügungsstätte. Erst die Bundesgartenschau 2001 in Potsdam bot die Chance, die Insel im Sinne Foersters wieder in jenen blühenden Garten zu verwandeln, die sie heute ist.

„Wer Träume verwirklichen will, muss wacher sein und tiefer träumen als andere." Dieses Foerster-Zitat begleitet die Skulptur von Christian Roehl, die zum 100. Geburtstag des Gartenpoeten auf der Freundschaftsinsel aufgestellt wurde.

Im Juli 1933 wurde die Reichsfilmkammer gegründet, deren Mitgliedschaft grundsätzlich nur „Ariern" gestattet und die unabdingbar für eine Beschäftigung in der deutschen Filmindustrie war. Es folgte ein gewaltiger Exodus von Filmkünstlern, die in vielen Fällen in Hollywood eine neue Karriere aufbauen konnten. Den jüdischen Emigranten folgten politisch motivierte, von denen Fritz Lang, Marlene Dietrich und Lilian Havey die namhaftesten sind. Mit ihren Namen verbinden sich Filmklassiker wie „Der Blaue Engel", „M" und „Der Kongreß tanzt", alle in Babelsberg gedreht.

Am 20. Juli 1933 erhielten die sozialdemokratischen Abgeordneten ein Schreiben aus dem Polizeipräsidium, in dem ihnen verboten wurde, ihr Mandat weiter auszuüben. Ihre Weiterbetätigung stelle eine „Gefährdung der öffentlichen Sicherheit" dar. Im Dezember 1933 trat im Freistaat Preußen ein neues „Gemeindeverfassungsgesetz" in Kraft. Die Leiter der Gemeinden – „Bürgermeister" oder in Kreisstädten „Oberbürgermeister" – wurden nun nicht mehr gewählt, sondern berufen. Sie hatten weitgehende Vollmachten und arbeiteten nach dem Führerprinzip. So löste sich zum Ende des Jahres 1933 die Potsdamer Stadtverordnetenversammlung auf.

Frühzeitig wurde Potsdam als Standort für Ausbildungseinrichtungen für den NS-Führungsnachwuchs ausgewählt. Im Sommer 1933 begannen auf dem Schlossareal des Neuen Palais die Umbauarbeiten für eine Führerschule des Reichsarbeitsdienstes. Diese paramilitärische Organisation sollte bei Infrastrukturprojekten – vor allem den Autobahnen – eine wichtige Rolle spielen. Hergerichtet wurden dafür der kaiserlichen Marstall, die Hofküche sowie die südlichen Communs. Ab Dezember 1933 zogen hier künftige Lehrkräfte für die zwölf Bezirksberufsschulen in Deutschland ein. Nun erhielt das Neue Palais eine Telefonanlage.

Eine wichtige Rolle bei der nationalsozialistischen Erziehung der künftigen Elite des „Dritten Reiches" sollten die „Nationalpolitischen Erziehungsanstalten" (NaPoLa) an vielen Orten Deutschlands spielen. In Potsdam wurden bereits 1933 die bisherige Kadettenanstalt und seit 1934 das Militärwaisenhaus zu solche Erziehungsanstalten umgewandelt. Potsdam war somit zeitweilig die einzige Stadt mit zwei derartigen Anstalten. Grundvoraussetzungen für die Aufnahme waren „rein arische" Herkunft und körperliche Unversehrtheit. Auf Befehl Hitlers wurde das Waisenhaus dem Reichskriegsminister unterstellt. Hier der Bericht eines Zeitzeugen über das Alltagsleben in der NaPoLa: „Aus der Anstalt heraus kamen wir selten. Es gab zwar einen Wochenendausgang, aber das bedeutete erst einmal ein Abmelden beim wachhabenden Offizier mit peinlich genauer Untersuchung unserer Uniform – wir sollten ja schließlich die Anstalt nicht blamieren – und da war dann noch das extrem lästige Grüßen. Potsdam war voller Offiziere und das bedeutete ein ständiges ‚den Hund hochspringen lassen'. Da blieb eigentlich immer nur das Kino, sofern der Film nicht erst ‚ab achtzehn' war. Mogeln war da nicht." (aus den Aufzeichnungen von Dieter Schlüter)

Zwei Jahre vor Ablauf der Wahlperiode des gewählten Oberbürgermeisters Arno Rauscher setzte am 1. März 1934 Hermann Göring in seiner Funktion als Ministerpräsident von Preußen den Kreisleiter der NSDAP, Generalmajor a.D. Hans Friedrichs, in das Amt ein. Friedrichs hatte nach einer lückenlosen Militärkarriere zwar keine Erfahrungen in Verwaltungsangelegenheiten, aber umso größere Ambitionen, was die Stadtentwicklung in Potsdam betraf. Die neuen Gesetze erlaubten ihm, nach Gutdünken zu schalten und zu walten. Zwar gab es 18 Ratsherren, die aber waren berufen, nicht gewählt. Zu denen, die Friedrichs als Berater in seine Nähe holte, gehörte auch Prof. Hans Kania, den er zum „Stadthistoriografen" ernannte. Kania hatte 650 historisch bedeutsame Gebäude Potsdams akribisch erfasst und in Büchern wie „Potsdamer Baukunst" (1916) vorgestellt. Er galt als der zu seiner Zeit beste Kenner der Potsdamer Geschichte.

Was hatte dieser Oberbürgermeister mit Potsdam vor? Es gehörte zu seinen vorrangigen Zielen, das historische Stadtbild zu bewahren. Angesichts der größenwahnsinnigen Ambitionen von Hitler, Goebbels und später auch Speer war das kein leichtes Unterfangen. Man denke nur daran, was mit dem monumentalen „Gauforum" mitten in Weimar angerichtet wurde. Insofern wird Friedrichs keine Einwände dagegen gehabt haben, dass als preußische Gauhauptstadt Frankfurt (Oder) auserkoren wurde. Um den aktuellen Wert des historischen Potsdams zu bestätigen, rief Friedrichs die „Festlichen Musiktage" ins Leben, ein jährliches Musikereignis ersten Ranges. Zwischen 1938 und 1944 (!) traten im Innenhof des Stadtschlosses, im Schauspielhaus und in der Garnisonkirche u.a. die Berliner Philharmoniker auf.

Um seine Ziele durchsetzen zu können, betrieb Friedrichs eine umfassende Eingemeindungspolitik, die Potsdam Ende der 1930er Jahre zur Großstadt machte. 1935 wurden Bornim, Bornstedt, Eiche, Nedlitz und Teile von Geltow Potsdam zugeschlagen. Die Fläche der Stadt wuchs auf das Doppelte. 1939 erfolgte die Eingemeindung von Babelsberg (im Jahr zuvor waren Nowawes und Neuendorf unter dem Namen Babelsberg vereinigt worden). Das brachte 35.000 weitere neue Einwohner. Dazu kamen Drewitz, Fahrland, Golm, Grube, Krampnitz, Nattwerder, Sacrow und Bergholz-Rehbrücke. Damit erhielt die alte Garnisonstadt Potsdam riesige Flächen für weitere Kasernenanlagen. Die Ausdehnung nutzte Friedrichs aber auch, um Teile der Potsdamer Kulturlandschaft unter seinen Schutz zu stellen. Zur Entwicklung Potsdams als grüne Stadt trug das Wirken von Karl Foerster und Hermann Mattern bei, die zwischen 1937 bis 1940 auf der Freundschaftsinsel ihren Schau- und Lehrgarten für Staudengewächse anlegten.

Wie sich Friedrichs das Potsdam der Zukunft vorstellte, demonstrierte er mit einer Siedlung, die er bescheiden „Friedrichsstadt" nannte und die heute als „Wohnanlage Am Schillerplatz" bekannt ist. Von einer eigens gegründeten Genossenschaft ließ er in der Nachbarschaft zum Bahnhof Charlottenhof 16 dreigeschossige Häuser in Ziegelbauweise errichten. Mit ihrer strengen Symmetrie und ihren angedeuteten Giebeln erinnern sie an das Holländische Viertel – nur viel größer. Anders als die schlichten Häuser nach niederländischem Vorbild, wurden die Eckhäuser am Schillerplatz mit haushohen Arkaden ver-

Wenn es nach dem Willen des Nazi-Oberbürgermeister Friedrichs gegangen wäre, würden derartige Balkone an den Giebelhäusern nicht mehr existieren.

sehen. Die waren – im Stil der Zeit – nur auf Wirkung bedacht und besaßen keine Funktion. So entstanden zwischen 1937 und 1940 500 Wohnungen mit unterirdischen Garagen, die in weiser Voraussicht als Luftschutzbunker geplant waren. Die Siedlung steht heute unter Denkmalschutz (siehe Foto S. 196).

Die „Stadtpersönlichkeit" Potsdams war für Friedrichs das, was bis zur Kaiserzeit erbaut wurde. Alles, was danach kam – Historismus, Jugendstil usw. – galt ihm als Degeneration der Architektur. So gab er viel Geld dafür aus, dass „Verschandelungen" an historischen Gebäuden rückgängig gemacht wurden. Zum Beispiel wurde die Entfernung von später angebrachten Balkons an den Giebelhäusern der Zweiten Stadterweiterung mit je 1.000 Reichsmark gefördert. Auf Friedrichs Initiative hin wurden vom Postgebäude am Wilhelmplatz zwei Kuppeln entfernt, die für die Jahrhundertwende typischen Verzierungen am Kaufhaus in der Brandenburger Straße beseitigt, und es wurde der Turm am Heeresarchiv auf dem Brauhausberg gekappt. Den Oberbürgermeister störte der markante Fachwerkaufsatz auf dem Turm. Der verschwand 1935. So hat der Turm des späteren „Kreml" nur noch die halbe Höhe des einstigen Originals. Mag sein, der riesige Turm wäre zehn Jahre später ohnehin dem Krieg zum Opfer gefallen.

Anfang der 1930er Jahre wurde das Potsdamer Straßenbahnnetz erweitert, um zum einen die Stadtrandsiedlungen im Südosten besser an die Stadt anzubinden und zum anderen Nowawes stärker zu erschließen. 1934 wurde eine neue Trasse bis zum Bahnhof Rehbrücke gelegt. Auf dem Streckenabschnitt jenseits des Friedhofes stand ein eigener Bahnkörper zur Verfügung, der später Höchstgeschwindigkeiten bis zu 40 km/h erlaubte. Nun fuhr die Linie 2 von der Glienicker Brücke über den Wilhelmplatz bis nach Rehbrücke. Verlängert wurde die bisher an der Plantagenstraße endende Linie 4 bis Fontanestraße. Das gesamte Potsdamer Tramnetz besaß 1935 eine Gesamtlänge von 19,5 km.

Kurs auf neuen Krieg

Die größten Potsdamer Bauplätze in den frühen 1930er Jahren entzogen sich weitgehend den Blicken der Potsdamer Einwohner. Sie befanden sich weit außerhalb, meist

In den 1930er Jahren erbaute Kriegsschule an der Kirschallee © bpk

in den neu eingemeindeten Ortsteilen im Norden. Hier gab es die großen Flächen, die das Militär inzwischen benötigte. Beanspruchte ein Infanteriebataillon 1899 noch zwei bis vier Hektar, waren es 1937 angesichts der neuen Kriegstechnik bereits sieben bis neun Hektar. Ein Pionierbataillon mit seinen zahlreichen Gerätschaften brauchte schon bis zu zwölf Hektar. Die neuen Kasernen waren weitgehend autarke Einheiten mit eigenen Verpflegungseinrichtungen, Sportanlagen und Werkstätten. Die nahe Döberitzer Heide spielte als großes Übungsgelände eine wichtige Rolle.

An der Nedlitzer Straße entstanden 1935 neue Kasernen für eine Nachrichten-Abteilung. Im gleichen Jahr bezog das 2. Bataillon des Infanterieregiments Nr. 9 frische Kasernen entlang der Pappelallee. Das IR 9 – genannt „Graf Neun", weil hier immer noch oder schon wieder der Adel den Ton angab – breitete sich über die gesamte Innenstadt aus. Überhaupt: Kaum reichte eine der alten Kasernen für ein einziges modernes Bataillon aus. In Kasernen, die einst Kavallerie-Einheiten beherbergten, zogen nun Panzer- oder Artillerietruppen ein. Potsdam füllte sich wieder mit Soldaten. Bis 1939 waren es 15.000, gegenüber 2.000 Anfang der 1930er Jahre.

Auch als „Pflanzschule des Heeres" nahm Potsdam wieder seine alte Rolle ein. Anfang 1936 eröffnete der Oberbefehlshaber des Heeres die neuerbaute Kriegsschule an der Kirschallee in Bornstedt. Es folgten die Heeres-Unteroffiziersschule in Eiche und die Heeresreitschule (später Panzertruppenschule) in Krampnitz, in der u.a. der spätere Hitler-Attentäter Claus Schenk Graf von Stauffenberg ausgebildet wurde. Inzwischen hatte sich in der Militärpolitik einiges geändert: Nach dem Tod Hindenburgs am 2. August 1934 wurden die Angehörigen der Reichswehr auf Adolf Hitler vereidigt. Am 16. März 1935 wurde (entgegen den Bestimmungen des Versailler Vertrages) die Wehrpflicht wieder eingeführt, die Beschaffung schwerer Waffen begann, die Reichswehr wurde in „Deutsche Wehrmacht" umbenannt.

Der militärischen „Pflanzschule" wurde am Rand von Potsdam eine „Pflanzschule" für Filmschaffende hinzugesellt. Am 4. März 1938 eröffnete Propaganda-Minister Goebbels die „Deutsche Filmakademie Babelsberg". Sie sollte als Ausbildungsstätte für Regisseure, Drehbuchautoren, Produktionsleiter, Kameraleute und Szenografen dienen. Die Gleichschaltung des Films wurde auf diese Weise bereits in die Ausbildungsphase verlegt. Zu Lehrbeauftragten wurden die besten noch in Deutschland verbliebenen Filmschaffenden ernannt. Darunter die Schauspieler Heinrich George, Paul Hörbiger und Viktor de Kowa. 1944 stellte die Akademie ihren Lehrbetrieb ein.

In dem Maße, wie der Kasernenbau voranschritt, wurden in Potsdam-Babelsberg Unternehmen der Rüstungsindustrie aus dem Boden gestampft. Das wichtigste von ihnen war ein Zweigwerk der Arado-Flugzeugwerke. Dieses auf Trainings- und leichte, seegestützte Kampfflugzeuge spezialisierte Unternehmen hatte seinen Stammsitz in Rostock-Warnemünde und schuf sich in den 1930er Jahren zahlreiche Fabrikationsstandorte in Mecklenburg und Brandenburg. Einer davon in Potsdam-Babelsberg, auf jenem Gelände, auf dem heute die „Märkische Allgemeine Zeitung" hergestellt wird. Die in der Großbeerenstraße beheimatete Firma Frieseke & Höpfner stellte sich von feinmechanischen Geräten für die drahtlose Nachrichtentechnik auf Technik für den Funkverkehr von Kampfflugzeugen um.

Der 9. November wird gern als der „Schicksalstag der Deutschen" bezeichnet. Am 9. November 1918 begann die Novemberrevolution, die den Sturz der Monarchie einleitete, am 9. November 1989 fiel in Berlin die Mauer und markierte den Beginn der deutschen Einigung. Der 9. November steht aber auch für Pogrome der Nazis gegen jüdische Einrichtungen. In der Nacht vom 9. auf den 10. November 1938 brannten überall in Deutschland Synagogen und wurden jüdische Geschäfte demoliert. In Zivil gesteckte SA- und SS-Angehörige durften sich auf Befehl von oben gnadenlos austoben. Als „Volkszorn" wurde das ausgegeben.

Wie genau dieser „Volkszorn" kanalisiert war, zeigte sich beim Überfall auf die Synagoge am Potsdamer Wilhelmplatz. Zwar wurde hier die Inneneinrichtung geschändet, zerstört oder geplündert, es wurde aber kein Feuer gelegt, wie anderswo üblich. Der Grund: Ein Feuer hätte die benachbarte Hauptpost in Mitleidenschaft gezogen. Nach dem Pogrom wurde das Gebäude verstaatlicht und als Hörsaal der Deutschen Reichspost genutzt. Rundfunk- und Fernsehübertragungen wurden hier allgemein zugänglich gemacht. Erst dem Bombenangriff vom 14. April 1945 fiel die Synagoge zum Opfer und brannte aus. An einem später errichteten Wohngebäude wurde an historischer Stelle eine Gedenktafel angebracht.

Haus mit zwei Gesichtern in der Lindenstrasse
Das Kommandantenhaus

Der große, rote Backsteinbau zwischen all den Giebelhäusern nördlich von der Brandenburger Straße erscheint wie ein Fremdkörper. Ein Adelspalais, das sich zwischen die Bürgerhäuser scheinbar verirrt hat. Nach dem Schloss war es bei der Fertigstellung 1737 das vornehmste Haus in Potsdam, wie es sich der „Soldatenkönig" gewünscht hat: Ein repräsentatives Wohnhaus für den Kommandanten seines Leibregiments in unmittelbarer Nähe zu den Stuben der „Langen Kerls". Die Kommandanten waren hier allerdings nur Mieter, denn der König schenkte es der Stadt, auf dass die Mieteinnahmen zum Segen für die Allgemeinheit sprudeln.

Als 1806 die Franzosen Potsdam besetzten, funktionierten sie es zu einem Pferdelazarett um. Danach war das „Kommandantenhaus" bis 1817 Tagungsort des ersten Potsdamer Kommunalparlaments. Für die 60 Stadtverordneten war der Saal im Erdgeschoss groß genug. Dann wurde das Haus zum Stadtgericht umgebaut. Aus den Ställen im Innenhof wurde das Gefängnis. Damit begann für das so ansehnliche Haus die Justiz-Geschichte. Zunächst waren es Kriminalvergehen, die hier abgeurteilt wurden, während die Täter in den Zellen auf ihren Prozess warteten. Zu denen, die hier bei Gericht tätig waren, gehörte der Revolutionär Max Dortu und der Dichter Theodor Storm. 1879 sorgte die neue Reichsjustizverfassung dafür, dass das Potsdamer Amtsgericht in der heutigen Hegelallee einzog. Das Gefäng-

Von außen eins der schönsten Häuser in der historischen Altstadt, von innen ein Ort des Schreckens. Der Zellentrakt hat sich seit der Kaiserzeit kaum verändert.

nis blieb in der Lindenstraße und wurde sogar erweitert. Es erhielt damals die bauliche Form, die heute noch zu besichtigen ist.

1933 begann für das „Kommandantenhaus" eine schwarze Zeit. Zunächst zog das Potsdamer Erbgesundheitsgericht mit ein. Es hatte die Aufgabe, die von den Nazis betriebene Euthanasie – in der Sprache der Mörder: „die Vernichtungunwerten Lebens" – juristisch zu verbrämen. Es wird geschätzt, dass hier mindestens 3.300 Zwangssterilisationen angeordnet wurden, denen in sehr vielen Fällen die Ermordung folgte. Im Lauf der Zeit wurden hier immer mehr Menschen gefangen gehalten, die wegen Verstößen gegen die „Rassenhygiene" oder „Wehrkraftzersetzung", wozu auch das Hören von „Feindsendern" gehörte, abgeurteilt wurden. In den letzten Kriegsjahren verlegte der berüchtigte „Volksgerichtshof" Prozesse in das Amtsgerichtsgebäude nach Potsdam, nachdem das Berliner Gerichtsgebäude von Bomben getroffen worden war. Während der Prozesse warteten die Angeklagten im Gefängnis in der Lindenstraße auf ihren Prozess. Fast alle waren am aktiven Widerstand gegen Hitler beteiligt. Egal, wie die Anklage lautete: Meist stand die Todesstrafe von vornherein fest.

Aus der Lindenstraße wurden die Abgeurteilten danach meist in das Zuchthaus Brandenburg-Görden gebracht, wo sie mit dem Fallbeil hingerichtet wurden. 55 der in Potsdam ausgesprochene Todesurteile sind aktenkundig. Eines von ihnen galt Werner Seelenbinder. Er war als Ringer sechsmal deutscher Meister, und er kam bei der Olympiade 1936 auf einen vierten Platz. Als überzeugter Kommunist beteiligte er sich am antifaschistischen Widerstand und nutzte Auslandswettkämpfe, um illegale Schriften ins Land zu schmuggeln. Durch Verrat wurde seine Widerstandsgruppe zerschlagen, und die Mitglieder wurden vom „Volksgerichtshof" abgeurteilt. Seelenbinder starb mit 40 Jahren unter dem Fallbeil. Die Gedenkstätte in der Lindenstraße erinnert an ihn, die frühere Mammonstraße im Herzen Potsdams ist nach ihm benannt.

Als Ende April 1945 die Soldaten der Roten Armee in Potsdam einrückten, befreiten sie auch die letzten Häftlinge aus den Zellen. Es bestand die Chance, dem Haus eine neue Bestimmung zu geben. Doch bereits im August 1945, als sich die Staats- und Regierungschefs der Siegermächte im Schloss Cecilienhof trafen, wurde das „Kommandantenhaus" samt Gefängnis von der Besatzungsmacht beschlagnahmt. Was anfangs noch den Anschein hatte, hier würden Kriegsverbrecher gesammelt, entpuppte sich nach kurzer Zeit als Brandenburger Außenposten des stalinistischen Gulag. Neben unverbesserlichen Nazis wurden hier auch politische Oppositionelle und missliebige Sozialdemokraten oder Pastoren eingesperrt. Rechtsstaatliche Gerichtsverfahren gab es vor den sowjetischen Militärtribunalen nicht. Viele der Gefangenen traten von hier aus die Fahrt in die Sowjetunion an, um dort exekutiert

Werner Seelenbinder war einer von denen, die ihre letzten Tage vor der Hinrichtung im Haus in der Lindenstraße zubrachten. © bpk

DER HISTORISCHE ORT

oder weiter in sibirische Internierungslager geschickt zu werden. Zu den fast 1000 damals in der Sowjetunion getöteten Deutschen gehörten Erwin Köhler und seine Frau Charlotte. Er war Gründungsmitglied der Ost-CDU und wurde 1946 von den Stadtverordneten zu einem der Potsdamer Bürgermeister gewählt. Anfang 1950 war er - wie andere CDU-Politiker auch - Repressalien ausgesetzt und wurde zum Rücktritt gezwungen. Kurz darauf verschwanden er und seine Frau im Gefängnis in der Lindenstraße. Von einem sowjetischen Militärtribunal wurden sie unter falschen Vorwürfen zum Tode verurteilt und Anfang 1951 im berüchtigten Butyrka-Gefängnis in Moskau erschossen. Heute trägt ein Platz nahe dem Park Sanssouci ihren Namen.

1952 übernahm das DDR-Ministerium für Staatssicherheit das Haus in der Lindenstraße. Und der Horror ging weiter. Die winzigen Zellen aus der Kaiserzeit mit ihrer spartanischen Einrichtung füllten sich vor allem mit politisch Unliebsamen. Die Gründe der Inhaftierung reichten von „Sabotage" über „antidemokratische Hetze" bis zur versuchten „Republikflucht". Die Zahl der Delikte wuchs in dem Maße, wie sich die DDR mit Forderungen nach Gewährung der verbrieften Menschenrechte konfrontiert sah. In den letzten Jahren der DDR stieg die Zahl der Häftlinge noch einmal deutlich an. So reichte ein Brief an einen West-Berliner Rundfunksender, um im „Lindenhotel" zu landen, wie das Stasi-Gefängnis von den Potsdamern inzwischen genannt wurde. Die Art der Verhaftung, der Ton während der Verhöre, die Enge des Zellenbaus – all das war darauf angelegt, die Opfer psychisch zu brechen. Während der DDR-Jahre waren hier rund 7.000 Untersuchungshäftlinge eingesperrt.

Am 5. Dezember 1989 forderten Aktivisten des Neuen Forums Zugang zum Haus in der Lindenstraße. Sie konnten feststellen, dass alle politischen Gefangenen bereits Ende Oktober freigelassen worden waren. Das „Kommandantenhaus" wurde in die Hände der Stadtverwaltung gegeben. Das Potsdam Museum machte daraus eine Gedenkstätte mit Ausstellungen zu allen Phasen der Geschichte des Hauses. Besucher können sich im Zellentrakt ein Bild davon machen, wie politische Verfolgung im 20. Jahrhundert ausgesehen hat. Es finden regelmäßig Veranstaltungen zu zeitgeschichtlichen Themen statt. Heute ist die Gedenkstätte eine gemeinsam vom Land Brandenburg und der Stadt Potsdam getragene Stiftung.

Aus dem Gefängnis wurde eine Gedenkstätte.

Heimatfront im totalen Krieg

Der Ausbruch des Zweiten Weltkrieges am 1. September 1939 war mit den ersten Augusttagen 1914 nicht zu vergleichen: kein Begeisterungstaumel, keine blumigen Verabschiedungen am Bahnhof, kein „Muss i denn…" der Garnisonskapelle. Die am Überfall auf Polen beteiligten Heeresverbände waren schon zuvor in Aufmarschgebieten konzentriert worden, sodass der Abmarsch aus den Kasernen kaum auffiel. Noch zu frisch waren die Erinnerungen an das Ende des Ersten Weltkrieges mit Hunger, Epidemien und Geldentwertung. Die faschistische Propaganda versuchte daher, die kriegerischen Aktionen als bis ins letzte geplante Operationen hinzustellen, derentwegen man sich keine Sorgen machen müsse. Mit allen Mitteln – auch denen des Films – wurde der Anschein von Alltagsnormalität verbreitet. Die „Heimatfront" wurde zu Zuversicht und Treue ermuntert.

Unvermeidlich waren bei Kriegsbeginn Zwangsrationierungen bei Fett, Fleisch, Butter, Milch, Käse, Zucker und Marmelade. Sie waren ab dem 1. September 1939 nur noch gegen Lebensmittelkarten erhältlich; Brot und Eier folgten ab Ende September. Bereits Mitte Oktober 1939 wurden Textilien rationiert. Bald tauchten immer mehr Ersatzerzeugnisse auf. Ersatzkaffee aus Gerste oder Eicheln ersetzte den Bohnenkaffee, Ersatzmarmelade wurde aus Steckrüben hergestellt. Nur Kinder kamen noch in den Genuss von Vollmilch, ansonsten gab es Magermilch. Trotz allem kam es in den ersten Kriegsjahren zu keinen ernsthaften Ernährungsproblemen. Zur Versorgung der deutschen Bevölkerung wurden die besetzten Gebiete rücksichtslos ausgebeutet.

Das traditionsreiche Potsdamer Infanterieregiment Nr. 9 war mit Beginn des Krieges an den jeweiligen Brennpunkten eingesetzt. Es war beim Überfall auf Polen ebenso dabei wie beim Angriff auf die Sowjetunion. Insofern lohnt es sich, den Weg des Regimentes bis in die Schneewüste vor Moskau in groben Zügen zu verfolgen:

Am 26. 8. 1939 wurden die Standorte verlassen, Verlegung an die polnische Grenze, Überschreiten der polnischen Grenze am 1. 9., erste Gefechte bei Klonowo, weiter nach Ostpreußen, von dort mit dem Zug nach Bialystok, Übergabe der Stadt an die Russen (in Folge des Hitler-Stalin-Paktes). Über Stettin wurde das Regiment nach Westen verlegt. Am 10. Mai 1940 überschritt es die luxemburgische Grenze und marschierte weiter nach Belgien. Heftige Kämpfe beim Übergang über die Maas. Am 9. 6. 40 erzwang das Regiment unter hohen Verlusten den Übergang über die Aisne in Frankreich. Am 19. 6. 40 wurde Dijon erreicht. Nach dem Waffenstillstand mit Frankreich war es zur Sicherung der Demarkationslinie eingesetzt. Ende Juni ging es wieder mit der Bahn nach Polen (jetzt: „Generalgouvernement"). Verlegung an die sowjetische Grenze. Am 23. 6. 41 Einmarsch in die Sowjetunion mit Ziel Smolensk. Teilnahme an der Kesselschlacht von Bialystok, am 15. 7. 41 wurde südlich von Minsk die Beressina überschritten. Nach viertägigem opferreichen Kampf wurde am 20. 7. 41 Mogilew erreicht und der Dnjepr überschritten. Am 18. 8. 41 erreichte das Regiment die Desna und traf dort auf heftige Gegenwehr. Am 2. 10. 41 wurde der Vormarsch in Richtung Osten fortgesetzt. Am 7. 10. 41 bekam das Regiment Befehl, nach Norden abzudrehen, um sich an den Kesselkämpfen um Wjasma und Brjansk zu beteiligen. Anschließend setzte es den Vormarsch auf Moskau fort und blieb im Schnee stecken. Bei den schweren Winterkämpfen 1941/42 wurde es fast völlig aufgerieben.… Am 27. 6. 42 wurde das Regiment aufgelöst. Ab 16. 9. 42 gab es ein völlig neu aufgestelltes „Grenadier-Regiment 9". (nach: lexikon-der-wehrmacht.de)

Jüdische Schicksale

Nicht weit von Potsdam entfernt, wurden am 20. Januar 1942 in einer Villa am Wannsee hohe NS-Beamte instruiert, wie die „Endlösung der Judenfrage" organisatorisch voranzutreiben sei. Das Protokoll führte Adolf Eichmann. Am Ende aller Maßnahmen sollte die Ermordung aller europäischen Juden stehen. Mit Beginn des Krieges hatte ihre Diskriminierung eine neue Stufe erreicht. Sie erhielten auf ihre Lebensmittelkarten in den für sie bestimmten Läden deutlich weniger Kalorien zugeteilt. Eine medizinische Versorgung existierte kaum noch. Verboten wurde ihnen der Besitz von Radio- und Telefongeräten, Kraftwagen oder das Halten von Haustieren. Ab 19. September 1941 musste jeder Jude über sechs Jahre einen gelben Stern auf der Kleidung tragen. Wer nur irgendwie dazu in der Lage war, verließ Deutschland.

In Potsdam gab es im Jahr 1939 nur noch 175 Bewohner mit jüdischem Hintergrund. Im Jahr 1942 wurden schließlich die letzten deportiert. Zunächst wurden ihre Vermögen eingezogen, dann wurden sie aus ihren Wohnungen vertrieben und in ein Sammellager gebracht. Das befand sich in einem der eindrucksvollsten Häuser in der Neubabelsberger Villenkolonie – es war ein Rundbau mit Kuppel – und gehörte dem jüdischen Arzt Karl Heidmann. Im April 1940 wurde es von der Zwangsorganisation „Vereinigung der Juden" als „jüdisches Siechen- und Altenheim" angemietet. Hinter dieser Bezeichnung verbarg sich das Sammellager für jüdische Potsdamer, von wo aus sie in Ghettos oder Vernichtungslager deportiert wurden.

Exemplarisch für das Schicksal vieler Potsdamer Juden seien hier einige aufgeführt, an die in den vergangenen Jahren in den Boden eingelassene „Stolpersteine" erinnern. Die Schicksale wurden von Schülern Potsdamer Schulen recherchiert und – gemeinsam mit anderen Schicksalen – vom Fachbereich Kultur und Museen der Landeshauptstadt Potsdam als Serien von Faltblättern herausgegeben. Hier Auszüge daraus:

Franz Bernhard. Inhaber eines angesehenen Bankgeschäftes in der Potsdamer Innenstadt. Er musste die schrittweise Enteignung seines Vermögens erleben. Als 80-jähriger Insasse des jüdischen „Siechen- und Altenheims" wurde er durch einen „Heimeinkaufvertrag" für das KZ Theresienstadt auch der letzten Mittel beraubt. Mit einem „Alterstransport" kam er im November 1942 in das KZ, wo er im Mai des folgenden Jahres starb.

Betty und Albert Rosenbaum. Das Schauspieler-Ehepaar lernte sich bei einem Gastspiel des Potsdamer Theaters in Bromberg kennen. 1935 wurde Albert aus der Reichstheaterkammer ausgeschlossen und durfte seinem Beruf nicht mehr nachgehen. 1942 wurden beide aus ihrer Wohnung im Babelsberger Körnerweg geworfen und kurz darauf in das Warschauer Ghetto deportiert. Wenig später starb Albert dort im Alter von 67 Jahren, von seiner 51-jährigen Frau verlor sich die Spur.

Helene und Theodor Dornbusch. Der 1879 geborene Theodor arbeitete 1910 bis 1922 als Ingenieur bei Orenstein & Koppel, später als Ausbilder bei der AEG Berlin. Anfang Januar 1942 wurde das Ehepaar aufgefordert, seine „Vermögenserklärung" abzugeben. Wenige Tage später wurden sie in das Ghetto nach Riga deportiert und nahmen sich gleich nach der Ankunft das Leben.

Anna Zielenziger. Ihr 1938 kurz vor der bereits genehmigten Ausreise nach Palästina verstorbener Mann Julius Zielenziger war langjähriges Vorstandsmitglied der Synagogengemeinde Potsdam, Ehrenmitglied der Potsdamer Kaufmannschaft und Schatzmeister der Handelskammer. Anna engagierte sich als Vorsitzende des Israelitischen Frauenvereins. 1939 wanderte sie zu ihrem in Amsterdam lebenden Sohn aus. Dort wurde sie 1943 verhaftet und in das Durchgangslager Westerbrock gebracht. Dort wurde sie im Alter von 76 Jahren ermordet.

Elisabeth und Paul Salinger. Der 1865 geborene Paul war ein erfolgreicher Architekt und lebte seit 1920 in Potsdam. Zu seinen Arbeiten gehörte u.a. die Erweiterung der Villa Schöningen an der Glienicker Brücke. Er besaß eine große Hausbibliothek und war ein Uhrensammler.

Eine Tafel erinnert an den Ort, an dem das Martyrium der Potsdamer Juden begann.

Im Oktober 1942 wurden er und seine Frau – eine Nicht-Jüdin – nach Theresienstadt deportiert, wo beide ums Leben kamen. Ihr Besitz wurde an „interessierte" Nachbarn zwangsversteigert.

An der Spitzweggasse 2a unweit der Sternwarte erinnert eine Tafel an einem Gedenkstein an das Jüdische Siechen- und Altenheim. Darauf heißt es: „Am 16. Januar 1943 wurde das Heim durch die Gestapo geräumt und die letzten in Potsdam lebenden Juden in Vernichtungslager deportiert." Anschließend wurde das Haus von der SS genutzt und zerfiel nach 1945. In den 1970er Jahren wurde es als baufällig abgerissen.

Im Kampf um die Köpfe wurde von der Führung des „Dritten Reiches" dem Film eine immer größere Bedeutung zugemessen. Ein wichtiger Schritt dabei war die Zentralisierung der gesamten deutschen Filmproduktion sowie der deutschsprachigen in den annektierten Gebieten. Am 10. Januar 1942 wurden in der UfA-Film GmbH (UFI) mit Sitz in Potsdam-Babelsberg u.a. zusammengefasst: die Bavaria Film, die Terra Film, die Prag-Film und die Wien-Film. Propagandaminister Goebbels entschied nicht nur über die zu verfilmenden Stoffe, er redete in die Drehbücher hinein, bestimmte die Regisseure und kontrollierte die Besetzungslisten. Auch vor Ort in Babelsberg wurde der Filmbetrieb nach dem nationalsozialistischen Führerprinzip organisiert. Es gab jetzt Reichsfilmintendanten, denen Produktionschefs unterstanden, die wiederum Produktionsgruppenleitern ihre Weisungen erteilten. Der bereits nach dem Weggang vieler jüdischer Filmschaffender zu verzeichnende künstlerische Verfall nahm rasant zu.

Kennzeichnend für die Filmproduktion während der Nazi-Zeit war das Nebeneinander von „leichter Muse" und unverblümten Propagandastoffen wie „Jud Süß", „Ohm Krüger", „Der große König" und „Kolberg". Bei derartigen Stoffen genoss der Regisseur Veit Harlan das besondere Vertrauen von Goebbels. Gerade bei den scheinbar unpolitischen Filmen, meist mit Musikeinlagen garniert, wurde ein nie dagewesener Starkult betrieben. Die Göttinnen des nationalsozialistischen Films kamen nicht selten aus dem Ausland, wie die Schwedinnen Zarah Leander und Kristina Söderbaum, die Deutsch-Ungarin Marika Rökk, die Chilenin Rosita Serrano. Bei den Männern waren deutsche Typen wie Hans Albers, Heinz Rühmann und Willy Birgel Super-Stars. Wie stark politisch aufgeladen selbst die Musikfilme der UfA waren, zeigen Liedtexte wie „Davon geht die Welt nicht unter…", „Ich weiß, es wird einmal ein Wunder gescheh'n" (beide 1942). Im gleichen Jahr schrieb Erich Kästner in der Neubabelsberger Villa von Brigitte Horney unter dem Pseudonym „Berthold Bürger" das Drehbuch zum Farbfilm „Münchhausen".

Ein Film, der auch heute noch oft gezeigt wird, ist die 1944 entstandene Komödie „Feuerzangenbowle". Ihr fiktiver Handlungsort heißt „Babenberg", und als Kirche taucht in dem Film das Babelsberger Rathaus auf. Wegen „Verunglimpfung der Schule" versuchte der Reichserziehungsminister erfolglos die Freigabe des Films zu verhindern. Während der Besetzung zahlreicher europäischer Staaten machte die UfA ein Drittel ihrer Umsätze im Ausland.

An der Grenze zwischen Potsdam und Berlin entstand ab 1938 ein Gebäudekomplex in der typischen Kolossal-Architektur der Nazis. Als Vorbild mag der Eingangsbau der von Albert Speer erbauten Tribünenanlage des Zeppelinfeldes auf dem Reichsparteitagsgelände in Nürnberg gedient haben. Die Anlage sollte dem Deutschen Roten Kreuz als Sitz des Präsidiums zur Verfügung gestellt werden. Zentraldepot und Hauptlager befanden sich bereits seit der Jahrhundertwende auf dem Gelände nahe dem heutigen S-Bahnhof Griebnitzsee. Nun sollte ein 196 Meter langer Bau von außen und innen die wichtige Rolle des DRK bei der allgemeinen Mobilmachung zum Ausdruck bringen. 1943 konnten der DRK-Präsident und sein Stab einziehen. Dazu gehörten auch SS-Ärzte, die medizinische Versuche an Häftlingen vornahmen. Daher befanden sich auf dem Gelände ein Außenlager des Konzentrationslagers Sachsenhausen, ein Zwangsarbeiterlager und ein Lager für Kriegsgefangene. Zugleich sollte der Komplex ein zentraler Punkt einer von Goebbels geplanten monumentalen Filmstadt sein. Nach dem Krieg zog hier eine DDR-Verwaltungsakademie ein, aus der 1953 die Akademie für Staats- und Rechtswissenschaften hervorging. Hier wurde u.a. der Diplomaten-Nachwuchs der DDR ausgebildet.

ADEL IM WIDERSTAND

Bei der soldatischen Erziehung in den Potsdamer Kasernen drehte sich seit jeher viel um die Begriffe Ehre und Treue. Solange die deutsche Wehrmacht dabei war, fast ganz Europa zu erobern und Hitler sich als strahlender

Sieger präsentieren konnte, war es für die allermeisten kein Problem, die beiden Begriffe unter einen Hut zu bringen. Als sich aber die Niederlagen häuften und in den besetzten Gebieten der Terror auch gegen die Zivilbevölkerung zum täglichen „Geschäft" der Wehrmacht wurde, stellte sich für manche im Offizierscorps die Frage nach Ehre und Treue neu. Da war es kein Zufall, dass frühere Angehörige des Infanterieregiments Nr. 9 („Graf 9"), die sich nach wie vor als die „alte Garde" sahen, besonders sensibel reagierten und über aktiven Widerstand nachdachten.

Am 20. Juli 1944, also wenige Wochen nach der Invasion der Alliierten in der Normandie und wenige Tage nach dem Beginn einer Großoffensive der Roten Armee an der Ostfront, unternahm ein Kreis von etwa 200 Personen den Versuch, Hitler durch ein Attentat und das Regime durch einen Staatsstreich zu beseitigen. Zahlreiche der Beteiligten hatten eine direkte Verbindung zu Potsdam. Besonders im Kreis ehemaliger Angehöriger des Infanterieregiments Nr. 9 rührte sich der Widerstand. Hier seien nur Offiziere genannt, die als Attentäter verhaftet und ermordet, hingerichtet oder in den Suizid getrieben wurden: Hasso von Boehmer, Wilhelm Dieckmann, Paul von Hase, Friedrich Karl Klausing, Hans Otfried von Linstow, Fritz-Dietlof von der Schulenburg, Hans-Alexander von Voss.

Auch Kurt von Plettenberg gehörte zum Freundeskreis um Claus Schenk Graf von Stauffenberg. Der einstige Offizier war Leiter der Generalverwaltung des vormals regierenden preußischen Königshauses und wurde Anfang März 1945 in seinem Dienstsitz im Schloss Cecilienhof verhaftet. Er beging Selbstmord, um weitere Verschwörer zu schützen. Neben Stauffenberg war Henning von Tresckow die treibende Kraft hinter dem Umsturzplan. Er bemühte sich mutig, immer weitere Offiziere in die Verschwörung einzubeziehen. Dabei gelang es ihm, ein weites Netzwerk des Widerstandes aufzubauen. Er war es, der den Plan für einen Sprengstoffanschlag in Hitlers Hauptquartier, der „Wolfsschanze", ausarbeitete. Als er vom Scheitern des Attentats erfuhr, nahm er sich das Leben.

Eine wichtige Rolle bei der Vorbereitung des Attentats spielte Fritz von der Lancken, Inhaber der „Löwenvilla" in der heutigen Gregor-Mendel-Straße 26. In seiner Villa lagerte im Vorfeld des Attentats der Sprengsatz für die Bombe, die Hitler töten sollte. Von Lancken wurde zum Tode verurteilt und hingerichtet. Erinnert sei auch an den Potsdamer Sozialdemokraten Hermann Maaß. Er wurde wegen der Kontakte zu Stauffenberg und der Widerstandsgruppe „Kreisauer Kreis" nach dem Attentat erhängt.

Durchhalten – aber wie?

In den Potsdamer Industriebetrieben lief während des Krieges die Rüstungsproduktion auf Hochtouren. Bei den Arado-Werken bereitete man sich auf die Produktion des ersten strahlgetriebenen Bombers Ar 234 vor. Zwar wurden über 200 Stück gebaut, aber vor allem wegen der alliierten Luftüberlegenheit und des akuten Treibstoffmangels kamen sie kaum zum Einsatz. Die Lokomotivfabrik Orenstein und Koppel war am Bau der „Kriegslokomotive" (Baureihe 52) beteiligt. Sie war für den rauen Einsatz in den Weiten der russischen Steppe gedacht. Bei ihr wurden alle Teile nur soweit bearbeitet, wie es für die einwandfreie Funktion erforderlich war. Auf alles Entbehrliche wurde verzichtet. Zwischen 1942 und 1945 wurden in den verschiedenen Fabrikationsstätten 7.000 dieser Lokomotiven hergestellt. Bis zur Einstellung des Dampfbetriebes in den 1970er Jahren war sie noch im Güterzugbetrieb anzutreffen.

Um die Produktion aufrechterhalten zu können, reichten die vorhandenen Arbeitskräfte bald nicht mehr aus, zumal immer mehr an die Fronten geschickt wurden. Einen Ausgleich sollten zunächst „Fremdarbeiter" aus Frankreich und den Benelux-Staaten schaffen. Sie kamen mehr oder weniger freiwillig, wurden auskömmlich versorgt und konnten sich relativ frei bewegen. Doch bald reichte auch das nicht mehr aus. Jetzt wurden aus den besetzten Gebieten im Osten, vor allem aus der Sowjetunion, Zwangsarbeiter herbeigeschafft. Sie wurden unter schlechtesten Bedingungen in Lagern konzentriert und zur Sklavenarbeit gezwungen.

In Potsdam entstanden insgesamt 72 Lager für die etwa 15.000 Zwangsarbeiter. Die größten Lager befanden sich in der Ahornstraße 28 (1.680 Zwangsarbeiter), der Grünstraße (ca. 1.000), beide von Orenstein & Koppel, ferner Am Brunnen (1.000) und in der Heinrich-Mann-Allee (688) zwei von mehreren Lagern der Arado-Flugzeugwerke. Auf Grund der harten Arbeit und der schlechten Lebensbedingungen war die Sterberate sehr hoch. Auf den Friedhöfen finden sich viele namenlose Gräber von Zwangsarbeitern, doch ein großer Teil dieser Toten wurde einfach verscharrt. Von den Lagern findet man heute kaum noch Spuren. Die meisten Baracken wurden abgerissen und überbaut. In der Großbeerenstraße erinnert eine Stele an das Schicksal der Zwangsarbeiter. (nach Potsdam-Lexikon)

Im Winter 1944/45 machte sich in Potsdam der allgemeine Kohle- und Treibstoffmangel bemerkbar. Abendliche Stromsperren gehörten zum Alltag. Der Mangel hatte u.a. eine drastische Reduzierung der Stromerzeugung zur Folge. Das wirkte sich wiederum spürbar auf den Straßenbahnverkehr aus. Im Dezember fuhren auf einigen Linien nur noch Pendelwagen. Ab 1. Januar 1945 wurde nur noch der Berufsverkehr aufrechterhalten. Anstelle von Personen wurden die Straßenbahnen nun zum innerstädtischen Güterverkehr eingesetzt. Sie brachten Kohle vom Bahnhof zum E-Werk an der Zeppelinstraße und versorgten die Arado-Werke mit kriegswichtigen Gütern.

Anfang 1945 war Potsdam von den Schrecken des Krieges noch weitgehend verschont. Allenfalls die immer zahlreicher in die Stadt strömenden Flüchtlinge aus dem Osten und die damit verbundene Lebensmittelverknappung ließen Böses ahnen. Im Jahr zuvor drehte Helmut Käutner noch auf der Havel rund um Potsdam den Liebesfilm „Unter den Brücken". Vom Krieg ist darin nichts zu sehen. Da waren die Innenstädte von Leipzig, Rostock und Hannover schon zur Hälfte zerstört, Hamburg und Köln waren zu über 80 Prozent nicht mehr bewohnbar.

Auch die Potsdamer waren aufgefordert, Keller als Luftschutzräume herzurichten. Riesige weiße Pfeile machten sie von außen deutlich. Unter den Brauhausberg wurde ein Betonbunker für 200 Personen gegraben. Zwar fiel seit 1940 immer einmal eine Bombe auf Potsdam, doch war der Schaden gering. Meist waren es Fehl- oder Notabwürfe. Nur am 22. Juni 1944 warfen amerikanische Bomber ihre Last über der Teltower Vorstadt und Babelsberg ab. Dabei waren die Arado-Werke das Ziel. Allerdings flogen die Bomberstaffeln in Richtung Berlin meist über Potsdam, und manchmal war der Feuerschein der brennenden Häuser über der Metropole zu sehen. Allein von Anfang 1945 bis Mitte April heulten in Potsdam die Sirenen über 130 mal. Es verging also kaum ein Tag, an dem die Potsdamer nicht den Weg in die Luftschutzkeller antraten. Ohne Angst lief das Leben auch in Potsdam nicht mehr ab.

Der Untergang

Am 14. April 1945 schlug für Potsdam die Stunde. Gegen 22.30 Uhr befanden sich rund 500 viermotorige Bomber vom Typ Lancaster und ein Dutzend zweimotorige Mosikito-Jagdbomber der britischen Royal Air Force über Potsdam. Das war ein fast 70 Kilometer langer Strom von Flugzeugen. Um dem Abwehrfeuer zu entgehen, warfen sie ihre Last aus über 6.000 Metern ab, zu hoch, um zielgenau zu treffen. Ihr Befehl: Zerstörung der historischen Altstadt und der Schienenverbindung von Berlin nach Westen. Zur Markierung der Ziele wurden zunächst Leuchtbomben abgesetzt. Die Bombardierung dauerte cirka 30 Minuten. In dieser Zeit wurden 1.751 Tonnen Spreng- und Brandbomben abgeworfen. Getroffen wurde auch ein am Bahnhof abgestellter Munitionszug, der die Wirkung des Bombenhagels noch verstärkte. Einen wirksamen Schutz durch deutsche Abfangjäger hat es nirgendwo gegeben.

Durch die Bomben verloren fast 4.000 Menschen ihr Leben. Besonders in der südlichen Altstadt gingen die bedeutendsten Bauwerke in Flammen auf (z.B. Stadtschloss) oder brannten im Laufe der Nacht durch Funkenflug aus (wie die Garnisonkirche). Das Ensemble des Alten Marktes und die engen Bebauungen zwischen Altem Markt, Heiliggeistkirche und Wilhelmplatz wurden fast völlig ausradiert. Einen Treffer erhielt auch das Archiv auf dem Brauhausberg, wodurch alle nicht ausgelagerten Dokumente Opfer der Flammen wurden.

Getroffen wurden städtische Einrichtungen wie das Wasserwerk an der Leipziger Straße, die Hauptpost, das Feuerwehr-Depot und das Krankenhaus am Kanal (es verlor 80% seiner Belegungskapazität). Verschont wurden hingegen die großen Kasernenanlagen am nördlichen Stadtrand. Nur die Kasernen in der Innenstadt wurden in Mitleidenschaft gezogen. Selbst das Hauptquartier der deutschen Luftwaffe in Potsdam-Wildpark wurde nicht bombardiert. Bis heute streiten Historiker darüber, was die britische Militärführung bewogen haben könnte, wenige Tag vor dem Einmarsch der Roten Armee Potsdam in Schutt und Asche zu legen. Einen militärischen Grund hat es jedenfalls nicht gegeben.

Die Garnison in und um Potsdam war im April bereits stark dezimiert. Wie anderswo wurde sie durch schlecht ausgerüstete Volkssturmbataillone und HJ-Trupps ergänzt. Potsdam wurde Anfang März zur Festung erklärt und es galt der militärische Auftrag, die Stadt „bis zum letzten Mann und bis zur letzten Patrone" zu verteidigen. Vor dem Heranrücken der Roten Armee wurden die Eisenbahnbrücke am Hauptbahnhof sowie die Glienicker Brücke gesprengt. Aus zerstörten Straßenbahnwagen wurden Barrikaden gebaut und die Nikolaikirche und Heiliggeistkirche mit Beobachtungsposten besetzt.

Diese Türme wurden folglich durch die sowjetische Artillerie intensiv beschossen. Der Turm der Heiliggeistkirche brannte bis auf einen Stumpf nieder, der Monopteros auf dem Militärwaisenhaus wurde zerstört, die Nikolaikirche erhielt so schwere Schäden, dass sie erst 36 Jahre später wieder eingeweiht werden konnte. Beschossen wurden auch der Normannische Turm auf dem Ruinenberg, die Historische Mühle, das Belvedere auf dem Klausberg und die Communs. Was der Bombenangriff verschont hatte, wurde nun Opfer von Artilleriebeschuss und sinnlosen, aber opferreichen Straßenkämpfen.

Potsdam-Babelsberg wurde am 24. April durch die von Süden anrückende 1. Ukrainische Front der Roten Armee eingenommen. An der Langen Brücke trafen sie allerdings auf erbitterten Widerstand. So war es die aus Norden mit Amphibienfahrzeugen über den Jungfernsee vorrückende 1. Belorussische Front, die als erstes die Potsdamer Innenstadt erreichte. Als sich mitten in Potsdam die beiden Fronten der Roten Armee trafen, schloss sich (zwei Tage nach der ersten Begegnung in Ketzin) noch einmal der Ring um Berlin. Nachdem letzte Widerstandsnester im Zentrum ausgeschaltet waren, endete am 28. April 1945 der Zweite Weltkrieg für Potsdam. In Berlin dauerten die sinnlosen Kämpfe noch über eine Woche an.

Nach Bombenangriff und Artilleriefeuer war die Potsdamer Innenstadt eine Trümmerwüste. © bpk|Friedrich Seidenstücker

Bewahrt zum Gedenken
Sowjetische Friedhöfe

Nachdem die bei der Erstürmung Potsdams gefallenen Rotarmisten an verschiedenen Stellen der Stadt verscharrt worden waren, wurde 1946 im Zentrum Potsdams, auf dem Bassinplatz, ein Ehrenfriedhof für die in den letzten Kriegstagen in und um Potsdam gefallenen und an den Kriegsfolgen gestorbenen Soldaten der Sowjetarmee angelegt. 383 Armeeangehörige fanden dort ihre letzte Ruhestätte. Ein großer Teil der Grabsteine trägt nur die Inschrift „unbekannter Soldat". Im Zuge der Gestaltung des Friedhofs wurde die 1739 erbaute „Gloriette" abgerissen, die ursprünglich auf einer bis 1890 bestehenden Insel im barocken Bassin stand. Mittelpunkt des sowjetischen Friedhofs ist ein 14 Meter hohes Denkmal aus Lausitzer Granit. Soldatenplastiken, die die vier Waffengattungen der Roten Armee darstellen, bilden den Sockel. An Gedenktagen, wie dem Tag der Befreiung und dem Volkstrauertag, wird mit offiziellen Kranzniederlegungen der Kriegstoten gedacht.

Ein weiterer sowjetischer Soldatenfriedhof befindet sich an der Michendorfer Chaussee, am südlichen Stadtrand Potsdams. Dort liegen über 5.000 Angehörige der Roten Armee. Die meisten wurden nach 1945 begraben und waren keine Opfer von Kampfhandlungen. Es war der Friedhof für die sowjetische Garnison in Potsdam. Offiziell sollten ab 1963 deren Leichname in die Sowjetunion überführt werden. Wie Grabsteine zeigen, wurden dennoch bis in die 1980er Jahre Sowjetarmisten in deutscher Erde bestattet.

Die meisten der Gräber gelten einem „unbekannten Soldaten".

Übersichtsplan aus einer Tourismuswerbung des Jahres 1983

1945 – 1990

Unter der Flagge des Sozialismus

Die Bilanz des Krieges war für Potsdam erschreckend: In der Innenstadt waren bis zu 97 Prozent der Wohnhäuser zerstört oder beschädigt, in Babelsberg waren es „nur" 23 Prozent. Von den insgesamt 10.225 Potsdamer Wohnhäusern waren 995 zu mehr als 80 Prozent zerstört, weitere 280 teilweise, aber vorerst nicht bewohnbar. 5.630 waren beschädigt, aber noch bewohnbar, und 3.320 unbeschädigt. Zwölf ganze Straßenzüge und 47 Prozent der historischen Bausubstanz wurden völlig zerstört. Rund 60.000 Menschen waren obdachlos. Der Strom der mittellosen Flüchtlinge aus dem Osten riss nicht ab. Tausende Zwangsarbeiter warteten auf ihre Repatriierung. Von den 10 wichtigsten Brücken Potsdams waren sechs unpassierbar, sie waren gesprengt oder bei Kampfhandlungen beschädigt worden. Es gab anfangs kein Trinkwasser, keine Elektroenergie und kein Gas. Das Verkehrswesen war zusammengebrochen, die Straßenbahnlinien waren ohne Fahrleitung, Telefon und Post funktionierten nicht.

Was sich jedoch nicht in Zahlen ausdrücken ließ, war die Gefühlslage der Menschen. Wer noch gehofft hatte, dass die Amerikaner vor den Russen nach Berlin kommen, war nun eines Besseren belehrt. Für manche kamen sie als Befreier, für die meisten aber als unberechenbare Sieger. Die einen verfielen in Apathie, andere wurden aktiv wie nie zuvor in ihrem Leben. Viele Potsdamer wussten aus eigenem Erleben oder vom Hörensagen, wie sich Sieger in fremden Ländern benehmen. Die Angst war groß vor Vergeltung. Entsprechend groß war die Selbstmordrate. So richtete sich am Tag, als die Rote Armee weitgehend kampflos in Babelsberg einrückte, der Geschäftsführer des Deutschen Roten Kreuzes, SS-Obergruppenführer Ernst-Robert Grawitz, mit Hilfe einer Handgranate. Er war mitverantwortlich für Massenmorde an Behinderten und medizinische Experimente an Gefangenen.

Selbst wer in den vergangenen zwölf Jahren nicht zum Verbrecher wurde, sah für sich Grund zur Furcht. Waren sie nicht zu fürchten, die vielen asiatischen Gesichter unter den Siegern? So, wie es Goebbels vorausgesagt hatte. Dabei gab es eine simple Erklärung dafür: Nachdem die jungen Männer im europäischen Teil der Sowjetunion bereits in den ersten Kriegsmonaten gefallen oder in Kriegsgefangenschaft geraten waren oder später als Zwangsarbeiter nach Deutschland geschafft wurden, hatte die Rote Armee ihre Truppen immer mehr mit Rekruten aus den weniger entwickelten asiatischen Sowjetrepubliken aufgefüllt. Und die waren es nun, die auch in Potsdam vor der Tür standen und Schmuck, Radios, Fotoapparate und alles verlangten, was Wert hatte und leicht abzutransportieren war. Und Frauen waren gut beraten, sich zu verstecken.

Eine neue Verwaltung

Dort, wo die Rote Armee einmarschiert war, übernahm die Sowjetische Militäradministration in Deutschland (SMAD) die politische Macht. Sie suchte nach unbelasteten Bürgern, die sie in die Verwaltungsarbeit einbinden konnte. Das waren sowohl aus Lagern und Zuchthäusern gekommene Antifaschisten, aber auch unentbehrliche Spezialisten, deren politische Vergangenheit vorerst keine große Rolle spielte. Das Sagen in Potsdam hatte nun der sowjetische Stadtkommandant Oberst Andrej Sacharowitsch Werin, der diesen Posten mit dem ersten Tag der Einnahme der Stadt innehatte. Der Mann aus Saratow an der Wolga gehörte zu denen, die in Straßenkämpfen Potsdam eingenommen hatten. Er setzte zunächst Dr. Friedrich Bestehorn als Bürgermeister ein. Als nach wenigen Tagen bekannt wurde, dass der seit 1934 Mitglied der NSDAP war, war seine Karriere beendet. Ihm folgte für kurze Zeit ein Dr. Heinz Zahl, der sich schnell als Schwindler erwies und verschwand.

Im Juli 1945 wurde der Sozialdemokrat Georg Spiegel zum Oberbürgermeister berufen, ihm folgte Walter Paul. Sie bemühten sich redlich um den Aufbau einer effektiven Verwaltung. Er gründete zum Aufbau des normalen

Als Pendant zum Dampfmaschinenhaus entstand 1983 für das Café „Seerose" an der Havelbucht ein kühner Schalenbau.

Lebens zehn Ämter, z.B. das Wohnungsamt, das Amt für Schulwesen, das Amt für Ernährung, das Amt für Handel und das Stadtbauamt. In den ersten Monaten nach Kriegsende erlebte die Stadtverwaltung einen großen Personalaustausch. Rund 770 Mitarbeiter mussten gehen. Am 10. Juni erließ die SMAD den Befehl Nr. 2, durch den sie die Gründung demokratischer Parteien erlaubte und die Arbeit freier Gewerkschaften gestattete. Noch im Juni bildeten sich Ortsgruppen von SPD und KPD, im Oktober 1945 eine Kreisgruppe der CDU und im Dezember der LDPD (Liberal-Demokratische Partei Deutschlands).

Derweil ging das Leben in Potsdam weiter. Nichts im Magen, kein Wasser aus der Leitung, kein Strom aus dem Stecker, glücklich, wer noch ein Dach über dem Kopf hatte – so begann für die Potsdamer der Frieden. Die Ausgebombten suchten in den Trümmerhaufen nach Habseligkeiten oder – schlimmer noch – nach Angehörigen. Die Toten mussten geborgen, die Pferdekadaver weggeräumt werden. Dann mussten die Straßen vom Schutt geräumt und wieder passierbar gemacht werden. Im Juni war die Versorgung mit Wasser und Energie notdürftig wiederhergestellt. Wo es ging, wurde repariert, wurden provisorische Unterkünfte geschaffen. In den Kellern des Neuen Palais allein lebten über 1.000 Flüchtlinge. Ende Juli 1945 gab der Polizeichef von Potsdam die Weisung heraus, dass in Potsdam keine Flüchtlinge mehr aufgenommen werden. „Ein Betreten ist mit allen Mittel zu verhindern". (nach Behrendt)

Mitte Mai 1945 begann langsam die systematische Versorgung mit Lebensmitteln. Kindern bis zu einem halben Jahr wurde Milch zugeteilt. Da die Potsdamer Dampfmühle den Krieg überstanden hatte, konnte Brot gebacken werden. Anstelle von Fleisch und Fett wurden Kartoffelflocken geliefert. Ab Anfang November wurden 13.000 Kinder über die Schulspeisung versorgt. Das Wasserwerk in Eiche nahm bereits am 4. Mai den Betrieb wieder auf. Die SMAD stellte erhebliche Mengen an Kartoffeln und Getreide zur Verfügung. Höchstes Tempo wurde vorgelegt, als es galt, den Schulbetrieb wieder aufzunehmen. Bereits am 22. Mai öffneten die Schulen wieder. Zuvor musste rund ein Drittel der Schulbücher aus dem Verkehr gezogen werden. Bis zum Jahresende wurden von 391 Lehrern 267 wegen ihrer Zugehörigkeit zu faschistischen Organisationen entlassen. Ein Jahr später war die Zahl durch Neulehrer wieder ausgeglichen. Das Problem der elternlosen Kinder sollte sich allerdings noch lange hinziehen. Noch 1948 gab es zehn Heime in Potsdam für sie.

Abgesehen von den Türmen waren die klassischen Schlösser zum allergrößten Teil unversehrt. Später hieß es, die Rote Armee habe sie verschont. Tatsächlich aber hatten sich – zum Glück – hier keine Nazi-Truppen verschanzt. Die neue Besatzungsmacht achtete allerdings darauf, dass nicht geplündert wurde. Sie hatte ihre Gründe: Eine Trophäenkommission hatte Kunstschätze als Kriegsbeute zu sichern und für den Transport in die Sowjetunion vorzubereiten. Ein 2004 herausgegebener Verlustkatalog nennt allein für Sanssouci 650 Gemälde, die, in 81 Kisten verpackt, nach Moskau und Leningrad verbracht wurden. Hinzu kamen Skulpturen, Möbel, fast 2400 in den Neuen Kammern eingelagerte Porzellane, die Bibliotheken. Der Chef dieser Kommission, der Garde-Oberleutnant Jewgenij Fjodorowitsch Ludschuweit, ist später vielfach als „Retter von Sanssouci" geehrt worden – eine Straße wurde nach ihm benannt (heute wieder Kastanienallee) und er wurde Ehrenbürger. Er hatte sich zeitlebens gegen diese „Ehre" gewehrt. Die Logik des Krieges war eine andere. Am 13. April 1946 übergab die SMAD den Park Sanssouci mit seinen Schlössern in die Verwaltung der Provinz Brandenburg.

Potsdam und die Weltmächte

Während sich die sowjetische Militärkommandantur am Nauener Tor darum kümmerte, das Leben in Potsdam neu zu organisieren, hatte Generalleutnant Antipenko, Chef der Rückwärtigen Dienste der 1. Belorussischen Front, ganz andere Sorgen. Die Staats- bzw. Regierungschefs der alliierten Siegermächte hatten sich zu einem Treffen verabredet. Nach Teheran und Jalta sollte jetzt auf dem Boden des besiegten Deutschland über dessen weiteres Schicksal ein weiteres Mal beraten werden. Wieder war die sowjetische Seite der Gastgeber und Antipenko für den reibungslosen Ablauf verantwortlich. Auch wenn dieses Treffen längst als die „Potsdamer Konferenz" in die Geschichte eingegangen ist, wurde sie zunächst als „Berliner Konferenz" unter dem Decknamen „Terminal" (Endstation) geplant. Schnell war klar, dass sich im zerstörten Berlin kein passender Ort für das Treffen finden ließ.

Bei der Suche in den Vororten kamen die Geheimdienstspezialisten bald auf Babelsberg. In der dortigen Villenkolonie gab es genug repräsentative Häuser für die Delegationschefs und ihren dreistelligen Anhang. Als Konferenzgebäude bot sich das Schloss Cecilienhof an. Ein Flugplatz (Gatow) war in der Nähe und die Eisenbahnverbindung war vorhanden. Die Zugverbindung nach Berlin funktionierte, wenn auch unregelmäßig. Mit Hilfe eines zusätzlichen Gleises wurde die Spurweite für Züge aus Moskau angepasst. Notwendig waren „nur" zwei Pontonbrücken über die Havel. Die eine von Sacrow nach Glienicke, die die Verbindung vom Tagungsort zum Flugplatz sicherstellte, die andere parallel zur durch die Sprengung unpassierbaren Glienicker Brücke für die Verbindung zwischen dem Villenviertel und dem Tagungsort.

Dummerweise hatten die Kampftruppen, die als erste das Schloss betraten, das Mobiliar fast vollständig abtransportiert. Also musste Ersatz aus den anderen Potsdamer Schlössern beschafft werden. Der runde Konferenztisch kam innerhalb weniger Tage aus der Möbelfabrik „Lux" in Moskau. Zeitweise beschäftigte Antipenko neben eigenen Truppen 1.200 Arbeiter aus der Potsdamer Umgebung, um alles zum Wohle der hohen Besucher herzurichten. Auf dem Schlosshof zum Beispiel pflanzen sie aus roten Geranien einen leuchtenden Sowjetstern. Die einheimischen Arbeitskräfte konnten bestenfalls ahnen, was hier bevorstand. Als das Treffen näher rückte, wurden sie sowieso sicherheitshalber abgezogen.

Mitte Juli 1945 spielten sich in der Babelsberger Villenkolonie dramatische Szenen ab. Die Bewohner, die den Krieg glimpflich überstanden hatten, wurden von bewaffneten Rotarmisten aufgefordert, ihre Häuser sofort zu verlassen. Es blieben allenfalls Stunden, um ein paar Habseligkeiten zu packen. Widerstand war zwecklos. Anschließend wurde ein Gebiet innerhalb der Kolonie abgesperrt, das nur noch mit Sondergenehmigung betreten werden durfte. Deutsche war sowieso ausgeschlossen. Dann kamen die amerikanischen und britischen Quartiermacher. Jede Delegation erhielt innerhalb der Villenkolonie ihre eigene Zone zugewiesen. Die drei Zonen waren noch einmal durch Schlagbäume voneinander abgetrennt. Es war genau geregelt, wer sich wo aufhalten durfte.

Am 15. Juli 1945 machten sich die damals mächtigsten Männer der Welt auf den Weg nach Potsdam. Der Präsident der Vereinigten Staaten von Amerika hatte eine neuntägige Schiffspassage auf dem Kreuzer „Augusta" von Newport nach Antwerpen und einen kurzen Flug von Brüssel nach Gatow hinter sich. Eine Stunde nach Truman traf der britische Premierminister Churchill ein.

Ein beliebtes Propagandamotiv: ein Sowjetsoldat als Aufbauhelfer – hier am Alten Rathaus, aus „Potsdam – Geschichte der Stadt ..." 1966

Ein Treffpunkt nach dem Krieg
Der Kulturbund

In Potsdam hatten namhafte Vertreter des geistigen Lebens die Zeit des Nationalsozialismus zurückgezogen überdauert. Sie fanden sich nach Kriegsende im „Kulturbund zur demokratischen Erneuerung Deutschlands" zusammen.

Bernhard Kellermann (1879–1951)

lebte in Klein-Glienicke. Seit 1904 veröffentlichte er Romane. 1913 erschien „Der Tunnel", der mit einer Millionenauflage zu den erfolgreichsten Büchern der ersten Hälfte des 20. Jahrhunderts gehörte. Sein Roman „Der 9. November" wurde von den Nazis verboten. Die Zeit bis 1945 verbrachte er zurückgezogen, in dem er Trivialromane verfasste. Anschließend engagierte er sich politisch, er war Abgeordneter der DDR-Volkskammer. In der Bundesrepublik wurden seine Bücher daraufhin boykottiert.

Bruno Hans Bürgel (1875–1948)

lebte in Potsdam-Babelsberg und war ein bekannter deutscher Schriftsteller und Wissenschaftspublizist, der sich für die Verbreitung astronomischer Kenntnisse einsetzte. Als Sozialdemokrat sprach er auf Veranstaltungen der Arbeiterbildungsvereine. In der Zeit des Nationalsozialismus wurden einige seiner Publikationen verboten. Er setzte nach 1945 seine Tätigkeit als Wissenschaftspublizist fort und war Mitbegründer des Kulturbundes.

Otto Nagel (1894–1967)

war ein politisch aktiver Berliner Maler. Er war mit Heinrich Zille und Käthe Kollwitz befreundet. Zahlreiche seiner Bilder wurden von den Nazis als „entartet" eingestuft und vernichtet. Nach Kriegsende lebte und arbeitete er zeitweise in Bergholz-Rehbrücke, wo heute eine gleichnamige Grundschule existiert. 1945 gehörte Otto Nagel zu den Mitbegründern des Kulturbundes. Er von 1956 bis 1962 Präsident der Akademie der Künste der DDR.

Hermann Kasack (1896–1966)

war erst Lektor, später Direktor des Kiepenheuer-Verlages, als der in Potsdam seinen Sitz hatte. Die Nazi-Zeit verbrachte er in der „inneren Emigration" mit der Herausgabe von klassischer deutscher Literatur. Nach dem Krieg gehörte er zu den Männern der erste Stunde im brandenburgischen Kulturbund. Er beteiligte sich an den Vorbereitungen zur Herausgabe der Literaturzeitschrift „Sinn und Form". 1949 verließ er Potsdam und ließ sich in Stuttgart nieder.

Er kam aus dem Urlaub in der Nähe von Bordeaux im Direktflug. Der sowjetische Partei- und Regierungschef Josef. W. Stalin traf am 16. Juli mit einem streng bewachten Sonderzug auf dem Potsdamer Hauptbahnhof ein. Von dort ging es im Autokonvoi nach Neubabelsberg.

Am 17. Juli 1945 eröffnete um 17.10 Uhr Stalin die Konferenz der großen Drei. Nachdem der Krieg in Europa beendet war, galt es, viele Einzelheiten für die Nachkriegsordnung zu regeln. Zwei Wochen wurden dafür anberaumt. Während dieser Zeit musste Churchill eine Wahlniederlage hinnehmen und seinen Stuhl in Potsdam für den Nachfolger Clement R. Attlee räumen. Am 1. August kamen die Delegationen um 22.40 Uhr zu einer Schlussrunde zusammen, die bis nach Mitternacht dauerte. Die Teilnehmer gelobten zum Abschied ewige Freundschaft und sandten eine Grußadresse an Churchill. Die Ergebnisse der Potsdamer Konferenz, die Deutschland eine antifaschistische und demokratische Entwicklung bringen sollten, führten letztlich zur Spaltung des Landes. In Potsdam nahm der Kalte Krieg, der dem heißen Zweiten Weltkrieg folgte, im Sommer 1945 Fahrt auf. Die Potsdamer Villa, in der der amerikanische Präsident residierte und die daher „Little White House" genannt wurde, war der Ort, an dem Präsident Truman die Nachricht vom erfolgreichen Atombombentest in den USA entgegennahm und am 24. Juli den Abwurf der Bombe auf japanische Städte genehmigte. Der Platz vor dieser Villa heißt heute „Hiroshima-Platz".

Die Potsdamer gewöhnten sich an Wegweiser mit kyrillischen Schriftzeichen, Verkehrsregler und Patrouillen in der Uniform der Roten Armee, auch dass im Sommer 1945 die Moskauer Zeit galt. Als Zeitung wurde die „Tägliche Rundschau" angeboten, das Sprachrohr der Besatzungsmacht. Die Sowjetarmee richtete sich derweil auf Dauer in Potsdam ein. Während sich die bisherigen Kampfeinheiten vor allem in die unbeschädigten Kasernen der Wehrmacht zwischen dem Bornstedter Feld und der Döberitzer Heide zurückzogen, verblieben Sondereinheiten und zentrale Dienststellen in der Potsdamer Innenstadt – vom Radiosender über Schulen, Klubhäuser bis zu Gefängnissen. In unmittelbarer Nähe zum Park Sanssouci befanden sich das „Haus der Offiziere" und ein Kaufhaus. Das Gelände des Neuen Gartens requirierten die sowjetischen Militärs nach dem Ende der Potsdamer Konferenz für sich als „Zentralen Erholungspark". Das Schloss Cecilienhof war bis 1952 ein sowjetisches Offizierscasino.

Nach den Villen in Neubabelsberg gab es im Sommer 1945 weitere Beschlagnahmen. Um den 21. August mussten 19.000 Potsdamer ihre Wohnungen in den weitgehend vom Krieg verschonten Gebieten verlassen. Entlang des Neuen Gartens entstand das abgeriegelte „Militärstädtchen Nr. 7", von den Potsdamern „Verbotene Stadt" genannt. Mitten in dem Viertel befand sich das riesige Gebäude des Kaiserin-Augusta-Stifts. Aus der Großen Weinmeisterstraße wurde die „Uliza Zentralnaja" (Hauptstraße). Viele der vertriebenen Bewohner bemühten sich gar nicht erst um eine neue Bleibe in Potsdam, sondern schlossen sich der seit dem Einmarsch der Roten Armee andauernden Absatzbewegung in Richtung Westen an.

Ursprünglich als Wohnanlage für Offiziere der Sowjetarmee gedacht, siedelte sich 1953 im „Militärstädtchen Nr. 7" die Deutschlandzentrale des Geheimdienstes NKWD an, aus der kurze Zeit später die Spionageabwehr des KGB hervorging. Auf das Konto des NKWD ging bereits vor dem Krieg ein Großteil der Verbrechen, die heute unter dem Begriff „stalinistischer Terror" zusammengefasst sind, vor allem die massenhafte Liquidierung von Partei- und Staatsfunktionären, die Umsiedlung ganzer Völkerschaften, die Verfolgung von Juden und der Terror gegen antifaschistische Emigranten. Unter dem Deckmantel der Spionageabwehr ging nach dem Krieg der stalinistische Terror weiter. In einer Villa in der Leistikowstraße 1 wurde eine kirchliche Einrichtung in ein Untersuchungsgefängnis verwandelt, in dem die Inhaftierten durch physische und psychische Gewalt gebrochen werden sollten. Bis 1955 verschwanden viele Deutsche hinter den Mauern des Gefängnisses. Sie erlebten in der Leistikowstraße ihre ersten Verhöre, bevor sie in sowjetische Lager abtransportiert oder gar hingerichtet wurden. Später wurden in das Gefängnis vor allem straffällig gewordene Soldaten und Offiziere aus den eigenen Reihen eingeliefert.

Die Potsdamer Garnison wurde erstmals in ihrer Geschichte von einer fremden Macht gebildet. Sie gehörte zur Gruppe der Sowjetischen Besatzungstruppen (GSBT) in Deutschland. Die bestand seit Kriegsende und setzte sich aus der Ersten und Zweiten Weißrussischen Front und der Ersten Ukrainischen Front zusammen. Der Sitz des Oberkommandos befand sich bis 1951 in Potsdam-Babelsberg, ehe es nach Wünsdorf verlegt wurde, wo es bis zum Abzug der sowjetischen Truppen aus Deutschland verblieb. Diese Truppen sicherten neben der Westgrenze des sowjetischen Einflussbereichs auch die Demontage von Industrieanlagen. Am 25. März 1954 sprach die sowjetische Regierung der DDR die volle Souveränität zu. Daraufhin wurde die GSBT in „Gruppe der Sowjetischen Streitkräfte in Deutschland" (GSSD) umbenannt. Damit endete offiziell die Besatzungszeit für die DDR. Die Zahl der sowjetischen Soldaten in Potsdam nahm nach dem Krieg ab. Waren 1945 etwa 70.000 in den Kasernen der Stadt untergebracht, waren es 1949 noch 25.000 und in den 1980er Jahren rund 15.000.

Das Leben kehrt zurück

Als Künstler der Improvisation erwiesen sich die Beschäftigten des Potsdamer Verkehrsbetriebes. Nach der Bestandsaufnahme – acht Trieb- und sieben Beiwagen waren nicht mehr zu gebrauchen – machten sie sich an die Reparatur der vorhandenen Wagen. Die einzige funktionierende Gleichrichterstation an der Zeppelinstraße ließ eine Wiederaufnahme des Straßenbahnbetriebes zwischen Luisenplatz und Kastanienallee am 28. August 1945 zu. Vom 19. September an rollten die Bahnen zwischen Wilhelmplatz und Luftschiffhafen sowie zur Alleestraße. Die über der Neuen Fahrt zerstörte Lange Brücke ließ eine Verbindung in den Süden und nach Babelsberg noch nicht zu. Mitte 1945 entstand eine Behelfsbrücke mit Stahlträgern auf den vorhandenen Unterbauten der Brücke über die Neue Fahrt. Die Straßenbahn rollte im März 1946 wieder über die Havel. Im Juni 1946 war das gesamte Netz wieder befahrbar. Dass damals die Teilung Deutschlands noch nicht zementiert war, zeigt die Einbindung der Siemens-Schuckertwerke, beheimatet im britischen Sektor von Berlin, in die Reparaturen der elektrischen Anlagen für die Potsdamer Straßenbahn.

Der elektrische S-Bahn-Verkehr zwischen Potsdam und Berlin kam am 16. Februar 1946 wieder in Gang. Zuvor musste zwischen dem Potsdamer Hauptbahnhof und dem Bahnhof Griebnitzsee (damals Bahnhof Babelsberg Ufastadt) die Trasse wiederhergestellt werden. Allerdings klaffte noch eine Lücke an der Stadtgrenze bei Kohlhasenbrück: Die Brücke über den Teltowkanal war noch unpassierbar. Also wurden auf jeder Seite des Kanals Behelfsbahnsteige eingerichtet, wo die Bahnen vorerst endeten. Die Fahrgäste mussten über eine provisorische Fußgängerbrücke den Kanal überwinden. Immerhin bestand vom Bahnhof Friedrichstraße bis Kohlhasenbrück ein 20-Minuten-Takt. Das restliche Stück bis Potsdam konnte nur im 40-Minuten-Takt gefahren werden. Ab 7. Juni 1946 verkehrte die S-Bahn wieder durchgehend.

In den ersten Monaten nach Kriegsende galt es in Potsdam, eine neue Polizei aufzubauen, in der keine Nazis in Führungsfunktionen vertreten waren. Das gelang bereits bis Ende Juli. Eile war geboten, denn es galt, Lebensmittellager zu bewachen, Waffen einzusammeln, Brandstifter unschädlich zu machen... Auch in Potsdam spielte die Bekämpfung des Schwarzmarktes (der Luisenplatz war ein bedeutender Umschlagplatz) eine große Rolle. Die Kriminalpolizei bestand zunächst aus 30 Mitarbeitern, die sich um eine hohe Zahl schwerer Straftaten zu kümmern hatten. Zwischen dem 1. Juni und dem 1. Dezember 1945 wurden in der Stadt 31 Morde, 121 Plünderungen (bei hoher Dunkelziffer) und 28 Erpressungen gezählt. Obwohl bis August 1946 bereits 1.500 Wohnungen wiederhergestellt waren, blieb die viel zu knappe Zahl an Unterkünften eine gravierende Quelle der Kriminalität.

Im April 1946 vereinigten sich SPD und KPD zur Sozialistischen Einheitspartei Deutschlands (SED). In Potsdam fand das am 3. April 1946 im Gebäude des Kaufhauses an der Brandenburger Straße statt, also rund drei Wochen vor dem für die SBZ anberaumten Vereinigungsparteitag in Berlin. Für manche war diese Vereinigung eine logische Konsequenz aus der Niederlage der linken Parteien 1933 und der daraus resultierenden Machtübernahme durch die Nazis. Bei vielen gerade alten Mitgliedern beider Parteien war das gegenseitige Misstrauen jedoch nach wie vor groß, sodass sie der Vereinigung nur zähneknirschend zustimmen konnten. Am 18. April 1946 fusionierten in Potsdam die beiden Parteizeitungen „Volkswille" (KPD) und „Der Märker" (SPD). Von nun an erschien die „Märkische Volksstimme" als „Organ der SED". Paritätische Chefredakteure waren bis 1948 ein Kommunist und ein Sozialdemokrat. Am 3. Februar 1948 erschien erstmals die CDU-Zeitung „Märkische Union", im Mai 1951 kamen die „Brandenburgischen Neuesten Nachrichten" der NDPD als dritte in Potsdam erhältliche Tageszeitung hinzu.

Sergei Iwanowitsch Tjulpanow, mit seinem markanten kahlen Schädel auf jedem Foto sofort auszumachen, war als Oberst der Roten Armee innerhalb der SMAD Chef der Abteilung Information und Propaganda. Von 1941 bis 1945 war er als Politkommissar an verschiedenen Frontabschnitten eingesetzt. Nach Hitlers berüchtigtem „Kommissarbefehl" wäre er im Falle einer Gefangennahme sofort erschossen worden. Nun war er es, der am 17. Mai 1946 in Babelsberg mit der Übergabe der Lizenz die Deutsche Film AG (DEFA) aus der Taufe hob. Als sowjetische-deutsche Aktiengesellschaft besaß vorerst noch die SMAD die wirtschaftliche und damit auch die künstlerische Oberhoheit. 1950 gingen die sowjetischen Anteile in deutschen Besitz über.

Es war ein aus verschiedenen Filmschaffenden zusammengesetztes „Filmaktiv", das sich im Herbst 1945 mit Einverständnis der SMAD zusammengefunden hatte, um die Filmproduktion in Babelsberg wieder in Gang zu bringen. Zu diesem Filmaktiv gehörten der Regisseur Kurt Maetzig und der Schauspieler Hans Klering, die nun gemeinsam mit anderen Filmschaffenden die Gründungsurkunde für die DEFA entgegennahmen. Das „Filmaktiv" hörte damit auf zu bestehen. Bereits vor der offiziellen Gründung wurde im Januar 1946 die erste Nachkriegswochenschau gedreht, Anfang Mai 1946 begann Regisseur Wolfgang Staudte mit den Dreharbeiten für den ersten deutschen Film nach dem Krieg, „Die Mörder sind unter uns" mit der 19-jährigen Hildegard Knef. Bis 1948 standen die Babelsberger UfA-Studios allerdings noch nicht für Dreharbeiten zur Verfügung, da sie als reichseigener Besitz von der SMAD beschlagnahmt worden waren, um gegebenenfalls zu Reparationsleistungen herangezogen zu werden. So wurde auf die Althoff-Ateliers im nahen Alt-Nowawes ausgewichen.

Am 15. September 1945 wählten die Potsdamer 60 Abgeordnete zur Stadtverordnetenversammlung. Die SED erreichte dabei 42,25% der Stimmen, die CDU 32,89% und die LDPD 22,85%. Die erste Zusammenkunft der Stadtverordneten fand am 14. Oktober in der Großen Stadtschule in der heutigen Friedrich-Ebert-Straße statt. Am 20. Oktober 1946 fanden die ersten Wahlen seit 1933 zu den Kreis- und Landtagen innerhalb der sowjetischen Besatzungszone (SBZ) statt. Mit 43,9 Prozent erreichte die SED das geringste Wahlergebnis aller Länder der SBZ und die bürgerlichen Parteien zusammen das höchste. Frühere Mitglieder der NSDAP vom Ortsgruppenleiter aufwärts waren nicht wahlberechtigt.

Die „Stalinvilla" am Griebnitzseein Neubabelsberg war Anfang der 1950er Jahre eine Gedenkstätte. Nach dem Mauerbau lag sie im Grenzgebiet. © fotolia|B. W. Schneider

Die ehemals preußische Provinz Brandenburg war bis 1946 als Provinz „Mark Brandenburg" und danach als „Land Brandenburg" Teil der Sowjetischen Besatzungszone. Seit 29. Juni 1945 gab es eine neue Provinzialregierung. Ministerpräsident war der von der SMAD eingesetzte Sozialdemokrat Dr. Karl Steinhoff. Er war 1933 von den Nazis aus dem Staatsdienst entlassen worden und arbeitete während des Krieges als Syndikus für einen Kartonagengroßhandel. Für Deutschland als Ganzes war damals der Alliierte Kontrollrat mit Sitz in Berlin zuständig. In dem Maße, wie die politischen Differenzen zwischen den ehemals verbündeten Mächten immer deutlicher zutage traten, nahm dessen politische Bedeutung ab.

Eine der Maßnahmen, die der Alliierte Kontrollrat mit seinem Gesetz Nr. 46 vom 25. Februar 1947 beschloss, war die Auflösung des bisherigen Freistaates Preußen im Deutschen Reich. Dieser Schritt wurde häufig als die Zerschlagung eines notorischen Kriegstreibers gewertet. Mag sein, dass die Erinnerung an Friedrich II. und seine Kriege bei dieser Entscheidung eine Rolle gespielt hatte. Aber ebenso wichtig war es, vor der Neubildung der deutschen Länder klare Verhältnisse zu schaffen. Denn Preußen fand sich in vielen Einzelterritorien in allen Besatzungszonen und verteilt über ganz Deutschland wieder. Also weg damit.

Nach ihrer Sprengung in den letzten Kriegstagen war die Glienicker Brücke unpassierbar, auch wenn Teile ihrer Konstruktion noch vorhanden waren. Am 3. November 1947 begann der Wiederaufbau. Zunächst wurde die eingestürzte Stahlkonstruktion gehoben und in die ursprüngliche Form wieder eingefügt. Die Wiedereröffnung der nun um zwei Meter schmaleren Brücke fand am 19. Dezember 1949 unter Teilnahme des damaligen Verkehrsministers statt. Die Landesregierung von Brandenburg benannte das Bauwerk in „Brücke der Einheit" um. In der Mitte der Brücke wurde ein weißer Strich gezogen, der die Grenze zwischen der DDR und West-Berlin markierte.

An der Ecke Brandenburger Straße/Jägerstraße wurde am 23. November 1948 das erste Geschäft der Handelsorganisation (HO) eröffnet. Hier konnte man Lebensmittel ohne Lebensmittelkarten kaufen. Ein neues Einkaufsgefühl war das, wenn die Verkäuferin/der Verkäufer nicht mehr zur Schere griff, um einen Schnipsel von der Lebensmittelkar-

Zweimal die Nordseite des Platzes der Einheit:
zum einen 1946 (im Hintergrund das später abgerissene „Säulenhaus"), aus „Potsdam – Geschichte der Stadt ..." 1986; zum anderen das 1974 eröffnete Schuhkaufhaus, davor eine Straßenbahn vom Typ LOWA, aus einer Broschüre der Potsdam-Information 1975

fen und an sich bringen/dabey eben der Rechte/ Gerechtigkei-

te zu schneiden. Allerdings: Die Preise waren deutlich höher als in den anderen Läden, beim Konsum oder beim Krämer nebenan. Möglich wurde das alles durch die Währungsreform, die zwar in den Westzonen schlagartig die Läden füllte, aber auch im Osten spürbare Veränderungen brachte. Auch wurde dem Schwarzmarkt teilweise die Grundlage entzogen. Offiziell wurden in der DDR die Lebensmittelkarten erst 1958 abgeschafft. Allerdings gab es in den folgenden Jahren immer wieder Rationierungen von Butter, Fleisch usw. Die Währungsreform vertiefte die Kluft zwischen der SBZ und den Berliner Westzonen. Die Potsdamer gelangten mit der S-Bahn frei nach West-Berlin, mussten nun aber Kontrollen über sich ergehen lassen.

Am 20. Oktober 1948 fand ein für Potsdam wichtiges Ereignis statt, das bis in unsere Tage nachwirkt. An jenem Tag wurde auf dem Gelände des Neuen Palais' die „Brandenburgische Landeshochschule" eröffnet. Der Gründung lag der Befehl Nr. 45 der SMAD zugrunde. Aufgabe der Schule war die Ausbildung „pädagogischer und wissenschaftlicher Kader". Nach Abschluss umfangreicher Renovierungs- bzw. Wiederaufbauarbeiten dienten die beiden Communs sowie der ehemalige Marstall als Hochschulcampus. 1951 wurde die Einrichtung in „Pädagogische Hochschule Potsdam" umbenannt und ab 1971 erhielt sie den Zusatz „Karl Liebknecht". Zwischen 1948 und 1991 wurden hier rund 25.000 künftige Lehrer ausgebildet. Nach 1991 bildete sie den Grundstock für die Gründung der Potsdamer Universität. Für die Ausbildung von Unterstufenlehrern (1. bis 4. Klasse) wurde 1952 im früheren Militärwaisenhaus das „Institut für Lehrerbildung" eingerichtet.

Die Kaderschmiede

Das Jahr 1949 hielt ein paar markante Daten bereit. Am 9. Januar wurden die Überreste der „Bittschriftenlinde" entfernt. Im früheren Lustgarten wurde am 3. Juli das Polizeistadion eingeweiht. Für die Tribünen wurden Reste des einstigen Hotels „Einsiedler" verwendet. Vom 28. August bis zum 4. September fanden zum 200. Geburtstag des Dichterfürsten die Goethe-Festtage statt. Potsdam grüßte Weimar. Am 1. Oktober fuhr der erste Oberleitungs-Bus (kurz: O-Bus) durch Babelsberg, von der Goethestraße bis nach Drewitz-Ort. Seit 1941 gab es entsprechende Pläne.

Am 7. Oktober wurde in Berlin die DDR gegründet, deren Bewohner im Westen noch lange als „Zonis" bezeichnet wurden. Anlässlich Stalins 70. Geburtstag wurde die auf die Glienicker Brücke zulaufende Berliner Straße in

Stalinallee umbenannt. Bereits im November 1961 erhielt sie in aller Stille ihren alten Namen wieder.

Am 16. Oktober 1949 wurde die Spielstätte des Landestheaters in der Zimmerstraße 10, dem ehemaligen Gesellschaftshaus mit dem Konzertgarten „Alter Fritz", mit dem ersten Teil von Goethes „Faust" eröffnet. 1952 sollte es als Mehrspartentheater mit Schauspiel- und Opernensemble sowie eigenem Orchester den Namen des von den Nazis ermordeten Schauspielers Hans Otto erhalten. Das Potsdamer Theater erwarb sich in den folgenden Jahren vor allem mit zeitgenössischer Dramatik den Ruf eines experimentierfreudigen Hauses. Zum Landestheater gehörte ein Tournee-Ensemble, das in den ländlichen Gebieten Brandenburgs gastierte.

1949 entschied sich auch für die nächsten 40 Jahre das Schicksal der einstigen Reichskriegsschule auf dem Brauhausberg. Bis 1948 wurde der teilweise beschädigte Komplex von der sowjetischen Militärkommandantur genutzt. Anschließend ging es als künftiges „Haus des Deutschen Staatsarchivs" an das Land Brandenburg. Kurz darauf meldete allerdings die SED-Landesleitung Ansprüche an. Sie nahm den Bau in ihren Besitz und behielt ihn bis zur Auflösung der Partei 1990. In den Jahren dazwischen hieß das Gebäude im Potsdamer Volksmund „Kreml". Potsdam blieb jedoch Standort für die Nachfolge des Reichsarchivs. Am 1. Juni 1946 wurde das Zentralarchiv der SBZ gegründet, aus dem 1949 das „Deutsche Zentralarchiv" und ab 1973 das Zentrale Staatsarchiv der DDR hervorging. Sein Standort befand sich in einem neugebauten Komplex in der Berliner Straße, nahe der Glienicker Brücke. 1955 nahm passend dazu die Fachschule für Archivwesen ihre Arbeit auf. Das für Brandenburg zuständige Landesarchiv ist in einem Seitengebäude des Orangerieschlosses im Park Sanssouci angesiedelt.

Während sich die spätere Pädagogische Hochschule in den Gebäuden hinter dem Neuen Palais noch Schritt für Schritt einrichtete, leisteten vor allem an der Botanik interessierte Lehrkräfte und Studenten freiwillige Arbeitseinsätze, um ein paar hundert Meter weiter einen Botanischen Garten anzulegen. Er sollte rechts und links der Maulbeerallee auf einem Gelände entstehen, das schon zur Zeit Friedrichs II. gärtnerisch genutzt wurde. Dort, wo sich Treibhäuser für frühe Kirschen, Feigen und Aprikosen befanden, entstanden Gewächshäuser für inzwischen über 10.000 Pflanzen und Institutsgebäude für Lehre und Forschung. Das gegenüber, auf der anderen Seite der Maulbeerallee liegende Paradeisgärtel wurde dem Botanischen Garten als Lehr- und Schaugarten angeschlossen.

Aus einer Propagandapublikation von 1953

Kinder von Arbeitern und Bauern sind die Studenten der Pädagogischen Hochschule in Potsdam. Sie lernen, um später lehren zu können.

Die Kaderschmiede

1950 entwickelte sich Potsdam weiter zur Kaderschmiede für die gerade gegründete Deutsche Demokratische Republik (DDR). Neben Lehrern bestand ein großer Bedarf an unbelasteten Juristen. Waren doch über 80 Prozent der deutschen Richter und Staatsanwälte Mitglieder der NSDAP. In jedem der damals noch bestehenden fünf Länder der DDR wurde daher eine „Zentrale Richterschule" geschaffen. Die ehemaligen DRK-Gebäude in Babelsberg boten dafür gute Voraussetzungen. Zur Unterscheidung von Juristen mit Hochschulausbildung wurden die Abgänger dieser Richterschule als „Volksrichter" bezeichnet. Die Einrichtung ging 1952 in der Deutschen Hochschule für Justiz auf, aus der wiederum ein Jahr später die Akademie für Staats- und Rechtswissenschaft der DDR „Walter Ulbricht" (seit 1973 mit dem Namenszusatz) hervorging. Sie bildete die leitenden Kader für den Staatsapparat aus, darunter für den diplomatischen Dienst. Heute befindet sich am gleichen Ort die juristische Fakultät der Potsdamer Universität.

Auch für die Staatssicherheit der DDR sollte Potsdam eine wichtige Rolle spielen. Als Hauptstadt des Landes Brandenburg wurde hier eine Landesverwaltung des 1950 gegründeten Geheimdienst-Ministeriums eingerichtet. Das „Gesetz über die Bildung des Ministeriums für Staatssicherheit" (MfS) vom 8. Februar 1950 sah keine Kontrolle dieses Organs vor – weder durch das Parlament, noch durch die Regierung. Es war „Schild und Schwert der Partei". Bereits im Jahr nach der Gründung etablierte sich in einer früheren Kaserne der Luftwaffe die Hochschule des MfS. 1965 in Juristische Hochschule (JHS) umbenannt, erhielt sie das Promotionsrecht (Titel eines Dr. jur.). Hier bekamen Führungskader des Ministeriums ihre höheren Weihen. Die Hochschule war nicht im offiziellen Hochschulverzeichnis der DDR aufgelistet. Ebenso unterlagen Diplomarbeiten und Dissertationen höchster Geheimhaltung. Die Schule gehört heute zum Campus Golm der Potsdamer Universität. Sie sollte nicht mit der in Babelsberg angesiedelten Akademie für Staats- und Rechtswissenschaften der DDR verwechselt werden.

Nachdem die Bautätigkeit in den ersten Jahren nach Kriegsende vor allem in der Reparatur noch bewohnbarer einzelner Häuser bestand, verlagerte sie sich nach und nach in die Wiederherstellung ganzer Straßenzüge. Zunächst zeigte sich, dass es der Stadt wichtig war, Teile des alten, friderizianischen Potsdam zu retten. Dem Wiederaufbau einer Häuserzeile in der Sporngasse folgte die komplette Rekonstruktion der Wilhelm-Staab-Straße (bis 1947 Hoditzstraße). Zwischen 1951 und 1957 entstand hier in aufwändiger Stein-auf-Stein-Bauweise die „erste Barockstraße der DDR", wie sie in der damaligen Propaganda gefeiert wurde. Die Fassaden zur Straße hin erhielten möglichst originalgetreu die von Gontard und Unger entworfene Gestaltung. Dahinter entstanden Wohnungen mit dem zur damaligen Zeit modernen Standard. Um den ursprünglichen Eindruck zu verstärken, wurde die alte Pflasterung belassen – sehr zum Leidwesen der Radfahrer. Noch galt in Potsdam das Ideal einer Mischung von Alt und Neu.

Mitte der 1950er Jahre setzte sich überall in der DDR die industrielle Bauweise durch. Im ehemals französischen Viertel rechts und links der auf den Bassinplatz zulaufenden Französischen Straße sind die Konsequenzen dieser neuen Phase im Bauwesen zu besichtigen. Nicht mehr die ursprünglichen Straßenbreiten waren nun maßgeblich für die neue Bebauung, sondern der Platzbedarf für die Kräne, die die damals noch kleinformatigen Platten nach oben hievten. So entstanden schlichte Vierstöcker, deren Balkone in der Innenstadt eher deplatziert wirken. Zur gleichen Zeit entstanden am östlichen Ende des Kanals ebenfalls einfache Wohnbauten, die sich zumindest in die einstige Stadtstruktur einfügen.

Anfang 1960 entstand zwischen dem wenig später östlich des Alten Marktes zugeschütteten Stadtkanal und der Alten Fahrt ein neues Stadtgebiet – das „Zentrum Süd". Vor dem Krieg befand sich hier ein eng bebautes, wenig attraktives Viertel mit dem Blücherplatz in der Mitte. Was der Krieg übriggelassen hatte, wurde vollständig beseitigt. Errichtet wurde das, was damals als das Ideal einer sozialistischen Wohnstadt galt: Häuserzeilen mit viel Grün und einer Magistrale mit vorgeschobener Ladenzeile. Da die durch den Kanal vom Autoverkehr getrennt war, ergab sich eine Bummelmeile, die auch gastronomische Einrichtungen zu bieten hatte. Entlang der Alten Fahrt wurden zwischen 1961 und 1963 drei Siebengeschosser gebaut, die mit ihren nach Süden gerichteten Balkonen mit Blick auf die Freundschaftsinsel noch heute zu den attraktivsten Wohnlagen Potsdams gehören. Auch wenn es den Anschein hat: Sie sind keine Plattenbauten. Sie wurden noch in traditioneller Weise hochgemauert. Das ganze Zentrum Süd ist nie so richtig Teil des urbanen Potsdam geworden. Es blieb bis heute eine Trabantenstadt in unmittelbarer City-Nähe.

Nachdem die Ruine der Garnisonkirche gesichert war, wurde sie in Heilig-Kreuz-Kirche umbenannt, in einem Turmraum wurde die Heilig-Kreuz-Kapelle geweiht. Sie erhielt zwei neugegossene Glocken, die die Gemeinde zum Gottesdienst rufen konnten. Trauungen und Taufen fanden hier bis 1966 statt. Bereits 1947 war die Französische Kirche am Bassinplatz wiederhergestellt worden. Sie wurde zunächst von der Gemeinde der zerstörten Heiliggeist-Kirche genutzt. Nach Behebung leichterer Bombenschäden konnte die katholische Kirche St. Peter und Paul neu geweiht werden. Eine ganz andere Art der geistigen Erbauung wurde ab Weihnachten 1950 im Haus der Freimaurerloge „Teutonia" angeboten: Hier zog das „Haus der Deutsch-Sowjetischen Freundschaft" ein.

Mit Wirkung vom 25. Juli 1952 organisierte sich die DDR um. Die bis dahin bestehenden Länder wurden aufgelöst und der aus früheren Zeiten übernommene Föderalismus abgeschafft. Aus jedem der bisherigen Länder entstanden als neue Verwaltungseinheiten zwei bis drei Bezirke. Damit ging einerseits eine straffere Zentralisierung wichtiger Machtbefugnisse an die obersten Staatsorgane einher, andererseits verlagerten sich regionale Zuständigkeiten weiter nach unten. Das Land Brandenburg wurde in drei Bezirke aufgeteilt. Einer davon war der Bezirk Potsdam, der flächenmäßig größte in der DDR. Er umfasste vor allem den Westen und Nordwesten Brandenburgs. Im Osten wurde der Bezirk Frankfurt (Oder) etabliert, im Südosten der Bezirk Cottbus. Verwaltet wurde jeder Bezirk von einem „Rat des Bezirkes", dem ein – allerdings bedeutungsloses – Parlament, der „Bezirkstag", vorstand. Jeder Bezirk wurde noch einmal in Land- bzw. Stadtkreise unterteilt. Die Stadt Potsdam bildete einen eigenen Kreis. Die Umgebung fand sich im Kreis Potsdam-Land wieder.

Wenige Monate, nachdem die sowjetische Garnison das Schloss Cecilienhof freigegeben hatte, wurde 1952 hier die „Gedenkstätte des Potsdamer Abkommens" eingerichtet. Sie bekam die Aufgabe, die Sowjetunion als Garant der Beschlüsse des Potsdamer Abkommens zu präsentieren und die Verantwortung für die fortschreitende Teilung Deutschlands den Westmächten zuzuschreiben. Die Privaträume des Kronprinzenpaares blieben während der gesamten DDR-Zeit für die Öffentlichkeit verschlossen. Ein Jahr später wurde der gesamte Neue Garten wieder für die deutsche Bevölkerung freigegeben. Zum Internationalen Kindertag am 1. Juni 1954 wurde dort die Kleinbahnanlage im Neuen Garten in Betrieb gesetzt.

Das Jahr 1953 wird in der Nachbetrachtung vor allem mit dem 17. Juni in Verbindung gebracht. Auch in Potsdam kam es zu Streikaktionen, die sich auf die Lokomotivfabrik in Potsdam-Babelsberg – sie trug inzwischen den Namenszusatz „Karl Marx" – und das Reichsbahnausbesserungswerk konzentrierten. Sie waren nur kurzzeitig und erlebten keine dramatische Zuspitzung. Die starke Präsenz von sowjetischem Militär in der Stadt mag dabei eine Rolle gespielt haben. Allerdings kam es in den folgenden Tagen im gesamten Bezirk zu fast 600 Verhaftungen. Der 6. Strafsenat des Bezirksgerichts Potsdam

Ein Zeitsprung: Aus der auf viele Gebäude verteilten Hochschule für Film und Fernsehen wurde die moderne Filmuniversität Babelsberg (Probe während eines Tages der offenen Tür).

fällte bereits am 22. Juni die ersten Todesurteile, die jedoch vom Obersten Gericht der DDR in jeweils 15-jährige Zuchthausstrafen umgewandelt wurden.

Der 17. Juni hatte aber auch Auswirkungen auf die treuen DDR-Staatsdiener. Das für Partei- und Staatsangestellte ohnehin schon geltende Verbot des Betretens von West-Berlin wurde noch einmal verschärft. Für Fahrten mit der S-Bahn zwischen Potsdam und Ost-Berlin, die zwangsläufig über West-Berliner Gebiet führten, gab es zwischen 1953 und 1958 im Berufsverkehr sogenannte Durchläuferzüge. Sie hielten zwischen dem Bahnhof Wannsee und dem Anhalter Bahnhof nicht mehr an. Folglich gab es hier keine Kontrollen. Um jederzeit gegen Angriffe vonseiten des „Klassenfeinds" gewappnet zu sein, wurden an höhere Funktionäre Pistolen ausgegeben (die in einzelnen Fällen zum Suizid genutzt wurden). In der Babelsberger Lokomotivfabrik wurde die erste Potsdamer Einheit der „Kampfgruppen der Arbeiterklasse" aufgestellt. Diese paramilitärischen Einheiten wurden nach und nach in allen größeren Betrieben, in Verwaltung und Hochschulen etabliert. Waffentechnisch und logistisch wurden sie von der Polizei betreut.

Für die Tausenden „Grenzgänger" änderte sich in all den Jahren allerdings kaum etwas. Das waren jene Ost-Bürger, die im Westen arbeiteten und sich dabei das Währungsgefälle zwischen „Westmark" und „Ostmark" zunutze machten. Das hatte sich rasch auf das Verhältnis 1 : 4 eingepegelt. Von Potsdam aus waren die schnell erreichbaren Grunewald-Villen ein beliebtes Terrain für Gelegenheitsarbeiten. Zwei Tage Putzen bei den Wohlhabenden im Berliner Westen ermöglichte im Osten einen ansehnlichen Lebensstandard. Der „Spiegel" berichtete am 10. September 1958, dass etwa 10.000 Menschen aus den „westlichen Zonenrandgebieten" zur Arbeit nach Westberlin kommen. Dass diese Menschen vonseiten der DDR einem massiven ideologischen Druck sowie vielerlei Schikanen beim Passieren der Grenze ausgesetzt waren, versteht sich. Der Erfolg der Repressalien war allerdings gering, zu groß war der persönliche Nutzen.

Am 1. November 1954 kam zu den schon bestehenden Hochschuleinrichtungen in Potsdam die „Deutsche Hochschule für Filmkunst" hinzu. Der Hochschulcampus verteilte sich auf mehrere Villen entlang des Griebnitzsees in Neubabelsberg, darunter die von J.W. Stalin während der Potsdamer Konferenz bewohnte. Gründungsrektor war der Regisseur Kurt Maetzig. Die Einrichtung wurde 1969 in „Hochschule für Film und Fernsehen der DDR" umbenannt und erhielt 1985 den Namenszusatz „Konrad Wolf" nach dem Filmregisseur und langjährigen Präsidenten der Akademie der Künste der DDR. Von Anfang an erlernten an der ältesten und größten Filmhochschule Deutschlands ausländische Studenten das Filmhandwerk. Sie besitzt nunmehr als Filmuniversität moderne, technisch bestens ausgestattete Anlagen, die u.a. die Herstellung eines kompletten Films ermöglichen.

Derweil wurden in den Babelsberger Filmstudios der DEFA eine Reihe von Filmen gedreht, die deren künstlerisches Potenzial zeigten. Das waren zunächst Streifen, die sich mit der unmittelbaren Vergangenheit und mit der Gegenwart („Trümmerfilme") auseinandersetzten: „Freies Land", „Ehe im Schatten", „Razzia", „Rotation". Bald kamen Literaturverfilmungen hinzu wie „Wozzeck" (nach Georg Büchner), „Das Beil von Wandsbeck" (nach Arnold Zweig), „Der Biberpelz" (nach Gerhart Hauptmann), „Der Untertan" (nach Heinrich Mann). Legendär sind die Kinderfilme „Das kalte Herz" und „Die Geschichte vom kleinen Muck". 1954 und 1955 folgte die in zwei Teilen gedrehte Filmbiografie über Ernst Thälmann, den von den Nazis ermordeten Führer der KPD. Es war ein monumental aufgemachter Propagandafilm, der vielfach zum Pflichtprogramm wurde.

Zwischen ernstzunehmenden Versuchen, sich mit der aktuellen Gegenwart auseinanderzusetzen, anspruchsvollen Literaturverfilmungen, platter Unterhaltung und schwer verdaulicher Propaganda sollte sich das Repertoire der DEFA in den folgenden Jahren bewegen. Dabei musste sie das Fortbleiben bzw. den Weggang wichtiger Regisseure (Staudte, Klaren, Verhoeven) und Schauspieler (Knef, Peters, Bildt) in Kauf nehmen. In den 1950er Jahren entstanden in Babelsberg bemerkenswerte Koproduktionen, vor allem mit französischen Filmunternehmen. So kam es, dass der damalige Publikumsliebling der Franzosen, Gérard Philipe, bei der DEFA drehte. Anschließend ebenso Jean Gabin, Yves Montand und Simone Signoret. Sich derart mit internationalen Stars zu schmücken, konnte die DEFA allerdings nicht beibehalten. 1954 fanden erstmals im Park Sanssouci die „Parkfestspiele" statt.

In jenen Jahren erlebte Potsdam einen erheblichen Bevölkerungsaustausch. Ein großer Teil der früheren Eliten hatten sich bereits mit Ende des Zweiten Weltkrieges in den Westen abgesetzt. Ihnen folgten die aus ihren Wohnungen vertriebenen und jene, die als Privatunternehmer durch Verstaatlichung um ihr Eigentum fürchteten. Regelrechte Fluchtwellen lösten die Versuche aus, Handwerker und Obstbauern in Genossenschaften zu drängen. Andererseits kamen Lehrkräfte und Angestellte der neuen Kaderschmieden nach Potsdam. Nicht wenige der dort Ausgebildeten blieben in der Stadt. So wurde allmählich aus der „schwarzen Residenzstadt" die „rote Bezirksstadt".

Am 20. August 1955 rückten weit außerhalb von Potsdam, am Ufer des Templiner Sees, fast auf halbem Weg nach Caputh, Bagger an und schütteten Erdmassen, die mit Lkws aus der Umgebung angekarrt wurden, zu einem Damm auf. Der bewegte sich immer weiter in den See hinaus und begann, ihn in zwei Teile zu teilen. Nach gut einem Jahr war er so weit dem nördlichen Havelufer entgegengetrieben, dass nur noch eine schmale Öffnung blieb. Hier wurde eine stählerne Eisenbahnbrücke eingelassen, deren 70 Meter langes Mittelteil der Schifffahrt ausreichend Platz zur Durchfahrt bot. Nun war der Berliner Eisenbahn-Außenring geschlossen. Parallel zu diesen Bauarbeiten entstand in der Pirschheide ein völlig neuer Bahnhof. Er konnte 1958 als Bahnhof Potsdam Süd eröffnet werden und wurde im Oktober 1960 in Potsdam Hauptbahnhof umbenannt. Diese Funktion hatte er bis 1991 inne, nunmehr heißt er Potsdam Pirschheide und ist ohne nennenswerten Zugbetrieb.

An der Kreuzung des Außenrings mit der Bahnstrecke Potsdam–Michendorf gelegen, war ihm ursprünglich eine große Zukunft zugedacht. Ab 1958 verkehrte von diesem Bahnhof stündlich (im Berufsverkehr halbstündlich) der als „Sputnik" bezeichnete Nahverkehrszug nach Berlin-Karlshorst. Er umfuhr West-Berlin in großem Bogen und hielt u.a. am Flughafen Schönefeld und an dem mitten im Wald gelegenen Bahnhof Bergholz, der lediglich zum Umsteigen in Richtung Belzig diente. Der „Sputnik" war der erste Zug in Deutschland, der regelmäßig mit Doppelstockwagen ausgestattet war. Heute verkehrt die Regionalbahnlinie RB 22 auf dem südlichen Außenring zwischen Potsdam und Schönefeld Flughafen, allerdings ohne Halt im heutigen Bahnhof Potsdam-

Parade der 1953 gegründeten Betriebskampfgruppen am Luisenplatz (damals noch in blauen Uniformen, den „Schlosseranzügen"); die paramilitärischen Einheiten wurden offiziell am 14. 12. 1989 aufgelöst. aus „Potsdam – Geschichte der Stadt ..." 1986

Künfftige in Unsern Landen anlangen werden/sondern auch den-

Herausforderung für Stadtpläne
Neue Straßennamen

Die ersten Straßenumbenennungen gab es in Potsdam im Herbst 1945. Damals wurden alle Straßennamen getilgt, die sich auf NS-Größen, -Einrichtungen oder -Organisationen bezogen. Umbenannt wurden aber auch Straßen mit monarchistischem Bezug, außerdem sollten Doppelnennungen verschwinden. Im Jahr danach wurde der Wilhelmplatz in Platz der Einheit umbenannt und 1948 bekam die Breite Straße den neuen Namen Wilhelm-Külz-Straße, nach dem Mitbegründer der liberalen Partei im Osten Deutschlands. Im Juli 1950 beschloss die Stadtverordnetenversammlung die Umbenennung von rund 40 Straßennamen. In den folgenden Jahren erfolgten sporadisch – meist zu aktuellen Anlässen – weitere Umbenennungen.

In den Jahren 1991/92 wurden viele der Umbenennungen rückgängig gemacht. Einige Beispiele: Die Hauptmagistrale durch die Villenkolonie Neubabelsberg hieß ursprünglich „Kaiserstraße", 1938 wurde sie in „Straße der SA" umbenannt, 1945 erhielt sie den Namen „Karl-Marx-Straße", den sie auch heute noch trägt. Anders die Charlottenstraße. Sie trug ab 1749 den Namen Pflugstraße, wurde 1820 nach der preußischen Prinzessin Charlotte benannt und erhielt 1950 den Namen Wilhelm-Pieck-Straße nach dem damaligen Präsidenten der DDR. Seit 1991 ist sie wieder die Charlottenstraße. Ebenfalls 1950 wurde die Zeppelinstraße in Leninallee umbenannt und trug den Namen bis 1992. Anlässlich der „Woche der Deutsch - Tschechoslowakischen Freundschaft" 1955 wurde die Brandenburger Straße in „Klement-Gottwald-Straße" umbenannt. Der Name bezog sich auf den mit stalinistischem Terror regierenden Staatspräsidenten der Tschechoslowakei. Als erste Straße in Potsdam wurde sie bereits 1990 rückbenannt.

Die seltsamste Umbenennung erlebte die Friedrich-Ebert-Straße, die durch Zusammenlegung mehrerer Straßen in der Potsdamer Innenstadt 1946 entstand. Benannt wurde sie nach dem Reichspräsidenten Friedrich Ebert (1871–1925). Zu späteren DDR-Zeiten bezog sich Friedrich Ebert allerdings auf den gleichnamigen Sohn des SPD-Politikers, der als hoher SED-Funktionär 1948 bis 1967 Oberbürgermeister von Ost-Berlin war. Eine Rückbenennung erübrigte sich, indem der ursprüngliche Bezug wiederhergestellt wurde. Nicht rückbenannt wurden Straßen, die Namen von ermordeten Widerstandkämpfern gegen den Nationalsozialismus erhielten: Hermann-Elflein-Straße, Wilhelm-Leuschner-Straße, Rudolf-Breitscheid-Straße, Werner-Seelenbinder-Str. u.a.

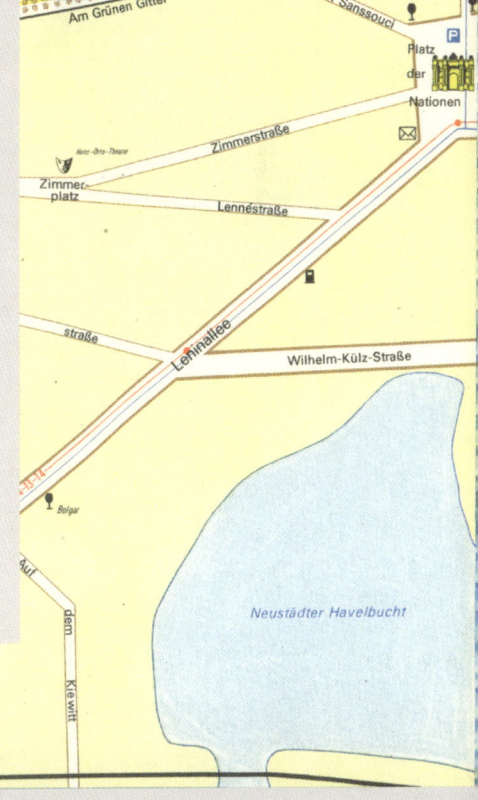

Ausschnitt aus „Plan vom Park Sanssouci und der Freundschaftsinsel", bearbeitet zu Ehren der X. Weltfestspiele der Jugend und Studenten 1973 in Berlin von der Grundorganisation der FDJ des VEB Kombinat Geodäsie und Kartographie

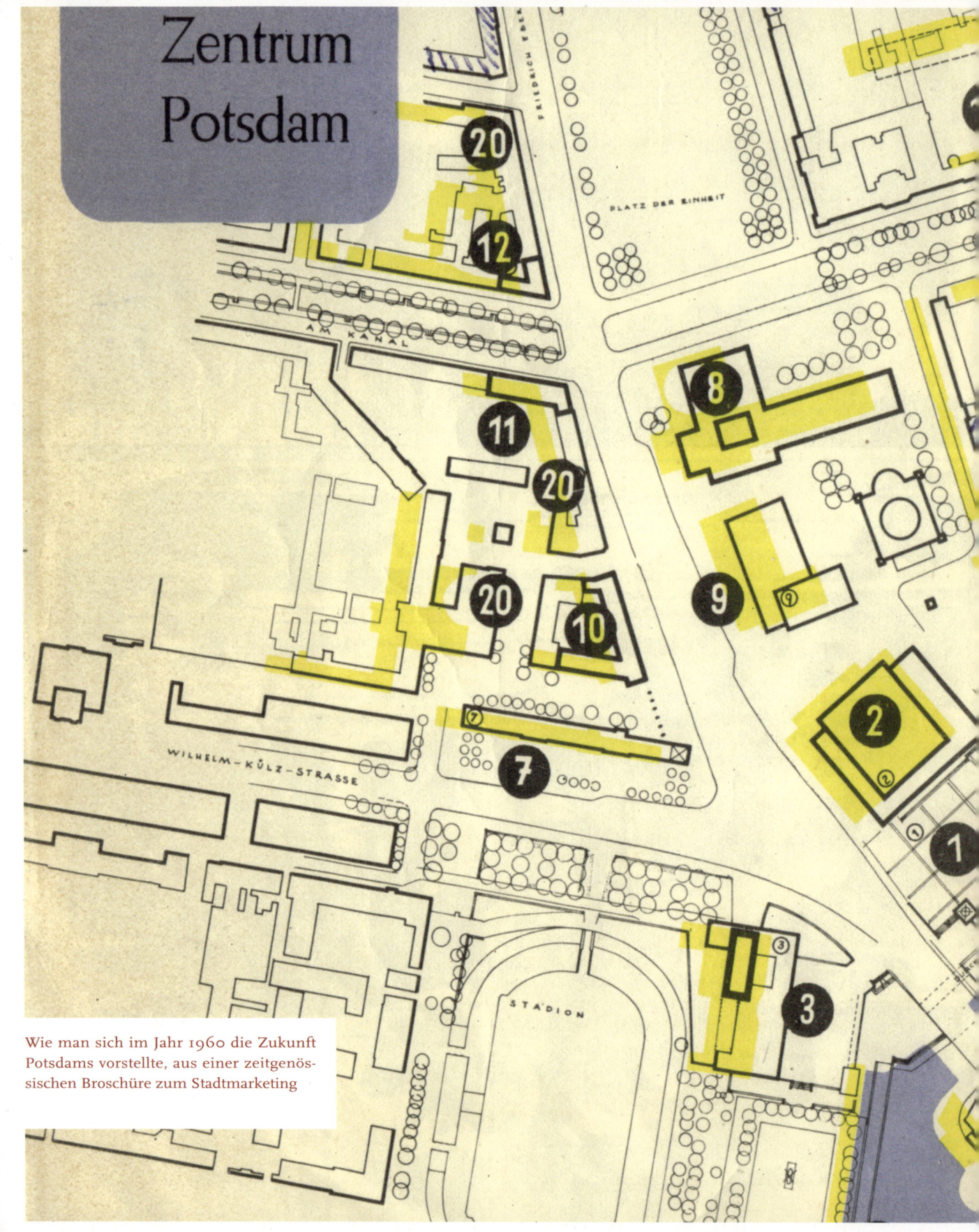

Wie man sich im Jahr 1960 die Zukunft Potsdams vorstellte, aus einer zeitgenössischen Broschüre zum Stadtmarketing

Pirschheide. Das Bahnhofsgebäude aus Beton und Glas ist heute noch beeindruckend und steht unter Denkmalschutz. Der neue Bahnhof wurde durch eine Streckenverlängerung der Potsdamer Straßenbahn über den Luftschiffhafen hinaus mit der Innenstadt verbunden. Auch ein Busbahnhof für den Nahverkehr in die Umgebung wurde angelegt.

Die verlorene Mitte

In den späten 1950er Jahren wurde in der Potsdamer Innenstadt die erste Phase der Umgestaltung in eine „sozialistische Bezirksstadt" beendet. Sie bestand vor allem in der Schließung von Baulücken zur Schaffung von Wohnraum und in der Wiederherstellung einzelner historischer Bauwerke entlang der Friedrich-Ebert-Straße. Dort, wo im größeren Stil Neubauten errichtet wurden, im ehemaligen französischen Viertel zum Beispiel, geschah das ohne jegliche Bezugnahme auf die historische Substanz. Nun stand die zweite Phase bevor: Umbau der Stadtstruktur. Weg von kleinteiligen Quartieren, hin zu großen Plätzen mit repräsentativen Neubauten und vielfache Verflechtung des alten, kaputten Potsdam mit dem neuen, aufstrebenden Babelsberg.

Die Pieptöne, die der erste Erdsatellit „Sputnik" seit dem 4. Oktober 1957 von seiner Erdumlaufbahn herabschickte, kamen im sowjetischen Lager an wie Trompetenstöße, die dem Aufbruch in eine strahlende Zukunft galten. Alles schien machbar. Die Pläne waren grandios: ein „Karl-Liebknecht-Forum" genannter zentraler Platz mit einer Stadthalle für 2.400 Besucher, einer Ufergaststätte und einem Filmtheater mit 800 Plätzen. Auf der anderen Seite der Langen Brücke war ein Hotel geplant (es wurde genau an jener Stelle, jedoch noch viel größer errichtet). An der Südseite des Platzes der Einheit war an ein Theater gedacht und an der Stelle des zerstörten Stadttheaters an eine Konzerthalle. Vom alten Bestand sollten der Marstall, die Nikolaikirche und das Alte Rathaus mit dem „Knobelsdorff-Haus" erhalten bleiben und als Klubhaus dienen, wie dann auch tatsächlich verwirklicht.

Wandbild im Inneren das Potsdam Museums, das aus den 1960er Jahren erhalten geblieben ist (man beachte die internationale Besetzung am Restaurant-Tisch).

der bißanherigen Religions-Verfolgungen halber aus Frackreich

Was in den folgenden 1960er Jahren in Potsdam geschah, passierte an vielen Orten in der DDR. Fast alle Bezirkshauptstädte standen vor einer drastischen Umgestaltung ihrer Zentren. Das Muster war immer ähnlich: in der Mitte ein zentraler Platz, zu dem breite Magistralen führen und der von einem Hochhaus (der „Dominante") geprägt wird. Am Platz ein Theater oder ein Kulturhaus und gastronomische Einrichtungen. Und wenn nur irgend möglich, ein Gedenkort zum Ablegen von Kränzen an hohen staatlichen Feiertagen. Die Potsdamer Pläne kamen diesem Ideal sehr nahe. Darin hatte freilich das friderizianische Schloss keinen Platz. Es störte nur.

Also wurde dessen Beseitigung immer akuter. Öffentlich mochte sich zunächst niemand dazu bekennen, aber in den Augen von parteitreuen Stadtplanern konnte ein Abriss drei Probleme gleichzeitig lösen: Erstens sahen sie angesichts der Wohnungsnot keine materiellen Voraussetzungen, um das Stadtschloss wieder aufzubauen, zweitens taugte dieses Überbleibsel des alten Preußen nicht als Herz einer sozialistischen Bezirksstadt und drittens wurde Platz geschaffen für eine nach damaligen Gesichtspunkten moderne Verkehrslösung.

Es gab viele Denkmalpfleger im In- und Ausland, und natürlich viele Potsdamer, die sich zumindest für eine Konservierung der Ruine einsetzten, um zu einem späteren Zeitpunkt endgültig über ihr Schicksal zu entscheiden. 1958 hatte sich das Institut für Denkmalpflege in Berlin für einen Erhalt des Schlosses ausgesprochen. In einer Begründung hieß es: „Die erhaltenen Ruinenfassaden und Gebäude haben ihre Ausdruckskraft als Bestandteile der stadtbaukünstlerischen Komposition fast vollkommen bewahrt. Insbesondere sind an der Schlossruine 83 % der Außenmauern tragfähig und für den Ausbau wiederverwendbar." (zitiert nach Giersberg, Das Potsdamer Stadtschloss).

Entschieden allerdings wurde politisch und das an allerhöchster Stelle in Berlin. Einspruch war nicht vorgesehen. Als die Stadtverordnetenversammlung am 12. November 1959 den Abriss des Stadtschlosses beschloss und für den Neuaufbau des Potsdamer Zentrums einen Wettbewerb ausschrieb, waren die Würfel längst gefallen. Am 16. Januar 1960 begannen die Sprengungen an der Ostseite des Stadtschlosses. Die Beseitigung der Trümmer geschah in mühevoller Handarbeit. Zuvor war es zumindest gelungen, den Bestand zu dokumentieren und einzelne Fassadenteile zu bergen und auf dem Zeughof der Schlösserstiftung einzulagern. Die Sprengung erzeugte ein neues Problem, das sich jahrzehntelang nicht lösen ließ: Potsdam war seiner Mitte beraubt. Und je mehr historische Gebäude wiederhergestellt wurden – die Nikolaikirche, das Alte Rathaus, der Obelisk – desto offenbarer klaffte die Wunde. 1962 wurde auch noch das Bassin des Lustgartens verfüllt und die Brunnenfiguren wurden demontiert, um Raum für einen Parkplatz des geplanten Hochhaushotels zu schaffen.

Wie sich in den folgenden Jahren zeigte, wurden all die Pläne der ausgehenden 1950er Jahre schnell Makulatur. Der „zentrale Platz" – gemeint war der Alte Markt – blieb 30 Jahre lang eine Brache. Es gab ganz einfach „bedeutendere Städte" in der DDR, die es galt zu fördern (sprich: Berlin). Also ging es nicht voran, sondern zurück. Wurden 1962 noch 632 Neubauwohnungen geschaffen, waren es 1963 550, 1964 326 und 1965 nur noch 197. Um bestehende Lücken notdürftig zu schließen, entstanden um Umkreis des Alten Marktes der (inzwischen abgerissene) Plattenbau der VVB Wasserversorgung, ein Stück weiter das (ebenfalls abgerissene) „Haus des Reisens". Das geplante Verkaufs- und Ausstellungsgebäude entlang der Friedrich-Ebert-Straße mutierte zum ehemaligen Komplex der Fachhochschule, dessen Zukunft besiegelt ist.

Ende 1960 endete im Babelsberger „Karl-Marx-Werk" der Bau von Dampfloks in Deutschland. Die Lok 50 4088 war die letzte ihrer Art. Am 30. August 1945 hatte die erste reparierte Nachkriegs-Lokomotive die stark zerstörten Werkhallen von Orenstein & Koppel in Babelsberg verlassen. Wie es damals hieß, wurde sie eingesetzt, um die Versorgung der Bevölkerung zu verbessern. Das Werk wurde in der folgenden Zeit weitgehend demontiert, um als Reparationsleistung für die Sowjetunion zu dienen. Bis 1947 bestand die restliche Lokomotivfabrik als Sowjetische Aktiengesellschaft und lieferte Lokomotiven für die Sowjetunion, bevor sie als Volkseigener Betrieb in deutsche Hand übergeben wurde. Bereits 1950 wurden hier die ersten Dieselloks gebaut. Die Großdiesellok V 180 gehörte zu den erfolgreichsten Produkten des Betriebes. Sie wurde gerade für den Nahverkehr zwischen Berlin und Potsdam dringend gebraucht. 1965 lief die 100. Lok dieses Typs vom Band. Dennoch endete bereits 1970 diese Produktion. Die Spezialisierung innerhalb des sozialistischen Wirtschaftsraumes hatte es erforderlich gemacht. In den folgenden Jahren kamen Erzeugnisse für die Klimatechnik und Autodrehkrane aus

Es hat sich mehrfach neu erfunden
Das Alte Rathaus

Etwa zur gleichen Zeit, als die Reste des Potsdamer Stadtschlosses beseitigt wurden, fiel der Beschluss, das Alte Rathaus zu bewahren. Die Bomben von 1945 hatten zwar nur die Fassade und – welch Wunder! – die Kuppel übrig gelassen, dennoch wurde es zum Glück als erhaltungswürdig eingestuft, obwohl das 1753 von Jan Bouman fertiggestellte Haus nach Vorgaben von König Friedrich II. entstanden war. Im Lauf der Zeit diente es verschiedenen Zwecken: Sitz des Bürgermeisters, Stadtgefängnis, Versammlungsort der Stadtverordneten, Sparkasse. Dem Haus war nach dem Wiederaufbau die Rolle eines Solitärs zugedacht, der neben der Nikolaikirche und dem Obelisk inmitten einer ansonsten noch zu gestaltenden Innenstadt erhalten bleiben sollte. Von 1956 bis 1966 dauerten die Bauarbeiten. Dann wurde es als Kulturhaus „Hans Marchwitza" wiedereröffnet.

Das Kulturhaus umfasste außer dem Alten Rathaus mit originalgetreuer Fassade das benachbarte Haus des Bäckermeisters Windelband und das sogenannte Knobelsdorff-Haus. Während das Knobelsdorff-Haus schwer zerstört, aber erhaltbar war, war das Haus des Bäckermeisters ein Totalverlust. Eigentlich passte dieses schmale und niedrige Haus so gar nicht in die von Friedrich II. angestrebte prachtvolle Bebauung des Alten Marktes. Dem König gelang es jedoch nicht, den störrischen Besitzer zum Verkauf zu bewegen. 1966 wurden alle drei Häuser zu einem Komplex vereint, wobei der Mittelteil mit einer modernen Glasfassade versehen wurde. Im Alten Rathaus und im ehemaligen Windelbandschen Haus – dem gläsernen Mittelteil – befanden sich die Vortrags- und Ausstellungssäle, im Knobelsdorff-Haus die kleineren Versammlungsräume und die Verwaltung.

Der Alte Markt (fast) wieder im alten Glanz: (von rechts) Landtag, Palais Barberini, Potsdam Museum mit Altem Rathaus, Obelisk, Nikolaikirche

Foto rechts: Ursprünglich am Obelisk angebrachtes Portrait-Medaillon des Großen Kurfürsten – heute ein Exponat in der Dauerausstellung des Potsdam Museums

die aber/so der Römisch-Catholischen Religion zugethan/haben

Der historische Ort

Nach gründlicher Sanierung befindet sich seit 2013 das Potsdam Museum in dem historischen Gebäude, wo im Jahr 1919 das Stadtmuseum gegründet wurde. Als Kultur- und Forschungseinrichtung sammelt, bewahrt und erforscht das Museum Kunstwerke, historische Sachquellen und Dokumente zur Geschichte und Kultur der Stadt vom Mittelalter bis zur Gegenwart und beherbergt mit über 270.000 Objekten eine der größten kunst-, kultur- und regionalgeschichtlichen Sammlungen Brandenburgs. Die größten Sammlungsschwerpunkte umfassen das 19. – 21. Jahrhundert mit den Bereichen Bildende Kunst, Fotografie, Militaria, Alltagskultur und Angewandte Kunst, Schrift und Druck sowie eine umfangreiche wissenschaftliche Museumsbibliothek.

Das Potsdam Museum zeigt in seiner ständigen Ausstellung die wechselvolle tausendjährige Geschichte der Stadt. 500 Objekte aus den Bereichen Kultur- und Alltagsgeschichte, Kunst und Fotografie, aber auch moderne Medientische und Hörstationen erzählen vom Leben in der Stadt, von den Anfängen als unbedeutendes Nest im Mittelalter, über die Zeit als barocke Residenzstadt bis zur Gegenwart als Landeshauptstadt. Parallel greifen Sonderausstellungen regionale und überregionale Themen der Kunst- und Kulturgeschichte auf. Veranstaltungen, Führungen, Workshops und Kinderveranstaltungen begleiten die Ausstellungen. Im Gegensatz zu den ursprünglichen Intentionen, das Alte Rathaus als Solitär stehen zu lassen, gehört es nach dem Wiederaufbau des Landtagsgebäudes, des Palais Barberini und anderer Gebäude zum nunmehr wieder weitgehend geschlossenen Ensemble des Alten Marktes. Seine Atlas-Figur markiert mit dem Kreuz auf der Nikolaikirche und der Fortuna-Figur auf dem Schlossportal das wieder schlagende Herz Potsdams.

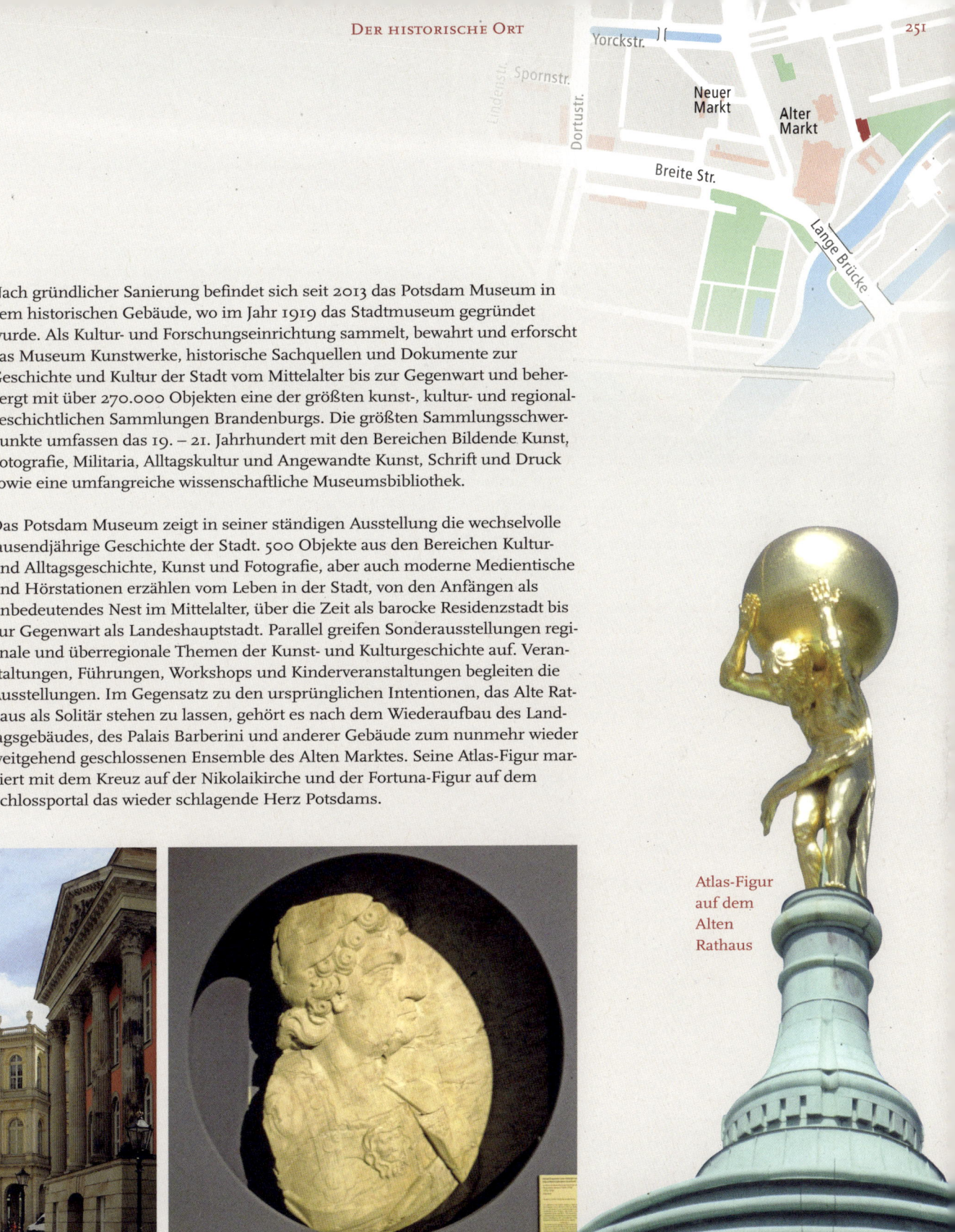

Atlas-Figur auf dem Alten Rathaus

sich deren in keinerley weise anzu-

Babelsberg. Heute erinnert nur noch eine sechseckige Montagehalle mit Kuppeldach, genannt „der Zirkus" an den Lokomotivenbau. Die unter Denkmalschutz stehende Halle wurde später gelegentlich für Filmaufnahmen genutzt. Action-Szenen, die im New Yorker Guggenheim-Museum spielen, wurden hier gedreht.

Potsdam wird eingezäunt

Auch die Potsdamer glaubten an jenem sonnigen August-Sonntag ihren Ohren nicht trauen zu können, als die Rundfunkstationen – egal ob aus Ost oder West – die Abriegelung von Westberlin verkündeten. Jeder hatte die Massen von DDR-Flüchtlingen gesehen, die sich in den Auffanglagern in der Bundesrepublik und in West-Berlin täglich neu einfanden, und hatte sich gefragt, wohin das noch führen sollte. Und jeder hatte die Worte von Walter Ulbricht vernommen, dass niemand die Absicht habe, eine Mauer zu errichten. Seit jenem 13. August 1961 wurde sie gebaut. Die Konsequenzen waren hart: Viele persönlichen Verbindungen wurden auseinandergerissen, Beschäftigungsverhältnisse wurden gekappt (in West-Berlin fehlten über Nacht 60.000 Arbeitskräfte) oder – ganz banal – keine Western mehr in den Grenzkinos, in denen man schon lange mit Ostmark bezahlen konnte.

Zunächst rückten die paramilitärischen „Kampfgruppen der Arbeiterklasse" an die Grenzlinie. Damit sollte der Eindruck erweckt werden, dass die Grenzschließung ein Willensakt der „Arbeiterklasse" war. In zweiter Reihe standen bewaffnete Einheiten von Volkspolizei und Staatssicherheit zum Schutz der „Kampfgruppen". Tatsächlich gab es aus deren Reihen in den ersten Tagen, als es noch relativ leicht möglich war, kaum Überläufer. Nicht sichtbar, aber in höchster Alarmbereitschaft waren die Nationale Volksarmee der DDR und die sowjetischen Truppen. Eine große Protestwelle gegen den Mauerbau blieb aus. Das lag nicht zuletzt daran, dass die Menschen auf beiden Seiten die Schließung der Grenzen nur für eine vorübergehende Maßnahme hielten.

Mitte der 1960er Jahre: Am Platz der Einheit waren längst Neubauten entstanden, da überragte der Turm der Garnisonkirche noch immer die Innenstadt. aus „Potsdam – Geschichte der Stadt ..." 1966

massen. In allen und jeden Unsern Landen und Provicien wollen

Potsdam grenzt zwar an Berlin, der größte Teil der Stadtgrenze verläuft allerdings mitten auf der Havel und ab Glienicker Brücke entlang des Teltower Kanals bzw. des Griebnitzsees. Stark betroffen von den Grenzanlagen waren Potsdams klassische Parks, denn hier galt es, den Zutritt zum Ufer zu verwehren und die Sicht in die Havellandschaft zu verbauen. Dem 30 bis 70 Meter breiten Grenzstreifen fielen entlang des Neuen Gartens und des Parks Babelsberg insgesamt 30 Hektar Parkfläche zum Opfer. Ein besonderes Schicksal hatte die Heilandskirche nordöstlich von Potsdam. Dieses Kleinod in der Potsdamer Kulturlandschaft stand 28 Jahre lang im Niemandsland zwischen Mauer und Seeufer.

Obwohl Potsdam ein Grenzort war, gab es hier keinen Grenzübergang für Normalbürger. Westberliner, die mit Tagespassierschein Potsdam besuchen wollten, oder Potsdamer mit Genehmigung für Besuchsreisen in den Westen mussten über einen der Übergänge in der Berliner Innenstadt ein- und ausreisen und dann die rund einstündige Bahnfahrt zum Potsdamer Hauptbahnhof auf sich nehmen. Der einzige zivile Grenzübergangspunkt (im militärischen Sprachgebrauch der DDR: GÜSt) auf Potsdamer Stadtgebiet war eine Kontrollstelle für die Havel-Schifffahrt. Rund 1.200 Meter von der eigentlichen Grenze entfernt, wurde an einer engen Stelle im Jungfernsee – ähnlich einer Schleuse – eine Pontonbarriere mit einer rund 25 Meter breiten, leicht zu kontrollierenden Durchfahrt installiert. Die ließ sich innerhalb von Sekunden durch Stahlnetze verschließen und öffnen. Von dieser „GÜSt Nedlitz" steht heute noch ein Wachturm, der als Erinnerungsstätte erhalten bleiben soll.

Eine Landgrenze mit Mauer und Stacheldraht gab es vor allem in Babelsberg, rund um den Bahnhof Griebnitzsee. Hier zeigte sich erst jetzt, wie skurril die Grenzverhältnisse zwischen West-Berlin und dem Umland waren. So fanden sich die Bewohner der Zehlendorfer Exklave Steinstücken über Nacht eingezäunt. Hubschrauber übernahmen die Verpflegung, bis ein Korridor ausgehandelt und eingerichtet war. Oder umgekehrt: die Häuser im Ortsteil Klein-Glienicke nördlich des Teltowkanals. Sie gehören zu Potsdam, waren mit der Stadt jedoch nur über eine enge Brücke zugänglich. Die breite Öffnung nach West-Berlin wurde zugemauert. Wer es aushielt, lebte dort fast drei Jahrzehnte wie im Gefängnis, zu dem selbst enge Verwandte nur mit Passierschein Zugang hatten.

Wie durchlässig die innerdeutsche Grenze in den ersten Monaten ihres Bestehens war, zeigte sich darin, dass bis Ende des Jahres 1961 noch 52.000-mal die Flucht gelang. Allein in den Monaten August und September verzeichnete der Chef der Potsdamer Bezirksdirektion der Volkspolizei 133 Grenzdurchbrüche, an denen 220 Personen beteiligt waren. Davon konnten nur 43 Fluchtversuche verhindert werden. Eine spektakuläre Flucht ereignete sich am 5. Dezember 1961, als ein Personenzug mit 25 Personen die Grenzsperren bei Falkensee durchbrach. Wie die folgenden 28 Jahre zeigen sollten, wurde die Grenzbefestigung niemals völlig fertig. Immer mehr wurde die Abriegelung perfektioniert: Aus einer simplen Mauer wurde nach und nach ein bis zu mehrere hundert Meter breit gestaffeltes militärisches Sperrgebiet mit Betonplattenwand, Metallgitterzaun, Kolonnenweg, Hundelaufleine, Beobachtungstürmen und manch anderem.

Sofort nach dem Mauerbau unterbrochen war auch der S-Bahn- und Eisenbahnverkehr. Nun erfolgte der gesamte Verkehr von und nach Potsdam über den südlichen Außenring. So zeigte sich der tiefere Sinn des neuen Bahnhofs in der Pirschheide. Über ihn liefen nun alle Zugverbindungen nach Ost-Berlin und ins Umland. Die Fahrzeit von Potsdam zum Berliner Alexanderplatz vervierfachte sich gegenüber der Direktverbindung durch West-Berlin.

Bis 1991 war er der Potsdam Hauptbahnhof. Und die Potsdamer Straßenbahn kam an ihre Kapazitätsgrenze, wenn an sonnigen Wochenendtagen die Ausflügler aus Ost-Berlin aus den Doppelstockwagen quollen. Dagegen fiel der Stadtbahnhof in einen Dornröschenschlaf. Nur einmal stündlich fuhr ein Dieseltriebwagen zwischen dem Potsdamer Bahnhof und dem S-Bahnhof Babelsberg. Der Bahnhof Griebnitzsee wurde für den Verkehr völlig geschlossen. Für wenige Sekunden hielten hier die Transitzüge (im Volksmund „Interzonenzüge" genannt) von und nach West-Berlin, damit die DDR-Passkontrolleure ein- und aussteigen konnten.

Das Jahr 1961 hatte noch zwei Ereignisse zu bieten, die auf den ersten Blick nichts miteinander zu tun hatten. Am 1. März eröffnete im Marmorpalais im Neuen Garten das Armeemuseum der DDR. Das war auf den Tag genau fünf Jahre nach der Gründung der Nationalen Volksarmee (NVA), die aus der kasernierten Volkspolizei hervorging und zum Zeitpunkt der Museumseröffnung noch eine Freiwilligenarmee war. Die Wehrpflicht wurde im Januar 1962 eigeführt. Das neugeschaffene Museum hatte die Aufgabe, die junge Armee der DDR in eine progressive Traditionslinie zu stellen – von den Befreiungskriegen gegen Napoleon über die revolutionären Kämpfe 1848/49 bis hin zu den aufständischen Matrosen 1918. Um das klassizistische Schloss herum wurden damals moderne Waffen drapiert: Kanonen, Panzer, ein Schnellboot. Besonderer Hingucker war eine Kurzstreckenrakete sowjetischer Bauart.

Das zweite Ereignis, von dem hier berichtet werden soll, fand in aller Heimlichkeit am 24. November 1961 statt. Damals wurde das Bronzedenkmal Friedrichs II., das seit 1851 in Berlin Unter den Linden stand und 1950 in einem Depot auf dem Gelände des Neuen Palais versteckt wurde, wieder ans Tageslicht geholt. Vorerst stand es nicht in Berlin, sondern im Hippodrom das Parks Sanssouci. Hier wartete es auf bessere Zeiten, die 1987 zur 750-Jahr-Feier von Berlin kommen sollten. Beide Ereignisse machten deutlich, dass die DDR ihre Traditionslinien in die Preußen-Zeit noch nicht vollständig gekappt hatte.

Zur Entstehungszeit war das hochmoderne Architektur: der zum Hauptbahnhof aufgewertete Bahnhof Pirschheide (Foto aus den 1970er Jahren). Foto aus: Potsdam. Potsdam-Information 1975

Die Stadt wandelt ihr Gesicht

Mit einer Grenze, die zu den bestbewachten auf der Welt gehörte, konnte Potsdam nicht mehr die Rolle der schönen, kleinen Schwester von Berlin spielen. Dank der Gestaltungsfreude preußischer Könige war Potsdam mit seinen Parks, Gärten und Schlössern noch immer eine Schönheit. Aber nun war es eine Stadt in der ostdeutschen Provinz. Vom Berliner Alexanderplatz auf dem Straßenweg gleich weit entfernt wie zum Beispiel Frankfurt (Oder) oder Oranienburg. Wieder musste sich Potsdam neu erfinden. Wieder waren es nicht die Potsdamer, die die Richtung bestimmten, sondern Polit-Funktionäre in der Zentrale. Die verordneten der Stadt einen starren Blick nach vorn. Wohnhochhäuser als Ausdruck der Zukunftsgewissheit. Traditionelles nur noch wie eine Schmuckbrosche auf einem Kleid von der Stange.

Bereits 1958 hatten die Bauarbeiten an einer neuen Langen Brücke begonnen. Sie sollte das Provisorium ersetzen, das im Sommer 1945 aus vorhandenen Unterbauten und neuen Stahlträgern errichtet worden war. Diese sechste Brücke an dieser Stelle über die Havel sollte eine moderne Spannbetonbrücke werden. Sie entstand west-

dachte Französischen Leute so wohl bey ihrer Ankunfft als auch

lich vom Provisorium (auf dem der Verkehr während der Bauarbeiten weiterrollen konnte) und lief somit direkt auf den Mittelteil, das Corps de logis, des Stadtschlosses zu. Am 7. Dezember 1961 wurde die Brücke offiziell für den Verkehr freigegeben. Der Abriss der alten Brücke zog sich noch bis 1963 hin.

Nach Fertigstellung der Langen Brücke und des Verkehrskreuzes am Leipziger Dreieck wurde es eng für die Breite Straße (damals Wilhelm-Külz-Straße). Schon seit Jahren wurde viel Trümmerschutt in den nördlichen Teil der Neustädter Havelbucht gekippt, sodass eine durchgehende Straßenverbindung in Richtung Zeppelinstraße (und weiter nach Geltow und Werder (Havel) möglich wurde. In der Folge musste die Breite Straße – über ihre innerstädtische Funktion hinaus – den Durchgangsverkehr auf zwei viel befahrenen Bundesstraßen (zu DDR-Zeiten Fernverkehrsstraßen genannt) aufnehmen. Mitten in Potsdam kreuzten sich die wichtigsten Nord-Süd- und Ost-West-Verbindungen, heute die B1 und die B2. Seit Juli 1973 war die Breite Straße für Autos durchgehend bis zur Zeppelinstraße befahrbar. Die Straßenbahn nahm weiterhin den Umweg über den Luisenplatz.

Sowohl auf Trümmergebiet als auch auf der „grünen Wiese" entstanden in den folgenden Jahren neue Wohngebiete. Es begann mitten im Wald mit der Neubausiedlung Waldstadt I ab Ende der 1950er Jahre. Sie wurde in Großblockbauweise in der unmittelbaren Nachbarschaft der Stadtrandsiedlung aus den 1930er Jahren errichtet. Ab 1963 folgte vor allem die Bebauung des Havelufers mit Wohnbauten. Zunächst der „Wohnkomplex Zentrum Süd". Drei Jahre später drehten sich die Kräne in Potsdam-West. Dort wuchs der „Wohnkomplex Kiewitt" mit beeindruckenden Aussichten auf die Havel. Am Alten Markt wurden 1966 das Alte Rathaus und das Knobelsdorff-Haus wiederhergestellt, beide wurden durch einen Neubau anstelle des zerstörten Windelbandschen Hauses verbunden und dienten fortan als Klubhaus „Hans Marchwitza". Im gleichen Jahr wurde die Ruine des Schauspielhauses gesprengt. 1967 begann der Bau der Potsdamer „Dominante" am Havelufer. Es sollte ein Hotel mit 60 Metern Höhe und 420 Gästezimmern auf 17 Etagen werden.

Neue Wohngebiete – das bedeutete auch neue Ansprüche an den öffentlichen Nahverkehr in Potsdam. Noch fuhren Bahnen aus der Vor- und der Nachkriegszeit mit all ihren technischen Macken. In den vergangenen Jahren hatte sich der Verkehrsbetrieb durch den Einbau von Wendeschleifen an den Endpunkten der Linien bereits auf den Einsatz von Einrichtungswagen (d.h. die Wagen besitzen nur noch Türen auf der rechten Seite) vorbereitet. Ab 1955 kamen Straßenbahnen aus dem Waggonwerk im thüringischen Gotha. Sogar als Gelenkwagen wurden sie geliefert. Sie besaßen mit ihren weichen Formen ein zeitgemäßes Design und, – als besonderer Hingucker – der Straßenbahnfahrer steuerte den Betriebsstrom mithilfe eines Lenkrades, wie es im Pkw Marke „Wartburg" verbaut war. Die letzten Potsdamer Exemplare der Gotha-Wagen fahren heute als historische Straßenbahnen zum Anmieten durch die Stadt.

Von allen technischen Fortschritten abgesehen, bedeutete die neue Generation von Straßenbahnen eine neue Beziehung zwischen Verkehrsunternehmen und Fahrgästen: nämlich ein Vertrauensverhältnis. Seit Oktober 1960 wurde der „Z"-Betrieb eingeführt. Das bedeutete: Schaffner, die Fahrkarten verkauften, gab es nur noch in den Beiwagen (bzw. im letzten Beiwagen). Die Inhaber von Zeitkarten stiegen in den Triebwagen ein und zeigten sie dem Fahrer zur Kontrolle. Im Mai 1964 kam die nächste Stufe dieses Vertrauensverhältnisses: Die Schaffner wurden völlig eingespart. Die Fahrgäste warfen den fälligen Betrag in eine Zahlbox und zogen sich selbst den Fahrschein von einer Rolle. Natürlich stieg die Zahl der Schwarzfahrer. Bei einem Regeltarif von 20 Pfennigen war der Verlust für den Verkehrsbetrieb überschaubar.

Der politische Wind wird schärfer

1965 ballten sich über dem Filmgelände der DEFA schwarze Wolken zusammen. Eigentlich war jenes Jahr eins der produktivsten der jüngeren Filmgeschichte in Babelsberg. Gerade bei Gegenwartsstoffen zeigte sich eine neue Offenheit und das Bemühen, auch „heiße Eisen" anzupacken. Kurz vor der Uraufführung wurden allerdings mehrere Filme verboten, obwohl sie durch die staatliche Zensur gegangen waren. Nun warfen SED-Funktionäre – Erich Honecker war der schärfste unter ihnen – den Filmemachern „Nihilismus, Skeptizismus und sogar Pornografie" vor. Nahezu die gesamte Filmproduktion eines Jahres verschwand in Panzerschränken. Auch im folgenden Jahr ging die Verbotspraxis weiter. Bekanntestes Opfer war der Film „Spur der Steine" mit Manfred Krug in einer Paraderolle. Zwischen namhaften Filmemachern und der SED-Führung entstand ein Riss, der bis zum Ende der DDR nur noch weiter auseinanderklaffte und dazu führte, dass nicht wenige Künstler in den Westen gingen. Die Ausbürgerung Wolf Biermanns war nur noch ein Auslöser. Viele Künstler behielten ihren DDR-Pass und einige arbeiteten parallel auf beiden Seiten. Als die Ende 1965 verbotenen Filme nach 1990 gezeigt werden konnten, lösten die Verbote nur noch Schulterzucken aus, so abwegig erschienen die Vorwürfe.

Nur schwer konnte sich die DEFA in den folgenden Jahren aus dem künstlerischen Aderlass herausarbeiten. Ein Film, der es schaffte, war der heute noch legendäre „Paul und Paula" von Heiner Carow aus dem Jahr 1973. Ein Massenpublikum erreichte die DEFA durch eine Serie von Indianerfilmen, bei denen manche Einstellung in der Heidelandschaft wenige Kilometer von Potsdam entfernt gedreht wurde. Der Regisseur Frank Beyer (dessen Film „Spur der Steine" noch immer verboten war) zeigte noch einmal das künstlerische Potenzial der DEFA. Sein 1974 entstandener Film „Jacob der Lügner" erhielt im gleichen Jahr eine Oscar-Nominierung als bester ausländischer Film. Auf der Liste der „100 besten Filme aller Zeiten" der Deutschen Kinemathek stehen zehn Filme der DEFA.

Ein neuer Produktionszweig in Babelsberg waren Fernsehfilme. Besonders beliebt waren in den 1960er und 1970er Jahren Mehrteiler mit Gegenwartsstoffen und zum Teil hochkarätig besetzte Literaturverfilmungen. Ein Höhepunkt war die 1983 und 1984 höchst aufwändig, zum Teil an Originalschauplätzen produzierte Serie „Sachsens Glanz und Preußens Gloria" um die historisch verbürgte Gräfin Cosel, Mätresse Augusts des Starken. Hier hatten unter anderen Friedrich II., der „Alte Dessauer" und eine Reihe von preußischen Generälen ihren Auftritt.

Zurück ins Jahr 1968. Damals fiel erneut eine für Potsdam verhängnisvolle Entscheidung. Die Garnisonkirche sollte auf Weisung von Walter Ulbricht verschwinden. In seinen Augen konnte es nur eine Dominante in einer Bezirksstadt geben – und das war im Fall von Potsdam das im Bau befindliche Hotelhochhaus. Auch mit nur zwei Dritteln seiner Höhe gehörte der Turm der Garnisonkirche noch acht Jahre nach der Sprengung des Schlosses zur Stadtsilhouette von Potsdam. In der Turm-

Der Touristenstrom in Potsdam in der Propaganda (aus „Potsdam" Potsdam-Information 1975) und in der Wirklichkeit (rechte Seite, aus „Potsdam" 1966)

und Beystandes sich erholen sollen/Inmassen Wir denn auch al-

kapelle fanden regelmäßig Gottesdienste, Trauungen und Taufen statt, es gab Ansichtspostkarten, das Portal war in touristischen Werbebroschüren abgebildet. Wer wollte, konnte in Begleitung des Küsters nach oben steigen und den Ausblick genießen. In den Bebauungsskizzen von 1961 war zwar das Stadtschloss nicht mehr vorgesehen, wohl aber die Garnisonkirche (die Heiliggeistkirche übrigens auch). Gemeindemitglieder hatten die Ruine von Trümmerschutt beseitigt. Bis 1966 waren zwei Betonzwischendecken eingezogen worden. Es war viel für ihren Erhalt getan worden.

Viele glaubten, die Gefahr für die Kirche sei zunächst gebannt, auch wenn im September 1966 die Sicherungsmaßnahmen eingestellt worden waren und ein Zaun die Kirche von der Straße trennte. Kirchenvertreter und Denkmalschützer hatten erneut Petitionen und Eingaben geschrieben und immer wieder das Gespräch mit den Verantwortlichen gesucht. Umsonst. Um dem weiteren Fortgang der Causa Garnisonkirche einen demokratischen Anstrich zu verleihen, wurde die Entscheidung über den Abriss der Stadtverordnetenversammlung vorgelegt. Nur vier Stimmen erhoben sich für den Erhalt. Unmittelbar danach begannen die Sprengungen, die von Mai bis in den Juni 1968 hinein in mehreren Etappen erfolgten. Mutige Potsdamer versuchten, aus den Trümmern Erinnerungsstücke zu bergen. Möglichst viele von ihnen werden in den entstehenden Kirchturm eingepasst.

Auf einem Teil des Geländes der Garnisonkirche wurde zwischen 1969 und 1971 in Großplattenbauweise ein fünfstöckiges Datenverarbeitungszentrum errichtet. Im Erdgeschoss zieht sich ein raumhohes, achtzehnteiliges Mosaikband mit dem Titel „Der Mensch bezwingt den Kosmos" um die der Breiten Straße und der Dortustraße zugewandten drei Seiten des Gebäudes. Es erzählt von den Errungenschaften der Wissenschaften einschließlich der bemannten Raumfahrt.

Schneller, höher, weiter

Im fernen Mexico-City trafen sich am Abend des 12. Oktober 1968 hinter verschlossenen Türen einige betagte Herren und fassten einen Beschluss, der für Potsdam bedeutsam werden sollte. Das Internationale Olympische Komitee (IOC) gestand beiden deutschen Staaten die Rechte souveräner Nationaler Olympischer Komitees (NOC) zu. Die Zeiten einer gemeinsamen deutschen Mannschaft bzw. zweier Mannschaften unter eine Flagge

waren beendet. An der nächsten Olympiade, die 1972 ausgerechnet in München stattfinden sollte, würde die DDR unter eigener Staatsflagge und mit eigener Nationalhymne teilnehmen. Umgehend machten die DDR-Medien aus dem üblichen Medaillenspiegel eine „Länderwertung" und übertrugen den Wettbewerb der Systeme auf die Siegertreppchen der Olympischen Spiele. In Potsdam wurden viele der Sieger gemacht.

Zum Zentrum des Leistungssports entwickelte sich in den 1970er Jahren der Sportpark Luftschiffhafen. Die Auslese begann hier bereits in der Kinder- und Jugendsportschule (KJS). Die 1952 in Brandenburg an der Havel gegründete Spezialschule wurde 25 Jahre später nach Potsdam verlegt, um die exzellenten Einrichtungen im Sportpark mitbenutzen zu können, denn er zeichnete sich durch kurze Wege zwischen Trainingsstätte, Sportschule, Wohnheim, Mensa und medizinischer Versorgung aus. Die maximale Entfernung aller Einrichtungen betrug nicht mehr als einen Kilometer.

1988 in Seoul gehörten 29 ehemalige Schülerinnen und Schüler der Sportschule Potsdam der DDR-Mannschaft an und gewannen 31 Medaillen. Unter den Bedingungen der bundesrepublikanischen Sportförderung musste die Schule 1991 ihre Ausrichtung auf den Leistungssport aufgeben. Aus dem Sportzentrum am Luftschiffhafen entwickelte sich der Olympiastützpunkt Potsdam. In Potsdam trainierten u.a. die Kanutin Birgit Fischer (8 olympische Goldmedaillen zwischen 1980 und 2004) und die Ruderin Kathrin Baron (4-mal Gold zwischen 1992 und 2008). Der Olympiastützpunkt hat die Schwerpunkte in den Sportarten Kanusport, Rudern, Ringen, Leichtathletik und Schwimmsport.

Am 1. Mai 1969, dem „Kampf- und Feiertag" der Werktätigen, eröffnete als erster Hotelneubau nach 1945 das Potsdamer „Interhotel". Es war zum Zeitpunkt der Eröffnung das höchste Hotel der DDR und gehörte zu der seit 1965 bestehenden Kette der Interhotels. Das waren Häuser des gehobenen Standards. Sie sollten ausländische Gäste anziehen. Vor allem in Devisen zahlende Besucher aus dem Westen. Im Angebot waren unter anderem eine luxuriös ausgestattete „Knobelsdorff-Suite" und ein haus-

Der für den ASK Vorwärts Potsdam startende Peter Frenkel errang bei den Olympischen Spielen 1972 in München die Goldmedaille im 20-km-Gehen. aus „Potsdam" 1986

eigenes Motorboot. Buchstäblicher Höhepunkt war die Tanzbar im 17. Stock mit einmaligem Blick über die Stadt. Die von Baumeister Knobelsdorff zwischen dem Stadtschloss und dem Marstall aufgestellte Ringerkolonnade wurde als Schmuck der Havelpromenade in die Nachbarschaft des Hotels verlegt. Der Stadthafen für die Weisse Flotte Potsdam wurde hier etabliert. Das Hotel wurde so zum Startpunkt für Ausflüge ins wasserreiche Havelland.

Das Potsdamer Interhotel gehörte zu sieben innerhalb der Interhotel-Kette, die auch vom gewerkschaftseigenen Feriendienst (FDGB) genutzt werden konnten. Ein festgelegtes Bettenkontingent stand zu moderaten Preisen auch DDR-Bürgern zur Verfügung. Nach dem 1960 zum Hotel ausgebauten Westflügel des Schlosses Cecilienhof (nicht Teil der Interhotel-Kette) besaß Potsdam nun zwei Übernachtungsmöglichkeiten für gehobene Ansprüche. Diese Hotels hatten ihren Anteil daran, dass der Tourismus in die Stadt der Schlösser und Gärten in den folgenden Jahren kräftig zulegte. Die Staatlichen Schlösser und Gärten verzeichneten 1971 noch 1.337.000 Besucher. 1975 waren es 2.065.000. Die Zahl der Teilnehmer an Stadtrundfahrten stieg von rund 6.600 auf 12.600.

Während der Hotelturm in die Höhe wuchs, wurde – von außen kaum sichtbar – in einem zweiten Bauabschnitt die Stadtkirche St. Nikolai wiederhergestellt. Bereits 1955 bis 1958 wurde in einer ersten Phase die Schinkelsche Kuppel wieder aufgesetzt. Allerdings nicht wie im Original als Mauerwerk, sondern in Form einer 47 Tonnen schweren Stahlfachwerk-Konstruktion. Auf die darauf aufgesetzte Holzverschalung wurde die kupferne Außenhaut angebracht. Im August 1962 endeten mit der Montage der neuen Laterne und dem Aufsetzen von Kugel und Kreuz die Arbeiten an der Kuppel. Zu diesem Zeitpunkt standen noch die Stümpfe der Garnison- und der Heiliggeistkirche. Die Dreieinigkeit der vom „Soldatenkönig" angestrebten Stadtsilhouette war also wiederherstellbar. Das Stadtmodell von 1961 sah noch einen deutlich niedrigeren Hotelbau vor, sodass keine Konkurrenz entstanden wäre. Nachdem allerdings 1968 und 1974 die beiden Türme gesprengt wurden, war klar, dass die Hauptpfarrkirche der Stadt durch diesen Verlust noch an Bedeutung gewinnen wird.

So begann 1968 die zweite Bauphase an der Nikolaikirche. Dabei ging es um die Beseitigung der Zerstörungen an der Außenfassade, die Wiederherstellung des Säulenportikus zum Alten Markt und die weitere Gestaltung der Innenräume. So sollten zusätzliche Räume für die Gemeindearbeit geschaffen werden. Wie sich später herausstellte, haben sich die Umgestaltungen negativ auf die Akustik ausgewirkt. Dennoch ist die Nikolaikirche heute ein beliebter Ort für Kirchenmusiken und Chorgesang. Die erneute Weihe fand am 2. Mai 1981 statt. Bischof Albrecht Schönherr hielt die Festrede. Zwei Jahre zuvor war vor der Nikolaikirche der Knobelsdorffsche Obelisk wieder aufgestellt worden. Das im Krieg stark beschädigte Original wurde aus rotem Marmor neu errichtet. Anstelle der darin eingelassenen Bildnisse von Hohenzollern-Herrschern erhielt er Medaillen von vier für Potsdam wichtigen Architekten: Knobelsdorff, Schinkel, Gontard und Persius.

Wenn schon nicht das Potsdamer Zentrum von den Bauerfolgen des Sozialismus künden konnte, dann doch wenigstens in Sichtweite auf der anderen Havelseite. Den Anfang macht 1971 die Schwimmhalle am Brauhausberg, die gleichermaßen dem Leistungssport wie auch der sportlichen Betätigung für die Bevölkerung offenstehen sollte. Nach einigen Modernisierungen hielt sie bis 2017 durch, als sie durch einen Neubau in unmittelbarer Nachbarschaft ersetzt wurde. Oberhalb der Schwimmhalle eröffnete im Jahr 1977 zum 60. Jahrestag der russischen Oktober-Revolution das Restaurant Minsk. Es bot 180 Personen und im Sommer weiteren 110 Gästen auf einer Terrasse mit Blick über Potsdams Innenstadt Platz. Wer die massiven Betonwände mit einem Bunker verglich, hatte recht, ohne es zu ahnen. Denn unter dem Restaurant befand sich die alte Königsbrauerei, deren Kellergewölbe zu einem Bunker ausgebaut wurde.

Nach wie vor war die Lange Brücke der einzige bedeutende Havelübergang im Potsdamer Stadtgebiet. Über sie lief und läuft noch immer die Straßen- und Straßenbahnverbindung zwischen der Potsdamer Innenstadt und der Teltower Vorstadt mit dem Gebäudekomplex der Landesregierung, zu den Wohngebieten im Südosten und zur Autobahn Berliner Ring. Ab 1975 wurde an einer Entlastung gebaut. Unmittelbar neben einer alten Fährlinie zwischen der Holzmarktstraße und Babelsberg entstand in moderner Spannbetonbauweise die Humboldtbrücke. Am 6. Oktober 1978 wurde ein Teil der Brücke für den Verkehr freigegeben. Im Juni 1981 war sie dann komplett fertig. Sie machte den direkten Weg von der Innenstadt zur Nuthe-Schnellstraße frei. Außerdem

Der historische Ort

Mit bester Aussicht auf Potsdam
Das Hotel-Hochhaus

Mitten in Potsdam steht ein Stein des Anstoßes. Er ist fast 60 Meter hoch und von allen Ecken der Stadt zu sehen. Er scheint mit der Kuppel der Nikolaikirche um die Aufmerksamkeit der Betrachter wetteifern zu wollen. Aber er ist, was das Wohlgefallen betrifft, chancenlos. Kantig ist er, ohne gefällige Rundung. Der Stein des Anstoßes ist Potsdams größtes Hotel, das Hotel „Mercure" mit 17 Etagen und 210 Gästezimmern. Bei Besuchern sehr beliebt, weil man aus den oberen Etagen einen prachtvollen Blick über die Stadt genießen kann. Jetzt, da das Stadtschloss als brandenburgischer Landtag wiedererstanden ist, sind beide Gebäude nur noch durch eine Straße voneinander getrennt. Hier steht zusammen, was nicht zusammen gehört. Nach der Wende wurde das 1969 eingeweihte Hotel gründlich saniert und auf das Niveau gehoben, das auch zahlungskräftige Besucher anzieht. Später, als viel von Abriss geredet wurde, gab es ein Verbot, Erhaltungsmaßnahmen vorzunehmen. Den Hotelbetrieb konnte das nicht in die Knie zwingen.

Das Schicksal des Hotels ist auf seltsame Weise mit der rund 300 Meter entfernten Ruine der Garnisonkirche verknüpft. Als der Bau des Hochhauses 1967 begann, standen zwei Drittel des Kirchturms noch. Für den damaligen SED-Chef Walter Ulbricht sollte das Hotel die neue „sozialistische Stadtkrone" Potsdams sein. Also hatte die alte Stadtkrone vollständig zu weichen. Während hier Betonplatten montiert wurden, taten dort die Sprengmeister ihr gründliches Werk. Nun hat der Wiederaufbau des Kirchturms begonnen.

Die Panoramabar des Potsdamer Interhotels eignete sich hervorragend für Hochglanzwerbung für die DDR.
aus „Potsdam" Potsdam-Information 1975

Was wird mit dem Hotel? Bei der Beantwortung dieser Frage zeigt sich eine tiefe Spaltung in der Potsdamer Bürgerschaft. Auf der einen Seite die alteingesessenen Potsdamer, für die das Hochhaus längst zum Stadtbild gehört. Auf der anderen Seite Günther Jauch und sein namhafter Freundeskreis, für die das Hotel „sozialistische Notdurft-Architektur" ist. Dabei zählen auch politische Gründe: Schließlich hat das Hotel eine typische DDR-Vergangenheit. Erbaut als Prestigeobjekt, war es ein Hort der Stasi, die hier nach Gutdünken abhörte, die Hotelleitung wandte kollektivistische Führungsmethoden (z.B. „Straße der Besten") an und, auf der Speisekarte stand „Soljanka".

In einem Beschluss der Stadtverordnetenversammlung von 1990 war gefordert, dass der alte Stadtkern „behutsam wieder an den historisch gewachsenen Stadtgrund anzunähern" ist. Das Areal, auf dem heute das Hotel steht, war bis zum „Soldatenkönig" rund einhundert Jahre lang ein barocker Lustgarten, es wurde dann zum Exerzierplatz planiert und bis 1945 als Aufmarschplatz genutzt. Man muss also sehr weit in der Stadtgeschichte zurückgreifen, um Vorla-

auch durch absonderliche Verordnungen/gnädigst und enstlich

Der historische Ort

gen für eine Begrünung zu finden. So scheiterte der Plan, erst das Hotelhochhaus für ein paar Millionen Euro durch die Stadt aufzukaufen und es dann abzureißen. An seiner Stelle sollte eine „Wiese des Volkes" entstehen. Geldmangel und Bürgerproteste führten dazu, dass die Stadtspitze diese Pläne auf Eis gelegt hat.

Was sind dagegen die feucht-fröhlichen Betriebs- und Familienfeiern, was die Westbesuche, die als Gäste des Hotels leichter an ein Visum kamen, die durchtanzten Nächte in der Bar im 17. Stock, das erlesene Essen in den damals sechs Hotelrestaurants (heute gibt es nur noch ein Restaurant)? Übrigens: Das Interhotel bewirtschaftete damals das beliebte Café auf der Freundschaftsinsel. Das Hotel spielte eine nicht unwichtige Rolle im deutsch-deutschen Dialog, der sich in den 1980er Jahren immer mehr entwickelte. Hochkarätige Besucher aus der Bundesrepublik stiegen hier ab, wenn sie sich mit DDR-Gesprächspartnern treffen wollten, ohne aus Gründen der Statuswahrung Berlin als Hauptstadt der DDR zu betreten. So wird unter anderem an einen Besuch des damaligen Außenministers Dietrich Genscher erinnert.

Ende März 1987 spielte sich in Potsdam eine Premiere ab, die das Format von weltpolitischer Bedeutung hatte. Im Interhotel waren Offiziere aus der Bundesrepublik Deutschland, aus Österreich und der Schweiz einquartiert, die zur Beobachtung eines Großmanövers angereist waren. Daran waren sowjetische und DDR-Truppen beteiligt. Dieser Besuch galt als „vertrauensbildende Maßnahme", wie sie kurz zuvor auf einer Ost-West-Konferenz in Stockholm vereinbart worden waren. Im Potsdamer Hotel warteten allabendlich Pressevertreter aus ganz Europa auf die aktuellen Einschätzungen der beiden aus Bonn angereisten Militärs zum Geschehen auf den Übungsplätzen im südwestlichen Brandenburg.

Eine an preußische Meilensteine erinnernde Stele mit dem Logo des einstigen Interhotels zeigt unter anderem die Entfernung nach Moskau (1.650 km) und Ulan Bator (6.300 km) an.

erschloss sie das zwischen 1972 und 1981 errichtete Neubaugebiet Zentrum-Ost. 1984 wurde mit dem Bau einer fast zwei Kilometer langen Straßenbahntrasse zwischen der Babelsberger Rudolf-Breitscheid-Straße und der Berliner Straße über die Humboldtbrücke begonnen. Ab Juni 1984 nahm die Tram zwischen dem Platz der Einheit und der Fontanestraße einen neuen Weg. Wenige Jahre später wurden die Straßenbahnschienen zwischen dem Leipziger Dreieck, entlang der Friedrich-Engels-Straße, und dem S-Bahnhof Babelsberg abgebaut.

STADT MIT LEBENSQUALITÄT

Innerhalb der DDR gehörte Potsdam zu den beliebtesten Wohnorten. Viele von denen, die keine Arbeit im heißbegehrten Berlin fanden, bekamen hier eine Chance. Zumal sich immer stärker eine Symbiose zwischen dem Industriestandort Teltow und der Stadt im Grünen, Potsdam, entwickelte. Dort entstanden neue große Unternehmen im Bereich Elektrotechnik/Elektronik, hier wurden dafür die Wohnungen gebaut. Im Potsdamer Südwesten

Wo sich einst das Ufer der Neustädter Havelbucht befand, braust heute der Verkehr auf der Breiten Straße; zwischen den Wohnhochhäusern das Dampfmaschinenhaus.

wurden Satellitenstädte förmlich aus dem Boden gestampft. Im Zentrum Ost, an der Grenze zu Babelsberg, gingen die Arbeiten weiter.

In der ersten Hälfte der 1970er Jahre entstanden die Plattensiedlungen „Am Stern" und an der „Gluckstraße" für fast 20.000 Menschen. Dazu wurde die autobahnähnliche Nuthe-Schnellstraße gebaut, die Potsdam und Teltow auf kürzestem Wege verband. Später wurde der Potsdamer Südosten durch einen Abzweig von der Straßenbahnstrecke durch die Heinrich-Mann-Straße in Richtung „Stern" angeschlossen. Die wurde am 7. Oktober 1982 dem Verkehr übergeben. Beim Bau der Strecke wurden modernste Parameter zugrunde gelegt, sodass bei Probefahrten für Straßenbahnen ungewöhnliche 75 km/h erreicht werden konnten. Die neue Trasse tangierte ein damals noch im Bau befindliches Wohngebiet namens „Schlaatz". Es bot Wohnungen für weitere 16.000 Potsdamer.

Auf der „Stern-Strecke" kam nach und nach ein neuer Straßenbahntyp zum Einsatz: die Tatra-Bahn KT4D. 1975 wurden zwei Exemplare des Prototyps getestet, bevor die Serienherstellung für den gesamten Ostblock begann. Eins der damaligen Versuchsfahrzeuge gehört heute zum Bestand der historistischen Straßenbahnen des

Potsdamer Verkehrsbetriebes. Einige der später gelieferten sind – nach Rekonstruktion und Generalreparatur – auch weiterhin im Regelbetrieb unterwegs.

Die Geschicke Potsdams lenkte damals die Oberbürgermeisterin Brunhilde Hanke (geboren 1930). Sie war das erste weibliche Stadtoberhaupt in Potsdams Geschichte und zunächst auch noch das jüngste. Sie kam 1961 mit nur 31 Jahren auf diesen Posten und hatte ihn 23 Jahre inne, war gleichzeitig Stadtverordnete, Mitglied der SED-Bezirksleitung, Abgeordnete der Volkskammer und Mitglied des Staatsrates. So war Potsdam in allen wichtigen Gremien der DDR vertreten. In den DDR-Medien wurde sie häufig als Beispiel dafür gezeigt, wie weit es Frauen im Lande bringen können. Während ihrer Amtszeit entstanden etwa 35.000 Wohnungen, es wurde aber auch die Garnisonkirche abgerissen.

Nach dem industriellen Wohnungsbau an den südlichen Rändern von Potsdam war 1975 endlich die historische Innenstadt dran. Zuvor wurden die Häuser der zweiten Stadterweiterung unter Denkmalschutz gestellt, vielleicht schon nicht mehr rechtzeitig, denn der Verfall der fast 250 Jahre alten Bausubstanz war schon weit fortgeschritten. Entlang der Brandenburger Straße wurde festgestellt, dass 80 Prozent der Häuser komplett instandgesetzt werden mussten und 17 Prozent zumindest teilweise. Blieben drei Prozent der Häuser ohne Sanierungsbedarf. Das Ziel war, in den alten Häusern eine mit Neubauten vergleichbare Ausstattung an Sanitär- und Elektro-Installationen zu schaffen. So wurde die Straße zwischen 1976 und 1978 ein einziger Bauplatz. Dabei wurden an einigen Gebäuden die später vorgenommene Aufstockung rückgängig gemacht und wieder die typischen Giebel aufgesetzt. Damit näherte sich die Straße ihrem alten Bild aus der Zeit des „Soldatenkönigs" an.

Doch ließ der Schub zur Erhaltung der historischen Bauten in den folgenden Jahren spürbar nach. In den Nebenstraßen und im Holländischen Viertel nahm der Verfall seinen Fortgang. Im nördlichen Teil der Gutenbergstraße mussten die Potsdamer erleben, dass alte Bausubstanz gegen Plattenbauten ausgetauscht wurde, die sich zwar in ihrem Erscheinungsbild dem Straßenbild anpassten – aber eben eine Abkehr vom alten Potsdam bedeuteten. Gerade im Holländischen Viertel machte der Verfall schnelle Fortschritte. Die Rekonstruktion des Marstalls durch polnische Spezialisten und seine Wiedereröffnung als Filmmuseum der DDR war da nur ein kleiner Trost. So sahen manche Potsdamer am 26. September 1978

Die Schaufenster des Westens
Intershops in Potsdam

Gegenüber dem Obelisk am Eingang zum Park Sanssouci befindet sich eine kleine Grünfläche. Hier stand zu DDR-Zeiten ein eckiger Zweckbau, der so gar nicht zur friderizianischen Prachtentfaltung passen wollte. Den Potsdamern war das allerdings ziemlich egal, denn im Inneren dieses eigentlich hässlichen Hauses hatten sie ihr Paradies. Hier standen die vom westlichen Werbefernsehen bekannten Marken für Kaffee, Kosmetika und Waschmittel in den Regalen. Man musste nur das richtige Geld in der Tasche haben.

Eine Zweitwährung, die das Land spaltete

Mit einem Kiosk auf einem nur von der Westseite aus zugänglichen Bahnsteig im Bahnhof Friedrichstraße begann 1962 die Geschichte der Intershop-Läden in der DDR. Was als Quelle für zusätzliche Deviseneinnahmen gedacht war, entwickelte sich zum permanenten Stein des Anstoßes unter den DDR-Bürgern. Ursprünglich nur für Besucher aus dem westlichen Ausland gedacht, durften ab 1974 auch DDR-Bürger offiziell Westgeld besitzen und in den Intershop-Läden einkaufen. Zu diesem Zeitpunkt gab es bereits über 270 Läden, in denen Waren aus dem Westen – oder in der DDR für den Westen produzierte Waren – verkauft wurden. Spätestens zu diesem Zeitpunkt dienten die Intershop-Läden nicht vorrangig zum Einkauf verbilligter (weil weitgehend zollfreier) Ware, sondern als Beschaffungsquelle für Dinge, die der DDR-Handel nicht oder zumindest nicht in gewünschter Qualität anbot. Die Zahl der Läden stieg noch einmal deutlich an. Am Ende der DDR waren es fast 500. Einige in Baracken oder Containern schnell aufgestellt, andere wie ein kleines Warenhaus mit verschiedenen Verkaufsabteilungen. Als die DDR-Führung erkannte, welch große Mengen an D-Mark und Dollars in der eigenen Bevölkerung vorhanden waren, führte sie die „Forum-Schecks" ein. Wer im Intershop einkaufen wollte, musste zuvor seine Devisen in diese Ersatzwährung umtauschen. So strömte das Geld in die Staatskassen, bevor die Waren über den Tresen gingen.

Der große Intershop am Park Sanssouci war einer von fünf Devisenläden in Potsdam. Es gab weitere in Baracken am früheren Hauptbahnhof in der Pirschheide sowie und dem Hotel „Am Jägertor", ferner in den für Ausländer vorgesehenen Hotels „Stadt Potsdam" und „Cecilienhof". Die Baracken wurden schnell nach der Währungsunion abgerissen. Das Geschäft am Park Sanssouci mutierte zum Fahrrad-Laden und wurde vor wenigen Jahren abgerissen. Die Stiftung Preußische Schlösser und Gärten setzte durch, dass keine neue Bebauung folgte, um das benachbarte Weltkulturerbe nicht zu beschädigen.

wenig Grund zum Jubeln, als der erste Deutsche im Weltall, Sigmund Jähn, und sein sowjetischer Kollege Waleri Bykowski nur rund einen Monat nach ihrem gemeinsamen Weltraumflug im vierspännigen Landauer, eskortiert von „Schillschen Husaren", durch Potsdam fuhren. Auf dem Telegrafenberg besuchten sie den Einsteinturm und ließen sich berichten, wie wichtig die wissenschaftlichen Ergebnisse ihres Fluges für die Fernerkundung der Erde waren. Dabei erfuhren sie, dass in und um Potsdam in den Bereichen Geo- und Kosmoswissenschaften rund ein Zehntel der Forschungskapazität der Akademie der Wissenschaften der DDR beheimatet war. Nach wie vor lag hier der Schwerpunkt auf der Erforschung der Erde und des Weltalls.

An beiden Enden der Breiten Straße (damals noch Friedrich-Külz-Straße) tat sich 1983 etwas. An die verkleinerte Neustädtische Havelbucht wurde mit bestem Blick auf das Wasser und in der Nachbarschaft des maurischen Dampfmaschinenhauses eine kühne Betonschalen-Konstruktion für das Restaurant und Café „Seerose" gebaut (siehe Foto S. 230). Der Architekt war Ulrich Müther, dessen „Teepott" in Warnemünde, das Großplanetarium in Berlin und andere außergewöhnliche Bauten nicht nur in der DDR Architektur-Geschichte geschrieben haben. Am anderen Ende der Straße, gegenüber dem Marstall, wurde am 20. Dezember des gleichen Jahres das Karl-Liebknecht-Forum eingeweiht. Es sollte als Kulisse für Aufmärsche am 1. Mai oder am 7. Oktober und Kranzniederlegungen dienen. Es bestand aus sechs Mosaikwänden und der Großplastik „Herz und Flamme der Revolution" von Theo Balden. Die einzelnen Teile des Ensembles stehen heute, den Blicken entzogen, am südlichen Ende des Lustgartens.

Die vor allem nördlich von Potsdam stationierten Einheiten der Sowjetarmee setzten die alte Tradition der Potsdamer Garnison fort und waren vorwiegend kampferprobte Garde-Truppen. So das 62. und 64. Rotbanner-Mot-Schützenregiment und die 286. Rotbanner-Haubitzen-Artilleriebrigade. Die dazugehörigen Soldaten durften nur selten für ein paar Stunden ihre Kasernen verlassen und wenn, dann meist in der Gruppe mit einem Offizier als Aufpasser. So konnten sie sich im Park Sanssouci einen Eindruck von der preußischen Herrlichkeit verschaffen.

Im Stadtgebiet befanden sich außerdem zahlreiche sowjetische Einrichtungen, deren militärischer Charakter nicht sofort sichtbar war: der Radiosender „Wolga" in der Berliner Vorstadt, die Druckerei der Armeezeitung in Potsdam-West, mehrere Wohnsiedlungen, Schulen, Einkaufsmöglichkeiten, eine Post, ein Hotel, ein Bahnhof und mehrere Lazarette. Mit dem „Haus der Offiziere" besaßen die Besatzungstruppen in unmittelbarer Nachbarschaft zum Park Sanssouci ein Kulturhaus mit Theatersaal und Ausstellungsräumen. Hierher kamen gelegentlich auch Einheimische. Potsdam war aber auch eine Zentrale des sowjetischen Geheimdienstes. Die „Verbotene Stadt" entlang des Neuen Gartens blieb bis zum Abzug der sowjetischen Streitkräfte ein für Potsdamer abgeriegeltes Gebiet.

Im Gegensatz zu ihren sowjetischen „Kampfgenossen" konnten sich die ostdeutschen Soldaten wesentlich freier bewegen. Natürlich sah man junge Männer in Uniformen der NVA, zumal Angehörige der DDR-Streitkräfte auch in der Freizeit ihr graues „Ehrenkleid" zu tragen hatten. Im unmittelbaren Stadtgebiet gab es seit den 1960er Jahren kaum noch militärische Einheiten der NVA. In und um Potsdam waren militärische Stäbe, Verwaltungsstellen und Bildungseinrichtungen tätig. So gesehen war Potsdam weniger eine Soldatenstadt, sondern eher eine Offiziersstadt. In der Villa Ingenheim an der Zeppelinstraße, in der zwischen 1906 und 1942 Eitel Friedrich, der zweite Sohn von Kaiser Wilhelm I. lebte, residierte das Militärgeschichtliche Institut der NVA. 1994 wurde es von der entsprechenden Einrichtung der Bundeswehr übernommen. Die Garde-Husaren-Kaserne an der Berliner Straße hatte sich die NVA als Wehrbezirkskommando gesichert. Ganz anders sah es am östlichen Stadtrand aus, wo das Grenzregiment 44 zur Bewachung der Grenze zu West-Berlin stationiert war.

Agonie und Wut

Wenn von den 1980er Jahren in der DDR die Rede ist, wird gern der Begriff „Mehltau" verwendet. Das sind jene unappetitlichen Pilze, die sich als grauer Schleier ganz allmählich über Blätter und Früchte legen, sie unansehnlich und ungenießbar machen. In Potsdam zeigte sich dieser „Mehltau" im weiteren Verfall der historischen Bausubstanz, im rapiden Nachlassen der Aufbruchstimmung der 1950er und 1960er Jahre und in einer fortschreitenden Lethargie. Es verfielen die Autoritäten, allen voran die der „führenden Partei", der immer mehr das Volk abhandenkam. Kein Wunder, wenn man betrachtet, dass die drei wichtigsten Funktionen in der SED-Bezirksleitung zwischen 1976 und 1989 von stets der gleichen Person bekleidet wurden. Froh war, wer eine Wohnung in einer der Trabantenstädte hatte und vielleicht noch weiter draußen einen Kleingarten mit „Datsche" besaß. Abends vor dem Fernseher war man längst im Westen angekommen. Und kaum jemand, der keine Bezugsquelle für begehrte West-Waren hatte. Wer nicht als Künstler, Wissenschaftler, Pfarrer oder in staatlicher Funktion längst einen Pass für Reisen in den Westen hatte, wusste, dass es als Rentner auf jeden Fall soweit ist. Die Jobs waren sicher und es gab nichts, wofür es sich lohnte zu kämpfen.

Wirklich nicht? Es war vor allem die junge Generation, die keine Lust hatte, geduldig auf Veränderungen zu hoffen. Hatte nicht die DDR 1975 die Helsinki-Schlussakte der Konferenz für Sicherheit und Zusammenarbeit in Europa unterzeichnet, in der die Achtung der Menschenrechte einschließlich Gedanken-, Gewissens-, Religions-, Überzeugungs- und Reisefreiheit verankert war? Gut zehn Jahre waren seither vergangen und viele fühlten sich – salopp gesagt – verschaukelt. Das waren jene, die wegen ihrer Religion nicht zu höheren Schulen zugelassen wurden, die als Schriftsteller oder bildende Künstler einer immer rigideren Zensur unterworfen waren, die es nicht ertragen konnten, die Richtung ihrer Gedanken vorgeschrieben zu bekommen, oder die einfach mal „raus" wollten.

Trotz allgemeiner Überwachung hielt sich die Angst der Unzufriedenen in Grenzen. Allzu sehr stand die DDR unter internationaler Beobachtung. So füllten sich die Aktenordner des Sicherheitsapparates mit Spitzelberichten, und dennoch konnte sich eine Opposition formieren, die immer kraftvoller auftrat. Während in anderen Städten der DDR sich vor allem die immer lauter artikulierten, die einen Ausreiseantrag gestellt hatten und möglichst schnell das Land verlassen wollten, waren es in Potsdam eher jene, die für gesellschaftliche Veränderungen eintraten. Bereits seit Anfang der 1980er Jahre hatten sich unter dem Dach der Kirche Gruppen wie „Die Schmiede" in Babelsberg, „Kontakte", die katholische „Arche" und der ökumenische „Friedenskreis Potsdam" zusammengefunden. Unter dem Dach des „Kulturbundes" bildeten sich die „Arbeitsgemeinschaft Pfingstberg" und die „Arbeitsgemeinschaft für Umweltschutz und Stadtgestaltung" (ARGUS).

Ein Menetekel für das Ende der DDR: ein Totenhemd in einem Antiquitätenladen in der Gutenbergstraße

Was zunächst wie ein örtlich begrenztes Projekt mit freiwilligen Arbeitseinsätzen aussah, erwies sich bald als ein gesellschaftskritischer Zusammenschluss von Gleichgesinnten. Der gemeinsame Ansatz war: Man darf Fragen der Umwelt und der Stadtentwicklung nicht dem Staat überlassen, wenn Bürgerinteressen im Vordergrund stehen sollen. ARGUS sollte bald eine Fraktion in der Stadtverordnetenversammlung bilden, und es sollte aus der Arbeitsgemeinschaft ein späterer Umweltminister der Landesregierung hervorgehen, der Oberbürgermeister von Potsdam und anschließend Ministerpräsident von Brandenburg wurde. Sein Name: Matthias Platzeck.

Auch auf den Höhen der Wissenschaft, auf dem Telegrafenberg und dem Babelsberg, machte sich gehöriger Frust breit. Während sich die wissenschaftliche Forschung immer mehr weltweit vernetzte, während man sich zu Kongressen traf, Kontakte knüpfte und Forschungsergebnisse austauschte, regierten in der DDR das Misstrauen und die Überwachung. Das betraf auch die Astrophysik und die Geoforschung, beides Gebiete, auf denen die DDR mit vorzeigbaren Ergebnissen aufwarten konnte. Aber es war unberechenbar, welcher Wissenschaftler zu welchem Kongress den entsprechenden Pass bekam. So war es fast unmöglich, Einladungen anzunehmen. Die wissenschaftliche Korrespondenz wurde „gegengelesen", der Bezug von Fachliteratur war extrem eingeschränkt. Kein Wunder, dass die wissenschaftlichen Einrichtungen in Potsdam zu Zentren der Opposition wurden und zu den ersten gehörten, die die alten Strukturen abschüttelten.

Nicht anders war es bei der DEFA, mit 2.400 Beschäftigten Potsdams größtes Unternehmen. Der Weg von der Idee zum fertigen Film wurde immer länger und für die Beteiligten immer ermüdender. Es gab von SED über MfS, NVA, FDJ, MdI, FDGB kein Gremium, das nicht hineinreden konnte – und es meist tat. Das künstlerische Niveau sank für jedermann wahrnehmbar. Die Leitung der DEFA tat nichts, um den Szenaristen und Regisseuren den Rücken freizuhalten. Die leisen Anzeichen von Liberalisierung in der Sowjetunion (u.a. der Film „Die Reue") wurden zum Anlass genommen, dass die DDR-Filmemacher mehr Bewegungsfreiheit für sich einforderten. Auch die Studenten der Filmhochschule setzten sich für ein Klima der Kreativität und künstlerischen Freiheit ein. Lothar Bisky, der 1986 als Rektor der Hochschule antrat, wurde zum Hoffnungsträger.

Die Stimmung der Unzufriedenheit nahm im Jahr 1989 noch einmal kräftig zu. Die durch die krisenhaften Entwicklungen in der DDR forcierte Mangelwirtschaft war da vielleicht noch das geringste Problem. Das Fass zum Überlaufen brachte die Fälschung der Kommunalwahlen vom 7. Mai 1989. Angesichts der Unruhe im Lande hatte die Parteiführung in Berlin die Parole ausgegeben, die fast bei 100 Prozent liegenden Ergebnisse der vorigen Wahlen sollten noch überboten werden. „Lasst euch etwas einfallen." Eine Verbesserung der Stimmungslage im Volk durch ein entsprechendes Wahlergebnis herbeizulügen, war nur mit krimineller Energie möglich. Auch im Potsdamer Rathaus fand sie sich. Aber wie nie zuvor tauchten jetzt in den Wahllokalen Beobachter in den Auszählungen auf und bemerkten den Schwindel. Das Wahlergebnis für Potsdam war mit „nur" 98,5 Prozent leicht schlechter als der DDR-Durchschnitt. Aber genau weiß man das nicht: Die Wahlunterlagen sind vernichtet.

Als wäre dieses Debakel nicht schon blamabel genug für die SED-Führung, toppte sie es mit ihrer Reaktion auf die Massenflucht von DDR-Bürgern über Ungarn und die ČSSR im Spätsommer 1989. „Wir weinen ihnen keine Träne nach", hieß es offiziell. Zynischer und dümmer ging es nicht. So entlarvte sich eine Clique mit Führungsanspruch als verantwortungs- und gewissenlos. In dieser Situation reagierten die Potsdamer so, wie die Menschen überall in der DDR: mit Empörung. Am 4. Oktober trafen sich in der Babelsberger Friedrichskirche politisch Aktive, um das örtliche Neue Forum aus der Taufe zu heben. Was in Leipzig ging, sollte auch in Potsdam möglich sein. Zu den Aktivisten stießen noch am gleichen Abend rund 3.000 Interessierte. Und alles blieb friedlich. Über 2.000 schrieben sich in den nächsten Tagen in die Mitgliederlisten der neuen Bürgerbewegung ein.

Ein wahrer Aufreger für die Potsdamer war im Herbst 1989 der Neubau des Stadttheaters auf dem Alten Markt. Dort, wo einst das friderizianische Stadtschloss stand, wuchs ein rohes Ungetüm aus Beton in die Höhe. Das Bühnenhaus hatte die Höhe eines Turms, der fensterlose Zuschauerraum schloss sich an. Niemand konnte oder wollte sich vorstellen, wie das Haus nach der Fertigstellung aussehen könnte. Immerhin war es der erste größere Theaterneubau der DDR. Der sollte technisch auf dem neuesten Stand sein und Potsdams Theatertradition noch einmal beflügeln. Aber die Potsdamer mochten das Ding nicht. Im Herbst 1991 begann der Abriss. Vier Potsdamer Baufirmen hatten sich bereiterklärt, die Abrisskosten zu tragen.

Eine Brücke und ihre Agenten
Die Glienicker Brücke

Auf beiden Seiten der „Brücke der Einheit" standen sich am 10. Februar 1962 wartend und frierend kleine Gruppen von Zivilisten und Militärs gegenüber. Auf der einen Seite sprach man russisch, auf der anderen amerikanisches Englisch, beide Gruppen beobachteten sich mit Ferngläsern. Auf jeder Seite stand ein von anderen umringter Mann mit Sonnenbrille. Alle warteten sie auf ein Signal. Daraufhin bewegten sich beide in Richtung Brückenmitte. Als sie den weißen Strich auf der Mitte überschritten, sahen sie sich nur kurz an. Beide waren sie auf der anderen, der heimatlichen Seite des Eisernen Vorhangs angekommen. Und sie waren einer langen Haftstrafe entronnen. Mit dem Austausch des zu 30 Jahren verurteilten Chefs der sowjetischen Spionage in den USA, Rudolf I. Abel, gegen den Piloten Francis Gary Powers, eines über dem Ural abgeschossenen USA-Spionageflugzeuges begann für die Glienicker Brücke eine Karriere als legendärer Ort.

Nach jener spektakulären Premiere mussten 23 Jahre vergehen, bis es am 11. Juni 1985 zu einem weiteren Agentenaustausch kam. Dabei wechselten 25 in der DDR und Polen Inhaftierte gegen vier im Westen Verhaftete die Seiten. Kurz danach, am 11. Februar 1986, wurden vier Gefangene Ost gegen fünf Gefangene West ausgetauscht. Einer der aus einem sowjetischen Gefängnis Freigelassenen war der Dissident Anatoli Schtscharanski, der im Westen nicht als Agent galt. Die Glienicker Brücke eignete sich für insgesamt drei Austauschaktionen deshalb besonders gut, weil sie als Grenzübergang im Alltag nur eine untergeordnete Rolle spielte. Zudem ließ sich in der zwischen Berlin und Potsdam gelegenen Seenlandschaft leicht die gewünschte Diskretion wahren.

Die von allen Seiten fotogene Glienicker Brücke; rechts die Figur „Nike 89" von Wieland Förster, die am 10. Jahrestag der Grenzöffnung neben der Brücke aufgestellt wurde.

Der historische Ort

Bis zum 13. August 1961 konnten auch DDR-Bürger und Ost-Berliner zu Fuß oder mit Fahrrad die Brücke passieren. Bis dahin nutzten viele die Brücke zur Flucht in den Westen. Danach stand sie nur noch offiziellen Vertretern der alliierten Mächte als Grenzübergang zur Verfügung: Diplomaten und Angehörigen der Militärmissionen aus der UdSSR, den USA, Großbritannien und Frankreich. Ab 1963 durften darüber hinaus Mitglieder der in West-Berlin residierenden Militärmissionen der ČSSR, Polens und Jugoslawiens die Brücke nutzen. Zwei in Westberlin wohnende Wissenschaftler des Observatoriums auf dem Telegrafenberg bzw. der Babelsberger Sternwarte erhielten eine Sondergenehmigung zum Passieren der Brücke.

Die Brücke besaß auf der Potsdamer Seite zwei Kontrollhäuschen. Links für die Grenzkontrolle und den Zoll der DDR, rechts für einen sowjetischen Posten, der sich ausschließlich um die alliierten Fahrzeuge mit Angehörigen der alliierten Militärverbindungsmissionen kümmerte. Die hatten offizielle Standorte in unmittelbarer Nähe der Potsdamer Seestraße (Frankreich und Großbritannien) sowie in Fahrland (USA). Von dort aus konnten die Spezialisten aller Teilstreitkräfte mit exzellenten Russisch- und Deutsch-Kenntnissen gemäß dem Potsdamer Abkommen zu Kontrollfahrten durch die DDR aufbrechen. Das Betreten militärischer Anlagen war ihnen allerdings verboten. Trotzdem kam es auf ihren nachrichtendienstlichen Missionen immer wieder zu Zwischenfällen. Einer endete für den amerikanischen Major Arthur Nicholson tödlich. Zwischen 1961 und 1989 wurden 25 Fluchtversuche über die Brücke gezählt.

Am 7. Oktober, am 40. DDR-Geburtstag, kam es zu einer Protestdemonstration in der Brandenburger Straße (damals Klement-Gottwald-Straße). Mitten in Potsdam hatte die Opposition schützende Räume verlassen und zeigte ihren Unmut auf der Straße. Über 2.000 Menschen schlossen sich dem Zug an, der vom Luisenplatz (damals Platz der Nationen) zum Bassinplatz zog. An der Friedrich-Ebert-Straße stellte sich eine Polizeikette in den Weg. Eine Hatz auf die Demonstranten begann. Über 100 wurden festgenommen, „zugeführt" und verhört. Ein letztes Mal hatte die Staatsmacht gezeigt, wozu sie fähig war. Von nun an erfasste die Agonie auch den Partei- und Staatsapparat.

Das zeigte sich besonders deutlich am 4. November, als sich zeitgleich mit einer halben Million Menschen auf dem Berliner Alexanderplatz zehntausende Potsdamer auf dem damaligen Platz der Nationen versammelten. Gefordert wurden Neuwahlen, Offenheit in den Medien, Beseitigung von Misswirtschaft, Amtsmissbrauch und Privilegien, Beendigung der allgemeinen Überwachung. Auf ihren Transparenten zeigten die Demonstranten nicht nur Entschlossenheit, sondern auch Fantasie und Humor. Dieser Massenprotest war gut vorbereitet und bot der Staatsmacht keinen Anlass zum Einschreiten. Die allerdings hatte sich sowieso unsichtbar gemacht.

Ein neues Zeitalter

Obwohl es überall im Lande kochte und brodelte, war die Grenzöffnung am Abend des 9. November 1989 dennoch eine Überraschung. Die unbedachte Äußerung eines hohen SED-Funktionärs auf eine Frage eines Bild-Redakteurs während einer Pressekonferenz über künftige Reisemöglichkeiten von DDR-Bürgern in den Westen („Das trifft nach meiner Kenntnis... ist das sofort, unverzüglich") entwickelte binnen Stunden eine Eigendynamik, die heute noch Erstaunen auslöst. Während die Ost-Berliner über die Bornholmer Brücke nach West-Berlin strömten, blieb es an der Glienicker Brücke auf beiden Seiten ruhig. Zum einen hätte der Gang über die Brücke wenig gebracht, denn der Ku'damm, das Ziel aller damaligen Ost-Träume, ist von dort über zwanzig Kilometer entfernt. Zweitens wussten die Potsdamer genau, dass an der Brücke alliiertes Recht galt. Und dass gerade die sowjetischen Truppen nicht lange fackelten, wenn es galt, ihre Interessen auch mit der Schusswaffe zu verteidigen, war allgemein bekannt.

Umso überraschender war es, dass bereits am folgenden Tag, am 10. November punkt 18 Uhr, ganz offiziell die Glienicker Brücke für Potsdamer geöffnet wurde. Sie strömten in den Park Glienicke, um sich von dort aus die Mauer von der anderen Seite anzusehen. „Wahnsinn" war das Wort dieser Tage. Die DDR-Bürger bekamen anfangs von den Grenzposten einen Stempel in den Ausweis. Bald wurde auch darauf verzichtet. Nicht aber bei West-Berlinern, die auf diesem Wege Potsdam besuchen wollten. Sie mussten sich ein Visum in den Pass stempeln lassen. Allerdings verlangte niemand den bislang obligatorischen Mindestumtausch.

Am 14. November 1989 teilte das DDR-Ministerium für Nationale Verteidigung mit, dass alle gesperrten Grenzgebiete aufgehoben sind. Pioniereinheiten der Grenzregimenter begannen schon Stunden danach, Schussanlagen, Hundeläufe und Todesstreifen zu beseitigen. Die Grenzanlagen wurden zügig abgebaut und geschliffen. In der Nähe des Bahnhofs Griebnitzsee erinnert noch ein kurzes Mauerstück an die Zeit des Kalten Krieges. Der Mauer-Radweg gibt heute einen Eindruck vom ungefähren Verlauf der Grenzanlagen. Dieser gut ausgeschilderte Radweg ist nicht nur für Geschichtsinteressierte ein Erlebnis, sondern bietet zudem schöne Ausblicke auf die Havellandschaft.

Die Maueröffnung bedeutete zumindest in der Nachbarschaft zu West-Berlin ein Ende der Massenproteste. Viele sahen sich am Ziel ihrer Wünsche. Zwar gingen auch Mitglieder der SED mehrfach auf die Straße, doch richteten sich ihre Forderungen vor allem auf Reformen innerhalb ihrer eigenen Partei und auf die Absetzung verschlissener Altfunktionäre. Die relativ gut organisierte Bürgerbewegung in Potsdam verstand es, die Unzufriedenheit in politische Bahnen zu lenken, die ein städtisches bürgerschaftliches Engagement bewirken sollten. Die anderswo ertönten Rufe „Wir sind ein Volk" bestimmten in Potsdam nicht die Debatte. Stattdessen schritt hier die Demontage der alten Macht zügig voran. Am 5. Dezember besetzten Bürgerrechtler die Bezirksverwaltung des Ministerium für Staatssicherheit in der Hegelallee, dann das MfS-Untersuchungsgefängnis in der Lindenstraße und schließlich die MfS-Kreisverwaltung in der Puschkinallee. In der Folge wurde ein „Rat der Volkskontrolle" etabliert, der das weitere Geschehen begleiten sollte. Am 14. März 1990 war die Saatssicherheit im Bezirk Potsdam aufgelöst.

Am 18. März 1990 fanden die ersten und einzigen freien Wahlen zur DDR-Volkskammer statt. Dort errang die CDU einen überwältigenden Sieg. Nur sechs Wochen später wurden die Bürger erneut zu den Wahlurnen gerufen. Diesmal wurden – ein Jahr nach den gefälschten Wahlen – die Kommunalparlamente erneut gewählt. Potsdam erlebte am 6. Mai 1990 ein Ergebnis fernab vom allgemeinen DDR-Trend. Landesweit konnte die CDU 34,4 Prozent der Stimmen erzielen, jedoch in Potsdam nur 17,7 Prozent. Hier wurde die SPD mit 31,9 Prozent der Stimmen stärkste Fraktion im Stadtparlament, gefolgt von der SED mit 26,3 Prozent. Das Neue Forum (mit ARGUS) kam auf 15,7 Prozent. Der Potsdamer Wirtschaftswissenschaftler Horst Gramlich wurde erster frei gewählter Oberbürgermeister der Stadt. Vor ihm stand die Aufgabe, Potsdam zu einer kommunalen Selbstverantwortung zu führen und neue Verwaltungsstrukturen aufzubauen.

In einem der ersten einstimmig angenommenen Beschlüsse der neuen Stadtverordnetenversammlung wurde Potsdam zur „Friedensstadt" erklärt. Dazu hieß es: „Die im innerstädtischen Bereich liegenden militärischen Bauten, Einrichtungen und Anlagen wie Kasernen, Dienstgebäude und ihre Nebenanlagen, Exerzierplätze, Truppenübungsgelände sowie die Bereiche verwandter Art sollen in Zukunft ausschließlich einer friedlichen Entwicklung dienen." Auch wenn dieser Beschluss weitgehend umgesetzt wurde, spricht heute niemand mehr von der „Friedensstadt".

In die Zeit des Umbruchs fiel eine Entscheidung, die im Dezember 1990 im kanadischen Banff getroffen wurde: Die Potsdamer „Schlösser und Gärten" wurden in die Liste des UNESCO-Welterbes aufgenommen. Der Antrag war noch von der DDR gestellt worden, und im Juni 1990 hatte sich West-Berlin mit Blick auf die bevorstehende Einheit mit dem Park Glienicke und der Pfaueninsel angeschlossen. 1992 und 1999 wurden weitere Teile der Potsdamer Kulturlandschaft mit auf die UNESCO-Liste aufgenommen. Das ganze Eiland war ein anerkanntes Paradies geworden.

Die Grenzöffnung brachte der Glienicker Brücke ein kräftiges Hin und Her. © bpk|Klaus Lehnartz

Zum Nach- und Weiterlesen

Antiquarisch

Alexander Cosmar, Wegweiser durch Potsdam F.H.Morin, Berlin 1844, Reprint 1986
Georg Sello, Potsdam und Sanssouci, Verlag Schottlaender, Breslau 1888
Dr. Friedrich Netto (Hrsg.), Führer durch Potsdam und Umgebung, 8. Auflage, Potsdam 1910
Julius Hackel (Hrsg.), Geschichte der Stadt Potsdam, Verlag d. Gropiusschen Hofbuchhandlung, Potsdam 1912
Hans Kania, Potsdamer Baukunst, 2. Auflage, Verlag von Max Jaeckel, Potsdam 1916
Fritz Stahl, Potsdam – Eine Biografie, Felix Lehmann Verlag, Berlin 1917
Ludwig Sternaux, Potsdam – Ein Buch der Erinnerung, Edwin Runge Verlag, Berlin 1924
Dorothee Goebeler, Potsdamer Plaudereien, A.W.Hayn's Erben, Potsdam 1925, Neuauflage bei terra press 2007
Ludwig Sternaux, Das unbekannte Potsdam, A.W.Hayn's Erben, Potsdam 1926
Georg Hermann, Spaziergang durch Potsdam, Rembrandt-Verlag, Berlin 1926
Ludwig Sternaux, Unter dem Glockenspiel, A.W.Hayn's Erben, Potsdam 1929
Ludwig Sternaux, Potsdamer Pastelle, A.W.Heyn's Erben, Potsdam 1930
Karl Heidkamp, Symbol und Allegorie Potsdam, Alfred Protte Verlag, Potsdam 1933
Martin Hürlimann (Hrsg.), Die Residenzstadt Potsdam, Atlantis-Verlag, Berlin 1933
Hans Zappe (Hrsg.), Die Soldatenstadt Potsdam, Verlag von A. W. Hayn's Erben, Berlin 1935
Rat des Bezirkes Potsdam (Hrsg.), Der Bezirk Potsdam, Potsdam 1953
Wilhelm Kunze, Potsdam, Brockhaus Verlag, Leipzig 1965
Franz Fabian, Potsdam - Gesicht und Geschichte einer Stadt, VEB F.A. Brockhaus Verlag, Leipzig 1966
Potsdam-Information (Ursula Müller, Otto Höchst), Potsdam 1975
Friedrich Mielke, Potsdamer Baukunst. Das klassische Potsdam. Frankfurt a. M. – Berlin – Wien 1981
Staatliche Museen zu Berlin, Karl Friedrich Schinkel, Ausstellungskatalog, Henschelverlag, Berlin 1982
Gisela Heller, Potsdamer Geschichten, Verlag der Nation, Berlin 1984
Hans-Joachim Giersberg, Friedrich als Bauherr, Siedler, Berlin 1986
Autorenkollektiv, Potsdam – Geschichte der Stadt in Wort und Bild, Deutscher Verlag der Wissenschaften, Berlin 1986
Erich Murawski (Hrsg.), Randbemerkungen Friedrichs des Großen, Podzun-Pallas-Verlag, Friedberg o.J. Dr. Dieter Schulte, Klaus Brandt
Ursula Köhler (Hrsg.), 1000 Jahre Potsdam, 2 Teile, Potsdam 1987
Peter Bley, 150 Jahre Eisenbahn Berlin-Potsdam, Alba-Verlag, Düsseldorf 1988
Georg Holmsten, Potsdam, Haude und Spener, Berlin 1989
Dieter und Renate Sinn, Der Alltag in Preußen, Societäts-Verlag, Frankfurt am Main 1991
Cristian Graf von Krockow, Fahrten durch die Mark Brandenburg, Dt. Verlagsanstalt Stuttgart, 1991
Museumspädagogischer Dienst Berlin, Insel Potsdam, Verlag Nishen, Berlin 1991
Detlef Kotsch, Potsdam - Die preußische Garnisonstadt, Westermann, Braunschweig 1992
Sigrid Grabner und Knut Kiesant (Hrsg.), 1000 Jahr Potsdam, Ullstein, Berlin 1992
Inge Hoeftmann und Waltraud Noack (Hrsg.), Potsdam in alten und neuen Reisebeschreibungen, Droste, Düsseldorf 1992
Waltraud Volk, Potsdam – Historische Straßen und Plätze heute, Verlag für Bauwesen, Berlin 1993
Frank Bauer, Hartmut Knitter, Heinz Ruppert, Vernichtet – Vergessen – Verdrängt, Verlag E.S. Mittler & Sohn, Berlin, Bonn, Herford, 1993
Hartmut Knitter, Potsdam Daten und Bilder, Potsdam-Museum, 1993
Stiftung Schlösser und Gärten Potsdam-Sanssouci, Potsdamer Schlösser und Gärten, Ausstellungskatalog, Potsdamer Verlagsbuchhandlung, Potsdam 1993
Stiftung Schlösser und Gärten Potsdam-Sanssouci, Peter Joseph Lenné, Ausstellungskatalog, Wassmuth Verlag, Tübingen 1993
SPSG und Cronos-Film (Hrsg.), Schloß Cecilienhof und die Potsdamer Konferenz 1945, Chronos Berlin – Kleinmachnow – Potsdam, 1995
Stiftung Preußische Schlösser und Gärten Berlin-Brandenburg, Friedrich Wilhelm IV. Künstler und König Zum 200. Geburtstag, Ausstellungskatalog 1995, H.W. Fichtner Edition, Frankfurt (Main) 1995
Helmut H. Schulz, Glanz und Elend der Friedrich Wilhelms, Neues Leben, Berlin 1996
Hans-Joachim Giersberg, Das Potsdamer Stadtschloss, Potsdamer Verlagsbuchhandlung 1998
Sebastian Haffner, Preußen ohne Legende, Siedler, Hamburg 1998
Karl Gass, Der Militärtempel der Hohenzollern, Verlag Das Neue Berlin, Berlin 1999
Wolf-Dieter Machel, Michael Günther, Potsdamer Nahverkehr, GeraMond München, 1999

Klaus Arlt, Die Straßennamen der Stadt Potsdam, Sonderdruck aus den Mitteilungen der Studiengemeinschaft Sanssouci e.V., Potsdam 1999
Bellamintes „Das itzt-bluehende Potsdam, Mit poetischer Feder entworffen von Bellamintes", Nachdruck der Potsdamer Originalausgabe aus dem Jahre 1727, Verlag für Berlin-Brandenburg, Potsdam 2001
Friedrich Beck, Eckart Henning (Hrsg.), Brandenburgisches Biographisches Lexikon, Verlag für Berlin-Brandenburg, Potsdam 2002
Potsdam-Museum (Hrsg.), Königliche Visionen. Eine Stadt in der Mitte Europas, Katalog zur Ausstellung 2003
Stiftung Preußische Schlösser und Gärten Berlin-Brandenburg, Ludwig Persius, Architekt des Königs, Ausstellungskatalog, Verlag Schnell & Steiner, Regensburg 2003
Peter-Michael Hahn, Geschichte Potsdams von den Anfängen bis zur Gegenwart, Verlag C.H. Beck, München 2003
Hans-Dieter Behrendt, Im Schatten der „Agentenbrücke", GNN Verlag, Schkeuditz 2003
Hans-Joachim Giersberg, Schloss Sanssouci, Nicolai, Berlin 2005
Christina Siegfried, Die Musen tanzen Hand in Hand, L&H Verlag, Hamburg 2005
Wolfgang Feyerabend, Spaziergänge durch das literarische Potsdam, Arche, Zürich-Hamburg 2005
Wolfgang Scharfe, Holger Scheerschmidt (Hrsg.) Austellungskatalog Berlin-Brandenburg im Kartenbild, Staatsbibliothek zu Berlin, 2000

Aktuell
Armin Hanson, Stadtentwicklung und Denkmalpflege in Potsdam unter Oberbürgermeister Hans Friedrichs zwischen 1934 und 1945 in: Mitteilungen der Studiengemeinschaft Sanssouci e.V., 2006, Heft 2
Kurt Baller, Marlies Reinholz (Hrsg.), Das alte Potsdam des Prof. Hans Leopold Kania (Beiträge in der „Potsdamer Tageszeitung", 3 Bände, ducopoint Verlag, Magdeburg 2006
Paul Sigel, Silke Dähmlow, Frank Seehausen, Lucas Elmenhorst, Architekturführer Potsdam, Dietrich Reimer Verlag, Berlin 2006
Olaf Thiede, Jörg Wacker, Chronologie Potsdam und Umgebung, 3 Bände, Eigenverlag, Potsdam 2007
Christopher Clark, Preußen - Aufstieg und Niedergang, Pantheon, München 2007
Lothar Binger, Susann Hellemann, Potsdamer Wasser ABC, Bäßler Verlag, Berlin 2007
Jens Arndt, Glienicke - Vom Schweizerdorf zum Sperrgebiet, Nicolaische Verlagsbuchhandlung, Berlin 2009
Michael Bienert, Elke Linda Buchholz, Stille Winkel in Potsdam, Ellert & Richter Verlag, Hamburg 2009
Thomas Wernicke, Jutta Götzmann, Kurt Winkler (Hrsg.), Potsdam Lexikon. Stadtgeschichte von A bis Z, Verlag für Berlin-Brandenburg, 2010
Kurt Arlt, Michael Thomea, Bruno Thoß, Militärgeschichtliches Handbuch Brandenburg-Berlin, be.bra wissenschaft verlag, Berlin 2010
Georg C.Klaren, Potsdamer Novelle, Edition Terra, Berlin 2010
Steffen Reiche (Hrsg.), Potsdam – Wo es am schönsten ist, 66 Lieblingsplätze, Siebenhaar Verlag, Berlin/Kassel 2010
Erich Konter, Harald Bodenschatz, Städtebau und Herrschaft - Potsdam: Von der Residenz zur Landeshauptstadt, Dom publishers, Berlin 2011
Jutta Götzmann (Hrsg.), Friedrich und sein Potsdam - Die Erfindung seiner Stadt, Hirmer, München 2012
Christiane Kruse, Wer lebte wo in Potsdam, Verlagshaus Würzburg, 2012
Klaus Büstrin (Hrsg.), Friedrichs Potsdam, Edition Terra, Berlin 2012
Alexander Vogel, Marcel Piethe, Filmstadt Potsdam, Drehorte und Geschichten, Bäßler Verlag, Berlin 2013
Hans-Hermann Hertle, Gabriele Schnell, Gedenkstätte Lindenstraße, Ch.Links Verlag, Berlin 2014
Peter Ulrich Weiß, Jutta Braun, Im Riss zweier Epochen, Potsdam in den 1980er und frühen 1990er Jahren, be.bra Berlin 2017

Noch mehr
Jochen Klepper, Der Vater. Roman eines Königs, erschienen 1937, aktuell bei dtv, Berlin 1991
Christian Graf von Krockow, Warnung vor Preußen, Siedler, Berlin 1993
Christian Graf von Krockow, Friedrich der Große, dtv, Berlin 1993
Christian Graf von Krockow, Die Preußischen Brüder, dtv, Berlin 1998
Heinz Ohff, Preußens Könige, Pieper, München 1999
Karin Feuerstein-Praßer, Die Preußischen Königinnen, Pieper, München 2003
Karin Feuerstein-Praßer, Die Preußischen Kaiserinnen, Pieper, München 2008
Karin Feuerstein-Praßer, Friedrich der Große und seine Schwestern, Pieper, München 2014
Johannes Kunisch, Friedrich der Große in seiner Zeit, C.H.Beck, München 2008

Personen

Name	Seite
Abel, Rudolf I., (1903–1981)	268
Albers, Hans (1891–1960)	223
Albrecht von Ballenstedt, der Bär (um 1100–1170)	20
Alexander I. Romaow (1777–1825)	49, 116, 128
Algarotti, Francesco, Graf (1712–1764)	75, 77
Arndt, Ernst Moritz (1769–1860)	145
Arnim, Ferdinand von (1814–1866)	145, 161, 163
August II., der Starke (1670–1733)	36, 60
August Wilhelm von Preußen (1722–1758)	100
Augusta von Sachsen-Weimar-Eisenach (1811–1890)	162, 187
Auguste Viktoria v. Schleswig-Holstein (1858–1921)	187, 190, 198f, 204
Bach, Johann Sebastian (1685–1750)	49, 82
Bach, Carl Philipp Emanuel (1714–1788)	82
Baden, Max von (1867–1929)	199
Balden, Theo (1904–1995)	265
Baron, Kathrin (*1970)	258
Basedow, Heinrich (1896–1994)	209
Begas, Reinhold (1831–1911)	178
Belitz, Georg, „Bellamintes" (1698–1751)	55
Benkert, Johann Peter (1709–1765)	94
Berghaus, Heinrich (1797–1884)	141
Bernhard, Isaak	83
Beyer, Frank (1932–2006)	256
Biermann, Wolf (geb. 1936)	256
Birgel, Willy (1891–1973)	223
Bischoffwerder, Hans Rudolf v. (1741–1803)	111
Bisky, Lothar (1841–2013)	267
Bismarck-Schönhausen, Otto von, Fürst (1815–1898)	130, 163ff, 169
Blücher, Gebhard Leberecht von (1742–1819)	125
Böckmann, Friedrich Wilhelm (1832–1902)	187
Boehmer, Hasso von (1904–1945)	224
Bouman, Jan (1706–1776)	57, 68, 102
Bouman, Michael Philipp (1747–1803)	102, 110
Bourcier, Francois (1760–1828)	115
Breitscheid, Rudolf (1874–1944)	245
Bronnes Sohn († 1409)	19
Brühl, Heinrich, Graf von (1700–1763)	85
Bruns, Raimund (1706–1780)	55
Bürgel, Bruno Hans (1975–1967)	234
Büring, Johann Gottfried (1723–1788)	68, 82
Bykowski, Waleri (*1934)	253
Calvin, Johannes (1509–1564)	23, 34
Canitz	31
Carl von Preußen (1801–1883)	133f, 160f, 163
Carow, Heiner (1929–1997)	256
Casanova, Giacomo (1725–1798)	90
Cecilie zu Mecklenburg (1886–1954)	190f, 199, 205
Chaplin, Charlie (1889–1977)	206
Charell, Erik (1894–1974)	211
Charlotte v. Preußen (1798–1860)	131, 133
Churchill, Winston (1874–1965)	193, 223f, 235
Daum & Splittgerber	44, 90
de Bodt, Jean (1670–1745)	36, 37
de Kowa, Viktor (1904–1973)	217
de la Mettrie, Julien Offray (1709–1751)	77
de Maupertuis, Pierre Louis Moreau (1698–1759)	77
Deesen	103
Diebitsch-Sabalkanski, Hans Karl von (1785–1831)	125
Dieckmann, Wilhelm (1893–1944)	224
Dietrich, Marlene (1901–1992)	214
Domröse, Angelika (*1941)	10
Döpfner, Mathias (*1963)	13
Dorothea von Brandenburg–Schwedt (1636–1689)	30, 35
Dortu, Max (1826–1849)	154, 156, 218
Ebert, Friedrich (1871–1925)	199
Eichel, August Friedrich (1698–1768)	87
Eichmann, Adolf (1906–1962)	221
Einsiedel, Gottfried Emauel von (1690–1745)	44
Einstein, Albert (1879–1955)	137, 184f, 192, 203, 205
Eisel, Fritz (1929–2010)	51
Eisenhardt, August Friedrich (1773–1846)	139
Eitel, Friedrich von Preußen (1883–1942)	265
Elflein, Wilhelm (1982–1943)	245
Elisabeth, Romanowa (1709–1761)	88
Elisabeth Christine von Braunschweig-Wolfenbüttel-Bevern (1715–1797)	65, 88
Elisabeth Ludovika von Bayern (1801–1873)	146
Encke, Wilhelmine; Gräfin Lichtenau (1753–1820)	101, 107, 110, 112
Ende, Gustav Louis (1829–1907)	187
Engelhardt, Paul (1868–1911)	187
Eulenburg, August Graf zu (1838–1821)	197
Eylert, Friedrich (1770–1852)	112
Eyserbeck, Johann August (1762–1801)	107
Fischer, Birgit (geb. 1962)	258
Foerster, Wilhelm (1852–1921)	184
Foerster, Karl (1874–1970)	193, 209, 212f, 215
Fontane, Theodor (1819–1998)	111, 117, 123, 135, 171, 177
Förster, Wieland (*1930)	268
Francke, August Hermann (1663–1727)	47
Franz I. Stephan (1708–1765)	60
Frenkel, Peter (*1939)	258
Friederike von Mecklenburg-Neustrelitz (1778–1841)	113
Friedrich I., von Brandenburg (1371–1440)	22
Friedrich II., „der Große", der „Alte Fritz" (1712–1786)	20, 32, 36, 49, 65–95, 99ff, 110, 112, 114, 134, 145, 147, 153, 156, 169, 176, 180, 191, 199ff, 238, 250, 256
Friedrich III., Kurfürst/I., König (1657–1713)	30, 35–36
Friedrich IV. (1671–1730)	36
Friedrich Ludwig v. Preußen (1773–1796)	113
Friedrich Wilhelm, „Großer Kurfürst" (1620–1688)	29–35
Friedrich Wilhelm von Brandenburg-Schwedt (1700–1771)	86
Friedrich III., Kaiser (1831–1888)	165, 176–178, 184
Friedrich Wilhelm I., der „Soldatenkönig" (1688–1740)	32, 41–58, 80f, 93, 102, 112, 121, 131, 135, 148f, 154, 158, 164, 169, 178, 180, 190, 218, 259f, 263
Friedrich Wilhelm II. von Preußen (1744–1797)	99–112, 113
Friedrich Wilhelm III. (1770–1840)	49, 112–138
Friedrich Wilhelm III. von Preußen (1770–1840)	3, 49, 100, 108f, 112–138, 140, 145, 156
Friedrich Wilhelm IV. von Preußen (1795–1861)	133f, 136, 145–159
Friedrichs, Hans (1875–1962)	214
Friedrike Luise von Hessen-Darmstadt (1751–1805)	99
Gabin, Jean (1904–1976)	243
Gayette, Pierre de (1688–1747)	45
Gebühr, Otto (1877–1954)	200f
Genscher, Dietrich (1927–2016)	261
George, Heinrich (1893–1946)	217
Gerlach, Philipp (1679–1748)	45f
Geyger, Moritz (1861–1841)	189
Giersberg, Hans-Joachim (1938–2014)	71, 249
Gilly, David (1748–1808)	108, 110, 113
Gilly, Friedrich (1772–1800)	110
Glume, Friedrich Christian (1714–1752)	33, 76, 94
Goebbels, Joseph (1897–1945)	200, 210, 214, 217, 223, 231
Goebeler, Dorothee (1867–1945)	204
Goethe, Johann Wolfgang von (1749–1832)	82, 123, 140, 162, 239, 240
Gontard, Carl (1743–1799)	69, 81, 91f, 93, 107, 110, 241, 259
Göring, Hermann (1893–1946)	211, 214
Gottwald, Klement (1896–1953)	245
Gramlich, Horst (*1938)	271
Graun, Karl Heinrich (1704–1759)	79
Graun, Johann Gottlieb (1702–1771)	79
Grävenitz, Johann Wilhelm (1709–1764)	106
Grawitz, Ernst-Robert (1899–1945)	231
Greal, Johann Friedrich (1707–1740)	45
Grenander, Alfred (1863–1931)	193
Grimm, Jacob u. Wilhelm (1785–1863/1786–1859)	145
Grothe, Mattheus	23
Gundling, Jakob Paul von (1673–1731)	60
Gustav II. Adolf, Haus Wasa (1594–1632)	25
Haeckel, Julius (1866–1940)	55, 57f, 62, 72, 111
Haeckel, Ernst (1834–1919)	141
Hanke, Brunhilde (*1930)	263
Hardenberg, Karl August von (1750–1822)	123, 125, 133
Harlan, Veit (1899–1964)	223
Hartnack, Edmund (1826–1891)	174
Harvey, Lilian (1906–1969)	206, 214
Hase, Paul von (1885–1944)	224
Heidmann, Karl	222
Heine, Heinrich (1797–1856)	117
Heise, Gottlieb (1785–1847)	136
Helmholtz, Hermann von Fürst (1821–1894)	141
Hesse, Ludwig Ferdinand (1795–1876)	145, 161
Heymüller, Gottlieb (1715–1763)	95
Hindenburg, Paul v. (1847–1934)	205, 209ff, 217
Hitler, Adolf (1889–1945)	49, 51, 201, 209ff, 214, 217, 219, 223ff, 237
Hoffbauer, Clara (1830–1909)	177f
Hoffmann, Jutta (* 1941)	10
Honecker, Erich (1912–1994)	255
Hörbiger, Paul (1894–1981)	217
Horney, Brigitte (1911–1988)	193, 223
Horvath, Karl Christian (1752–1837)	121, 139
Humboldt, Wilhelm von (1767–1835)	100
Humboldt, Alexander von (1769–1859)	123, 137, 140f, 145, 157
Iffland, Wilhelm (1759–1814)	103
Jacobs, Ludwig (1794–1879)	137, 150, 160, 205
Jähn, Sigmund (*1937)	253
Jakobs, Jann (*1953)	11
Jauch, Günther (*1956)	13, 260
Joachim Friedrich von Brandenburg (1546–1608)	22
Joachim II. Hector von Brandenburg (1505–1571)	23

PERSONENREGISTER

Johann Sigismund von Brandenburg (1572–1620) 23
Kambly, Johann Melchior (1718–1783) 95
Kameke, Egon von (1881–1955) 209
Kania, Hans (1878–1947) 124, 214
Kant, Immanuel (1724–1804) 111
Kaplunger, Rudolf (1746–1795) 95
Kapp, Wolfgang (1858–1922) 203
Karl VI. (1685–1740) 66
Kasack, Hermann (1896–1966) 234
Kästner, Erich (1899–1974) 223
Katharina von Brandenburg-Küstrin (1549–1602) 22
Katte, Hans Hermann von (1704–1730) 65
Käutner, Helmut (1908–1980) 226
Kayser-Eichberg, Carl (1873–1964) 209
Kellermann, Bernhard (1879–1951) 234
Kempf, Wilhelm (1895–1991) 209
Kiepenheuer, Gustav (1880–1949) 209
Kirkland, James 52
Klausch, Walter (1907–1933) 211
Klausing, Friedrich Karl (1920–1044) 224
Kleist, Heinrich von (1777–1811) 117
Klering, Hans (1906–1988) 237
Knef, Hildegard (1925–2002) 237
Knobelsdorff, Georg Wenzeslaus von (1699–1753) 32, 36, 58, 65, 67, 68, 70ff, 74f, 76, 78, 82, 91f, 94, 107, 134, 250, 259
Kohl, Helmut (1930–2017) 271
Köhler, Erwin (1901–1951) 220
Kollwitz, Käthe (1867–1945) 205
Krug, Manfred (1937–2016) 255
Krüger, Andreas Ludwig (1743–1822) 110
Kunckel, Johannes (1630–1703) 31, 107, 132
Lancken, Fritz von der (1890–1944) 224
Lang, Fritz (1890–1976) 209, 214
Langhans, Carl Gotthard (1732–1808) 102, 110
Leander, Zarah (1907–1981) 223
Lenné, Peter Joseph (1789–1866) 121, 122f, 127f, 132ff, 135, 142, 147, 150ff, 157, 162, 165
Leopold I. Fürst von Anhalt-Dessau, „Der Alte Dessauer"(1676–1747) 42
Lepsius, Johannes (1858–1926) 173
Lessing, Gotthold Ephraim (1729–1781) 82, 86f
Leuschner, Wilhelm (1890–1944) 245
Liebknecht, Karl (1871–1919) 189
Ludendorff, Erich (1865–1937) 199
Luise von Mecklenburg-Strelitz (1776–1810) 71, 108f, 112ff, 116, 124, 128, 132, 138, 154, 208
Luise Henriette (1627–1667) 30
Luther, Martin (1483–1546) 10, 23, 34, 46, 48f, 121, 136
Lützow, Adolf von (1782–1834) 126
Maaß, Hermann (1897–1944) 224
Mackensen, August von (1849–1945) 210

Maetzig, Kurt (1911–2012) 237
Manger, Heinrich (1728–1790) 69, 99
Marchitza, Hans (1890–1965) 250
Maria Theresia von Österreich (1717–1780) 66f
Marquis d'Argens, Jean-Baptiste de Boyer (1703–1771) 77, 87
Mathilde (955–999) 19
Mattern, Karl (1902–1971) 215
Memhardt, Johann Gregor (1607–1678) 30, 37, 39
Mendelsohn, Erich (1887–1953) 192, 203
Mendessohn, Moses (1729–1786) 74
Menzel, Adolph (1815–1905) 60, 77, 82, 201
Metternich, Clemens von (1773–1859) 154
Michelson, Albert (1852–1931) 184
Mielke, Friedrich (*1921) 146, 158, 158
Moltke, Helmuth von (1800–1891) 124
Montand, Yves (1921–1991) 243
Mozart, Wolfgang Amadeus (1756–1791) 106
Müller-Stahl, Armin (*1930) 10
Müther, Ulrich (1934–2007) 265
Muthesius, Hermann (1861–1927) 193
Nagel, Otto (1894–1967) 234
Nahl, Johann August (1710–1781) 94f
Napoleon Bonaparte (1808–1873) 49, 93, 113ff, 121, 125ff, 191
Napoleon III., Bonaparte (1808–1873) 165
Nassau-Siegen, Johann Moritz Fürst von (1604–1679) 29
Nering, Johann Arnold (1659–1895) 32
Nicholson, Arthur (1947–1985) 269
Nielsen, Asta (1881–1972) 188
Nikolaus I. Romanow (1796–1855) 128, 131
Oesfeld, Karl Ludwig (1741–1804) 158
Ossietzky, Carl von (1889–1938) 206
Otto III., (980–1002) 19
Otto, Werner (1909–2011) 13
Otto, Hans (1900–1933) 240
Palladio, Andrea (1508–1580) 75
Persius, Ludwig (1803–1845) 13, 127, 135ff, 145f, 147, 150, 153ff, 158, 160ff, 259
Pesne, Antoine (1683–1757) 164
Peter III., Fjodorowitsch (1728–1762) 88
Petsch, Anna Catharina (†1730) 54
Pfund, Johann Georg (1700–1784) 101
Philipe, Gérard (1922–1959) 243
Pieck, Wilhelm (1876–1960) 245
Plattner, Hasso (*1944) 11, 14
Platzeck, Matthias (*1953) 207, 267
Plettenberg, Kurt von (1891–1945) 224
Pommer, Erich (1889–1966) 211
Powers, Francis Gary (1929–1977) 268
Prochaska, Eleonore (1785–1813) 126
Pückler-Muskau, Hermann von, Fürst (1785–1871) 123, 134, 162f

Quantz, Johann (1697–1773) 79
Rabien, Ernst (um 1880–1931) 206
Raeder, Erich (1876–1960) 210
Raschdorff, Julius Carl (1823–1914) 178
Rauch, Christian Daniel (1777–1857) 138, 150, 157
Rietz, Johann Friedrich (1755–1809) 107
Ritter, Dorothea (1714–1762) 65
Rochow, Abraham von (16. Jh.) 22
Rohdich, Wilhelm von (1719–1796) 81
Rökk, Marika (1913–2014) 223
Rühmann, Heinz (1902–1994) 206, 223
Schadow, Johann Gottfried (1764–1850) 102f, 113
Schinkel, Karl Friedrich (1781–1841) 110, 121f, 123, 129ff, 133f, 136, 146, 153, 158, 160f, 162, 183, 187, 192, 259
Schleicher, Kurt von (1882–1934) 211
Schlöndorff, Volker (geb. 1939) 10
Schlüter, Andreas (1660–1714) 36
Schneider, Louis (1805–1878) 157
Schöne, Johannes (1920–1989) 207
Schönherr, Albrecht (1911–2009) 259
Schtscharanski, Anatoli (*1948) 268
Schulenburg, Fritz-Dietlof von der (1902–1944) 224
Schultze-Naumburg, Paul (1869–1949) 190, 192
Schwarzschild, Karl (1873–1919) 185
Schwechten, Franz (1841–1924) 183, 192
Schwerid, Rediwanoff 53
Scott, Robert F. (1868–1912) 185
Seeckt, Hans von (1866–1936) 210
Seelenbinder, Werner (1904–1944) 219
Sello, Georg (1850–1926) 58
Sello, Johann Samuel (1724–1787) 135
Sello, Carl (1757–1796) 135
Sello, Ludwig (1776–1837) 135
Sello, Hermann (1800–1876) 135
Sello, Emil (1816–1893) 135
Serrano, Rosita (1914–1997) 223
Signoret, Simone (1921–1985) 243
Sinstow, Hans Otfried von (1899–1944) 224
Slaby, Adolf (1849–1913) 182
Söderbaum, Kristina (1912–2001) 223
Spiegel, Georg (1895–1960) 231
Spieker, Paul Emanuel (1826–1896) 192
Stalin, Josef (1878–1953) 193, 220, 221, 235, 237, 239, 243, 245, 193, 220, 221
Stanislaus I., Leszczynski (1677–1755) 60
Staudte, Wolfgang (1906–1984) 237
Stauffenberg, Claus Schenk von (1907–1944) 217, 224
Stein, Heinrich Freiherr vom und zum (1757–1831) 121
Steinhoff, Karl (1892–1981) 238

Stephani, Franz von (1876–1939) 202
Steuben, Friedrich Wilhelm von (1730–1794) 32
Stolpe, Manfred (*1936) 12
Storm, Theodor (1817–1888) 117, 218
Strack, Heinrich (1805–1880) 161
Streicher, Julius (1885–1946) 211
Stüler, Friedrich August (1800–1865) 145, 154, 160f, 192
Thälmann, Ernst (1886–1944) 243
Tjulpanow, Sergej Iwanowitsch (1901–1984) 237
Töpfer, Otto (1845–1914) 188
Trescow, Henning von (1901–1944) 224
Truman, Harry S. (1884–1972) 233, 235
Tucholski, Kurt (1890–1935) 205
Türk, Wilhelm Christian von (1774–1846) 131, 139
Ulbricht, Walter (1893–1973) 51, 252, 256, 260
Unger, Georg (1743–1799) 39, 91, 93, 110, 241
van Beethoven, Ludwig (1770–1827) 106
van der Bosch, Cornelius 58
van der Rohe, Ludwig (1886–1869) 187, 193
van Langelaer, Dirk (1640–1713) 37
Victoria of Kent (1819–1901) 165
Victoria (1840–1901) 165, 176, 178
Voigt, Wilhelm (1849–1922) 172
Voltaire, eigentl. Francois-Marie Arouet (1694–1778) 75, 77ff, 86f
von Hacke, Familie 22
Voss, Hans-Alexander (1907–1944) 224
Voßberg, Kurt (1863–1940) 186, 189, 203
Wagner, Joachim (1690–1749) 49
Wallenstein, Albrecht von Waldstein (1583–1634) 25
Wegener, Alfred (1880–1930) 185
Wilhelm von Preußen (1882–1951) 190f, 199, 205, 210
Wilhelm I. von Preußen (1797–1888) 133f, 159–176
Wilhelm II. von Preußen (1859–1941) 49, 169, 176–191
Wilhelm II. von Preußen (1859–1941) 49, 165, 169, 172, 176–191, 197–199, 265
Wilhelmine von Preußen (1709–1758) 91f, 149
Wolf, Konrad (1925–1982) 243
Wöllner, Christoph von (1741–1803) 111
Wright, Orville (1871–1948) 187
Yorck von Wartenburg, Ludwig (1759–1830) 125
Zeppelin, Ferdinand von, Graf (1838–1917) 179, 187, 198
Zweig, Arnold (1887–1968) 209

Ausgewählte Orte

Alexandrowka, Russ. Siedlung
128f, 131, 142f

Alter Markt
19ff, 36, 75, 78, 134, 140, 156, 160, 186, 197, 203, 226, 241, 249, 250, 255, 259, 267

Babelsberg, ehem. Nowawes bzw. Neuendorf
31, 68f, 82ff, 88, 115, 146, 152, 174, 176, 183, 186, 188f, 199, 201, 205, 207, 209, 211, 215f, 217, 222, 231, 234, 236f, 239, 240f, 242f, 248f, 252, 259, 262, 266f, 269

Babelsberg, Filmstudios
10, 13, 33, 127, 188, 199, 207, 211, 214, 217, 223, 236, 242, 255f

Babelsberg, Park und Schloss
12, 134, 145, 156, 160f, 162f, 164, 169, 183, 187, 190, 252f

Bornstedt, Bornim, Bornstedter Feld
15, 53, 60, 72, 80, 122, 135, 145, 152, 156, 160, 165, 178, 182, 187, 205, 212f, 217, 235

Brauhausberg
25, 71, 82, 126, 137, 141, 150, 178, 182, 192, 204, 216, 226, 259

Freundschaftsinsel
176, 212f, 215, 242, 245, 261

Garnisonkirche
9, 13, 45, 46f, 48ff, 52, 76, 78, 91, 115, 136, 152f, 159, 164, 180, 203, 208, 210ff, 214, 226, 241, 252, 256f, 260, 263

Glienicker Brücke
13, 22, 29, 35, 75, 126, 133, 138, 145f, 158, 160, 162, 183, 197, 208, 216, 222, 227, 233, 238ff, 253, 268f, 270f

Glienicke, Ortsteil
29, 30, 139, 183, 234, 253,

Glienicke, Park und Schloss
123, 160f, 163, 271

Holländisch in Potsdam
14, 30, 36f, 49, 55, 57ff, 67f, 90, 94, 106f, 117, 121, 130, 172, 174, 184, 190, 204, 215, 263,

Luisenplatz, Platz der Nationen
113, 131, 186, 208, 236, 244, 255, 270

Marstall, Filmmuseum
31ff, 94, 204, 209, 248, 259, 263, 265

Mühle, Historische
106, 150, 227

Neubabelsberg, Villenkolonie
174, 187f, 193, 211, 221, 223, 232f, 235f, 242, 245

Neuer Garten, Marmorpalais und Cecilienhof
12, 99, 102, 106f, 110, 114, 161, 190ff, 199, 203, 219, 224, 232, 235, 242, 252, 259

Neuer Markt
99, 100f, 104, 110

Neues Palais
12, 91, 69, 88, 90ff, 95, 102, 104, 107, 131, 135, 147, 149, 155f, 160, 169, 176, 178f, 189, 204, 214, 232, 239, 240, 250, 253f

Pfingstberg
13, 114, 142f, 156, 158f, 160, 173, 266

Platz der Einheit, Wilhelmplatz
24, 44, 52, 74, 183, 186, 202, 216f, 226, 236, 245, 248, 252, 262,

Sanssouci, Schloss und Park
3, 9, 66, 68f, 70, 72, 75, 76f, 78, 80, 82, 84, 86f, 88, 90f, 92f, 94f, 100, 106f, 113, 127, 134f, 140, 145, 147f, 150f, 153ff, 156f, 159f, 161, 169, 177, 189f, 198, 200f, 204, 206, 208, 220, 232, 235, 240, 243, 245, 254, 264f

Schiffbauergasse
131, 150, 159, 161, 174, 176

Stadtschloss, Landtag
9, 14, 19, 21, 30, 35, 37, 48, 50, 57, 66, 68, 70ff, 75, 77, 80, 82, 93, 102, 104, 112, 117, 140, 148, 151, 156, 164, 182f, 204f, 208f, 214, 226, 230f, 249, 250, 255, 257, 259, 260, 267

Stadttore
53, 72f, 75, 137
· *Brandenburger Tor*
56, 69, 75, 93, 107, 115, 164, 169, 206, 210
· *Jägertor*
40f, 56, 59, 75, 131, 161, 176, 264
· *Nauener Tor*
14, 54, 56, 75, 176, 206, 232
· *Berliner Tor*
75, 130
· *Neustädter Tor*
48, 75

Telegrafenberg
137, 174, 184f, 186ff, 192, 203, 265, 267, 269

Theater, diverse
12, 15, 31, 36, 70f, 91, 102f, 104, 112, 131, 150, 154, 159, 170, 208, 222, 240, 248f, 265, 267

Vorstädte
92, 121
· *Berliner Vorstadt*
145, 183, 265
· *Nauener Vorstadt*
94, 145, 161
· *Brandenburger Vorstadt*
86, 147, 189
· *Teltower Vorstadt*
12, 137, 175f, 205, 226, 259

Militär-historische Begriffe

Akzise
vom Großen Kurfürsten 1684 eingeführte Verbrauchssteuer, die bis ins 19. Jahrhundert an Stadtgrenzen auf mitgeführte Waren erhoben wurde. Daher auch der Begriff Akzisemauer.

Anrede
Bis zum Unteroffizier galt in der altpreußischen Armee die Anrede „Er". Erst ab dem Feldwebel (einem herausgehobenen Unteroffizier) wurde mit dem respektvolleren „Sie" angeredet.

Bataillon
In der altpreußischen Armee waren die Regimenter in der Regel in zwei (selten drei) gleich starke Bataillone geteilt. Ein Bataillon bestand aus fünf Musketier- und einer Grenadierkompanie, insgesamt rund 800 Mann.

Dragoner
Gruppe der preußischen Kavallerie. Anfangs kämpften die Dragoner nicht vom Pferd aus, sondern reihten sich nach dem Absitzen in die Fußtruppen ein („nicht Fisch, nicht Vieh, auf's Pferd gesetzte Infanterie").

Garde
militärische Einheit mit Elitecharakter. Unter Friedrich Wilhelm I. war es das „Königsregiment" Nr. 6, unter Friedrich II. das Regiment Nr. 15. Bei beiden war der König der Kommandeur. Innerhalb der Regimenter gab es jeweils herausgehobene Bataillone und Kompanien. Eine besondere Rolle bei offiziellen Anlässen spielten die Leibkompanien, gewissermaßen die Elite der Elite.

Garde du Corps
siehe Kürassiere

Garnison
Ort, an dem militärische Verbände oder Einrichtungen ständig untergebracht sind.

Generalrevue
jährlicher Aufmarsch aller zu einer Garnison gehörenden Regimenter. In Potsdam fand alljährlich die erste Generalrevue statt.

Grenadier
Infanterist, der vor allem dort eingesetzt war, wo besondere Gefahr drohte und wo Entscheidungen herbeigeführt werden sollten. Sie gingen aus Musketier-Einheiten hervor und stellten eine Elite unter den Fußtruppen dar.

Hautboist
Sammelbezeichnung für alle Holz- und Blechbläser der Infanterie. Sie gaben die Signale bei Aufmärschen aller Art, waren aber auch Teil der sonstigen Militärmusik.

Husaren
leichte Kavallerie mit Säbel als Hauptwaffe, die anfangs vor allem für die Aufklärung und überfallartige Angriffe eingesetzt wurde. Unter General Hans Joachim von Zieten („Zieten aus dem Busch") wurden sie allmählich zur anerkannten Einheit der preußischen Armee.

Kompanie
militärische Grundeinheit von Infanterie, Artillerie und Kavallerie. Ihr gehörten rund 140 Mann (davon 4 Offiziere) an. Gegliedert war sie in vier Züge.

Kürassiere
schwerste und vornehmste Gattung der Kavallerie. Die Regimenter Gens d'Armes und Garde du Corps bildeten die Elite der mit Brustpanzer ausgestatteten Einheiten. Geritten wurde prinzipiell auf dunklen Stuten, da Hengste zu temperamentvoll und Schimmel zu auffällig waren.

Musketier
bis Ende des Ersten Weltkrieges gebräuchliche Bezeichnung für einen Infanterie-Soldaten. In Kriegszeiten hatte er gut einen halben Zentner Ausrüstung bis zu 25 Kilometer weit zu schleppen.

Regiment
eine in der Regel aus zehn Kompanien bestehende militärische Einheit, an deren Spitze ein General stand, der gegenüber dem König direkt verantwortlich war. In Friedenszeiten gehörten einem Regiment rund 1.600 Mann an.

Ulanen
Lanzenreiter, die zunächst zur leichten Kavallerie gehörten und als Stoßtrupps eingesetzt wurden. In der Kaiserzeit wurden sie zur schweren Kavallerie gezählt und zusätzlich mit Karabinern ausgerüstet.

Uniform
Bis 1631 konnten sich die Soldaten nach Belieben kleiden. Um während des Gefechts klare Orientierungen zu schaffen, wurden Uniformen eingeführt. Das Aussehen entsprach zunächst der vorherrschenden französischen Mode. Der „Soldatenkönig" führte Uniformen mit weit weniger Stoffverbrauch ein. Die Tragezeit war auf zwei Jahre berechnet.

Die Angaben basieren auf dem „Handbuch zur preußischen Militärgeschichte 1688 – 1786" von Martin Guddat, Verlag E.S. Mittler & Sohn GmbH, Hamburg 2011

Der Autor

Nach Jahren als Werbetexter für den Tourismus im Land Brandenburg und speziell in Potsdam hat Joachim Nölte vor einiger Zeit damit begonnen, Reiseführer zu verfassen. Den über Potsdam gibt es inzwischen in deutscher und englischer Fassung. Sein unterhaltsamer Ton hat sicher Anteil daran, dass er bereits in insgesamt acht Auflagen erschienen ist. Im vorliegenden Buch erzählt der Autor die Geschichte dieser außergewöhnlichen Stadt ebenfalls auf ungewöhnliche Weise.

Joachim Nölte, www.potsdam-geschichte.de

Impressum

Potsdam. Wie es wurde, was es ist.
Geschichte der Stadt in zehn Kapiteln
© März 2018
Erschienen bei Edition Terra, einer Marke der terra press GmbH
Alle Rechte vorbehalten. Dieses Werk sowie seine einzelnen Teile sind urheberrechtlich geschützt. Jede Verwertung in anderen als den gesetzlich zugelassenen Fällen ist ohne vorherige Zustimmung des Verlages nicht zulässig.

terra press GmbH
Albrechtstr. 18, 10117 Berlin
www.terra-press.de
ISBN: 978-3-942917-35-3

Gestaltung, Karten, Lektorat:
terra press GmbH

Grafiken Persönlichkeiten:
Rolf Nölte

Fotos: siehe Bildunterschiften, alle übrigen terra press GmbH

Das Buch enthält Illustrationen, deren Rechteinhaber nicht einwandfrei ermittelt werden konnten. Sollten berechtigte Ansprüche bestehen, werden sie auf übliche Weise erfüllt.

Bibliografische Information der Deutschen Bibliothek: Die Deutsche Bibliothek verzeichnet diese Publikation in der Deutschen Nationalbibliografie; detaillierte bibliografische Daten sind im Internet unter http://dnb.ddb.de abrufbar.

Druck: DruckteamBerlin
Dieses Buch wurde auf FSC®-zertifiziertem Papier gedruckt. FSC (Forest Stewardship Council) ist eine nichtstaatliche, gemeinnützige Organisation, die sich für eine ökologische und sozialverantwortliche Nutzung der Wälder unserer Erde einsetzt.